邓正来 著

哈耶克法律哲学

复旦大学出版社

目 录

"闭关"中的思考与幸福——《哈耶克法律哲学》代序/邓正来 003

法律与立法的二元观——哈耶克法律理论的研究 013
    一、引论：参照架构的设定与论述框架 013
    二、哈耶克建构法律理论的内在理路 019
    三、哈耶克对"社会秩序规则一元观"的批判 033
    四、哈耶克对"社会秩序规则二元观"的建构 042
    五、结语：哈耶克法律观点的启示 058

普通法法治国的建构——哈耶克法律理论的再研究 064
    一、引论：问题的提出与分析路径的确立 064
    二、哈耶克对法律实证主义的批判 075
    三、哈耶克法治国的建构理路 097
    四、结语：值得注意的两类问题 124

普通法法治国的建构过程——哈耶克法律理论研究的补论 131
    一、引论：本文的主旨与论述安排 131
    二、哈耶克法治理论建构过程中的转换 133
    三、哈耶克法治理论中的一般性原则问题 140
    四、哈耶克法治理论进行转换的缘由 144
    五、结语 160

哈耶克关于自由的研究 *162*
  一、哈耶克的"终身问题"和时代诊断 *164*
  二、无知、自由与秩序:哈耶克的"答案" *166*
  三、哈耶克自由理论的可能启示 *173*

附录
  关于哈耶克自由主义思想的答问录 *179*
  《自由秩序原理》抑或《自由的宪章》
    ——哈耶克 *The Constitution of Liberty* 书名辨 *221*
  哈耶克论法治/迪雅兹(Gottfried Dietze) 著 邓正来 译 *233*

"闭关"中的思考与幸福
——《哈耶克法律哲学》代序

"闭关"中的思考与幸福
——《哈耶克法律哲学》代序*

□ 邓正来

> 对我来说,最富启示性的发现之一就是,越趋近西方,亦即越趋近自由制度依然比较稳固、信奉自由信念的人数依旧相对众多的国家,那里的人们越不真正准备对他们自己的信念进行重新考察,越倾向于作出让步或进行妥协,也越倾向于把某种他们所知道的自由社会的偶然历史形态视作一种终极标准。另一方面,我也发现,在那些直接经历过全权式政制(a totalitarian regime)的国家抑或在那些类似全权式政制的国家中,只有为数极少的人从这种经验中更为明确地认识到了自由社会赖以实现的条件和自由社会的价值。
>
> F·A·哈耶克
> **(摘译自《自由与交流》)**

《哈耶克法律哲学》这部专题性的研究论文集,主要收录了我近年来有关哈耶克法律哲学的四篇研究论文和我认为有助于读者理解哈耶克法治思想的三篇文字,其中有一篇是翻译文字。实际上,早在1987—1988年哈耶克思想透过一些域外学者的引介而在中国学界颇具影响的时候,我已开始阅读哈耶克的《个人主义与经济秩序》(Individualism and Economic Order)一书了,此后又断断续续地研读了哈耶克所撰写的一些论著,但是并没有进行专门的研究。我真

---

* 本文是拙著《哈耶克法律哲学的研究》的自序,法律出版社2002年版。收入本书时略有修改,特此说明。

正下决心研究哈耶克的自由主义理论大概是在1994年下半年,并在翻译哈耶克的名著《自由秩序原理》(The Constitution of Liberty)的过程中研读了哈耶克的绝大多数论著和一些被公认为重要的研究哈耶克思想的二手文献,并在此基础上展开了哈耶克自由主义理论的专门研究。

从1995年着手翻译哈耶克《自由秩序原理》一书并开始研究他的理论到今天,大约8年了,而最有收获的则是我从1998年开始自己实施的"学术闭关期"。在这长达5年的"学术闭关期"中,我基本上婉言谢绝了国际国内学术活动的邀请以及学术期刊和出版社的约稿,只是在永远的"未名斋"中静静地享受阅读、思考和翻译带给我的心智快乐和挑战,当然我也从偶尔与好友的交流中获得了许多激励。

在这8年中,我先后翻译了哈耶克的《自由秩序原理》(三联书店1997年版)、《法律、立法与自由》(主译:中国大百科全书出版社2000年版)、《哈耶克论文集》(首都经济贸易大学出版社2001年版)和《个人主义与经济秩序》(三联书店2002年版)。当然,在翻译哈耶克论著的同时,我还撰写了若干篇论文:《哈耶克方法论个人主义》、《哈耶克社会理论的研究》、《知与无知的知识观:哈耶克社会理论的再研究》、《关于哈耶克理论脉络的若干评注》以及本书收录的四篇专门研究哈耶克法律理论的论文。

由此可见,《哈耶克法律哲学》这本论文集只是我这些年研究当中的一个方面。为了使读者更好地把握哈耶克的法律理论,当然也是为了使自己的研究能够与西方论者的研究做一比照,我还特意翻译了霍布金斯大学政治学教授、《两种法治概念》(Two Concepts of the Rule of Law)一书的作者迪雅兹(Gottfried Dietze)所撰写的《哈耶克论法治》("Hayek on Rule of Law")这篇长文,并收录在本论文集的附录中供读者参阅。考虑到哈耶克法律理论的建构只是其宏大的社会哲学中的一个理论环节,因此我还特意将政治学教授张小劲就哈耶克自由主义理论中的若干问题对我做的一个长篇访谈即《关于哈耶克自由主义思想的答问录》以及我写的《〈自由秩序原理〉抑或〈自由的宪章〉——哈耶克 The Constitution of Liberty 书名辨》一文收录在本论文集的附录中供读者参考,因为这几篇文字可以为读者在理解哈耶克法律理论的时候提供一种基本的学术参照框架和相关的研究性参考文献。

本书的核心部分乃是由我晚近发表的四篇长文组成的。首先需要指出的是,尽管这四篇论文各成一编,而且也是围绕着各自的核心问题而展开的研究,但是我为这四篇论文所择定的标题却表明：第一，它们所论涉的核心问题乃是紧密相关的，甚至是前后相继的；第二，我对哈耶克法律哲学的研究也是环环相扣、层层递进的。

在《法律与立法的二元观——哈耶克法律理论的研究》一文中，我主要立基于哈耶克法律研究所经历的一个漫长的过程，尤其是其间所思考的问题的繁复性及其理论建构的转换过程而主张一种时间性的研究进路，并且经由下述四个论述阶段而对哈耶克的法律理论进行了一般性的讨论。在讨论的第一个阶段，我首先通过对哈耶克为什么或如何从社会理论的阐释转向对法律理论的建构这个问题进行追问，进而揭示出了他由自由理论而进入法律理论的建构以完善其社会哲学的内在理路，并在其间努力阐明了哈耶克在研究过程中所确立的认识和解释社会的"规则范式"以及以自由理论为基础的"个人确获保障的私域"与构成法律理论之核心的"规则根据什么来界分或保障这种私域"之间的逻辑关系等问题。尔后，我又把哈耶克的"规则范式"设定为探究哈耶克以"社会秩序二元观"和"社会秩序规则二元观"为基础的法律理论的逻辑出发点，进而在第二和第三两个阶段上对构成哈耶克法律理论的基本洞见进行了探究。其间，我阐发了哈耶克对"自然"与"人为"二元论以及以此二元论为依凭的同质性的"社会一元论"的批判观点，并且揭示了他的批判观点中的独特的创见，即他关于"社会一元论"在社会历史进程中赖以实现的制度性机制乃是表现为"社会秩序规则一元观"的用立法统合内部规则或用公法替代私法的一元化实践的深刻洞识。此外，我还从正面对哈耶克经由洞见"人之行动而非设计"的范畴而确立"自然"、"人为"和"人之行动而非设计"的三分观以及以此为据的"社会秩序规则二元观"的内在理路进行了分析，并在厘定内部规则与外部规则之性质及其关系的过程中阐发了哈耶克关于社会秩序规则的两个极为重要的理论命题：一是哈耶克在有限理性或无知观的基础上型构而成的社会秩序内部规则是人之行动而非人之设计的结果的命题；二是哈耶克从文化进化论出发而确立的社会秩序规则相互竞争的自然选择命题。在分析的第四个阶段上，我还指出了哈耶克依此分析而达致的一个重要结论，即与外部秩序相对应的外部规则（或公法），尽管是人类社会所不能或缺的治理工具，但是却不能因此而侵扰甚或替代内部秩序得以生成并得以维续的内部规则（或私法），否则内部秩序和植根于其间的个人的行动自由就会蒙受侵犯并遭到扼杀。

正是立基于上述就哈耶克"社会秩序规则二元观"对我们理解和解释行动

者与社会秩序规则间的关系进而与社会整体间的关系所可能具有的意义的讨论,我个人以为,这项一般性的研究可以说在一个比较深刻的层面上揭示出了哈耶克"自生自发秩序"的条件性约束——亦即一种可以使"自生自发秩序"对其间的个人行动者有助益的必要条件,而这就是哈耶克所明确阐明的内部规则以及由此而构成的规则系统框架。

然而必须承认的是,第一篇论文的讨论显然还只是一种一般性的讨论,因为当哈耶克力图建构自由主义法律理论的时候,亦即当他把他的努力确定为探寻个人在其行动中遵循的抽象规则与作为个人应对具体而特定的情势(亦即在那些抽象规则加施于他的限度内他对所遇到的具体而特定的情势所作的应对)的结果而形成的那种抽象的整体性秩序之间的一种关系这样一种洞见的时候,他建构其法律理论的理路已然预设了这样一种内在的要求,即他还必须对那些作为这种自由社会秩序以及支配它的法律规则之基础的规范性原则做出说明。换言之,当哈耶克努力论证他所主张的自由社会秩序的时候,尽管他经由"行动结构与规则系统分类学"而对社会秩序的性质及其演化发展的过程提供了一个极为精妙且极强有力的解释,尽管他经由法律规则的阐释而明确阐明了社会秩序的性质依赖于法律性质这个问题,但是毋庸置疑,他所提出的实质性社会理论本身并不足以使他就何种性质的法律应当支配自由社会秩序的问题得出结论,而且我在前文中所阐释的哈耶克有关社会秩序与法律关系的一般性论辩也不足以使他就何种规范性原则应当支配那些保障自生自发秩序的法律的问题得出结论。由此可见,如果哈耶克的法律理论力图对这些问题做出回答,那么它就必须具有规范性的力量;而如果哈耶克的法律理论想具有规范性的力量,那么它就必须对规范性的原则进行讨论并做出阐释。显然,这正是我在研究哈耶克法律理论的过程中必须面对和进行研究的第二个核心问题。

因此,在本论文集的第二篇论文《普通法法治国的建构——哈耶克法律理论的再研究》中,我不仅对哈耶克建构普通法法治国的内在理路做了详尽的分析,而且还对他的法治国建构理路与他所确立的普通法法治国三项原则之间的关系进行了讨论。我首先通过把上述问题转换成一种具体的问式而使其成了该文讨论的具体问题。我在该文中指出,我们有必要对哈耶克法治建构赖以为基础的认识进路做如下的追问:首先,哈耶克为什么选择直接建构法治的理路而不选择当下绝大多数论者所倾向于的那种建构道德理论的理路?或者说,哈耶克做此选择的理据为何?其次,与上述问题紧密相关的是,哈耶克据其理据发现并阐发了哪些法治原则？再者，哈耶克为什么选择作为自由社会秩序必要条件的"一般性原则"而不采纳那种被认为是保障个人自由之充分条件的个人权利之建构理路呢？在设定了这个具体且基本问题的基础上，我又对该文的特定分析路径进行了讨论，因为不同的分析路径会使不同的论者洞见到不同脉络的问题，因此为了从哈耶克的整个法治理论中揭示出其间在我看来颇为重要的观点并开放出其间所隐含的通常为人们视而不见的重大问题，我确立了一个我认为比较妥适的相关分析路径。这就是我经由对哈耶克思想的研究而发现的贯穿于哈耶克整个法治理论建构过程之中的那种以进化论理性主义为依凭而形成的社会行为规则系统的"文化进化"观，因为在我看来，哈耶克的"文化进化"观不仅构成了他建构法治理论的基础，而且也为我们洞见哈耶克法治理论以及其间的一些重要问题提供了一个基本的认识进路。

立基于上面提出的问题以及我为该文所确定的进化论分析进路，同时考虑到哈耶克法治理论研究过程赖以展开的批判与建构的两个脉络，我在分析过程中采取了如下步骤。第一，我首先讨论了哈耶克依据他所主张的进化论理性主义而对法律实证主义所做的实质性批判，其间我着重强调了两个方面的问题：一是哈耶克主要经由"意志"与"意见"的界分而对法律实证主义视法律为主权者意志的命令的"社会秩序规则一元观"所做的批判；二是哈耶克经由否定性客观正义的阐发而对法律实证主义以实然替代应然的实证正义观所做的批判。第二，我在讨论哈耶克建构法治国的具体理路的过程中首先探讨了哈耶克为什么没有采纳建构道德理论的进路而是一以贯之地建构他的法治理论这个问题。就此而言，我强调了下述两个要点：（1）哈耶克根据他的道德进化论而明确指出，论者们在这个方面所做的任何道德建构努力都注定会归于失败；（2）哈耶克依据他的个人主义政治进化论而认为，个人权利导向的社会契约论努力乃是以一种虚构且孤立的个人性质为基础的，因此这种努力不仅没有个人的社会性质作为支撑，而且也在根本上忽视了任何个人权利的内容都是演化发展的这个事实。据此，我强调阐释了哈耶克从规则导向的视角出发建构一种普通法法治国理论的理路。最后，亦即在该文的结语部分，我还依循该文所确立的文化进化论分析路径对哈耶克法治理论提出了两类在我看来值得人们重视因而有必要做进一步追究和思考的问题。

在本书的第三篇即《普通法法治国的建构过程——哈耶克法律理论研究的补论》一文中，我又沿循前文讨论的脉络，对留存下来的值得我们关注的一个重要问题做了进一步的追问,即哈耶克在其法治理论的建构过程中是否从一开始就信奉前文所述的"普通法法治国"理论?在我看来,这个问题实是哈耶克整个法律理论乃至其社会哲学建构过程中最为重要的问题之一,换言之,恰当地认识和回答这个问题乃是我们理解哈耶克整个社会哲学的关键之一,因为如果哈耶克在一开始时并不信奉"普通法法治国"理论,那么这个问题就会不仅关涉哈耶克对法治理论的认识问题,而且还会进一步关涉他转向"普通法法治国"理论的理据问题,当然更是关涉他为什么在早期未能沿循其进化论理性主义而建构起与其"文化进化观"相符合的"普通法法治国"这个问题。在这篇论文中,我首先对哈耶克法治理论是否存在转换这个前提性问题进行了讨论;接着我在确认哈耶克法治理论存在着重大转换的基础上又对哈耶克法治理论中的核心原则即"一般性原则"进行了探讨;最后,我从哈耶克观点的批判者所具有的重要意义、哈耶克法律理论的内在要求以及哈耶克"规则范式"的确立与"三分观"的提出这三个方面讨论了其法治理论进行转换的缘由。

我在该文中得出结论认为,哈耶克在一些批判者的观点(主要是 Bruno Leoni 的观点)的影响下,同时也是在其理论内在理路所提出的转换要求这一更为紧要的基础上,日益洞见到了"普通法法治国"作为个人自由保障者的重要性并且在很大程度上解决了他早期所主张的"大陆法法治国"与其"进化论"理性主义之间所存在的紧张或冲突。但是,哈耶克关于法治乃是一种"元法律规则"的观点并没有发生变化,而且他试图经由"法治国"保障个人自由的理想实际上也没有发生变化,只是他所理解的实现这种理想的"法治国"性质发生了变化。在哈耶克的早期著述中,他趋向于把自生自发秩序所需要遵循的法律规则与"大陆法法治国"原则明确联系在一起,并且在此基础上指出他的这些原则乃是欧陆论者经由从英国普通法和英国不成文宪法的发展中汲取养分而确立的那些法典化法律的特征。然而,哈耶克晚期对法律问题的论述虽说仍然关注自生自发秩序的法律框架所应具有的一般特性,但是他对这个框架的说明以及对这个框架之发展的阐释却转向了对"普通法法治国"所主张的"法律进化论"的强调以及对法律乃是有待法官或法学家发现之物的观念的强调;就此而言,他明确认为法律乃是经由法官或法学家和行动者不断做出的发现和否弃而发展起来的。这里的关键要点在于:哈耶克不再从欧洲大陆的法典法法治国的角度出发去设定法律所应当具有的特性,而转向了从普通法法治国的角度亦即从日常司法实践活动过程中的法律规则进化的角度出发去阐发它们所表现出来的并使之区别于组织秩序所遵循的外部规则的特性。在我看来,正是经由"普通法法治国"的确立,才使得哈耶克真正获致了对法律进化过程的理解,而对法律进化过程的理解则又使他达致了一个极为重要的洞见,即从此一进化过程中生成的规则必定会拥有某些为统治者所发明或设计的法律可能会拥有但却未必会拥有的属性,而且只有当这些法律的制定所仿效的是那些从阐释先已存在的惯例的过程中所形成的规则的时候,它们才可能拥有这些属性。

在本文集的第四篇论文中(这篇论文则是刚刚完成的),我专门探讨了哈耶克关于自由问题的观点。当然,就哈耶克的自由主义理论(包括他的法律哲学)而言,有一个特别重要的问题值得我们注意,而这个问题则与哈耶克本人所具有的两重知识性格紧密相关:一方面,哈耶克是20世纪最为重要且最具原创力的社会理论家之一;另一方面,他又是20世纪自由主义意识形态的最为重要的捍卫者之一,是各种形式的集体主义的坚定批判者和古典自由主义的弘扬者,而这构成了哈耶克理论研究中意识形态的封闭性与其学术研究的开放性之间的高度紧张。长期以来,这种紧张因其意识形态的封闭性而对人们确切认识哈耶克的理论在学术研究层面的贡献构成了一种障碍,而对于那些持非自由主义意识形态的论者平实地理解他的理论在知识上的贡献也构成了一种障碍。更不能忽视的是,哈耶克的自由主义理论在意识形态方面的封闭性,实际上还在相当大的程度上构成了那些自视为"自由主义者"的论者沉湎于意识形态脉络下的问题论辩而无视哈耶克的知识洞见的当然理由。需要强调的是,我并不主张学术理论研究应当或可能与意识形态截然两分,而毋宁在于指出我们不应当把哈耶克在意识形态方面的封闭性视作我们无视他的社会理论和法律理论之意义的理由。当然,《哈耶克法律哲学》这本论文集的目的,显然不在于对哈耶克意识形态的封闭性与其学术研究的开放性之间的紧张关系进行分析,也不旨在对那些因哈耶克意识形态的封闭性而被人们所忽视的知识洞见予以专门的揭示,而是直接对哈耶克法治理论的建构过程以及促使这种过程发生转换的核心问题进行厘定和分析。

记得十多年前,在我完成哈耶克社会理论之实质部分的研究的时候,我曾经在《自由与秩序》一书的"自序"中论及自己的进一步研究计划:"这并不意味着我关于哈耶克思想的研究会止步于此;相反,从我的知识取向来看,它至少还要求我在两个路向上对哈耶克的社会理论及其相关问题做进一步的追究:一是对哈耶克关于个人自由与作为一般性规则的法治间关系的认识做详尽的分析和研究,因为此一方面的研究和分析实是我们认识哈耶克自由主义社会理论的核心部分;二是在相对完整的研究和分析的基础上,对哈耶克自由主义社会理论中所存在的问题和引发的问题进行检讨和批判,因为这涉及我们在知识生产和再生产的结构中所处的位置问题以及我们对这种位置与所处理的知识间关系的认识问题。"由此可见,《哈耶克法律哲学》这本论文集乃是我对此前制订的研究计划中第一项研究的践履;而关于其间涉及的第二项研究安排,实际上正是我眼下着手进行的工作,相信不久便能以学术专著的形式与读者见面。

最后需要指出的是,《哈耶克法律哲学》这本论文集主要是我在"学术闭关期"中进行思考的部分结果,也可以说主要是我在"闭关"期间幸福的展示,因为对于一个智性动物来说,思考一定是自然而幸福的。当然,我之能够享有这种幸福,也需要感谢许多同道中人对我持之一贯的支持和帮助,尤其需要感谢我的最亲爱的朋友——小女嘟儿。在我撰写这部小文集的过程中,也就是2000年,小女嘟儿没有去学校上学而在家中伴我一起读"私"书。在这些极难得的日日夜夜里,她以一种自然且未经"规训"的智慧以及充满童稚的爱心而给我带来的幸福和意料之外的心智激励,实是我无法用语言描述的。坦率地说,我主要是在她赐给我的笑声和平实中完成这本论文集的。因此,我为自己能够在今天将这本文集献给她而感到由衷的高兴。

法律与立法的二元观
——哈耶克法律理论的研究

★

普通法法治国的建构
——哈耶克法律理论的再研究

★

普通法法治国的建构过程
——哈耶克法律理论研究的补论

★

哈耶克关于自由的研究

法律与立法的二元观
——哈耶克法律理论的研究*

一、引论：参照架构的设定与论述框架

就当下中国学术界所侧重关注的问题言，各种形式的"法律移植论"与"法律本土论"之间的潜在"论争"无疑构成了中国主流法律理论中的一个长期的核心关注点：前者所主张的主要是将西方法律传统中"有益"的东西经由立法而纳入中国的法律制度之中；而后者则主要主张将中国各种传统中"有益"的资源经由立法而融入中国当下的法律制度之中。我个人以为，这个问题将在所谓的全球化与本土化的现代性论辩架构中继续成为中国论者的关注焦点，个中的主要原因就在于中国论者只要在中国未被认为是现代法治国家之前就不得不在"现代国家即法律统治国家"这个主流话语的支配下直接面对依凭何种资源建构中国法律制度这个问题。

我无意否认这个问题在"现代化中或后发现代化国家"的中国语境中的重要意义以及在严肃的学术对话过程中所可能具有的理论意义，因为它毕竟还涉及一个更为一般的知识时空性与制度建构的认识问题，但是我还是必须指出，我们绝不能简单地因这两种论说处于"论争"状态而忽略它们所具有的一个共同的思维趋向，即它们都趋向于附和占据支配地位的依照法律治理国

---

* 本文最早发表在北京大学《中外法学》2000年第1期。本文的初步研究系北京大学中国经济研究中心1998—1999年度客座研究项目并得到了该中心的资助，特此致谢。这里需要特别说明的是，本项研究反复多次，其间的译文也几经修正，因此，最终发表在北京大学《中外法学》2000年第1期的文稿是我对此项研究的最终定稿。

家的观点①。尽管这一思维趋向在一般意义上为人们视为当然,但是它却隐含着极大的误导性,因为这种观点在当下的实践中乃是以"立法即为法律"的确当性为前设的。需要指出的是,正是这一视"立法即唯一法律"的前设,遮蔽了现代社会在多数民主(以"立法机构至上"或"无限民主"为标示)和现代科学主义驱动下型构而成的以立法统合整个法律定义(亦即我称之为的"社会秩序规则一元观")的那种支配性,致使人们不可能正视人们在行动中普遍遵循但却尚未阐明的规则在社会演化过程中的功用和意义,也不可能对立法行动本身所应遵循的社会秩序规则的性质以及这种行动所产生的实在法的性质进行追问,当然更不可能对上述流行话语中所"缺席"的但又确实在发挥作用的现代唯理主义"元意识形态"支配下的"现代图式"再生产过程进行前提性的追问。此外,还须注意的是当下中国学界所出现的一种理论趋向,即一些论者从不同的理路出发对现代图式中的各种二元论进行批判并试图对它们所遮蔽的问题加以揭示②,但是,这种维度的批判却不应当在展开的过程中被扭曲成一些人主张各种一元论的理由,更不应当被转换成一些人与那种同是现代图式之产物但在实践中往往为我们所不意识的以国家立法为唯一社会秩序规则的一元论进行"共谋"的

---

① 这里需要强调指出的是,我在反对"人治"的维度上也赞成依照法律治理国家,然而这并不能被理解成我无条件地赞成这种主张,同样我也不认为"法律移植论"和"法律本土论"者都是无条件地赞同"依照法律治理国家"之主张的。这里的关键问题是这样的"论争"会遮蔽"依照法律治理国家"这个主张中所存在的问题。从理论上讲,这里至少有两个问题值得我们注意:一是需要我们对此一论说中的"法律"的性质及其正当性进行追问,而这预设了被宣称为"法律"的东西并不具有当然的正当性;二是需要我们对判断"法律"正当性所依凭的标准的建构问题进行探究,而这意味着我们当然不能简单地赞同以先验专断的论辩方式型构这种所谓的"高级法"。
② 对于那些构成现代图式的二元论以及经由这些二元论所建构的种种关系进行检讨和反思,极有必要且特别重要,而且也是我个人几年前在对"国家与社会"二元框架有可能在分析的过程中所存在的将"国家"和"社会"实体化和同质化的取向进行反思时所主张的(请参见拙文《国家与社会:中国市民社会研究的研究》和《"国家与社会"研究框架的建构与限度:对中国乡土社会研究的评论》,载拙著《研究与反思:中国社会科学自主性的思考》,辽宁大学出版社1998年版,第113—159页)。尽管我不可能在这里详尽讨论这个问题,但是考虑到与本文设定的题域的关系,我认为至少有必要指出,晚近所展开的对哈耶克"自然与社会"二元观的批判太过匆忙因而也太简单化了,而本文的讨论可以从一个维度对这种简单化的取向构成质疑和否思。需要强调的是,对这种"简单化取向"的质疑和否思,一方面并不等于我认为对二元论的批判不重要,另一方面也不等于我认为哈耶克理论中不存在问题,而毋宁在于指出我们在展开任何这类批判之前首先需要的是对哈耶克(包括其他论者)极为繁复的知识论和社会理论做认真的前提性研究。就此而言,我们可以提出这样的问题:一是哈耶克所反对的究竟是"社会主义"还是包括"社会主义"在内的一切由唯理主义出发的以"人之设计"为标示的对人进行实质性控制的任何观念,或者说,哈耶克所捍卫的究竟是他意义上的"自由主义"还是"资本主义"? 二是与此相关的一个更为一般的问题,即我们究竟能够在何种意义上完成对"自由主义"的同质化过程或者实现"资本主义"对"自由主义"的化约论,以及依此实现的这种同质化过程和化约论所具有的究竟是意识形态的意义还是学术理论上的意义?

理据。

与前述问题紧密勾连,这里还存在一个在更深刻的层面上长期困扰着中国学人的理论问题,这便是我称之为的"国家与社会"之关系的现代性问题。我们完全可以用一种设问的方式把这个问题表述如下:是否存在着一种"纯粹"的自生自发秩序(包括市场秩序)?毋庸置疑,这个问题极为重要,因为它直接关涉我们如何认识和解释作为"行动者"的国家与作为"自生自发秩序"的社会之间的关系问题;换言之,这个问题在中国社会转型的过程中占据着极为重要的地位,因为中国学界在国家从"全能性"状态开始发生变化的过程中不得不考虑国家在整个社会转型过程中的"位置"问题。围绕着这个问题,大体上形成了两种相对的论说①。立基于对这个问题的肯定性回答,形成了一种大体上主张国家不应进入自生自发秩序的简化论说;与之相反对,另一种论说则立基于对这个问题的否定性回答而认为,自生自发秩序不能经由二分的方式与国家分割开来:一是因为自生自发秩序中的异常情势始终在"邀请"国家对之进行"规制";二是因为国家的"规制性"行动也是有助于自生自发秩序(包括市场)之型构的。但是我们必须正视的是,围绕着这一问题所形成的上述两种论说,实际上也在一更深的层面预设了一种同样的观点,即**国家行动在自生自发秩序中的"存在/不存在"是判定自生自发秩序是否"纯粹"的标准**。

需要强调指出的是,由于这一为人们不意识的深层预设在把国家在自生自发秩序中"存在与否"的事实本身转换成了判断"纯粹"自生自发秩序存在与否的标准的前提下,完全否定了任何社会秩序实是行动者遵循特定规则的结果的命题和依此命题确立以**"国家行动所遵循的规则的性质"**为判准的必要性,所以它遮蔽了国家(作为一种最大的组织②)并非只是一个"行动者"而更是一个"遵循规则的行动者"的深刻识见,进而只能在"后果论"的意义上断定国家规制

---

① 我之所以认为是"大体上"形成了两种论说,主要是因为我个人完全不同意把当下的这种"论争"视为是"自由主义与新左派"的论争。具体而言,乃是因为双方的论争"争点"(issue-point)极不明确:一些论者把问题都归为资本主义并将这种资本主义与自由主义混为一谈而对这种自由主义进行"批判",另一些论者则将某些对现代性的理论批判视作是对自由主义的批判而将这种批判观点确认为"新左派";再者,我个人以为,这场所谓的"论争"在很大程度上还是当下正在中国展开的"媒体逻辑"支配下的产物,因此,一方面我们应当经由我们自己的思考而将其间掩盖着的问题揭示出来,而另一方面我们则应当在坚守学术研究自主性的同时对这种"媒体逻辑"的趋向在学术界的展开予以检讨和批判。

② 关于政府是"组织"的问题,哈耶克明确指出:"家庭、农场、工厂、商号、公司和各种团体,以及包括政府在内的所有制度或机构,都是组织。"见 Hayek, *Law, Legislation and Liberty*, Vol. I, *Rules and Order*, Chicago: The University of Chicago Press, 1973, p. 46。

行动的助益性或者在先验认定自生自发秩序否弃国家的前设下断定国家行动的负面性质。因此,这两种论说显然都无力把国家在自生自发秩序中的特定行动与它们所遵循的特定性质的社会秩序规则结合起来加以具体分析,更是无力对自生自发秩序得以型构的社会秩序规则的性质进行追问,当然也不可能从社会理论的意义上洞见到一种与自生自发秩序不同的组织秩序及其所遵循的组织规则唯有经由国家行动才可能侵吞自生自发秩序及其所遵循的内部规则。

当然,本文的目的并不在于对上述问题做直接的详尽分析或批判,而毋宁在于通过对哈耶克法律理论的研究而为我们进一步思考和追究上述问题提供一条路径,因为以我个人所见,对哈耶克法律理论的研究和分析,一定会对我们在直接分析或批判上述问题之前更妥切地认识这些问题具有极为重要的意义,或者说,这项研究的结果在一定意义上能够构成我们认识上述问题的另一种"社会世界图式"。当然,提出上述问题本身,反过来也为我们讨论哈耶克的法律理论设定了一个特定的**理论思考参照架构**①。

毋庸置疑,哈耶克法律理论的建构,如同其社会理论和自由理论的建构一样,极其艰难和繁复,正如他本人在1965年发表的一篇论文中所给出的提示一般②:

> 我关于人在新的和不可预见的情形的生活中协调持续性行动需要抽象规则所做的论述,甚至更适用于具体情势中许多不同个人的行动的协调,这些情势只在部分上为每个个人所知道,而且也只有在它们出现的时候才能为他们所知道。这导使我达致,在我个人的学术发展中,我进行所有反思的出发点,而且它或许可以解释为什么我……从专门经济学转入了对所有那些常常被视为哲学的问题的探究。回顾这些变化,这似乎始于我将近30年前所发表的《经济学与知识》的论文;在这篇论文中,我考察了在我看来纯粹经济学理论所具有的一些核心困难。该文的主要结论是,经济学理论的任务乃在于解释一种经济活动的整体秩序(overall order)是如何实现的,而这个过程运用了并非集中于任何一个心智而只是

---

① 见拙文:《哈耶克思想研究与相关问题(自序)》,载拙著:《自由与秩序:哈耶克社会理论的研究》,江西教育出版社1998年版,第12页。
② Hayek, "Kinds of Rationalism", in *Studies in Philosophy, Politics and Economics*, London: Routledge & Kegan Paul, 1967, pp. 91-92.

作为无数不同的个人的独立的知识而存在的大量的知识。但是,从这一认识到获致下述恰当的洞见还有很远的路要走,即个人在其行动中遵循的抽象规则与作为个人回应(亦即在那些抽象规则加施于他的限度内对所遇到的具体而特定的情势所作的回应)的结果而形成的抽象的整体秩序之间关系的洞见。……我达致了我所认为的一幅关于自生自发秩序之性质的全新图景。

哈耶克的这段文字,依我个人的理解,至少为我们从总体上把握哈耶克的法律理论提供了两条重要的认识路径:

第一,哈耶克的法律理论建构,不仅不是那种即时性的"应景"作品,当然也不是那种在学科严苛设限支配下的"为法律而法律"的研究;在直接的意义上讲,哈耶克以《法律、立法与自由》(Law, Legislation and Liberty)为核心所详尽阐释的法律理论乃是以他对**自生自发社会秩序的可欲性**所做的整体性研究为基础的,而这可见之于他为出版这部著作所撰写的涉及不同题域和不同学科的一系列极为重要的预备性研究论文,它们大多收录在1967年出版的《哲学、政治学和经济学的研究》(Studies in Philosophy, Politics and Economics)和1978年出版的《哲学、政治学、经济学和观念史的新研究》(New Studies in Philosophy, Politics, Economics and the History of Ideas)这两本论文集中①;而在间接的意义上看,哈耶克的法律理论更是以1937年发表的著名论文《经济学与知识》至1960年出版的巨著《自由秩序原理》(The Constitution of Liberty)这一期间所提出的一系列重要论点为依凭的。立基于上述所论,我们可以说,哈耶克实是在其认识和解释社会现象的内在理路的要求下而建构其法律理论的。

第二,也是更为重要的,哈耶克的法律理论虽说在很大程度上是其社会理论和自由理论的逻辑展开,但是就其整体社会哲学而言,他的法律理论却是我

---

① 这里需要指出的是,哈耶克本人之所以在《法律、立法与自由》第一卷的序言中只提到1967年出版的《哲学、政治学和经济学的研究》一本论文集,例如他指出,"如果有读者急切想知道本卷论辩在后两卷中的展开过程,那么他在阅读本卷的同时也可以参阅我在构思这本书的漫长岁月中所发表的一系列预备性研究论文,并从中获致某种提示。这些预备性研究论文,部分收录在我的《哲学、政治学和经济学的研究》一书之中",这完全是因为第一卷出版的时间是1973年,而《哲学、政治学、经济学和观念史的新研究》的论文集只是在1978年才得以面世,所以在1973年的时候他不可能让读者去参阅1978年出版的论文集。但是,我们在今天研究哈耶克的法律理论的时候,当然应当同时参阅这两本论文集了。

们进一步理解他有关个人自由与社会秩序之关系的洞见的重要路径,甚至是其基本的前提。这是因为,在哈耶克那里,社会秩序乃是以相应的规则为依凭的,而且个人自由也是以一般性法律为基础的,亦即他所说的"法律下的自由"(freedom under the law),套用他本人在《法律、立法与自由》一书中的说法,"我们的一个主要论点认为,尽管自生自发秩序与组织会始终共存,但是这两种秩序的原则仍不能以我们所希望的任何方式混淆起来。如果这一点尚未得到人们较为普遍的理解,那实是因下述事实所致:为了确定这两种秩序,我们必须依凭规则,然而这两种不同的秩序所要求的规则种类之间所存在的那些重要区别却还没有得到人们的普遍认识"[①]。正是在这个意义上,我们可以说,只有在理解了哈耶克的"法律"观以后,我们才有可能更为深切地理解和把握哈耶克的自由理论乃至社会理论。

正是立基于本文前设的理论问题参照架构与考虑到哈耶克法律研究所经历的这样一个漫长的过程,尤其是其间所思考的问题的繁复性及其理论建构的转换过程,本文的论述框架或侧重点将进行如下的安排:除了本文第一部分的简短引论以外,我将首先在第二部分通过对哈耶克为什么或如何从社会理论的阐释转向对法律理论的建构这个问题进行追问,进而揭示出他由自由理论而进入法律理论的建构以完善其社会哲学的内在理路,并在其间努力阐明哈耶克在研究过程中所确立的认识社会的"规则范式"乃至以自由理论为基础的"确获保障的私域"与构成法律理论之核心的"根据什么来界分或保障这种私域"之间的逻辑关系等问题。

然后,我将在本文的第三部分和第四部分对构成哈耶克法律理论的核心观点进行探究,亦即对他在社会秩序与规则之关系的基础上所确立的"内部规则"(或法律)与"外部规则"(或立法)这一"社会秩序规则二元观"展开讨论。此外,一如我们所知,哈耶克要完成"社会秩序规则二元观"的建构,就必须首先从理论上阐明"社会秩序规则一元观"在社会实践中占据支配地位的理据并揭示出其间所存在的问题,因为"自由主义的确源出于普通法的各种理论和较早的(即前唯理主义的)自然法诸理论,而且还预设了这样一种正义观,它允许我们对这种正当的个人行为的规则(隐含于'法治'观念和型构自生自发秩序的要求

[①] Hayek, *Law, Legislation and Liberty*, Vol. I, *Rules and Order*, Chicago: The University of Chicago Press, 1973, p. 48.

之中)与当局为了组织的目的所发布的所有特定的命令加以界分。这一基本区别为现代两位最伟大的哲学家(休谟和康德)的法律理论所明确阐明,但是自那时起一直没有得到适当的重述,而且与当下占支配地位的法律诸理论完全不相符合"[1];因此,哈耶克在对唯理主义支配下的这种"社会秩序规则一元观"施行去蔽的过程中对"自然"与"人为"二分观的谬误和"公法"与"私法"相混淆的谬误所展开的批判,无疑也应当是我们在这两个部分所关注的重点。最后,在本文的结语中,我则试图对哈耶克的法律理论所具有的一些在我看来极为重要的启示做一简要的讨论。

二、哈耶克建构法律理论的内在理路

(一) 哈耶克社会理论的基本洞见

哈耶克在其所著的《法律、立法与自由》一书中对他自己的研究和思考得出了这样一个最终结论[2]:

> 我们应当学到了足够多的东西,以避免用扼杀个人互动的自生自发秩序(置其于权威当局指导之下的方法)的方式去摧毁我们的文明。但是,要避免这一点,我们就必须否弃这样一种幻想,即我们能够经由刻意的思考而"创造人类的未来"……这是我……现在给我就这些问题的四十年的研究所下的最终结论。

哈耶克的这一**"最终结论"**,不仅为我们理解他的社会理论的知识论基础提供了最明确的启示,而且也的确勾画出了哈耶克整个研究中的最重要的论题。具体而论,它一方面表明了哈耶克一以贯之的论辩路径,即对社会进程做有意识的控制或刻意指导的各种诉求,不仅永远不可能实现,而且只会导致自由的丧失,进而最终摧毁文明。因此,哈耶克主张,"作为个人,我们应当服从各种力量并遵循我们无法希望充分理解但文明的发展(甚至它的维续)却依赖于其上

---

[1] Hayek, *Studies in Philosophy, Politics and Economics*, London: Routledge & Kegan Paul, 1967, p.166.
[2] Hayek, *Law, Legislation and Liberty*, Vol. Ⅲ, *The Political Order of a Free People*, Chicago: The University of Chicago Press, 1979, p.152.

的各项原则"①。另一方面,它还明确标示出了哈耶克社会理论赖以为基础的"进化论理性主义"特征②;换言之,立基于此一"最终结论"所凸显的他对那种由一些苏格兰道德哲学家所明确阐明的"进化论理性主义"的继承与他对"法国启蒙运动传统"所表现出来的"建构论唯理主义"的批判的两分框架,哈耶克建构起了他的"进化论"的自由主义社会理论③。

就哈耶克的社会理论而言,我个人以为,其最为核心的洞见可以被归纳为以下几个命题。然而首先需要指出的是,所有这些命题都是以否定"**原子论的个人主义**"为前提的④。

第一,哈耶克认为,所有社会型构的社会秩序不是生成的就是建构的:前

---

① Hayek, *Law, Legislation and Liberty*, Vol. Ⅲ, *The Political Order of a Free People*, Chicago: The University of Chicago Press, 1979, p. 162.
② 关于哈耶克所主张的"进化论理性主义",乃是在与他所批判的"建构论唯理主义"的对照中凸显其自身特征的。首先需要指出的是,哈耶克对建构论唯理主义的批判,早年可见之于他所撰写的《知识在社会中的运用》(1945),《个人主义:真与伪》(1946)和 *The Counter-Revolution of Science: Studies on the Abuse of Reason*(1952)等论著;然而最为集中的论述则是他于 1970 年撰写的《建构主义的谬误》一文。哈耶克认为这两个理论传统区别极大:"一为经验的且非系统的自由理论传统,另一为思辨的及唯理主义的自由理论传统。前者立基于对自生自发发展的但却未被完全理解的各种传统和制度所做的解释,而后者则旨在建构一种乌托邦"(哈耶克:《自由秩序原理》,邓正来译,三联书店 1997 年版,第 61—62 页);而这两种完全不同的思想进路则导致了 J. L. Talmon 所言的实际上完全不同的结论:一派"主张有机的、缓进的和并不完全意识的发展,而另一派则主张教条式的周全规划;前者主张试错程序,后者则主张一种只有经强制方能有效的模式"(J. L. Talmon, *The Origins of Totalitarian Democracy*, London: Secker & Warburg, 1952, p. 71)。关于这两种不同的理论传统在关于社会秩序的一些基本命题方面所存在的冲突,可以概括为:"建构论的唯理主义传统所提出的命题之一是人生来就具有智识的和道德的禀赋,而这种禀赋能够使人根据审慎思考而型构文明,并宣称'所有的社会制度都是,而且应当是,审慎思考之设计的产物'。然而,进化论理性主义者则明确指出,文明乃是经由不断试错、日益积累而艰难获致的结果,或者说它是经验的总和。因此,他们的命题可以表述为,文明于偶然之中获致的种种成就,实乃是人的行动的非意图的结果,而非一般人所想象的条理井然的智识或设计的产物。"参见拙著:《自由与秩序》,江西教育出版社 1998 年版,第 15—16 页。

这里还要表明的是,除了苏格兰启蒙思想的渊源以外,哈耶克自由主义思想在这个方面还受到了奥地利经济学派主观价值理论代表人物门格尔的重要影响,一如他在晚些时候所指出的,在门格尔的著述中,"有关制度自生自发的观念,比我阅读过的任何其他著作都阐述得更加精彩"(参见 S. Kresge & L. Wenar, *Hayek on Hayek*, London: Routledge, 1994, pp. 13 - 14);实际上,哈耶克的"无知观"也受到了门格尔的影响,因为门格尔早在《经济学和社会学诸问题》(*Problems of Economics and Sociology*,由 L. Schneider 撰写译本导论,由 F. J. Nock 翻译,并由 Urbana 于 1963 年出版)一书中就论及了行动者的无知问题,一如 Schneider 在该书的译序中所指出的,"正是哈耶克花费了最大力气运用了门格尔这一独特的洞见",并且解释了为什么在某些情况下"无知"比"知"更有效的问题(参见同上书,第 16 页)。
③ 参见拙文:《哈耶克社会理论的研究》,载《自由与秩序》,江西教育出版社 1998 年版,第 10—17 页。
④ 参见哈耶克:《个人主义与经济秩序》,贾湛等译,北京经济学院出版社 1989 年版,第 6—15 页;又请参见拙文:《哈耶克社会理论的研究》,载《自由与秩序》,江西教育出版社 1998 年版,第 51—56 页。

者是指"自生自发的秩序"(spontaneous order),而后者则是指"组织"(organization)或者"人造的秩序"(a made order)①。然而,为了更为确切地指称这两种社会秩序,哈耶克在20世纪60年代以后开始采用两个希腊术语以强调它们之间的区别:他用cosmos(即"内部秩序")这个术语来指称自生自发的社会秩序,其特征是这种秩序不具有一种共同的目的序列,所具有的只是每个个人的目的;然而,那种以确定或实现具体目的为特征的组织形式,哈耶克则把它称之为taxis(即"外部秩序")②。哈耶克认为,人之行动可能并不严格符合刻意设计的、有意识的组织秩序这个事实,并不意味着这些行动是非理性的或者不具有可辨识的模式,事实可能正好与此相反,因为存在于这种行动中的常规性或模式就是自生自发秩序。然而在这两种社会秩序中,哈耶克指出,只有自生自发秩序才是自由主义社会理论的"核心概念"③,或者说,"社会理论的整个任务,乃在于这样一种努力,即重构"存在于社会世界中的各种自生自发的秩序④,这是因为在哈耶克的分析中,自生自发秩序与组织完全不同,它们的出现和进化以及它们演化扩展赖以为基础的规则机制所具有的非设计性质或非意图性质,必定会引发真正需要解释和理解的问题,因此只有自生自发的社会秩序才需要有相应的社会理论的建构⑤。

第二,哈耶克立基于上述的**社会秩序分类学框架**进一步指出,道德、宗教、法律、语言、书写、货币、市场以及社会的整个秩序,都是自生自发的社会

---

① 当然,哈耶克也用 endogenous order 来指"自生自发的秩序",而用 exogenous order 来指"组织秩序",参见 Hayek, *Law, Legislation and Liberty*, Vol. I, *Rules and Order*, Chicago: The University of Chicago Press, 1973, pp. 35-37。这里需要指出的是,哈耶克在术语方面的一些变化。除了cosmos(内部秩序)和taxis(外部秩序)术语以外,哈耶克还在研究中使用了"内部规则"(nomos)和"外部规则"(thesis)等一系列专门术语;当然,这种做法的目的是为了使所用的术语更加精确。但是需要强调的是,哈耶克在1979年以后出版的《法律、立法与自由》第三卷中,却放弃了这种做法,正如他本人所承认的那样,"我颇感抱歉的是,我自己没有勇气一以贯之地使用我在先前所建议采用的其他一些新词,例如:'cosmos'、'taxis'、'nomos'、'thesis'、'catallaxy' 和'demarchy'。然而,因此而在阐述中丧失的精确性,很可能会因它们易于理解而得到补偿"。因此,请读者在阅读本文的时候注意这个方面的问题。
② 哈耶克在1973年出版的 *Law, Legislation and Liberty*, Vol. I, *Rules and Order* 一书中第二章以"cosmos"和"taxis"为名并对这两种秩序做了比较详尽的讨论(pp. 35-54);另参见我对这两种秩序所做的讨论:《自由与秩序》,江西教育出版社1998年版,第17—21页。
③ 请参见拙文:《哈耶克社会理论的研究》,载《自由与秩序》,江西教育出版社1998年版,尤其是其间的第二部分"哈耶克的社会理论:规则系统与行动结构",第21—41页。
④ Hayek, *Studies in Philosophy, Politics and Economics*, London: Routledge & Kegan Paul, 1967, p. 71.
⑤ 请参见拙文:《哈耶克社会理论的研究》,载《自由与秩序》,江西教育出版社1998年版,尤其是其间的第二部分"哈耶克的社会理论:规则系统与行动结构",第76页。

秩序①。哈耶克把所有这些自生自发的社会秩序都归属于同一范畴的预设，显然是它们生成演化的过程极其相似，更具体地说，亦就是它们都不是因计划或设计而生成的，而是**"人之行动而非人之设计的结果"**。然而，哈耶克又明确指出，在自生自发的社会秩序本身中，还存在着两种无论如何不能混淆的秩序类型：一是在进行调适和遵循规则的无数参与者之间形成的互动网络的秩序（或称为行动结构），二是作为一种业已确立的规则或规范系统的秩序。哈耶克就此指出，"个人行为的规则系统与从个人依据它们行事而产生的行动的秩序，并不是同一事情；这个问题一经得到陈述，就应当是显而易见的，即使这两种秩序在事实上经常被混淆"②，因为自生自发的社会秩序并不是自然生成的，而是"这些秩序的要素在回应它们的即时环境时遵循某些规则的结果"，或者说："只有当个人所遵循的是那些会产生一种整体秩序的规则的时候，个人对特定情势所作的应对才会产生一种整体秩序。如果他们所遵循的规则都是这样一些会产生秩序的规则，那么即使他们各自的行为之间只具有极为有限的相似性，也足以产生一种整体秩序"③。显而易见，自生自发社会秩序在这里并不能够被化约成行为规则系统，也因此，社会理论的任务之一就在于揭示那些只要得到遵循便会导向自生自发秩序的规则及其赖以存续的常规性。

第三，根据上述**"行动结构"与"规则系统"的两分框架**，哈耶克形成了他的社会理论中的另一个重要命题，即社会行为规则系统"文化进化"的命题；而对这一核心命题的阐发，则为哈耶克在法律理论建构的过程中最终确立了著名的有关社会行为规则系统的"文化进化理论"④。这是因为这一有关社会行为规

---

① Hayek, *Law, Legislation and Liberty*, Vol. I, *Rules and Order*, Chicago: The University of Chicago Press, 1973, p. 10.
② Hayek, *Studies in Philosophy, Politics and Economics*, London: Routledge & Kegan Paul, 1967, p. 67.
③ Hayek, *Law, Legislation and Liberty*, Vol. I, *Rules and Order*, Chicago: The University of Chicago Press, 1973, p. 44.
④ 所谓"文化进化"，乃是指社会行为规则的文化进化。我曾经就此问题指出："行动的有序结构与其所依据的那些规则系统，在哈耶克看来，都是'人之行动而非人之设计的结果'，然而他同时又强调指出，这些相似性并不能做无限的扩大，因为行动结构的生成依据规则，而规则的文化进化则否。哈耶克的这一论式向我们揭示了两种不同的'看不见的手'的进化过程：一种进化方式乃是在一规定的环境中展开的，或者说，这种进化过程的结果乃是在受到制约的意义上被决定的。这就是作为自发社会秩序的行动结构的进化方式；因此这一方式的一个特征在于它是在明确可辨的规则基础限制下发生的，而且是一永久循环的过程，而它的另一个特征则在于它是否定性的：它规定了何者不能存在，而不是何者能存在。另一种进化方式乃是在非规定的环境中发生的，或者说，这种进化过程的结果由于不存在规定的条件而在很大程度上是不确定的。这就是作为自发社会秩序的道德、法律以及其他规则系统的进化发展方式；这一方式的（转下页）

则系统"文化进化"的深刻命题为哈耶克奠定一种新的解释路径提供了某种可能性,即这些社会行为规则不仅引导着那些以默会的方式遵循它们但对为什么遵循它们或对它们的内容并不知道的行动者如何采取行动,而且还反过来在更深的层面上设定了社会秩序的自生自发性质,亦即通过行动者对他们所遵循的社会行为规则的"文化进化"选择而达致的自生自发进程。

毋庸置疑,贯穿于上述核心命题的乃是个人自由与社会整体秩序间关系以及秩序与规则间关系的问题;据此,一如我在此前的论文中所说的,对这些问题的认识和解释就是"**哈耶克的终身问题**"①,或者说,哈耶克建构其社会理论的核心目的乃在于对人类社会中的"自生自发秩序"(即内部秩序)做理论上的阐发和捍卫,因为正是这个"哈耶克的终身问题"反映了或支配着哈耶克整个社会哲学建构的过程②。

(二) 哈耶克知识观的转换与"规则范式"的确立

另一方面,我们还必须指出,哈耶克社会理论所达致的一系列重要命题更是在我称之为的哈耶克关于"**知与无知的知识观**"的转换的逻辑脉络中展开的,而且也是在其间得以实现的③。哈耶克在"分立的个人知识"经"知道如何"(know how)的默会知识再到"无知"概念的转换过程中,达致了从"知"意义上

(接上页)特征在于它不遵循任何'进化之法则'"。参见拙著《自由与秩序》,江西教育出版社1998年版,第31—32页;又请参见 V. Vanberg, "Spontaneous Market Order and Social Rules: A Critical Examination of F. A. Hayek's Theory of Culture Evolutioin," in J. C. Wood and R. N. Wood, ed. *F. A. Hayek: Critical Assessment* (Ⅲ), London and New York: Routledge, 1991, pp. 177 - 201。

① 我将哈耶克建构其自由主义社会理论的核心目的或者说是"哈耶克的终身问题"确定为对"自生自发秩序"做理论上的捍卫,简而言之有两个原因:第一,"自生自发秩序"既构成了哈耶克进行反思的出发点,也构成了他的理论的最终成就,一如他本人所概述的,"这导使我达致,在我个人的学术发展中,我进行所有反思的出发点,而且……达致了我所认为的一幅关于自生自发秩序之性质的全新图景"(Hayek, *Studies in Philosophy, Politics and Economics*, London: Routledge & Kegan Paul, 1967, pp. 91 - 92);第二,我认为(参见拙著《自由与秩序》,江西教育出版社1998年版,第76—77页)那种以为哈耶克只是在20世纪50年代才从迈克·博兰尼的观点中征引了"自生自发秩序"观念的观点是极具误导性的。实际上,哈耶克早在1933年在伦敦经济学院发表的教授就职演说中就对人们所承继的复杂的和非设计的社会机制的"自生自发"性质进行了讨论;所以 G. C. Roche 指出,"在很大程度上我们要感谢哈耶克的洞见,是他使我们现在认识到了自由与社会组织的密切关系以及自由与法治的密切关系,因为'自生自发的秩序'概念是哈耶克最伟大的发现,亦即是其法学和经济学的根本原理"(G. C. Roche, "The Relevance of F. A. Hayek," in F. Machlup, ed. *Essays on Hayek*, London: Routledge & Kegan Paul, 1977, p. 10)。

② 哈耶克:《致命的自负》(原译《不幸的观念》),刘戟锋等译,东方出版社1991年版,第106页。

③ 参见拙文:《知与无知的知识观》,载《自由与秩序》,江西教育出版社1998年版,第85—86页。

的主观知识观向"无知"意义上的"超验"知识观的转化——这可以典型地表述为从"观念依赖"到"观念决定"再转向"必然无知"或"理性不及"的发展过程①。然而就本文的侧重点而言,我个人以为,哈耶克的社会理论建构在20世纪50年代(更准确地说是在60年代)所发生的这一根本性的知识观变化,最值得我们注意的就是哈耶克从"观念"向"规则"等一系列概念的转换②,因为正是透过这些概念的转换,标示着哈耶克实质性社会理论的建构路径的变化,表明了哈耶克对行动结构与规则系统"两分框架"的拓深,也在更深刻的层面上意味着哈耶克"规则范式"的确立。

哈耶克在知识观方面所发生的转变以及因此而对他真正建构其社会理论的实质性意义或影响,我认为大体上可以见之于下述三个紧密勾连的方面。

首先,哈耶克从"知"向"无知"观转换的知识努力,里程碑似地标示着哈耶克在1960年以后对他此前设定的理论命题的转换,亦即从提出"整体社会秩序乃是经由个人行动者之间的互动和协调而达致的"命题,向确立"整体社会秩序不仅是由个人行动者间的互动达致的,而且更是由行动者与表现为一般性抽象结构的社会行为规则之间的互动而形成的"命题的转换,一如他在1965年发表的《理性主义的种类》("Kinds of Rationalism")一文中以比较明确的方式提出了"个人在其行动中遵循的抽象规则与那种抽象的整体秩序之间的种种关系"的问题,并且得出结论认为,"那种抽象的秩序乃是个人在那些抽象的规则加施于他的限度内对所遇到的具体而特殊的情形所做出的反应的结果"③。当然,我

---

① 参见拙文:《知与无知的知识观》,载《自由与秩序》,江西教育出版社1998年版,第69—139页。
② 参见拙著:《自由与秩序》,江西教育出版社1998年版,第29—41页和第131—138页;而关于哈耶克所确立的这一"规则"研究范式,我们还需要指出的是,在1960年以前,哈耶克极少使用"规则"(rule)这个术语。事实上,他在《感觉秩序》(*Sensory Order*,1952)一书中就是试图不用"规则"这个术语来讨论认知心理学的问题;只是在1960年出版的《自由秩序原理》一书中,他才开始大量使用这个术语,但却很少对这个术语进行限定。此后,他开始对此进行限定,称之为"行动规则"(rules of action),而到1967年,他又用"行为规则"(rules of conduct)替代了这个术语,并在其后的著述中一直使用这个术语。显而易见,这个问题绝非只是一个语义学的问题,因为从他于1967年所发表的论文《关于行为规则系统之进化问题的评注》("Notes on the Evolution of Systems of Rules of Conduct")的副标题"个人行为规则与社会经济行动秩序之间的互相作用"(The Interplay between Rules of Individual Conduct and the Social Order of Actions)来判断,我们可以发现他经由对此一术语的征用而达致了对"个人行动者遵循的行为规则"与由此而产生的"社会行动秩序或整体秩序"的明确界分。请参见 T. Lawson, "Realism and Hayek: a Case of Continuous Transformation",转引自 S. Fleetwood, *Hayek's Political Economy: The socio-economics of order*, London and New York: Routledge, 1995, pp. 83–84。
③ Hayek, *Studies in Philosophy, Politics and Economics*, London: Routledge & Kegan Paul, 1967, p. 92.

们也可以通过把这两个命题转换成实质性问题的方式来指出它们之间的差异,因为一如我们所知,社会秩序问题的设定所要求的远不止于对这种秩序所赖以存在的条件进行形式层面的描述,而是必须对置身于该社会秩序之中的行动者是如何始动其行动这个实质性问题进行追究:这样,前者便可以转换成行动者是如何在"知"的情形下始动其行动进而维续社会秩序的问题;而后者则可以表述为行动者如何可能在**"必然无知"**的情形下依旧进行其行动和应对这种无知而维续社会秩序的问题。

其次,哈耶克立基于"无知"意义上的默会知识观而引发的自生自发秩序问题的转换,一如上述,其核心要点就在于一些原本为行动者所"知"的社会行为规则现在却在性质上转换成了独立于这些行动者对它们的辨识或"知"而存在的规则;这里需要强调的是,不仅行动者所遵循的社会行为规则,而且由这些社会行为规则所增进或促成的行动者的行动本身,也往往是他们本人所不知的。这个问题在理论研究上的根本意义在于:在这种情形下,如果行动者在语言上并不知道或不能恰当地概念化那些增进或促成他们正常行动的社会行为规则,那么显而易见,社会就不能仅从行动者的观念或行动中综合出来,而这也就当然地导致了哈耶克对其社会理论研究对象的重构:原来根本不可能进入其研究对象的社会行为规则,现在也就当然地成了其研究对象的最为重要的组成部分。这是因为一旦哈耶克认识到了行动者能够在无知的状况下协调他们的行动并形成社会秩序,那么他实际上也就在更深的一个层面上预设了某种独立于行动者的知识但却切实影响或支配行动者之行动的社会行为规则亦即哈耶克所谓的**"一般性的抽象规则"**的存在。正是在这个意义上,我们可以认为,行动者并不知道的社会行为规则以及行动者与这些规则之间的互动构成了哈耶克社会理论的研究对象。

再次,哈耶克经由提出"自生自发社会秩序不仅是由行动者与其他行动者发生互动而形成的,而且更重要的还是由行动者与那些并不为他们所知('知道那个'的知识)但却直接影响他们行动的社会行为规则发生互动而构成的"的上述命题,还致使他在社会理论的分析过程中发展出了另一个与此相关的重要命题,即"人的社会生活,甚或社会动物的群体生活,之所以可能,乃是因为个体依照某些规则行事"[①]。哈耶克这个命题的关键之处,乃在于行动者在很大的程

---

① 哈耶克:《自由秩序原理》,邓正来译,三联书店1997年版,第184页。

度上是通过遵循社会行为规则而把握他们在社会世界中的行事方式的,并且是通过这种方式而在与其他行动者的互动过程中维续和扩展社会秩序的。与此相关的是,我们也可以说这一发展是哈耶克在研究知识发现和传播的机制方面的一个转折点,因为这些社会行为规则不仅能够使行动者在拥有知识的时候交流或传播这些知识,而且还能够使他们在并不拥有必需的知识的时候应对无知,一如哈耶克所言,这些社会行为规则乃是"社会的集合知识的体现";更为具体地说,如果一个行动者成功地遵循了一项社会行为规则,那么这个行动者便通过此项规则而具有了实施某一行动的能力①。

综上所述,哈耶克经由"知"向"无知"知识观的转化而获得的最为重要的一项成就,我将之概括成他为其社会理论所建构的认识和解释社会的"规则"研究范式,而这正是他从内在理路上得以建构其法律理论的最为重要的途径之一。哈耶克"规则"研究范式的确立,由于它以"人不仅是一种**追求目的**(purpose-seeking)的动物而且在很大程度上也是一种**遵循规则**(rule-following)的动物"②的观点为前设,所以它也就不仅意味着人之行动受着作为深层结构的社会行为规则的支配,进而还意味着对人之行为的解释或者对社会现象的认识乃是一阐释某种独立于行动者的知识但却切实影响或支配行动者之行动的社会行为规则的问题,而不是一简单考察某些刻意的和具体的行动或事件的问题。正是在这个意义上,我个人以为,哈耶克的这一研究范式涉及了对人们所熟知的"**个人**"与"**社会**"或"**行动**"与"**结构**"等彼此对立的认识框架的革命性"改造";而且也为他在此一研究范式的支配下对法律问题展开实质性讨论提供了一种极具意义的知识进路③。

(三) 哈耶克自由理论的建构与法律问题的提出

一如上述,哈耶克经由无知观的建构而确立起了其社会理论中的社会秩序分类学,而且这一分类学也为他在洞见或解释社会的繁复进程方面提供了一个极为精致和强有力的进路,但是与此同时,从逻辑的角度看,它也在更深的层

---

① 参见拙文:《知与无知的知识观》,载《自由与秩序》,江西教育出版社 1998 年版,第 127—135 页。
② Hayek, *New Studies in Philosophy, Politics, Economics and the History of Ideas*, Routledge & Kegan Paul, 1978, p. 8; Hayek, *Law, Legislation and Liberty*, Vol. I, *Rules and Order*, Chicago: The University of Chicago Press, 1973, p. 11.
③ 参见拙著:《自由与秩序》,江西教育出版社 1998 年版,第 131—133 页。

面上提出了一个哈耶克必须经由理论上的拓展方能做出回答的问题,这是因为哈耶克通过其所建立的社会秩序分类学本身并不能够直接证明**某一种社会秩序比另一种社会秩序更可欲或更具助益性**。毋庸置疑,这是一个极为重要的问题,而我个人认为,哈耶克乃是通过自由理论的建构来回答这个问题的。

一如我们所知,哈耶克并不否认个人自由作为一种不争的伦理前设①的重要意义,但是值得我们注意的是,他却认为,就建构自由理论而言,更为重要的乃是**对自由为什么是一个重要价值的问题做出论证**,据此,他给出了三个重要的理论论辩。第一,他立基于弗格森、休谟、斯密和门格尔等苏格兰启蒙思想家一脉的学理之上,力图表明自由与自生自发秩序不仅是相容的而且也是它的规定性之所在,更是人在自由尝试和自由努力的过程中所体认到的价值本身,这是因为可辨识的和稳定的秩序状态能够从非指导的或非设计的个人自由的行动过程中产生;与此紧密相关的是,哈耶克的第二个论辩则试图表明,透过干涉个人自由而力图重新建构社会秩序和设计社会分配模式的做法是极具危害的,因为这种建构论的唯理主义做法只会致使隐含于自生自发秩序之中的种种理性不及的自由力量丢失或蒙遭扼杀;当然,哈耶克所提供的第三个论辩最为重要,也是他的自由理论论辩中最为繁复的一个观点,即自由不只是人获致幸福的必要条件——这是因为自由能使人享受到只有自由的社会秩序所能确保提供的各种助益,而且是使人拥有或把握一种默会的能力或默会的知识的前提条件。

显而易见,哈耶克的上述三个理论论辩,一方面深刻地说明了自由在哈耶克整个社会哲学中所具有的支配性地位,因为自由作为一种目的本身就极具重要性。就此而言,哈耶克的研究的确在很大程度上是围绕着如何追求或如何保障自由这个核心问题而展开的②,一如他在《通往奴役之路》一书的序言中所明确指出的,他撰写这部政治著作的目的乃在于捍卫"某些终极价值",而其中的核心价值便是自由;他甚至还征引托克维尔的话说,"我相信,在任何时代我都一定会珍爱自由,但是在我们生活的这个时代,我却准备崇拜自由"③。哈耶克在1961年即《自由秩序原理》出版1年后所发表的一篇论文中指出,他在为该书德文版所做的序言草稿中是这样描述自由的,即"自由不只是许多价值中的

---

① 哈耶克:《自由秩序原理》,邓正来译,三联书店1997年版,第11—15页。
② G. Dietze, "Hayek on the Rule of Law," in F. Machlup, ed. *Essays On Hayek*, London: Routledge & Kegan Paul, 1977, p. 108.
③ Hayek, *The Road to Serfdom*, Chicago: The University of Chicago Press, 1944, 题页引文。

一个价值,而且是大多数其他价值的渊源和条件",然而经过考虑以后他却对这个观点做出了重大的修正,并将自由的重要性推至了极限:"自由不只是诸多其他价值中的一个价值,……而且还是所有其他个人价值的渊源和必要的条件"①。

就此而言,哈耶克的上述三个论辩(尤其是其间的第三个论辩)还极具洞见地揭示出了自由作为一种为人们提供助益的手段而在其自由理论中所具有的重要意义,因为哈耶克正是经由把自由作为一种有助益的手段这个洞识与他视自由与自生自发秩序相容合的论辩结合在一起,而赋予了自生自发秩序以一种"有助益"的规定性。哈耶克认为,如果一个社会秩序能够较好地服务于涉于其间的个人的利益和较好地运用参与其间的个人的默会或明确知识并使个人在追求各自的目的时达致彼此知识的协调,那么在一般意义上讲,这种社会秩序就是有助益的,而自由的主要价值就在于它能够促进这种知识的协调并提供"机会和激励去确保个人所能获得的知识的最大化运用"②。在这里,哈耶克的核心关注点乃是自由在一个变动不居的世界中的基本重要性,因为在这样的世界中,试图做出完全的预见或正确的预测显然是不可能的,因此当个人可以在不受强制的情势下自由地与这种变动不居的环境相调适的时候,他们便可能与这种环境相适应。需要注意的是,这绝不是因为自生自发秩序中的个人因此而有可能发展出更正确的预见能力,而实是因为个人的自由能够使他的行动与特定的情势相调适③;换言之,只有当个人有自由运用他们所拥有的知识并与他人的知识相协调以实现他们自己的目的的时候,亦即只有当个人"可以用他的知识为了他的目的"或"追求他自己的目的"④的时候,社会进步才会发生;也正是在这个意义上,哈耶克明确指出,自由赋予了文明以一种"创造力"并赋予了社会以进步的能力⑤。因此,自由可以被视作是自生自发社会秩序之所以有助益的必要条件。

但是,需要指出的是,哈耶克所建构的自由本身并不是自足的,在某种意义上也可以说它只是自生自发秩序"有助益"的必要条件,而非充足条件。在详尽

---

① Hayek, "Die Ursachen der standigen Gefanrdung der Freiheit," in Franz Bohm, F. Lutz, F. Meyer, eds., Ordo, XII (1961), pp. 105, 107 – 109; 转引自 G. Dietze, "Hayek on the Rule of Law", in F. Machlup, ed. *Essays On Hayek*, London: Routledge & Kegan Paul, 1977, p. 111.
② 哈耶克:《自由秩序原理》,邓正来译,三联书店1997年版,第81页。
③ 同上书,第30,32—33页。
④ Hayek, *Law, Legislation and Liberty*, Vol. I, *Rules and Order*, Chicago: The University of Chicago Press, 1973, p. 56.
⑤ 参见哈耶克:《自由秩序原理》,邓正来译,三联书店1997年版,第2—3章。

阐释这个问题之前，我认为有必要引入一个既与哈耶克自由理论紧密关联又与其法律理论之建构密切相关的概念作为我们讨论的基本出发点：即"确获保障的领域"(protected sphere)，"确获保障的自由领域"(assured free sphere)或"私域"(private sphere)。这是因为哈耶克认为，"个人是否自由，并不取决于他可选择的范围大小，而取决于他能否期望按其现有的意图形成自己的行动途径，或者取决于他人是否有权力操纵各种条件以使他按照他人的意志而非他本人的意志行事。因此，自由预设了个人具有某种确获保障的私域(some assured private sphere)，亦预设了他的生活环境中存有一系列情势是他人所不能干涉的"①。

具体而言，这个概念的重要意义表现在下述两个方面：首先，哈耶克的自由理论认为，如果一个人不受制于不正当的强制，那么他就是自由的；在这里，"'自由'仅指涉人与他人间的关系，对自由的侵犯亦仅来自人的强制"②。显而易见，哈耶克对自由概念的界定，乃是通过指出外在强制(external coercion)而将自由定义为"独立于他人专断意志之外"的状态③。自由表示能根据自己的决定和运用自己的知识行事，不自由则表示必须受制于他人专断的意志之下；此处值得注意的是，所谓不受外在强制是指不受他人专断的意志之强制，而不是否定一切外在强制④。显而易见，对于哈耶克来讲，这里的关键在于强制在何时是正当的，亦即我们应当如何界定不正当的强制和正当的强制。正是在这里，"确获保障的领域"这个概念凸显出了它所具有的至为重要的意义，因为在哈耶克看来，社会实是通过界分个人行动的"确获保障的领域"的过程而在正当强制与不正当强制之间划定边界的⑤："只有在一个已经试图以确定予以保障

---

① 参见哈耶克：《自由秩序原理》，邓正来译，三联书店 1997 年版，第 6 页。当然，与此相关的一个概念也极为重要，即预期(expectation)，囿于篇幅，我不可能在这里做出详尽讨论，但是请参见哈耶克的观点："预期的最大化的一致，将通过对确受保护的领域的界分而得以实现。"见 Hayek, *Law, Legislation and Liberty*, Vol. I, *Rules and Order*, Chicago: The University of Chicago Press, 1973, p. 106。
② 哈耶克：《自由秩序原理》，邓正来译，三联书店 1997 年版，第 5 页。
③ 同上书，第 4 页。尤请注意的是，我们应当着重思考哈耶克在 1960 年《自由秩序原理》与其在 1973 年《法律、立法与自由》第一卷中对自由的界定之间所存在的关系或差异以及其间所可能具有的意义；一如我们所知，哈耶克在 1960 年指出，"本书乃是对一种人的状态的探究；在此状态中，一些人对另一些人所施以的强制，在社会中被减至最小可能之限度。在本书中，我们将把此一状态称之为自由的状态"；然而，哈耶克却在 1973 年采用了这样一种论式，即"在自由的状态下，每个人都能够运用自己的知识去实现自己的目的"。
④ 哈耶克：《自由秩序原理》，邓正来译，三联书店 1997 年版，第 4 页。
⑤ Hayek, *Law, Legislation and Liberty*, Vol. II, *The Mirage of Social Justice*, Chicago: The University of Chicago Press, 1976, p. 37.

的私域的方式来阻止强制的社会中,诸如'专断的干涉'这样的概念才会具有明确的意义"①。

其次,根据哈耶克的自由理论,不确定性和正确预测的不可能性乃是社会进程的主要特征,所以他强调自由对于自生自发秩序的助益性还具有极为重要的工具价值;这意味着,承认个人是自由的,就是承认他拥有一个个人行动确获保障的领域,其间,他可以立基于那种把我们环境中的财物界分为我的和你的规则而运用他的知识和财物去追求他自己的目的并且使个人的"预期"得到最大化的协调②。然而,这里需要强调指出的是,把自由理解为个人行动确获保障的领域,绝不是把它的内容仅局限于物质性方面,因为哈耶克认为它还为我们预设了许多权利,"一个人预期的'合法性'或某个人的'权利',乃是承认这种私域的结果"③,而其间最重要的就是"保障我们可以安全地使用某些东西的权利,或保护我们的行动不受其他人干涉的权利,等等"④,因为"除非我们能够确知我们排他地控制着一些物质财富,否则我们甚难实施一项连贯一致的行动计划;而且在我们并不控制这些财富的时候,若要与其他人合作,我们也有必要知道谁拥有这些财富"⑤。

显而易见,哈耶克经由其自由理论的建构而视自由为确获保障的领域的观点极为重要,但是我在这里毋宁要强调的是由哈耶克的这个观点所引发的另一个更为重要的问题,即为了防阻不正当的强制和为了使个人行动得以成功,在确立了确获保障的领域的路径以后,**我们又应当根据什么或者运用什么样的手段来界分每个个人的这种私域呢?** 显而易见,哈耶克的自由理论本身无法回答这个问题,当然这也是其自由理论本身所具有的限度之所在,因为它无法确定个人在一个确获保障的领域中所应当具有的权利种类或者个人自由所应当具有的确当范围;当然,从另一个角度来看,哈耶克经由其所确立的行动结构与规则系统的两分框架,也无力完全证明何种社会行为规则为正当或能够确保社会秩序的助益性。

---

① 哈耶克:《自由秩序原理》,邓正来译,三联书店1997年版,第172页。
② Hayek, *Law, Legislation and Liberty*, Vol. Ⅰ, *Rules and Order*, Chicago: The University of Chicago Press, 1973, pp. 106 - 111.
③ 哈耶克:《自由秩序原理》,邓正来译,三联书店1997年版,第172页。
④ 同上书,第173页。
⑤ 同上。

(四) 哈耶克法律理论的建构及其基本问题的设定

正是在对这个重要问题回答的过程中,也是立基于"规则"研究范式为建构法律理论所提供的知识可能性和自由理论所提出的需求,哈耶克进入了建构其法律理论的重要阶段:经由法律理论的建构来回答个人行动确获保障的领域是如何得到界定的,进而明确何者构成了不正当的强制或"干涉",并最终界定出维续这种自由私域所需要的规则或法律。这正如哈耶克所说的,界定个人"合法的"预期范围的最为有效的方法就是对允许每个个人行动的范围做出界定,而这意味着"这里所需要的乃是那些在每时每刻都能够对每个人确受保障的领域之边界加以确定并因此能够对'你的'和'我的'做出界分的规则"①;因为这些规则能够经由对个人确获保障的领域的界分而减少人们在行动过程中对彼此意图的互相干涉。因此,我们可以说,哈耶克所谓的使"每个人都能运用他的知识去实现他的目的的状态"②的自由或者作为确获保障的领域的自由,实是一种**法律下的自由**,或者说法律是"自由的基础"③。

然而,我们必须指出的是,尽管哈耶克诉诸法律以解决如何保障个人自由的问题的路径是极为重要的,但是这种路径的确立对于回答这个问题来讲还只是一种可能性,它尚不能够就这个问题给出实质性的回答,其原因表现为下述两个紧密相关的方面。

第一,从法律观念或概念的角度上讲,"'法律下的自由'(liberty under the law)这一表述……后来也因为这个表述中的'自由'和'法律'两个术语不再具有明确的含义而变得无甚意义了"④,一如他所尖锐指出的⑤:

> 立基于上文的讨论,我们还将在本书的其他章节中始终关注这样两个问题:一是这两种规则是如何为两种全然不同的法律观念提供典范的;二是这种状况又是如何使那些运用同一个"法律"(law)术语的论者实际上却是在意指完全不同的东西。在历史的长河中,这两个问题在下述两种

---

① Hayek, *Law, Legislation and Liberty*, Vol. I, *Rules and Order*, Chicago: The University of Chicago Press, 1973, p. 107.
② 同上书,第55—56页。
③ 哈耶克:《自由秩序原理》,邓正来译,三联书店1997年版,第148页。
④ Hayek, *Law, Legislation and Liberty*, Vol. I, *Rules and Order*, Chicago: The University of Chicago Press, 1973, p. 62.
⑤ 同上书,第51—52页。

观点间的冲突中可以说是最为凸显:一些论者认为法律与自由不可分离,而另一些论者则认为法律与自由是不可调和的。我们在古希腊人和西塞罗、经中世纪到约翰·洛克、大卫·休谟、伊曼纽尔·康德等古典自由主义者以及苏格兰道德哲学家,直至19世纪及20世纪的许多美国政治家的历史发展过程中发现了一个伟大的传统:对于他们来说,法律与自由相互依存而不可分离;然而,对于托马斯·霍布斯、杰里米·边沁、众多法国思想家和现代法律实证主义者来说,法律则必然意味着对自由的侵犯。在这么多伟大的思想家之间所存在的这一明显的冲突,并不意味着他们达致了相反的结论,而只意味着他们是在不同的意义上使用着"法律"(law)这个术语。

第二,从现代图式赖以存续的法律实践来看,作为组织规则的"公法"(public law),经由现代社会中的各种制度性安排而对作为自生自发秩序规则的"私法"(private law)的统合或侵吞,致使这种自生自发秩序很难得到应有的保障。哈耶克对此明确指出,"就当下的情形而言,立法机构以适当形式赞成通过的任何文献,都被称之为'法律'。但是,在这些仅具有该词形式意义的法律中,只有一些法律——就今天来看,通常只有极小的一部分法律——是调整私人间关系或私人与国家间关系的'实质性'法律(substantive or material laws)。绝大部分这类所谓的'法律',毋宁是国家对其官员所发布的指令,其关注的主要问题也是他们领导政府机关的方式以及他们所能运用的手段。然而,在当今的各个国家,规定这类手段之运用方式的规则和制定一般公民必须遵守的规则,都属于同一个立法机构的任务。这虽说是一种久已确立的惯例,但毕竟不是一种必然的事态。据此,我不能不设问,防止混淆上述两类规则是否就不可能是一可欲之举?"①

正是立基于上述深刻的洞见,哈耶克相应地为其法律理论的建构设定了两项基本任务,尽管哈耶克的法律理论所涉及的问题极为繁多。显而易见,哈耶克必须首先在考虑法律与自由的关系的情形下对何种法律将有助于自由或

---

① 哈耶克:《自由秩序原理》,邓正来译,三联书店1997年版,第263页。关于这个问题,又请参见Lord Radeliffe的观点:"我们是否已经到了这样一个时代,即我们必须为'制定法'(statute law)寻找另一个名称,而不再称其为'法律'(law)? 我们或许可以称其为'依附法'(para-taw),甚或'次级法'(sub-law)。"见Lord Radeliffe, *Law and the Democratic State*, Holdswoah Lecture, Birmingham: University of Birmingham, 1955, p. 4。

内部秩序这个问题进行追究,更准确地说则是在辨析不同种类规则的过程中对有助益于自由或内部秩序的法律做出详尽的阐释①。其次,上述不同的社会秩序规则的混淆或自生自发秩序自现代始逐渐被组织秩序所侵扰或替代,按照哈耶克的理解,乃是后者赖以产生的"外部规则"(即立法或公法)在建构论唯理主义这一意识形态的支配下统合前者所遵循的"内部规则"(即自由的法律)的结果,亦即"社会秩序规则一元化"的结果。因此,对组织规则支配或替代内部规则的过程或原因予以揭示和阐释,便构成了哈耶克法律理论的第二个基本任务:这里涉及对构成这种"社会秩序规则一元化"取向或实践之基础的唯理主义"拟人化习惯"(anthropomorphic habits)的辨析和批判,更涉及对这种**"社会秩序规则一元观"**之所以能够长期遮蔽**"社会秩序规则二元观"**并被人们视为当然的思想渊源和制度性原因的揭示和批判。然而,出于论述逻辑的需要,我们将在下文第三部分先行讨论哈耶克对"社会秩序规则一元观"的批判,而在第四部分再探究哈耶克有关"社会秩序规则二元观"的建构。

三、哈耶克对"社会秩序规则一元观"的批判

(一) 哈耶克对"自然"与"人为"二分观的批判

哈耶克认为,那种信奉刻意设计和规划的制度优位于自生自发的社会规则的观点,实际上渊源于一种极为古远且在现代为人们普遍接受而不加质疑的二分法谬误观,而这种谬误观点就是由公元前5世纪古希腊的智者们所提出的而且长期阻碍现代人确当理解社会秩序及其规则之独特性质的二分法,亦即人们按现代术语所表达的**"自然的"**与**"人为的"现象之间的二分观**②。所谓"自然的"(natural),原本的古希腊术语乃是 physei,意指"依本性"(by nature),与之相

---

① Hayek, *Law, Legislation and Liberty*, Vol. I, *Rules and Order*, Chicago: The University of Chicago Press, 1973, p. 48.
② 关于"自然的"与"人为的"现象的二分观,请参见 Hayek, *Studies in Philosophy, Politics and Economics*, London: Routledge & Kegan Paul, 1967, p. 96; Hayek, *Law, Legislation and Liberty*, Vol. I, *Rules and Order*, Chicago: The University of Chicago Press, 1973, pp. 20—22; Hayek, *Law, Legislation and Liberty*, Vol. II, *The Mirage of Social Justice*, Chicago: The University of Chicago Press, 1976, p. 59;更请参见汪子嵩等:《希腊哲学史》(第二卷)第四章"Physis 和 Nomos",人民出版社1993年版,第202—245页;以及陈康:《论希腊哲学》,商务印书馆1995年版。

对的术语则是"人为的"(artificial),这在古希腊先哲那里既可以指 nomos(最主要的含义是"据约定": by convention),亦可以意指 thesis(基本上意指"据审慎刻意的决定": by deliberate decision)。哈耶克指出,古希腊先哲的这种二分观极具误导性,因为他们所旨在的这种界分既可以指独立于存在之物(或独立于人之行动的现象)与作为人之行动之结果的东西之间的界分,亦可以指独立于人之设计的东西(或出现而非出自人之设计的东西)与作为人之设计之结果的东西之间的区别。显而易见,正是由于古希腊先哲的这种二分观未能对上述 nomos 与 thesis 两种含义做出明确的界分,并把各种现象不是排他性地归入"自然"范畴就是完全地纳入"人为"范畴,所以导致了这样一种情形,其间某一论者可以因某一种特定现象是人之行动的结果而把它视作是人为的现象,而另一论者则也可以因这个同样的现象显然不是人之设计的结果而把它描述成是自然的现象①。据此,哈耶克明确指出,"颇为不幸的是,古希腊人的这种关于'自然的'与'人为的'二分观后来演变成了理论发展方面的重大障碍;这种二者必居其一的排他性二分观,不仅是含糊的,而且确切地讲也是错误的",因为这种二分观通过把大量且独特的现象不是归属在"自然"的范畴之下就是统合在"人为"的范畴之下而使这种现象根本无法凸显出来②。值得我们注意的是,上述"自然"与"人为"的二分法谬误,在哈耶克那里,只是透过种种信奉刻意设计和规划优位于自生自发的社会力量的观点的笛卡儿唯理论建构主义才明确进入欧洲思想的③,因此,我们也可以说上述那种二分法谬误实乃是经由哈耶克所批判的唯理主义或"伪个人主义"而转换成"现代图式"之知识论基础的,一如哈耶克早在《个人主义与经济秩序》一书中所尖锐指出的,"人们不愿意容忍或尊重无法视作理智设计产物的任何社会力量,这一点倒是目前要求全面经济计划的一个非常重要的原因。不过它只是更广泛运动的一个方面。在伦理和惯

---

① 参见哈耶克在《人之行动而非人之设计的结果》一文中所明确阐明的观点:"这种观点是误导的,因为这两个术语使下述做法成为可能,即把大量且独特的现象都归属于这两个术语之下……这两个术语既可以被用来描述独立于人之行动的现象与人之行动之结果间的区别,亦可以被用于描述某些出现而非人之设计的东西与某些作为人之设计结果的东西间的界分。"见 Hayek, *Studies in Philosophy, Politics and Economics*, London: Routledge & Kegan Paul, 1967, pp. 96-97。
② 参见 Hayek, *New Studies in Philosophy, Politics, Economics and the History of Ideas*, Routledge & Kegan Paul, 1978, pp. 4-5;又参见 Hayek, *Law, Legislation and Liberty*, Vol. Ⅲ, *The Political Order of a Free People*, Chicago: The University of Chicago Press, 1979, 跋文。
③ 参见 Hayek, *Studies in Philosophy, Politics and Economics*, London: Routledge & Kegan Paul, 1967, p. 96。

例方面,在人们要求用人造语言代替现存语言方面,以及现代人对左右知识增长的过程的态度方面,我们看到了相同的倾向。相信在科学的时代只有人造的伦理制度、人造的语言,甚或一个人造的社会才能算得上是合理的,越来越不情愿屈从于那些没有得到理性论证的伦理原则,或越来越不情愿遵循那些缺乏理性作为其基础的惯例,所有这些都表明了这样一个基本观点,即希望所有的社会活动都成为一个严密计划所公认的部分。它们都是一种唯理'个人主义'的产物,它希望每一件事情都是有意识的人之理性的产物"①。

正是在这个意义上,哈耶克得出了一个极为重要的结论,即公元前5世纪的希腊人以及此后2 000多年中沿循其知识脉络的唯理主义者都没有发展出一种系统的社会理论,以明确处理或认真探究那些既可以归属于"自然"的范畴亦可以归属于"人为"的范畴进而应当被严格归属于另一个独特范畴下的第三类现象,亦即那些既非"自然的"亦非**"人之设计的"**而是**"人之行动且非意图或设计的结果"**;当然他们也不可能深刻理解和解释社会秩序或常规性在行动者遵循其并不知道的那些规则过程中得以型构自身的方式②。换言之,古希腊先哲的二分法谬误观以及立基于其上的现代唯理主义根本就无力洞见社会理论以及以它为基础的法律理论所真正需要的乃是一种三分观,"它须在那些自然的现象(即它们完全独立于人之行动的现象)与那些人为的……现象(即它们是人之设计的产物)之间设定一种独特的居间性范畴,即人在其行动与其外部环境互动的过程之中所凸显的所有那些产生于人之行动而非产生于人之设计的制度或模式"③。我个人以为,正是立基于此一极具洞穿力的批判性结论之上,哈耶克又达致了两个至为重要且构成其**"第三范畴"**建构之参照架构的相关结论:第一,建构论唯理主义式的观点经由"自然与人为"的二分观而在实质上型构了"自然与社会"的二元论,而此一二元论的真正谋划乃在于建构出一个由人之理性设计或创构的同质性的实体社会,并且建构出一种对社会施以专断控制的关系的观点,亦即力图切割掉所有差异和无视所有不可化约的价值进而扼杀

---

① 哈耶克:《个人主义:真与伪》,载《个人主义与经济秩序》,贾湛等译,北京经济学院出版社1989年版,第24页。
② 参见 Hayek, *Studies in Philosophy, Politics and Economics*, London: Routledge & Kegan Paul, 1967, p. 97。
③ Hayek, *Studies in Philosophy, Politics and Economics*, London: Routledge & Kegan Paul, 1967, pp. 96-99. 关于哈耶克独具创见的"三分观",尽管与科学哲学家卡尔·波普尔的"三个世界"理论不尽相同,但是我认为读者却可以在将他们的观点进行对照阅读的过程中获益颇多。参见卡尔·波普尔:《历史主义贫困论》,何林等译,中国社会科学出版社1998年版。

个人自由的"**一元论的社会观**"①;第二,以这种"一元论的社会观"为基础,后又经由渊源于拉丁语 naturalis 一词对希腊语 physei 的翻译和拉丁语 positivus 或 positus 一词对希腊语 thesis 的翻译之基础上的"自然法理论"(natural law theory)和"法律实证主义"(legal positivism)的阐释②,并在多数民主式的"议会至上论"的推动下,建构论唯理主义者最终确立起了以理性设计的立法为唯一法律的"社会秩序规则一元观"③。

(二)哈耶克对"公法"与"私法"混淆的批判

需要指出的是,哈耶克承认,18 世纪立基于"进化论理性主义"的苏格兰道德哲学家在回应笛卡儿式的建构论唯理主义的过程中,从英国普通法理论(尤其指马休·黑尔所阐释的那个普通法传统)和"前唯理主义的自然法理论"④出发,已经洞见到了上述具有知识论革命意义的"居间性范畴",因为他们坚信"绝大多数的社会结构和制度,虽说是人之行动的结果,但却绝非人之设计的结果"⑤,并在此基础上建构起了一种视个人行动的非意图的结果为其核心研究

---

① 本文关于唯理主义经由"自然与人为"二分观而达致的"自然与社会"二元论的真正谋划乃在于建构出一种对社会施以控制的支配关系的"一元论的社会观"的论述,在哈耶克的社会理论和法律理论的脉络中具有极为重要的意义,而其间的意义则可以见之于哈耶克一以贯之地对"社会"这个实体化和同质化概念在唯理主义理路支配下被运用于解释社会现象的谬误的彻底批判。关于哈耶克对"社会"这个概念及其所导引的"社会正义"观念的批判,最为集中的论述请参见哈耶克所撰《泛灵论词汇与混乱的"社会"概念》,载哈耶克:《致命的自负》(原译《不幸的观念》),刘戟锋等译,东方出版社 1991 年版,第 159—169 页;正是在这里,哈耶克极具创见地提出了需要把"社会正义"观念与"社会权力"结合起来加以思考的深刻洞见。
② 这里需要指出的是,在哈耶克那里,"自然法"这一术语的误导性一如"实在法"的术语一样也渊源极深,因为在两千多年中,古希腊人所提出的"自然的"与"人为的"二分观几乎在未受质疑的情况下一直支配着人们的思维方式并且还深深地植根于人们所使用的法律语言之中,而当下大多数欧洲语言中的"自然法"和"实在法"的术语都渊源于这两个术语,因为"在公元二世纪,拉丁语语法学家 Aulus Gellius 曾用 naturalis 和 positivus 这两个术语来翻译 physei 和 thesis 这两个希腊术语;而正是在此一翻译的基础上,大多数欧洲语言也都演化出了用以描述两种法律(即'自然法'〔natural law〕和'实在法'〔positive law〕——邓注)的类似词汇"。参见 Hayek, *Law, Legislation and Liberty*, Vol. Ⅰ, *Rules and Order*, Chicago: The University of Chicago Press, 1973, p. 20。
③ 本文所论虽然涉及"多数民主",但是并不旨在反对"民主",而只是试图指出"多数民主"在推进"议会至上"以及由此引发的"作为立法的法律至上"的观念和实践等方面的作用。
④ 一如前述,所谓"前唯理主义的自然法理论",大体上是指 17 世纪以前的自然法理论;这个问题无疑是一个极为重要的问题,尤其是其间所关涉到的关于"前唯理主义的自然法理论"与"唯理主义自然法理论传统"间关系的问题。尽管哈耶克对此没有做详尽的讨论,但我还是认为这是一个极为重要且相当繁复的重大理论问题,因为这两种传统的转换实际上关涉到现代性以及与其紧密相关的现代图式的建构过程,也隐含着它们所支配并与之互动的现代社会的文化和制度的建构过程,进而也更牵涉到我们在当下如何认识和理解现代性的问题。
⑤ Hayek, *New Studies in Philosophy, Politics, Economics and the History of Ideas*, Routledge & Kegan Paul, 1978, p. 5.

对象的自生自发秩序的社会理论:"它含括了所有那些非意图的模式和常规性,它们存在于我们的社会之中,也是社会理论真正要解释的现象"①;而这个被哈耶克称之为"进化论理性主义"的社会理论的主要代表人物就是孟德维尔、孟德斯鸠、大卫·休谟、Josiah Tucker、亚当·福格森和亚当·斯密等论者②,正如他们的直接传人所指出的,苏格兰启蒙思想家的所论所言"解决了这样一个问题,即被人们认为极有作用的种种实在制度,乃是某些显而易见的原则经由自生自发且不可抗拒的发展而形成的结果——并且表明,即使那些最为复杂、表面上看似出于人为设计的政策规划,亦几乎不是人为设计或政治智慧的结果"③。哈耶克甚至指出,这些进化论理性主义者所得出的关于文明于偶然之中获致的种种成就实乃是人之行动的非意图的结果而非一般人所想象的条理井然的智识或设计的产物的命题,在与个人理性有限的命题结合起来以后,更使他们获得了这样一个洞见,即这些历经数代人的实验和尝试而达致的并包含着超过任何个人所能拥有的丰富知识的社会制度在某种程度上具有一种**理性不及的**性质,因此关于这些制度的重要意义,人们或许可以通过认知的过程而发现,但是即使人们没有透彻认识和把握它们的意义,亦不会妨碍它们有助于人们的目的的实现④,一如他所指出的,"我们祖先中没有任何人知道,对财产和契约的

---

① Hayek, *Studies in Philosophy, Politics and Economics*, London: Routledge & Kegan Paul, 1967, p. 97.
② 参见 Hayek, *Studies in Philosophy, Politics and Economics*, London: Routledge & Kegan Paul, 1967, p. 99; Hayek, *Law, Legislation and Liberty*, Vol. I, *Rules and Order*, Chicago: The University of Chicago Press, 1973, p. 20.
③ 哈耶克:《自由秩序原理》,邓正来译,三联书店1997年版,第65页。
④ 这里涉及哈耶克意义上的"知识"含义。W. Butos 曾经对哈耶克的知识含义做过较为明确的总结,即哈耶克头脑中的那种知识,要比那些被纳入主流经济学模式的典型知识宽泛得多:除了价格、数量和价格预期以外,它还意指可为个人所运用的各种各样的实践性知识,以及那些在很大程度上是关于行为的一般性规则、传统和社会习俗的默会知识(参见 W. Butos, "Hayek and General Equilibrium Analysis", *Southern Economic Journal*, 52, 1985, October, p. 340)。当然,在我看来,J. Gray 的评价更为切切:"我们可以说,哈耶克的著述表明他把吉尔伯特·赖尔所谓的'知道如何'、迈克·博兰尼所谓的默会知识、迈克·奥克萧特所谓的传统知识等都视作我们所有知识的渊源。正是在这个意义上——认为知识的品格在根本上是实践性的——我们可以说哈耶克赞同这样一个命题,即实践在人类知识的建构过程中具有首要性。这并不意味着哈耶克对理论建构事业的轻视,而是他把我们对实践性知识的理论重构视作必然不是全涉的"(John Gray, *Hayek on Liberty*, Oxford: Basil Blackwell, 1984, p. 14;吉尔伯特·赖尔所谓的"知道如何"的知识,则请参见 Gilbert Ryle, "Knowing How and Knowing That," *Proceedings of the Aristotelian Society*, 46 [1945-6] pp. 1-16;迈克·博兰尼所谓的"默会知识"的观点,请参见 M. Polanyi, *Personal Knowledge*, London: Routledge & Kegan Paul, 1958,以及 *The Tacit Dimension*, London: Routledge & Kegan Paul, 1966;而迈克·奥克萧特所谓的"传统知识"的观点,请参见 M. Oakeshott, *Rationalism in Politics*, London: Methuen, 1962;再请参见我关于这个问题的详尽讨论:《自由与秩序》,江西教育出版社1998年版,第126—130页)。

保护会导致广泛的社会分工、专业化以及市场的建立,抑或是原先仅仅对一个部落成员有用的规则会发展为世界经济秩序的守护者"①。

尽管如此,我还是要指出,如果说由苏格兰启蒙思想的代表人物在回应笛卡儿式的建构论唯理主义的过程中所提出的"自然"、"人为"与"人之行动而非人之设计"的三分观在理论社会科学各部门已然确立了它们的地位的话,那么它们却并没有能够对另一个具有更为重大实际影响的知识部门即法理学产生影响,因为在这个领域中长期处于支配地位的哲学正是源出于建构论唯理主义的法律实证主义和唯理主义的自然法理论,它们在本质上依旧信奉"社会一元论"并在一定的意义上将所有社会行为规则视作人之刻意发明或设计的产物②。据此,哈耶克指出,"就此而言,社会理论当可以从两门新兴的学科即生态学和文化人类学那里学到许多东西;这两门学科从许多方面来讲都是以18世纪的苏格兰道德哲学家最早提出的那种社会理论为基础的。在法律领域,这两门新兴的学科更是进一步证实了爱德华·科克、马休·黑尔、大卫·休谟、埃德蒙·伯克、F·C·冯·萨维尼、H·S·梅因和J·C·卡特的进化论观点,而完全与弗兰西斯·培根、托马斯·霍布斯、杰里米·边沁、约翰·奥斯丁的唯理主义建构论或从保罗·拉班到汉斯·凯尔森那些德国实证主义法学家的观点相反"③。据此,我个人认为,哈耶克经由继受上述三分观而在法律理论建构的过程中所明确提出的"社会秩序规则二元观",才真正使得那种以"社会秩序规则一元观"和将所有社会秩序规则统一于"主权者意志"或"先验的理性设计"者为基础的法理学主流理论陷入了困境④,并对现代社会将所有社会

---

① Hayek, *New Studies in Philosophy, Politics, Economics and the History of Ideas*, Routledge & Kegan Paul, 1978, p.11.
② 参见 Hayek, *Studies in Philosophy, Politics and Economics*, London: Routledge & Kegan Paul, 1967, pp.99-100; Hayek, *Law, Legislation and Liberty*, Vol.I, *Rules and Order*, Chicago: The University of Chicago Press, 1973, pp.24-25.
③ Hayek, *Law, Legislation and Liberty*, Vol.I, *Rules and Order*, Chicago: The University of Chicago Press, 1973, pp.73-74.
④ "主权者意志"或"先验的理性设计"为基础的法理学主流理论,在这里主要是指"法律实证主义"和"自然法传统"。我之所以认为哈耶克对它们的质疑构成了对它们的根本挑战,实是因为这些主流法律理论陷于它们之间的论战之中,而都不承认理性不及者为法律,而正是在这个限定的意义上,哈耶克的下述观点就具有了极为重要的挑战性:"我们在这里所捍卫的法律的进化论研究进路,因此不仅与法律实证主义毫无勾连,而且也与唯理主义的自然法理论毫无关系。它不仅反对把法律解释为一超自然力量的建构,而且也反对把法律解释为任何人之心智的刻意建构。"见 Hayek, *Law, Legislation and Liberty*, Vol.II, *The Mirage of Social Justice*, Chicago: The University of Chicago Press, 1976, p.60.

秩序规则都化约为国家立法的实践活动构成了根本性的质疑,进而也在更为一般的意义上为人们批判那种以"社会秩序规则一元观"的意识形态为根本支撑并应和着现代民族国家建构需要的现代性,开放出了一个极为重要的路向。

在这里,我仅对哈耶克针对现代社会在"社会秩序规则一元观"的支配下视立法手段为唯一的法律制度化形式并以**"公法"替代"私法"的趋势**所做的批判进行简要的讨论。哈耶克指出,他对上述作为普遍行为规则的"内部规则"与作为组织规则的"外部规则"所做的界分,大体上也相对应于人们所熟知的私法(包括刑法)与公法(宪法和行政法)之间的区分①。在哈耶克所限定的特定意义上,私法主要是指那些支配着个人行动和交易的规则,而公法则主要是指那些下达于各层人员执行集体计划或具体目的的组织命令②。在讨论公法的过程中,哈耶克列举了三种类型的公法,并将它们与他所意指的私法逐一作了概括性的比较③:第一,宪法虽然常常被人们奉为最高类型的根本大法,但它却是公法而不是私法,因为私法旨在规范个人之间的行为,而宪法则旨在配置政府内部的权力进而限制政府的权力;第二类是财政立法,它也与私法完全不同,因为私法并不想达致任何特定的结果,而财政立法,亦即对于政府能够筹集和花费的货币数量方面所作的规定,则旨在实现特定的目标;第三,行政法虽然有多种含义,但在最为通常的情况下却是指决定政府部门如何运用公共资源的一

---

① 这里需要指出的是,哈耶克在对公法与私法做界分的过程中把"刑法"置于私法而非公法之名下,所遵循的实是盎格鲁-萨克逊普通法系占支配地位的作法,而与欧洲大陆法系的作法相对,请参见 Hayek, *Law, Legislation and Liberty*, Vol. I, *Rules and Order*, Chicago: The University of Chicago Press, 1973, p. 132。

② Hayek, *Law, Legislation and Liberty*, Vol. I, *Rules and Order*, Chicago: The University of Chicago Press, 1973, p.132;此外,哈耶克还特别指出,"牢记下述事实是极富启示意义的,即'内部规则'意义上的法律观念(即非源于任何人之具体意志且在具体案件中适用而不考虑结果的抽象规则:这是一种可以被'发现'而且也不是为了特定可预见的目的所制定的法律)乃是与只存在于诸如古罗马和现代英国这样的国家中的个人自由理想同时存在和相维续的;在这样的国家中,私法的发展是以判例法为基础而不是以制定法为基础的,即私法的发展乃是操握于法官或律师之手,而不为立法者所控制";而且作为判例法制度的一个后果,立基于先例的法律必定是由具有普遍意图且目的独立的抽象的内部规则构成的,而这种意图则是法官和律师经由认知和发现的努力而从先前积淀下来的判例中获致的,也因此,在哈耶克那里,"是传统上的作为内部规则的法律观,构成了诸如法治、法律统治和权力分立这些理想的基础"。见 Hayek, *New Studies in Philosophy, Politics, Economics and the History of Ideas*, Routledge & Kegan Paul, 1978, pp. 76 - 80。

③ Hayek, *Law, Legislation and Liberty*, Vol. I, *Rules and Order*, Chicago: The University of Chicago Press, 1973, pp. 134 - 138。

些规程条例,因此它也明显区别于私法①。

哈耶克认为,尽管在一个自生自发的现代社会秩序中,公法有必要组织一种能够使作为其基础的自生自发秩序发挥更大作用所必需的架构,但是公法却绝不能因此而渗透和替代私法。显而易见,这里所隐含的乃是哈耶克批判现代"社会秩序规则一元观"过程中的一个核心问题,也是他整体建构其法律理论之重心的"社会秩序规则二元观"的逻辑展开,一如他本人所指出的,"最能揭示我们这个时代的支配地位的趋势……即公法对私法的逐渐渗透和取代;它乃是一个多世纪以来两个占支配地位的因素所导致的结果:一方面,'社会'正义或'分配'正义观念日益替代正当的个人行为规则,而另一方面,日益把规定'内部规则'(即正当行为规则)的权力置于受政府之命的机构之手中。在很大程度上讲,正是把这两种根本不同的任务归于同一个'立法'机构之中,几乎完全摧毁了作为一种普遍行为规则的法律与作为指导政府在特定情势之中如何行事的命令的法律之间的区别"②。

除此之外,哈耶克还指出,现代社会之所以盛行"公法"渗透或替代"私法"的趋势,还有两个极为重要的原因。

第一,公法学家和法律实证主义的误导性理论在法理学的发展过程中占据了绝对的支配地位,一如哈耶克所言:"毋庸置疑,法律实证主义的观点只是对于那些组织规则有道理,这些规则构成了公法;而且重要的是,几乎所有杰出的现代法律实证主义者都是公法学者,此外也包括一些社会主义者——组织人(即那些视秩序只是组织的人),而且18世纪思想家关于正当行为规则能够导致自生自发秩序的型构的观点似乎对他们毫无作用可言。"③的确,哈耶克承认,人造法的现象乃是在公法领域中得以发展的,然而这却是与公法的性质紧密相关的,所以人们绝不能因此推断与公法性质完全不同的私法也应当根据人的意志加以发明或设计,因为私法乃是行动者在文化进化过程中发现的结果,而且任何人都不可能发明或设计出作为整体的私法系统;换

---

① 参见霍伊:《自由主义政治哲学》,刘锋译,三联书店1992年版,第126—130页;又参见 Hayek, *Law, Legislation and Liberty*, Vol. I, *Rules and Order*, Chicago: The University of Chicago Press, 1973, pp. 124-125。
② Hayek, *New Studies in Philosophy, Politics, Economics and the History of Ideas*, Routledge & Kegan Paul, 1978, pp. 81-82。
③ Hayek, *Law, Legislation and Liberty*, Vol. II, *The Mirage of Social Justice*, Chicago: The University of Chicago Press, 1976, p. 46。

言之,在私法领域中,千年以来所发展的乃是一种认知和发现法律的过程,而法官和律师所力图阐明的乃是长期以来一直支配着人之行动及其"正义感"的作为内部规则的私法。再者,哈耶克指出,人们也绝不能因公法是由意志行为为了特定目的而刻意创制出来的规则而认为公法比私法更重要,"恰恰相反可能更接近于真相。公法乃是组织的法律,亦即原本只是为了确保私法之实施而建立的治理上层结构的法律。正确地说,公法会变化,而私法将一直演化下去。不论治理结构会变成什么,立基于行为规则之上的社会基本结构则会长期持续下去。因此,政府的权力源于公民的臣服而且它有权要求公民臣服,但条件是它须维续社会日常生活的运作所依凭的自生自发秩序之基础"①。

第二,哈耶克认为,公法之所以被认为比私法更重要,还与人们所熟知的"私"法与"公"法这两个法理学术语所具有的误导性紧密相关,因为这两个术语与**"私"益(private welfare)和"公"益(public welfare)**间的相似性,极容易使人们错误地以为私法只服务于特定个人的利益,而唯有公法才服务于公益②。然而,哈耶克却认为,所谓只有公法旨在服务于"公益"的观点,只是在"公"于一特定隘狭的意义上被解释成那些与政府组织方面相关的利益而不被解释为"普遍利益"(general welfare)的同义词的时候才能成立,因此那种认为只有公法才服务于"普遍利益"而私法只保护个人私益且次位于和渊源于公法的观点,实乃是对真相的完全颠倒③。为此,哈耶克明确指出,"那种以为只有那些以刻意的方式实现共同目的的行动才有助益于公共需求的观点,实是一种错误的观点。事实的真相毋宁是,对于每个人来说,从而也是对于普遍利益来说,自生自发的社会秩序为我们所提供的东西,要比政府组织所能够提供的大多数特定服务更为重要"④,因为整个私法制度并不只是为了实现个人的利益,而且亦将经由保障个人利益而增进整个社会的普遍利益⑤。

---

① Hayek, *New Studies in Philosophy, Politics, Economics and the History of Ideas*, Routledge & Kegan Paul, 1978, p. 78.
② 哈耶克甚至认为,古罗马对私法和公法所做的定义也趋于如斯的解释,即私法所关注的是个人的利益,而公法则旨在罗马民族的福利。参见 Hayek, *Law, Legislation and Liberty*, Vol. I, *Rules and Order*, Chicago: The University of Chicago Press, 1973, p. 132。
③ Hayek, *Law, Legislation and Liberty*, Vol. I, *Rules and Order*, Chicago: The University of Chicago Press, 1973, p. 133.
④ 同上。
⑤ 同上书,第132页。

四、哈耶克对"社会秩序规则二元观"的建构

一如我在上文所指出的,哈耶克立基于从知到无知的知识观的转换而逐渐展开的有关社会秩序的分类学和行动结构与规则系统两分框架的建构,使他最终确立起了研究社会秩序的"规则范式"。这一"规则"研究范式的确立,与前述哈耶克对"自然与社会"二元论和"社会秩序规则一元论"的批判相结合,显然为他在建构法律理论的过程中进一步阐明"社会秩序规则二元观"奠定了一种知识上的基础。当然,哈耶克对"社会秩序规则二元观"的阐发不仅是以他对社会秩序的认识为基础的,而且其最终目的也是为了透过对自生自发秩序的捍卫而确立社会秩序的自由主义分类观,正如他所言:"以使个人为了他们自己的目的而自由运用他们自己的知识的抽象规则为基础的自生自发秩序与以命令为基础的组织或安排之间的界分,对于理解自由社会诸原则具有核心的重要性。"①

哈耶克指出,社会秩序的型构并不能仅通过社会秩序规则或仅通过行动者个人的目的而实现,而实是行动者在他们应对其即时性环境时遵循某些行为规则的结果,因为"个人行动经整合而成的秩序,并不产生于个人所追求的具体目的,而产生于他们对规则的遵循"②;但是,这一事实本身并不能使我们得出这样的结论,即任何性质的行为规则都会导向稳定或整体的社会秩序,因为哈耶克认为一些调整个人行为的规则会使整体秩序的型构变得完全不可能,甚至有可能会导向失序和混乱:"显而易见,社会中也有如此的情况;例如,某种完全常规性的个人行为所可能导致的只是失序:如果一项规则规定,任何个人都应当努力杀死他所遇到的任何其他人……那么显而易见,对这一规则的遵循,就完全不可能产生这样一种秩序,其间,个人的活动是以他与其他人的合作为基础。"③因此,我们将首先对这些规则的性质进行追问,一如哈耶克所言:"无

---

① Hayek, *Studies in Philosophy, Politics and Economics*, London: Routledge & Kegan Paul, 1967, pp. 162 - 163.
② Hayek, *New Studies in Philosophy, Politics, Economics and the History of Ideas*, Routledge & Kegan Paul, 1978, p. 84.
③ Hayek, *Law, Legislation and Liberty*, Vol. I, *Rules and Order*, Chicago: The University of Chicago Press, 1973, p. 44. 此外,哈耶克在早些时候也指出:"我们无须否认,甚至一般性的、抽象的且平等适用于所有人的规则,也可能会对自由构成严苛的限制。"见哈耶克:《自由秩序原理》,邓正来译,三联书店 1997 年版,第 192 页。

论是对社会理论还是对社会政策都具有核心重要性的问题,便是这些规则必须拥有什么样的特性才能使个人的分立行动产生出一种整体秩序。一个社会中的所有个人都会遵循某些规则,其原因是他们的环境以相同的方式展示于他们;他们也会自发遵循一些规则,这是因为这些规则构成了他们共同的文化传统的一部分;但是人们还会被迫遵守另外一些规则,因为,尽管无视这样的规则可能会符合每个个人的利益,然而只有在这些规则为人们普遍遵守的时候,他们的行动得以成功所须依凭的整体秩序才会得以产生。"①

这里需要强调指出的是,在哈耶克那里,自由社会的自生自发秩序尽管区别于组织秩序,但却并不对那些**作为行动者的组织**(其中包括最大的组织即政府)予以排斥,而且自生自发的社会秩序在没有某种命令结构的情况下也是无法存续的。然而,这一事实的存在绝不能使我们无视那些使自生自发秩序完全区别于组织或外部秩序的内部规则与外部规则在一些极为重要的方面所存在的差异。应当指出的是,哈耶克在建构法律理论的过程中曾使用过许多不同的术语来指称他所谓的"内部规则"和"外部规则"②,然而考虑到他在采用"内部规则"和"外部规则"这两个希腊术语时所给出的具体理由,即"两种独特的规则或规范分别对应于内部秩序或外部秩序,其间的要素必须遵守它们以型构出相应的秩序种类。由于在这里,现代欧洲语言缺乏明确无误地表达这一必要的界分的术语,而且也由于我们已然采用了'法律'一词或它的相似术语去含混地笼而统之地指称这两种规则或规范,所以我们仍将建议采用希腊术语,至少是雅典人在公元前四和五世纪时的古用法,它们更趋近于表达出这一必要的界分"③,而我们在本文的讨论中亦将采用哈耶克的术语④。

(一) 内部规则与外部规则

所谓内部规则,乃是指社会在长期的文化进化过程中自发形成的规则,亦

---

① Hayek, *Law, Legislation and Liberty*, Vol. Ⅰ, *Rules and Order*, Chicago: The University of Chicago Press, 1973, p.45.
② 哈耶克除了使用"内部规则"(nomos)和"外部规则"(thesis)的术语以外,还常常在不同层面使用其他成对的术语:如"自由的法律"与"立法"或"私法"与"公法";当然他也经常用"正当行为规则"和"一般性行为规则"等术语意指"内部规则"。
③ Hayek, *New Studies in Philosophy, Politics, Economics and the History of Ideas*, Routledge & Kegan Paul, 1978, p.76.
④ 尽管本文主要采用哈耶克的"内部规则"和"外部规则"的术语,但是需要指出的是,我在正文中也会保留我征引哈耶克的文字中的"正当行为规则"这一术语,而它实际上仍意指"内部规则"。

即哈耶克所谓的严格意义上的法律;它们是指那些"在它们所描述的客观情势中适用于无数未来事例和平等适用于所有的人的普遍的正当行为规则,而不论个人在一特定情形中遵循此一规则所会导致的后果。这些规则经由使每个人或有组织的群体能够知道他们在追求他们目的时可以动用什么手段进而能够防止不同人的行动发生冲突而界分出确获保障的个人领域。这些规则一般被认为是'抽象的'和独立于个人目的的。它们导致了一平等抽象的和目标独立的自生自发秩序或内部秩序的型构"①。当然,哈耶克也相当正视那些根据组织或治理者的意志制定的"外部规则",然而他却将它们视作一种独特类型的社会秩序规则,且与社会自生自发形成的内部规则正好相区别,因为这种独特类型的外部规则"乃意指那种只适用于特定之人或服务于统治者的目的的规则。尽管这种规则仍具有各种程度的一般性,而且也指向各种各样的特定事例,但是它们仍将在不知不觉中从一般意义上的规则转变为特定的命令。它们是运作一个组织或外部秩序所必要的工具"②。

众所周知,一个组织在某种程度上也必须依赖某种程度的一般性规则而非仅受特殊命令之约束,但是哈耶克却认为,组织之所以需要遵循某种程度的一般性规则的原因,恰恰可以用来解释一个自生自发秩序为什么能够实现组织秩序所不能实现的结果,因为通过一般性规则来规约和调整个人的行动,能够使个人得以更好地运用组织所不具有的信息或知识。然而,一个组织中的各层行动者只能调适并应对只为他们所知的日益变化的情势,因此为了使行动者能够应对该组织并不知道的各种情势,它所发布的命令通常来讲也会采取某种程度的一般指示的形式而非具体命令③。哈耶克颇具洞见力地指出:"组织在这里遇到了任何试图把复杂的人之活动纳入秩序之中的努力所会遇到的问题:组织者肯定会希望个人以合作的方式去运用该组织者自己并不拥有的知识。只是在最为简单的那种组织中,人们才可以想象由单一心智支配所有活动的所有细节。然而,确凿无疑的是,任何人都不曾成功地对复杂社会中所展开的所有活动做到全面且刻意的安排。如果有什么人能够成功地把这样一种复杂的

---

① Hayek, *New Studies in Philosophy, Politics, Economics and the History of Ideas*, Routledge & Kegan Paul, 1978, p. 77.
② 同上。
③ 参见 Hayek, *Law, Legislation and Liberty*, Vol. I, *Rules and Order*, Chicago: The University of Chicago Press, 1973, pp. 48-49。

社会完全组织起来,那么该社会也就不再需要运用众多心智,而只需依赖一个心智就足够了;再者,即使真的发生这种情况,这种社会也肯定不是一种极复杂的社会,而只是一种极端原始的社会。……那些能够被纳入这样一种秩序之设计中的事实,只能是那些为这一心智所知道和领悟的事实;再者,由于只有他一个人能够决定采取何种行动并从中获得经验,所以也就不会存在唯一能使心智得以发展的众多心智之互动的状况。"①

尽管哈耶克认为组织所遵循的外部规则区别于组织所发布的具体命令,但是他却仍然认为那些支配一组织内部的行动的外部规则是一种只适用于特定之人或服务于统治者的目的规则,而这主要有两个彼此关联的原因:第一,由于外部规则的存在必定"预先设定存在着一个发布此项命令的人"②,而且也预设了这样一种状况,即每个个人在一确定的结构中的地位乃是由特定的组织所发布的命令决定的而且每个个人所必须遵循的规则也取决于那个确定他的地位和发布命令的组织对他所规定的特定目的,所以这种外部规则在意图上就不可能是普遍的或是目的独立的,而只能始终依附于组织所分布的相关的具体命令;正是在这个意义上,这类外部规则的作用也只能限于规定组织(包括社会中最大的组织即政府)所指定的职能部门或具体行动者的行动的具体内容以及对这些具体命令未做规定的事项进行调整。第二,哈耶克进而认为,这些组织所发布的具体命令"无一例外地对应当采取的行动做出了规定,从而使命令所指向的那些人根本没有机会运用他们自己的知识或遵从他们自己的倾向。因此,根据这类命令所采取的行动,只服务于发布该命令的人的目的"③;也正是在这个意义上,我们可以认为这样的外部规则必定会因具体命令的不同而对该组织的不同成员具有不同的意义,而且更为重要的是,对这些外部规则所做的解释也必须依凭组织命令所规定的具体目的,因为该组织所发布的特定命令如果不分派具体任务和不确定具体目的,那么具有一定抽象程度的外部规则也就不足以告诉该组织中的每个行动者何者是他所必须做的事情。据此,哈耶克认

---

① Hayek, *Law, Legislation and Liberty*, Vol. I, *Rules and Order*, Chicago: The University of Chicago Press, 1973, p. 49.
② 例如哈耶克指出:"每个人都遵循的一般性规则,与命令本身并不相同,因为它未必预先设定存在着一个发布此项规则的人",见哈耶克:《自由秩序原理》,邓正来译,三联书店1997年版,第185页;而关于政府是"组织"的问题,见Hayek, *Law, Legislation and Liberty*, Vol. I, *Rules and Order*, Chicago: The University of Chicago Press, 1973, p. 46。
③ 哈耶克:《自由秩序原理》,邓正来译,三联书店1997年版,第186页。

为,组织秩序所服从的外部规则必定在下述方面区别于自生自发秩序赖以为基的内部规则:一是这种外部规则设定了以命令的方式把特定任务、目标或职能赋予该组织中的个人的预设;二是大多数外部规则只能经由依附具体命令而适用于那些仅承担了特定任务或职责的个人或服务于组织之治理者的目的①。

与组织秩序所遵循的外部规则构成对照,哈耶克概括地指出②,支配内部秩序或自生自发秩序的内部规则必须是目的独立的和必须是同样适用的:即使未必对所有成员都同样适用,至少也要对某一个成员阶层是同样适用的③;当然,这些内部规则还必须适用于未知的和不确定的人和事,而且它们也必须由个人根据其各自的知识和目的加以运用;颇为重要的是,个人对它们的适用亦将独立于任何共同的目的,而且个人甚至不需要知道这种目的。这里需要强调指出的是,哈耶克对自生自发秩序所遵循的内部规则与组织秩序所服从的外部规则所做的区分,并不是一种逻辑上的区分,因为这两种规则在某一维度上都处于同一个逻辑范畴之中而与事实相对,一如他所明确指出的,"这些被我们称之为严格意义上的'法律'的抽象规则,其性质可以通过将其与具体而特定的命令进行比较而得到最充分的揭示。如果我们将'命令'一词作最宽泛的解释,那么调整人的行动的一般性规则也确实可以被视作是命令。法律及命令都同样区别于对事实的陈述,从而属于同样的逻辑范畴"④;哈耶克进而指出,"由正当行为规则构成的法律具有一个极为独特的品格,它不仅使它被称之为'内部规则'一事极为可欲,而且还使下述问题变得特别重要,即把它与其他被称之为法律的命令加以明确的区分,所以在发展这类法律时,人们能够明确地认识到它所特有的属性"⑤。因此,本文也将依循哈耶克的这一分析理路,亦即通过对自生自发秩序所遵循的内部规则的特性的探讨来揭示它们与外部规则之间的区别。

一如前述,作为有助益于自生自发秩序的内部规则,它们必定具有某些使它们区别于外部规则的特征,而它们在调整人与人之间的涉他性活动的过程中

---

① 参见 Hayek, *New Studies in Philosophy, Politics, Economics and the History of Ideas*, Routledge & Kegan Paul, 1978, pp. 77–78。
② 参见 Hayek, *Law, Legislation and Liberty*, Vol. I, *Rules and Order*, Chicago: The University of Chicago Press, 1973, p. 50。
③ 关于内部规则平等适用的原则问题的讨论,参见霍伊:《自由主义政治哲学》,刘锋译,三联书店1992年版,第141—143页。
④ 哈耶克:《自由秩序原理》,邓正来译,三联书店1997年版,第185页。
⑤ Hayek, *Law, Legislation and Liberty*, Vol. II, *The Mirage of Social Justice*, Chicago: The University of Chicago Press, 1976, p. 34.

所具有的否定性、目的独立性和抽象性,便是"那些构成自生自发秩序之基础的正当行为规则所必须的特征"①。

第一,哈耶克认为,自生自发秩序所遵循的内部规则"可以被认为是一种指向不确定的任何人的'一劳永逸'的命令,它乃是对所有时空下的特定境况的抽象,并仅指涉那些可能发生在任何地方及任何时候的情况"②。我个人以为,就内部规则所具有的这种**一般且抽象的特性**的具体内涵来看,主要涉及三个主要的方面:在本质上,它们乃是长期性的措施;从指向上来讲,它们所指涉的乃是未知的情形而非任何特定的人、地点和物;再就它们的效力言,它们必须是前涉性的(prospective),而绝不能是溯及既往的。

这里更需要强调的乃是我们对贯穿于上述具体内涵之中的"抽象"性质本身的理解,它关系到我们对内部规则此一特性的关键内核的把握,也关涉到我们对社会秩序之型构的认识,因为"正是对纯粹抽象的行为规则的遵循,导致了一个社会秩序的型构"③。哈耶克指出:"我们在此前业已说明,在正当行为规则逐渐扩展至那些既不具有也不意识到同样的特定目的的人群的过程中,发展出了一种通常被称之为'抽象'的规则"④,因此,所谓"抽象"特性的关键内核,就在于那种被视为是一种古远的法律程式,即**"规则必须适用于在数量上未知的未来情势"**⑤。按照我个人的理解,内部规则抽象特性的这一关键内核具有下述两个极为重要的相关意义:一是它揭示了内部规则并不预设一发布者的存在而且也不具体指向一种特定的或具体的行动,或者用哈耶克本人的话来说,"一般性法律与具体命令间的最重要的区别就在于,指导一项特定行动

---

① Hayek, *Law, Legislation and Liberty*, Vol. Ⅱ, *The Mirage of Social Justice*, Chicago: The University of Chicago Press, 1976, p. 36.
② 哈耶克:《自由秩序原理》,邓正来译,三联书店1997年版,第185页。此外,哈耶克还指出:"在这里,我们只想强调这种内部规则所具有的一个独特的属性……由那些支配个人涉及彼此的行为的目的独立的规则所构成的法律,乃旨在适用于在数量上未知的未来事例,而且还能够通过对每个人确受保护的领域(a protected domain)的界定而使一种个人能够制定可行的计划的行动秩序得以型构自身。这些规则通常被称之为抽象的行为规则……我们想在这里阐明的特定要点是,这些像普通法那样生成于司法过程的法律必定是抽象的——这是在那种由统治者的命令所创造的法律未必是抽象的意义上所讲的。"请参见 Hayek, *Law, Legislation and Liberty*, Vol. Ⅰ, *Rules and Order*, Chicago: The University of Chicago Press, 1973, pp. 85 - 86。
③ Hayek, *Law, Legislation and Liberty*, Vol. Ⅰ, *Rules and Order*, Chicago: The University of Chicago Press, 1973, p. 44.
④ Hayek, *Law, Legislation and Liberty*, Vol. Ⅱ, *The Mirage of Social Justice*, Chicago: The University of Chicago Press, 1976, p. 35.
⑤ 同上。

的目标和知识,究竟是由权威者来把握,还是由该行动的实施者和权威者共同来把握"①;二是内部规则并不预设一发布者的存在而且也不具体指向一种特定的或具体的行动的特性表明,自生自发秩序依赖于其上的这种规则所指向的必定是一种**抽象秩序**,而这种抽象秩序所具有的特定的或具体的内容也是不为任何人所知或所能预知的;再从另一个角度上看,规则所指向的社会秩序越复杂,分立行动的范围亦就愈大,而这又必须由那些并不为指导整体的人所知的情势来决定,相应的协调和调整亦就愈加依赖于抽象性规则而非具体命令②。因此,在这个意义上讲,通过这种抽象性的内部规则,人们不仅能够使那些为他们所使用的知识在数量上得以最大化,而且也可以使其所追求的目的在数量上得以最大化。正如哈耶克所言:"一个具有一定抽象特征的秩序之所以能够对目标不同的个人都有助益,乃是因为追求不同目标的人们能够接受一个多目标的工具,而这一工具则有助益于每一个人实现其自己的目标"③,而人们之所以能够接受这种抽象特性的内部规则,或者说人们之所以"能够假定这种规则能够平等地增进每一个人实现其自己目的的机会","实是因为我们无力预测采用某一特定规则所会导致的具体结果"④。

第二,哈耶克经由对内部规则所具有的抽象性质的阐发而认为,这一特性导致了自生自发秩序所遵循的内部规则的第二个特性,即它们是目的独立的(end-independent)而非目的依附的(end-dependent),因而这种"目的独立"的内部规则也可以被称之为作为"一般性目的的工具"的"正当行为规则"⑤,例如哈

---

① 哈耶克:《自由秩序原理》,邓正来译,三联书店1997年版,第186页。
② 这里显然涉及哈耶克关于法律目的的讨论。值得注意的是,哈耶克一方面强调法律服务于一个目的,而另一方面又强调说他所谓的法律目的不同于其他主张目的为法律核心特征之论者的观点。哈耶克指出:"就法律的'目的'所存在的上述两种不同的观念,在法律哲学历史上可谓是极为凸显。从伊曼纽尔·康德对正当行为规则'无目的'性的强调,到边沁和耶林(Ihering)等功利主义者视目的为法律核心特征的观点,目的这个概念所具有的含混性始终都是导致观点分歧和冲突的持续根源。如果'目的'指的是特定行动的具体且可预见的结果,那么边沁的特定论功利主义(the particularistic utilitarianism)就肯定错了。但是,如果我们把这样一种指向纳入'目的'的含义之中,即旨在实现一些条件,而这些条件有助于形成那种特定内容无从预见的抽象秩序,那么康德对于法律目的的否定,只有就某项规则被适用于某个特定情势而论才是合理的,但是对于整个规则系统来说,康德对法律目的的否定则肯定是没有道理的。然而,休谟则强调指出,我们应当关注整个法律系统的功能,而无须考虑具体效用;休谟的这个洞见当使此后的论者不再受困于这种混淆。"参见 Hayek, *Law, Legislation and Liberty*, Vol. Ⅰ, *Rules and Order*, Chicago: The University of Chicago Press, 1973, p. 113。
③ Hayek, *Law, Legislation and Liberty*, Vol. Ⅱ, *The Mirage of Social Justice*, Chicago: The University of Chicago Press, 1976, p. 4.
④ 同上。
⑤ 同上书,第21页。

耶克所指出的,"我们选择'正当行为规则'这一术语来描述那些有助于型构自生自发秩序的目的独立的规则,而与目的依附的组织规则构成对照。前者是指作为'私法社会'(private law society)之基础的并使开放社会成为可能的内部规则"①。内部规则之所以具有这种不依附于特定目的的特性,其主要原因就在于这些规则是在从目的关联群体向共同目的不存在的复杂社会的扩展过程中实现的,一如他所指出的,"值得我们注意的是,只有'目的独立'的'形式'规则才能通过这个(康德式)标准的审核,因为,由于最早在较小的目的关联群体('组织')中发展起来的规则乃是以渐进的方式扩展至越来越大的群体的,而最终普遍化至适用于一个开放社会的成员之间的关系,这些成员不具有具体的共同目的而且只服从共同的抽象规则,所以它们在不断演化和扩展的过程中必定会摆脱它对所有特定目的的指涉"②。显而易见,构成自生自发秩序型构之基础的内部规则所具有的这一"目的独立"的特性,其关键要点乃在于对这种性质的规则的遵循,本身并不能够推进或旨在实现某个特定目的,而只服务于或有助益于人们在尽可能大的范围内追求不尽相同的个人目的③。

第三,哈耶克在阐释内部规则的上述特性的含义以后指出,"它们必须变得如此,乃是规则扩展至超过那个能拥有甚或意识到同样的目的的社群的过程所导致的一个必然的结果。……我们已然看到,这导致人们把这些规则局限在对那些有可能伤害他们的涉他性行动的禁止方面,而且这也只能由那些界定其他人不得干涉的个人领域(或有组织的群体的领域)的规则来实现"④。正是在这

---

① Hayek, *Law, Legislation and Liberty*, Vol. Ⅱ, *The Mirage of Social Justice*, Chicago: The University of Chicago Press, 1976, p. 31.
② Hayek, *Studies in Philosophy, Politics and Economics*, London: Routledge & Kegan Paul, 1967, p. 168. 此外,哈耶克还认为"内部规则"所具有的这一"目的独立性",最为明确地得到了休谟的阐发,并在此后得到了康德最为系统的论述。关于休谟的观点,可以参见 D. Hume, "An enquiry concerning the principles of Morals," in *Essays, Moral, Political, and Literary*, ed. T. H. Green and T. H. Grose, London, 1875, Vol. Ⅱ, p. 237(转引自 Hayek, *Law, Legislation and Liberty*, Vol. Ⅰ, *Rules and Order*, Chicago: The University of Chicago Press, 1973, p. 113);而关于康德的观点,最精彩的分析则可以参见 M. J. Gregor, *Laws of Freedom*, Oxford: Basil Blackwell, 1963。
③ 参见 Hayek, *Law, Legislation and Liberty*, Vol. Ⅱ, *The Mirage of Social Justice*, Chicago: The University of Chicago Press, 1976, p. 123.
④ 同上书,第36—37页。关于内部规则的否定性问题,哈耶克在讨论内部规则的正义观的时候更是明确地指出了这一否定特性的核心要点:"第一,正义只能在适用于人的行动的时候才具有意义,而不适用于任何事态……第二,正义规则在本质上具有禁令的性质,或换言之,非正义乃是真正的基本概念,而且正当行为规则的目标就是防阻非正当的行动;第三,所欲防阻的非正义乃是对一个人的同胞的确获保障的领域的侵犯,而这个领域就是经由这些正当行为规则(转下页)

里,我们发现,内部规则的抽象性和目的独立性"乃是与那些经历了一般化过程的规则所具有的某些其他特性紧密相关的,例如,这些规则几乎都是否定性的(即它们禁止而非命令一些特定的行动),它们之所以做否定性的规定,乃是为了保护每个个人能按其自己的选择而自由行事的明确的领域,而且人们也可以通过把一般化或普遍化的标准适用于一项特定的规则而确知它是否具有这一特性。我们将努力表明,这些都是那些构成自生自发秩序之基础的正当行为规则的必要的特征。……实际上所有正当行为规则都是否定性的,即它们一般都不会把肯定性的义务强加给任何人,除非他经由其自己的行动而引发了这样的义务;这个特征……已为人们再三指出了,但是却不曾为人们做过系统的考察"①。

立基于哈耶克对内部规则否定性的讨论,我们可以发现,内部规则的主要功能乃在于明确个人行动的**确获保障的领域**:告诉每个人何种规定是他所能信赖的,何种物质性东西或服务是他可以用来实现他的目的的以及他所具有的行动范围是什么。但是,这里需要强调指出的是,内部规则的否定性决定了它本身并不会对个人的确获保障的领域进行明确的肯定性规定,而只是有助于使这些规则支配下的个人在行动中根据他与其他人的互动和他所"默会"遵循的外部情势去划定他们自己的确获保障领域的边界②。因此从另一个视角来看,这种否定性的内部规则在界分个人确获保障的领域时所采取的方式,并不是从肯定的角度出发直接决定什么是个人必须或应当做的,而只是从否定性的角度出发决定什么是个人绝不能做的,亦即只是对任何人都不得侵犯个人确获保障领域的诸原则进行规定,一如哈耶克所明确指出的,这些内部规则"永远不能完全决定一项特定的行动,而只能限定所允许的行动种类的范围,并且只能将采

(接上页)而确定的;第四,这些本身为否定性的正当行为规则可以通过把同样具有否定性的普遍适用性标准持续适用于一个社会所继受的任何这类规则而得到发展。"见 Hayek, *Studies in Philosophy, Politics and Economics*, Routledge & Kegan Paul, 1967, p. 166;而关于哈耶克对这四项基本的正义要点的更为详尽的讨论,请参见同上书,第 167—168 页。

① Hayek, *Law, Legislation and Liberty*, Vol. II, *The Mirage of Social Justice*, Chicago: The University of Chicago Press, 1976, pp. 35 - 36. 但是哈耶克也指出,只有极少的内部规则不是否定性的,例如在公海上救险的义务以及父母对子女的责任等,参见同上书,第 36 页。

② 这个问题极为重要,因为它涉及哈耶克反对权利论证方式所赖以为基的先验论的观点。哈耶克指出:"我们在日常生活中经常会遇到这样的问题:究竟哪些权项应当被归入我们所称之为'产权'的这种权利束之中……哪些其他权利应当被归入确获保障的领域之中……但是需要指出的是,就所有这类问题的解决而言,只有经验能够表明何者是最为适宜的安排。对这种权利所做的任何特定界说,根本不存在什么'自然的或天赋的'品格。"见哈耶克:《自由秩序原理》,邓正来译,三联书店 1997 年版,第 197 页。

取特定行动的决定权交由行动者本人根据他的目的而做出"①。当然,由于内部规则的功能在于经由消灭某些产生不确定性的渊源而有助于防阻冲突和增进合作并有助于个人都能够根据他自己的计划和决定行事,所以在某种意义上讲,它们也不可能完全消除不确定性。立基于此,哈耶克反复强调内部规则只能创设某种程度的确定性,即通过对个人所具有的确获保障的私域进行保护并使它们免受其他人的干涉,从而使个人能够视这种确获保障的领域为他自己所控制②。

(二) 内部规则:未阐明的规则与阐明的规则

这里需要强调指出的是,除了上文所述的抽象性、否定性和目的独立性以外,内部规则在哈耶克那里还是一个完整的"规则系统",它"不仅包括明确阐明的规则(articulated rules),而且也包括尚未阐明的规则(unarticulated rules),它们或者隐含于规则体系之中或者还必须去发现以使分立的规则前后一致"③;这里所凸显的乃是哈耶克在内部规则讨论时所强调的又一个极为重要的观点,即关于"**阐明的规则与未阐明的规则**"的论说④。所谓"未阐明的规则",在哈耶克那里,乃是指一种描述性质的规则,亦即并未用语言或文字予以表达的惯常

---

① Hayek, *Law, Legislation and Liberty*, Vol. Ⅱ, *The Mirage of Social Justice*, Chicago: The University of Chicago Press, 1976, p. 37.
② 参见 Hayek, *Law, Legislation and Liberty*, Vol. Ⅱ, *The Mirage of Social Justice*, Chicago: The University of Chicago Press, 1976, p. 38。关于这个问题,哈耶克还指出:"法律所提供的只是一些人们依据它们就有可能从特定的事实中确认出某些特定的东西究竟属于何人的规则。法律所关注的并不是特定东西归属于的那个特定的人究竟是谁,而只是使人们有可能确认个人在法律规则所划定的限度内的行动所决定的那些边界,但是值得指出的是,这些法律规则的特定内容则是由诸多其他情势所决定的……法律规则的目的,只是为了通过划定边界而尽可能地防阻不同个人间的行动发生互相干扰;它们本身并不能确定,从而也不可能关注不同的个人所会得到的结果究竟是什么。"参见 Hayek, *Law, Legislation and Liberty*, Vol. Ⅰ, *Rules and Order*, Chicago: The University of Chicago Press, 1973, p. 108。
③ Hayek, *Law, Legislation and Liberty*, Vol. Ⅱ, *The Mirage of Social Justice*, Chicago: The University of Chicago Press, 1976, pp. 158 - 159, n. 4.
④ 哈耶克在《政治思想中的语言混乱》一文的第三节"A Digression on Articulated and Non-articulated Rules"中对这个论说做了详尽的阐释,并且明确指出,对"未阐明的规则与阐明的规则"进行界分,要比法理学中通常为人们所熟知的对"成文法与不成文法"的界分和对"习惯法与制定法"的界分重要得多,因为"不成文法"或"习惯法"常常是以一种明确阐明了的文字规则形式传演下来的,所以它们与"成文法"在行动者"知道"它们的意义上的差别,就显然没有"阐明的规则"与"未阐明的规则"之间的区别那么大,参见 Hayek, *New Studies in Philosophy, Politics, Economics and the History of Ideas*, Routledge & Kegan Paul, 1978, pp. 81 - 82;又请参见 Hayek, *Law, Legislation and Liberty*, Vol. Ⅰ, *Rules and Order*, Chicago: The University of Chicago Press, 1973, p. 165, n. 16。

行为的模式,而"阐明的规则"则是形式化了的规范性质的规则,它们不仅描述行为,而且还经由确立适当标准的方式支配行为①。毋庸置疑,哈耶克这一重要论说的提出,不仅为我们在一般意义上认识他所主张的"社会秩序规则二元观"提供了一个极具意义的路径,而且也为他本人更为妥切地进入"规则系统"的分析提供了一个知识上的解释进路,并使他能够在《建构主义之谬误》一文中极为明确地指出,这种规则系统包括:"(1)只在事实上为人们所遵循但却从未用语词加以表达的规则;如果我们说'正义感'或'语感',那么我们就是指这种我们有能力适用但却并不明确知道的规则;(2)尽管已为语词所表达但却仍只是表示长久以来在行动中为人们所普遍遵守的东西的规则;以及(3)刻意引进的从而必定以成文形式存在的规则。"②

在这个"阐明的规则与未阐明的规则"的论说中,哈耶克揭示出了作为立法结果的"阐明的规则"与那种日益进化且并不为人所完全知道的"未阐明的规则"之间的关系。就此而言,哈耶克明确指出,人的行动从来就不是只以其对已知的某种手段和相应的结果间的因果关系的明确认识作为行动指导的,相反,在绝大多数的情况下是受其知之甚少的那些社会行为规则指导的,而这些规则乃是社会群体在长期的历史实践活动中经由文化进化而积淀下来的为人们普遍接受的规则,换言之,"阐明的规则"并不完全是人之意图的产物,而是在一决非任何人之发明且迄今尚未完全为人所认识的并且还在人能够用文字表达"阐明的规则"之前就指导其思维和行动的规则系统中进行判断和确定的,因此,在哈耶克的论述脉络中,"未阐明的规则"优位于"阐明的规则",而且"阐明的规则"的存在亦不能替代"未阐明的规则"及其所具有的意义③。哈耶克的这个重要洞见,不仅意味着作为"未阐明的规则"的法律比作为"阐明的规则"那种为建构论唯理主义者唯一承认的立法和组织化的国

---

① 参见 Hayek, *New Studies in Philosophy, Politics, Economics and the History of Ideas*, Routledge & Kegan Paul, 1978, pp. 81 - 82。
② 同上书,第 8—9 页。
③ 哈耶克关于"未阐明的规则"优位于"阐明的规则"的论说,依我个人对他的知识观的研究所见,实乃源出于他的知识观中"默会知识"优位于"理论知识"的观点并且是以此为基础的,并且是经由把这一默会知识首位性的命题与他在 1960 年发表的《自由秩序原理》和 1962 年发表的更为重要的《规则,认知和可知性》("Rules, Perception and Intelligibility")这篇著名论文中开始创建的"无知观"结合起来,而把探究的范围扩大到了诸如工作活动、文化传统、制度或社会行为规则等这样一些社会活动题域。关于这个问题的详尽讨论,请参见拙著:《自由与秩序》,江西教育出版社 1998 年版,第 105—138 页。

家更古老,而且也更意味着立法者和国家的全部权威实际上都源出于此前已然存在的标示着正义观念的未阐明的规则,而且除非得到了那种为人们普遍接受或承认但却常常是未阐明的规则的支援——即在阐明的规则发生无力解决疑难问题的情形时人们所诉诸的那些未阐明的规则,否则即使是阐明的规则也不可能得到完全的适用;而且除非我们正视阐明的规则得以获取其意义所赖以为基的这种未阐明的规则,否则这种阐明的规则得以发展、变更和阐释的整个过程也无从为我们所认识①。但是这里需要强调指出的是,哈耶克在主张未阐明的规则优位于阐明的规则的前提下还认为,一旦有关某一行为规则的特定阐释为人们所接受,那么这种阐释就会成为变更或修正这些规则的主要手段;因此,阐明的规则与未阐明的规则在发展的过程中也将保持持续的互动②。

毋庸置疑,哈耶克之所以强调"阐明的规则与未阐明的规则"这个论说中的"未阐明的规则"所具有的重要意义,实乃是因为在现代社会以阐明的规则统合未阐明的规则的语境中,"建构主义者在上述三类规则中倾向于否定前两类规则,而只愿承认其间的第三类规则为有效的规则"③。正是为了进一步揭示哈耶克此一论说侧重点的意义,我们还有必要对他阐释这个论说的理据进行追问。就哈耶克的社会理论及其知识论的角度来看,我们可以认为他至少提出了三个论辩支持他的这个论说④。哈耶克的第一个论辩所立基于的乃是他从"自

---

① 参见 Hayek, *New Studies in Philosophy, Politics, Economics and the History of Ideas*, Routledge & Kegan Paul, 1978, pp. 81-82。
② 参见同上书,第 81 页。值得注意的是,尽管哈耶克明确主张"未阐明的规则"优位于"阐明的规则",但是他并不因此而认为应当放弃立法。一如他在讨论 Bruno Leoni 的观点时所指出的,"即使是在现代社会,法律的发展也需要依赖司法先例和学理解释这个渐进过程;关于此一主张的理由,已故的 Bruno Leoni 在其所著 *Freedom and the Law* (Princeton, 1961)一书中做了极有说服力的阐释。但是,虽说他的论辩对于那种深信只有立法才能够或应当改变法律的极为盛行的正统观念的人来说,是一服有效的解毒剂,但是它却未能使我相信,甚至在他主要关注的私法领域里,我们也能够完全否弃立法"(Hayek, *Law, Legislation and Liberty*, Vol. I, *Rules and Order*, Chicago: The University of Chicago Press, 1973, p. 168, n. 35);因为"以此方式演化生成的法律都具有某些可欲的特性的事实,并不能证明它将永远是善法,其或也无法证明它的某些规则就可能不是非常恶的规则。因此,它也就不意味着我们能够完全否弃立法"(同上书,第 88 页);而关于普通法之所以需要立法加以修正的更为具体的理由,还可以参见同上书,第 88—89 页。
③ Hayek, *New Studies in Philosophy, Politics, Economics and the History of Ideas*, Routledge & Kegan Paul, 1978, p. 9.
④ 关于哈耶克所提出的支持"阐明的规则与未阐明的规则"之论说的三个论辩,可以参见 Hayek, *Law, Legislation and Liberty*, Vol. I, *Rules and Order*, Chicago: The University of Chicago Press, 1973, pp. 43-46; R. Kley, *Hayek's Social and Political Thought*, Oxford: Clarendon Press, 1994, pp. 70-73。

然的"而非"社会的"自发秩序中得出的推论。在哈耶克看来,自然的自发秩序中的事例"明确表明,那些支配这类自生自发秩序要素的行动的规则,无须是为这些要素'所知'的规则;这些要素只需实际上以这些规则所能描述的方式行事就足够了。因此,我们在这种场合所使用的规则的概念,并不意指这些规则是以明确阐述的('形诸于文字的')形式而存在的"①。哈耶克的第二个论辩乃渊源于我们上文所述的他关于行动者遵循规则所具有的默会性质的讨论,它试图经由指出人们乃是在不知道或不意识的情形下遵循某些行为规则这个事实而说明"未阐明规则"的论说是可行的。哈耶克指出,在历史的早期,人们并不界分目的导向的命令和规范性命令,当时只有"一种确立起来的做事情的方式,而且关于因果的知识与关于适当的或可允许的行动方式的知识也并不是分离的"②,所以他们并不具有那种使他们自己的行动与其所遵循的行为规则相分离进而做出评价的批判性能力。正是在这个意义上,哈耶克认为,他们并不是在有意识的状态下遵循这些规则的。哈耶克的第三个论辩则立基于他在语感(the sense of language)与正义感之间所做的类推。由于哈耶克把语感描述成一种"我们遵循未阐明的规则的能力",所以他认为我们"没有理由……不把正义感视作这样一种能力,即遵循我们并不知道(亦即我们能够陈述它们意义上的'知道')的规则的能力"③。

经由对"阐明的规则与未阐明的规则"这个论说的阐发和论证,哈耶克达致了两个我个人以为是我们理解哈耶克"社会秩序规则二元观"乃至他的整个法

---

① Hayek, *Law, Legislation and Liberty*, Vol. I, *Rules and Order*, Chicago: The University of Chicago Press, 1973, p. 43;关于这个问题,又请参见哈耶克在《自由秩序原理》中所做的阐释:"在动物界,也存在着一定程度的秩序,以防止动物在觅食的过程中发生太多的争斗或彼此干扰的情况;这种秩序常常产生于下述事实,即个别动物在远离其兽穴时,往往不愿与其他动物争斗。结果,当两个动物在某个中间地带相遇时,其中的一只野兽通常会在没有进行真正的力量角斗之前就跑开。据此可见,属于每个动物的领域并不是经由具体边界的划定来确定的,而是通过对一项规则的遵守来确定的;当然,这种规则并非为每只野兽所明确知道,只是为其在行动中所遵循而已。这一例证表明,甚至这样的无意识习惯也涉及某种抽象的问题。"见哈耶克:《自由秩序原理》,邓正来译,三联书店1997年版,第184页。
② Hayek, *Law, Legislation and Liberty*, Vol. I, *Rules and Order*, Chicago: The University of Chicago Press, 1973, p. 18.
③ Hayek, *Studies in Philosophy, Politics and Economics*, London: Routledge & Kegan Paul, 1967, p. 45;例如哈耶克在"Rules, Perception and Intelligibility"的著名论文中就给出了这么一个极富启发意义的例证:"那些并不知道语法规则但却说出符合语法的话的孩子,不仅能够理解其他人经由遵循语法规则而表达出来的各种意思,而且还有能力对其他人的言谈中所存在的语法错误进行纠正。"(同上书,第45页)

律理论建构的至关重要的命题①,它们也大体上构成了哈耶克所宣称的文化"进化与秩序的自发形构这一对孪生观念"②的基本内容。第一个命题乃是哈耶克在有限理性或无知观的基础上型构而成的**社会秩序内部规则是人之行动而非人之设计的结果的命题**③。这个命题一方面意味着自生自发秩序所遵循的内部规则引导着那些以默会的方式遵循它们但对为什么遵循它们或对它们的内容并不知道的行动者如何采取行动,而在另一方面即认识社会这一更深刻的层面上意味着个人在自生自发秩序或内部秩序中乃是根据他只在某种程度上意识到的秩序规则而采取行动并判断其他人的行动的。第二个命题则是哈耶克从文化进化论出发而确立的**"相互竞争的传统的自然选择命题"**(在这里,"传统"意指调整行为的内部规则与认知规则的各复合体)④。这个进化论的命题意味着自生自发社会秩序或内部秩序的规则系统既不是超验意志的决定亦非人之理性设计的结果,或者说既不是"本能"的取向亦非"唯理"的产物⑤,而

---

① 关于哈耶克所达致的这两个理论命题对于我们理解他的法律理论的意义,我们也可以从 N. Barry 的评论文字中见出:"哈耶克在过去二十多年关于社会哲学的论述,主要集中在法律理论方面。他对法律的性质进行了阐释,并将法律哲学与其思想的其他方面结合了起来,最为典型的便是社会科学的方法论与正义理论。哈耶克这些研究的最终目的乃是要把法律现象正确地置于一个自由社会得以存在的必要条件的语境之中。"见 N. Barry, *Hayek's Social and Political Philosophy*, London: Macmillan, 1979, p.76。
② Hayek, *Law, Legislation and Liberty*, Vol. I, *Rules and Order*, Chicago: The University of Chicago Press, 1973, p.23.
③ 参见 Hayek, *Studies in Philosophy, Politics and Economics*, London: Routledge & Kegan Paul, 1967, pp.96-97。哈耶克指出,"至此,我们的论辩完全是立基于下述不争的假设之上的,即我们在事实上无力阐释全部支配我们观念和行动的规则。我们还必须考虑这样一个问题,即人们是否可以想象我们当有能力以语言的方式描述所有(或者至少是我们喜欢的任何一项)规则,或者心智活动是否必须始终受某些我们在原则上无力阐释的规则的指导。如果结果表明人们基本上不可能陈述或传播支配我们行动的全部规则……那么这就意味着我们可能的明确知识的内在限度,而且尤其意味着充分解释我们自己的复杂心智的不可能性"(同上书,第 60 页);哈耶克甚至还指出,"一般而言,人不仅对于自己为什么要使用某种形式之工具而不使用他种形式之工具是无知的,而且对于自己在多大程度上依赖于此一行动方式而不是他种行动方式亦是无知的。人对于其努力的成功在多大程度上决定于他所遵循的连他自己都没意识到的那种习惯,通常也是无知的"(哈耶克:《自由秩序原理》,邓正来译,三联书店 1997 年版,第 26 页)。可见,哈耶克在这里所确立的乃是行动者在选择遵循社会行为规则方面的无知的观点。关于这个问题的详尽讨论,请参见拙著:《自由与秩序》,江西教育出版社 1998 年版,第 30—31 页。
④ 参见 Hayek, *Law, Legislation and Liberty*, Vol. II, *The Mirage of Social Justice*, Chicago: The University of Chicago Press, 1976, p.11. 又请参见拙著:《自由与秩序》,江西教育出版社 1998 年版,第 32—40 页。
⑤ 一如布坎南所指出的,哈耶克乃是一个文化进化论者;他认为,文化进化业已形成或产生了非本能行为的抽象规则,人们一直依靠这些抽象规则生活,但却并不理解这些规则。这些规则显然反对人的本能倾向,但是人们依据个人理性也无力评价和理解这些规则的作用方式。参见布坎南:《自由、市场与国家》,平新乔等译,上海三联书店 1989 年版,第 115 页;同时又请参见哈耶克:《致命的自负》(原译《不幸的观念》),刘戟锋等译,东方出版社 1991 年版,第 24 页。

是"一个缓慢进化过程的产物,而在这个进化的过程中,更多的经验和知识被纳入它们之中,其程度远远超过了任何一个人所能完全知道者"①;当然,我们也可以从哈耶克的下述文字中发现他对这两个紧密相关的命题的集中表述:"在大多数行为规则最初就拥有的上述两项属性中,第一个属性乃是它们在个人的行动中为行动者所遵循,但又不是以阐明的('形诸于文字的'或明确的)形式为行动者所知道。这些行为规则会在那种能够被明确描述的行动的常规性中呈现自身……这些行为规则所具有的第二个属性是,这种规则之所以渐渐为人们所遵循,乃是因为它们实际上给予了那些遵循它们的群体以更具优势的力量,而不是因为这一结果先已为那些受这些规则指导的行动者所知道"②。

正是立基于上述的精要分析和讨论,哈耶克最终形成了奠定其"社会秩序规则二元观"的一个极为重要的结论,即与外部秩序相对应的外部规则尽管是人类社会所不能或缺的治理工具,**但是它却不能因此而侵扰甚或替代内部秩序得以生成并得以维续的内部规则**,否则自生自发的内部秩序和植根于其间的个人的行动自由就会蒙受侵犯并遭到扼杀③。当然,哈耶克在得出这个重要结论的时候,还从社会分析理路出发给出了另外两个颇为关键的理由。

第一,由于现代社会并不是依赖于组织而是似自生自发秩序那般生成发展的,所以现代社会的结构获致了它所拥有的那种程度的复杂性,而且这种程度的复杂性也远远超出了刻意安排的组织所能达致的任何程度。事实上,使这种复杂秩序的发展成为可能的秩序规则,最初也不是根据对这种结果的预期而

---

① Hayek, *Studies in Philosophy, Politics and Economics*, London: Routledge & Kegan Paul, 1967, p. 92.

② Hayek, *Law, legislation and Liberty*, Vol. I, *Rules and Order*, Chicago: The University of Chicago Press, 1973, p. 19. 我在《自由与秩序》一书(江西教育出版社 1998 年版,第 35 页)中也指出,"更加具体地说,这些规则之所以得到发展,一是'因为实施它们的群体更为成功并取代了其他群体'(Hayek,同上书,第 18 页);二是因为这些群体'比其他群体更繁荣并发展起来'(Hayek, *Law, Legislation and Liberty*, Vol. III, *The Political Order of a Free People*, Chicago: The University of Chicago Press, 1979, p. 161);三是'因为它们使那些实施它们的群体能够繁衍生殖更成功并包容群体外的人'(哈耶克:《致命的自负》(原译《不幸的观念》),刘戟锋等译,东方出版社 1991 年版,第 16 页)。因此,对较为有效的规则的采纳,并不产生于人的理性选择,而是'通过选择的过程演化生成于他们所生活的社会之中'(Hayek, *Law, Legislation and Liberty*, Vol. II, *The Mirage of Social Justice*, Chicago: The University of Chicago Press, 1976, p. 11);哈耶克甚至指出,'我们几乎不能被认为是选择了它们;毋宁说,是这些约束选择了我们。它们使我们能够得以生存'(哈耶克:《致命的自负》(原译《不幸的观念》),刘戟锋等译,东方出版社 1991 年版,第 12—13 页)"。

③ 参见 Hayek, *Law, Legislation and Liberty*, Vol. I, *Rules and Order*, Chicago: The University of Chicago Press, 1973, pp. 48 - 53。

设计的,只是那些偶然采用了适当的规则的人们在未意图的过程中发展起了复杂的文明并扩展至他者的。因此,"那种因现代社会已变得如此复杂而主张我们必须刻意规划现代社会的观点是极其荒谬的,也是在完全误解了这些发展进程的情况下所造成的结果。不争的事实是:我们之所以能够维续如此之复杂的秩序,所凭靠的并不是操纵或控制社会成员的方法,而只是一种间接的方式,亦即对那些有助益于型构自生自发秩序的规则予以实施和改进的方式"①。

第二,尽管哈耶克认为用那种具有一定抽象程度的外部规则来补充决定一个组织的命令并且把组织视为自生自发秩序的要素都是有道理的,但是他却明确指出用那种依附于具体组织命令的、有助于实现那些控制了该组织的人所旨在达致的特定目的的外部规则去"补充"支配自生自发秩序的规则就绝无助益可言了,这一方面是因为那种试图在用外部规则替代内部规则的同时又想尽最大的可能运用其所有成员的分散知识的理性设计,实是一种"鱼和熊掌不能兼得"的状况从而也是完全不可能的,"显而易见,以这种方式将自生自发秩序与组织混合在一起的做法,绝不可能是一种理性的选择"②;另一方面的原因则是外部秩序所遵循的外部规则所指涉的只是社会中相互依赖行动之系统的一个部分,而绝大多数行动的始动和展开在很大程度上则是由那些只为分立的行动者而不为领导当局所知道的目的和信息所决定或指导的③。此外,依据此一结论的逻辑展开,哈耶克还在立法手段被现代社会视之为唯一法律制度化形式的情势下对法律制度的基本形式——"公法"与"私法"得出了如下的相关结论,即尽管在一个自生自发的现代社会秩序中,公法有必要组织一种能够发挥自生自发秩序更大作用的架构,保护先已存在的自生自发秩序和强制实施自生自发秩序所依据且遵循的部分规则,但是作为组织规则的公法却绝不能因此而渗透和替代作为自生自发秩序所遵循的一部分内部规则的私法④。

---

① Hayek, *Law, Legislation and Liberty*, Vol. I, *Rules and Order*, Chicago: The University of Chicago Press, 1973, pp. 50 - 51.
② 同上书,第51页。
③ 参见同上书,第51—52页。特别需要强调的是,哈耶克指出,"一个群体中的整个行动秩序,远不只是个人行动中可遵循的常规性的总和,而且也不能化约成这些常规性"(Hayek, *Studies in Philosophy, Politics and Economics*, London: Routledge & Kegan Paul, 1967, p. 71),因为"对于整体之存在的至关重要的那些关系的存在,并不能由部分间的互动得到完全的说明,而只能由它们与个别部分和整体构成的那个外部世界之间的互动给出说明"(同上)。
④ 参见 Hayek, *New Studies in Philosophy, Politics, Economics and the History of Ideas*, Routledge & Kegan Paul, 1978, pp. 81 - 82。

五、结语：哈耶克法律观点的启示

　　一如我在开篇所交代的，本文所设定的乃是这样一种论述进路：首先，我们在简短的引论中对本文所设定的特定参照架构与本文所采取的论述框架及其理据进行了扼要的讨论；在第二部分，我力图通过对哈耶克为什么或如何从社会理论的阐释转向对法律理论的建构进行追问，进而揭示出了他由自由理论而进入法律理论的建构以完善其社会哲学的内在理路。尔后，我把哈耶克经由知识观的转换和对自生自发秩序与组织秩序的界分而确立的认识和解释社会的"规则范式"设定为探究哈耶克以"社会秩序二元观"和"社会秩序规则二元观"为基础的法律理论的逻辑出发点，进而在第三和第四两个部分对构成哈耶克法律理论的基本洞见进行了探究。其间，我阐发了哈耶克对"自然"与"人为"二元论以及以此二元论为依凭的同质性的"社会一元论"的批判观点，并且揭示了他的批判观点中的独特创见，即他关于"社会一元论"在社会历史进程中赖以实现的制度性机制乃是表现为"社会秩序规则一元观"的用立法统合内部规则或用公法替代私法的一元化实践的深刻洞识。此外，我还从正面对哈耶克经由洞见"人之行动而非设计"的范畴而确立"自然"、"人为"和"人之行动而非设计"的三分观以及以此为据的"社会秩序规则二元观"的内在理路进行了分析，并在厘定内部规则与外部规则之性质及其关系的过程中阐发了哈耶克关于社会秩序规则的两个极为重要的理论命题：一是哈耶克在有限理性或无知观的基础上型构而成的社会秩序内部规则是人之行动而非人之设计的结果的命题；二是哈耶克从文化进化论出发而确立的社会秩序规则相互竞争的自然选择命题。最后，我还指出了哈耶克依此分析而达致的一个重要结论，即与外部秩序相对应的外部规则（或公法）尽管是人类社会所不能或缺的治理工具，但是它却不能因此而侵扰甚或替代内部秩序得以生成并得以维续的内部规则（或私法），否则内部秩序和植根于其间的个人的行动自由就会蒙受侵犯并遭到扼杀。

　　毋庸置疑，对哈耶克法律理论建构之内在理路以及其间的重要观点的分析，其意义绝非仅限于上文所述；我个人以为，它至少还能够使我们从中获致下述相当有意义的启示。

　　第一，一如前述，哈耶克有关"自然"、"人为"和"人之行动而非设计"的现象的三分法不仅对"自然"与"人为"的二元观构成了尖锐的批判,而且还在将这种批判推进至法律现象的认识题域时,揭示出了自笛卡儿式唯理主义以来在法律领域中占支配地位的"社会秩序规则一元论"是如何在把人类社会运作过程中"人之行动而非人之设计的"制度或规则切割出去以后而得以确立的过程和条件。正是在这个意义上,哈耶克所阐发的内部规则与外部规则的"社会秩序规则二元观",一方面为我们反思那种基本上构成了"现代性图式"之一的视立法为唯一的法律的观点和实践提供了一个颇为重要的维度,进而也为我们进一步追问现代社会在唯理主义意识形态的支配下将原本不可通约的文化传统经由立法一元化而统合起来的那种观点和实践的正当性提供了一个知识基设。但是在另一方面,也是更需要强调的一个方面,即哈耶克提出"社会秩序规则二元观"这个事实本身还为我们在一更深的层面上追究人们为什么将现代社会的这种实践以及支撑它的观点视为当然——而其间究竟与现代社会展开的民族国家建构话语和多数民主(特指立法机构至上)的话语之间存有何种勾连等问题开放出了某种可能性。

第二,哈耶克"社会秩序规则二元观"表明,尽管人们没有充分的理由证明社会秩序的内部规则是自然的,即它们是恒久的事物秩序的一部分或者说它们是恒久地植根于恒定不变的人之本性之中的,但是人们却并不能由此推断说事实上指导人的行为规则必定是人刻意选择或设计的产物,也不能由此推断说人有能力甚或应当通过采用其所决定的任何规则去型构社会①。哈耶克所批判的这种庸俗化的"非此即彼"的推断谬误,一方面渊源于"自然"与"人为"二分法的谬误,而另一方面则产生于这样一种为人们在唯理主义支配下而视之为当然的谬误观点,即只有那些普遍真实或被实证的东西才能被认为是一客观的事实,而那种为一特定社会所具体拥有但却未经实证的东西则绝不能被认为是客观的事实,进而也不能予以承认②。据此,哈耶克提出了一个涉及其哲学层面

---

① 参见 Hayek, *Law, Legislation and Liberty*, Vol. II, *The Mirage of Social Justice*, Chicago: The University of Chicago Press, 1976, pp. 59 - 60。
② 参见同上书,第 60 页。哈耶克还指出,"那些型构社会秩序的观点和意见,以及由此而产生的社会秩序本身,都不依赖于任何人的决定,而且常常也不可能为任何具体意志行为所变更;在这个意义上讲,它们必须被认为是一种客观存在的事实"(同上);而且那些并不是由人之设计所创制的而是人之行动形成的规则或模式,也因此是客观给定的,而"这意味着那些努力发现'自然'(即非设计)给定的东西的人,要比那些坚持认为所有法律都是由人之刻意的意志所确定的人,更加趋近真相,进而也就更'科学'"。见 Hayek, *Studies in Philosophy, Politics and Economics*, London: Routledge & Kegan Paul, 1967, p. 103。

本体论的转换的核心论辩①,即凡是实证的东西虽在实证主义的理路中是客观的,然而未经实证的东西则未必不是"客观"的或真实的。哈耶克的这一论辩极为重要,因为它为我们质疑那种在本质上否定人之实践活动及其赖以为据的实践性知识或"默会"知识在社会演化和型构过程中的重大意义提供了知识论上的理据,同时也为我们进一步追问或探究社会制度安排的建构与如何尽我们所能去发挥那些我们尚无能力以文字的形式加以表达但切实支配我们行动的社会秩序规则的作用间的关系这个至关重要的问题提供了一个重要的认识路向。

第三,哈耶克法律理论的阐发,并不旨在建构一种外部规则与内部规则间的二元对立关系,毋宁是旨在明确处理现代社会以外部规则对内部规则的侵扰或替代的问题,或者说是要在参与社会秩序的行动者所遵循的外部规则与内部规则之间设定一共存的边界,尽管这一边界在哈耶克的社会秩序规则的文化进化命题中不仅极难确定,而且也会在选择过程中发生变化。当然,这里的前提问题乃是如何和依凭何种标准划定行动者所遵循的社会秩序规则的性质的问题,因为要确定行动者所遵循的社会秩序规则之性质,本身还要求建构某种标准,而在哈耶克"社会秩序规则二元观"那里则是上文所述的以个人行动自由为旨归的抽象性、否定性和目的独立性标准。正是在这个限定的意义上讲,我个人以为,哈耶克"社会秩序规则二元观"的建构与其"规则"研究范式的相结合,不仅为我们认真思考内部秩序所遵循的内部规则如何分立于组织(包括政府)规则以及人们如何设定各种组织(包括政府)的权力范围及外部规则的适用范围等问题确立了一个极具助益的路径,而且也在更深刻的层面上为我们理解和解释长期困扰学人的"国家行动与自生自发秩序"这个理论问题开放出了某种可能性,因为他的理路明确要求我们在认识到唯有政府才可能将外部规则扩展适用于自生自发秩序的前提下,根据政府在自生自发秩序中行事时所遵循的具

---

① 关于哈耶克这一涉及哲学本体论的转换,我曾经在《知与无知的知识观》一文中指出,"这种最终可以表述为从自生自发秩序只是由人与人之间的互动构成的命题向自生自发秩序毋宁是由此基础上的人与其外部世界的互动关系构成的命题的转换,还在更深的层面上表现出 Fleetwood 所尖锐指出的哈耶克社会理论在哲学本体论层面的根本转换,亦即从早期的以行动者观念构成社会世界的主观主义本体论向社会行为规则乃是客观存在的实体性本体论的转换(参见 S. Fleetwood, *Hayek's Political Economy: The socio-economics of order*, London and New York: Routledge, 1995, pp. 1-20)。这是因为一旦哈耶克认识到了行动者能够在无知的状况下协调他们的行动并形成社会秩序,那么他实际上也就在更深的一个层面上预设了某种独立于行动者的知识但却切实影响或支配行动者之行动的社会行为规则,亦即哈耶克所谓的'一般性的抽象规则'的存在"。参见拙著:《自由与秩序》,江西教育出版社1998年版,第86页。

体规则之性质对政府行动做具体的分析和探究,而不能仅根据政府是否参与自生自发秩序之型构的行动本身来赞成或反对政府行动。

当然,哈耶克的法律理论极为宏大,所涉理论问题也相当繁复,当然不是本文在这里能够一一做出详尽阐释的,例如:哈耶克从"法典法"向"普通法"法治国①转换的过程和意义、哈耶克在法律有效性的问题上既反对唯理主义自然法又彻底批判法律实证主义②、哈耶克法治原则的一般性究竟是"形式的"抑或是

---

① 关于哈耶克的法治观问题,极为繁复,其间至少经历了从 1960 年《自由秩序原理》一书中所确立的形式原则和"法典法"法治观向此后所谓的形式与实质相结合的一般性原则和"普通法"法治观的转化过程,为此英国当代自由主义哲学家 John Gray 称哈耶克的法治观为"普通法法治国"(a common-law Rechtsstaat)理论(请参见 John Gray, *Hayek on Liberty*, Oxford: Basil Blackwell, 1984, p. 69);而关于哈耶克"普通法法治国"的观点,这里可以套用经济学家 Arthur Shenfield 在哈耶克获得 1974 年诺贝尔经济学奖时对他的"法治观"所做的较为简明的讨论,他认为哈耶克的"法治观"阐发了四个基本命题:"第一,作为社会之经纬的种种制度源出于人之行动而非源出于人之设计;因此,尝试去设计社会的努力会致命伤害社会的健康发展。第二,在一个自由的社会中,法律基本上是被发现的而非被创制的;因此,法律通常来讲并不只是统治者的意志,而不论统治者是君王还是民主的多数。第三,法治不仅是自由社会的首要且根本的原则,而且也依赖于上述两个条件之上。第四,法治要求平等地对待所有的人,但是它却不仅不要求以人为的方式迫使人平等,而且认为这种人为平等的努力会摧毁法治。"见 Arthur Shenfield, "Friedrich A. Hayek: Nobel Prizewinner", in F. Machlup, ed. *Essays On Hayek*, London: Routledge & Kegan Paul, 1977, p. 176。

再者,需要指出的是,哈耶克法治观这一极为重要的转化,在部分上是由 Bruno Leoni 于 1961 年出版的批判哈耶克 1955 年开罗演讲中的法治观的 *Freedom and the Law* 一书(Princeton, 1961)促成的。就我对哈耶克论著的阅读和研究结果表明,哈耶克在 1960 年以后出版的所有论著中没有文字表明他是在 Leoni 这部著作的影响下改变其观点的,但是值得我们注意的是,在 1962 年 4 月 4 日致 Leoni 的信函中,哈耶克却明确指出,他不仅为 Leoni《《自由与法律》》一书的出版感到高兴,而且该书也给予了他以新的观点;哈耶克在简略讨论了这些观点以后甚至指出,他希望在一本关于《法律、立法与自由》的"小书"(a little pamphlet)中提出这些问题(参见 Hayek to Leoni, 4 April, 1962, in *Hayek archive*, Hoover Institution, 77 – 78 和 Leoni to Hayek, 8 May, 1963, in *Hayek archive*, Hoover Institution, 77 – 79)。关于 Leoni 所撰的 *Freedom and the Law* 一书对哈耶克法治观点的影响,也请参见 John Gray, *Hayek on Liberty*, Oxford: Basil Blackwell, 1984, pp. 68 – 69; T. G. Palmer, "Freedom and the Law: A Comment on Professor Aranson's Article", *Harvard Journal of Law and Public Policy*, 11 (3), summer, 1988, p. 716, n. 121; Jeremy Shearmur, *Hayek and After: Hayekian Liberalism as a Research Programme*, London: Routledge, 1996, pp. 87 – 92。

② 一般论者特别容易根据法律理论中的典型界分方式,因哈耶克的法律理论反对法律实证主义而将它归入自然法理论传统之中;这显然是在忽略了哈耶克对自然法理论所做的批判的情势下所达致的观点。为了说明这个问题,我在这里仅征引哈耶克本人的一段申明,"我们在这里所捍卫的法律的进化论研究进路,因此不仅与法律实证主义毫无勾连,而且也与唯理主义的自然法理论毫无关系。它不仅反对把法律解释为一超自然力量的建构,而且也反对把法律解释为任何人之心智的刻意建构。这种进路因此在任何意义上都不居于法律实证主义与大多数自然法理论之间,而是在一个维度上与任何一者都不相同,再者,这个维度还与自然法理论与法律实证主义彼此之不同的那个维度也不相同"(Hayek, *Law, Legislation and Liberty*, Vol. Ⅱ, *The Mirage of Social Justice*, Chicago: The University of Chicago Press, 1976, p. 60);此外,我们还需要指出的是,哈耶克甚至认为法律实证主义是一种"意识形态",为此他在 1976 年的著作中专门开辟一节以"法律实证主义的意识形态"为题对这个问题做了详尽的讨论,请参见 Hayek,(转下页)

"实质的"等问题。但是，正是立基于上述就哈耶克"社会秩序规则二元观"对我们理解和解释行动者与社会秩序规则间的关系进而与社会整体间的关系所可能具有的意义的讨论，我个人以为，本文所做的研究在实质上至少构成了我们进一步思考和反思现代法律制度建构与整体秩序间关系以及批判与现代性紧密相关的一系列主流话语的一个新的出发点，尤其构成了我们进一步批判法律实证主义和唯理式自然法理论的一个出发点。最后，我想借用哈耶克本人在《法律、立法与自由》第一卷中向他的同时代人所提出的告诫来结束本文，因为在我看来，这一告诫对于当下的中国论者尤其是中国的法律研究者依旧具有启示意义。

只有当人们明确地认识到行动秩序乃是一种区别于那些有助于这种秩序之型构的规则的事实性事态之时，人们才能理解这样**一种抽象秩序之所以能够成为行为规则之目的的缘由**。对这种关系的理解，因此是理解法律的一项必要条件。但是，解释这种因果关系的使命却在现代交给了一门曾经与法律研究完全相脱离而此后又甚少为一般法律人所知道的学科去承担；而且它所研究的法律也与经济理论研究者所知道的法律不尽相同。经济学者关于市场产生了一种自生自发秩序的论辩，在过去遭到了大多数法律人的质疑，甚或被他们视为是一种神话。尽管这种自生自发秩序的存在，在今天已被社会主义经济学家和所有其他的经济学家所承认，但是大多数建构论唯理主义者却拒绝承认存在着这样一种秩序；唯理主义者的这种做法使大多数非职业经济学者都无法认识到这个洞见，而这种洞见却是人们理解法律与人之行动秩序间关系的根本之所在。如果没有这样一种仍被嘲讽者嘲笑为"看不见的手"的洞见，那么正当行为规则的功能就的确是无从理解的，而且法律人也鲜有认识此一功能的。……只是在法律哲学领域——就法律哲学指导司法和立法而言，对法律之功能缺乏这样一种认识就显得极为重要了。由于缺乏上述洞见，所以人们往往会对法律做出这样一种解释，亦即法律乃是为了实现特定目的的一种组织工具；当然，这种解释对于一种法律亦即公法来说是极有

（接上页）*Law, Legislation and Liberty*, Vol. Ⅱ, *The Mirage of Social Justice*, Chicago: The University of Chicago Press, 1976, pp. 44-47；再者，哈耶克所批判的自然法实际上是指17世纪占据支配地位的"唯理主义自然法理论传统"，而非一般意义上的自然法；关于这个问题，也请参见本书第38页注释④。

道理的,然而它却完全不适用于内部规则或法律人的法律。再者,这种解释的盛行,还构成了致使自由社会的自生自发秩序逐渐向全权性组织秩序转化的一个主要原因。这一不幸的状况根本没有因法律学在现代社会与社会学(与经济学不同,社会学已深得一些法学家的青睐)的结合而得到救济,因为这一结合的结果只是导致法律人把他们的关注点集中在特定措施的具体结果方面,而未能指向法律规则与整体秩序之间的关系。①

---

① Hayek, *Law, Legislation and Liberty*, Vol. I, *Rules and Order*, Chicago: The University of Chicago Press, 1973, pp. 113-114.

普通法法治国的建构

——哈耶克法律理论的再研究*

一、引论：问题的提出与分析路径的确立

（一）前文的讨论与未竟的问题

在2000年出版的《法律与立法的二元观：哈耶克法律理论的研究》①小册子中，我主要立基于"哈耶克法律研究所经历的……一个漫长的过程尤其是其间所思考的问题的繁复性及其理论建构的转换过程"而主张一种时间性的研究进路②，并且经由下述四个论述阶段而对哈耶克的法律理论进行了一般性的讨论。在探讨的第一个阶段，我首先通过对哈耶克为什么或如何从社会理论的阐释转向对法律理论的建构这个问题进行追问，进而揭示出他由自由理论而进入法律理论的建构以完善其社会哲学的内在理路，并在其间努力阐明了哈耶克在研究过程中所确立的认识和解释社会的"规则范式"以及以自由理论为基础的"个人确获保障的私域"与构成法律理论之核心的"规则根据什么来界分或保障这种私域"之间的逻辑关系等问题。

尔后，我又把哈耶克的"规则范式"设定为探究哈耶克以"社会秩序二元

---

* 本文最早发表在《中国社会科学评论》，2002年第一卷第1期。
① 参见拙著：《法律与立法的二元观：哈耶克法律理论的研究》，上海三联书店2000年版；本书先以论文形式发表在北京大学《中外法学》2000年第1期。
② 参见拙文：《关于哈耶克理论脉络的若干评注：〈哈耶克论文集〉编译者序》，载《哈耶克论文集》，邓正来选编/译，首都经济贸易大学出版社2001年版，第1—79页；我在该文第4页中指出，我们必须采取这种时间性的方法，"因为在思想或观点存有'时间过程'的情况下，不论出于什么原因而将这种'时间过程'悬置起来或不加严格限定的做法，都会使研究者无法有效地洞见到被研究者在'时间过程'中所隐含的理论问题之转换或理论观点之修正和拓深的过程。"

观"和"社会秩序规则二元观"为基础的法律理论的逻辑出发点,进而在第二和第三两个阶段上对构成哈耶克法律理论的基本洞见进行了探究。其间,我阐发了哈耶克对"自然"与"人为"二元论以及以此二元论为依凭的同质性的"社会一元论"的批判观点,并且揭示了他的批判观点中的独特的创见,即他关于"社会一元论"在社会历史进程中赖以实现的制度性机制乃是表现为"社会秩序规则一元观"的用立法统合内部规则或用公法替代私法的一元化实践的深刻洞识。此外,我还从正面对哈耶克经由洞见"人之行动而非设计"的范畴而确立"自然"、"人为"和"人之行动而非设计"的三分观以及以此为据的"社会秩序规则二元观"的内在理路进行了分析,并在厘定内部规则与外部规则之性质及其关系的过程中阐发了哈耶克关于社会秩序规则的两个极为重要的理论命题:一是哈耶克在有限理性或无知观的基础上型构而成的社会秩序内部规则是人之行动而非人之设计的结果的命题;二是哈耶克从文化进化论出发而确立的社会秩序规则相互竞争的自然选择命题。在分析的第四个阶段上,我还指出了哈耶克依此分析而达致的一个重要结论,即与外部秩序相对应的外部规则(或公法),尽管是人类社会所不能或缺的治理工具,但是却不能因此而侵扰甚或替代内部秩序得以生成并得以维续的内部规则(或私法),否则内部秩序和植根于其间的个人的行动自由就会蒙受侵犯并遭到扼杀。

正是立基于上述就哈耶克"社会秩序规则二元观"对我们理解和解释行动者与社会秩序规则间的关系进而与社会整体间的关系所可能具有的意义的讨论,我个人以为,这项一般性的研究可以说在一个比较深刻的层面上揭示出了哈耶克"自生自发秩序"的条件性约束——亦即一种可以使"自生自发秩序"对其间的个人行动者有助益的必要条件,而这就是哈耶克所明确阐明的内部规则以及由此而构成的规则系统框架[①]。

然而,前文的讨论显然还只是一个初步的讨论,因为当哈耶克力图建构自由主义法律理论的时候,亦即当他把他的努力确定为探寻"个人在其行动中遵循的抽象规则与作为个人应对具体而特定的情势(亦即在那些抽象规则加施于他的限度内他对所遇到的具体而特定的情势所作的应对)的结果而形成的那种

---

① 参见拙著:《法律与立法的二元观:哈耶克法律理论的研究》,上海三联书店 2000 年版;本书先以论文形式发表在北京大学《中外法学》2000 年第 1 期。

抽象的整体性秩序之间……[的]一种关系"这样一种洞见①的时候,他建构其法律理论的理路已然预设了这样一种内在的要求,即他还必须对那些作为这种自由社会秩序以及支配它的法律规则之基础的规范性原则做出说明。换言之,当哈耶克努力论证他所主张的自由社会秩序的时候,尽管他经由"行动结构与规则系统分类学"而对社会秩序的性质及其演化发展的过程提供了一个极为精妙且极强有力的解释②,尽管他经由法律规则的阐释而明确阐明了社会秩序的性质依赖于法律性质这个问题,但是毋庸置疑,他所提出的实质性社会理论本身并不足以使他就何种性质的法律应当支配自由社会秩序的问题得出结论,而且我在前文中所阐释的哈耶克有关社会秩序与法律关系的一般性论辩也不足以使他就何种规范性原则应当支配那些保障自生自发秩序的法律的问题得出结论。由此可见,如果哈耶克的法律理论力图对这些问题做出回答,那么它就必须具有规范性的力量;而如果哈耶克的法律理论想具有规范性的力量,那么它就必须对规范性的原则进行讨论并做出阐释。

(二) 本文问题的提出

众所周知,面对这样的问题,哈耶克在其整个学术生涯中所坚持主张的乃

---

① 哈耶克:《理性主义的种类》,载《哈耶克论文集》,邓正来选编/译,首都经济贸易大学出版社2001年版,第216页。哈耶克这段文字的上下文极为重要,值得我们在这里做更完整的征引(第215—217页):"一如前述,抽象规则对于协调人们在那些不可预见的新情势中所采取的持续性行动来说乃是不可或缺的;然而需要指出的是,抽象规则在下述情形中就更是不可或缺的了:协调众多不同的个人在那些只是部分上为每个个人所知道而且也只有在发生的时候才能为他们所知道的具体情势中所采取的行动。这不仅导致我达致了我在自己的学术发展过程中进行所有思考的出发点,也许还解释了为什么我——尽管我一度只是一个极为纯粹且所涉范围狭窄的经济学理论家——从专门经济学的研究转入了对所有那些常常被视为哲学的问题进行探究的原因。回顾这些变化,这似乎始于我将近30年前所发表的那篇题为《经济学与知识》的论文。在那篇论文中,我考察了在我看来是纯粹经济学理论所涉及的一些核心问题。我在那篇论文中得出了这样一个主要的结论,即经济学理论的任务乃在于解释一种整体性的经济活动秩序是如何实现的,而在这个秩序中,人们运用了并非集中在任何一个心智之中而只是作为无数不同的个人的分立知识而存在的大量知识。但是需要指出的是,从这一认识到获致下述恰当的洞见还有很远的路要走,而这个洞见就是个人在其行动中遵循的抽象规则与作为个人应对具体而特定的情势(亦即在那些抽象规则加施于他的限度内他对所遇到的具体而特定的情势所作的应对)的结果而形成的那种抽象的整体性秩序之间存在着一种关系。当时,正是通过对'法律下的自由'(freedom under the law)这个古老概念(亦即传统自由主义的基本观念)以及由这个概念所引发的那些法律哲学问题的重新探究,我才就自生自发秩序的性质获致了一幅我现在认为还算比较清晰的图景——而众所周知,自由主义经济学家长期以来一直在讨论这个问题。"

② 参见拙文:《哈耶克社会理论的研究:〈自由秩序原理〉代译序》对这个问题的讨论,载拙著:《邓正来自选集》,广西师范大学出版社2000年版,第191—203页。

是建构法治的理路①。早在1945年出版的《通往奴役之路》一书中，哈耶克就明确指出，"只有在自由主义时代，法治才被有意识地加以发展，并且是自由主义时代最伟大的成就之一，它不仅是自由的保障，而且也是自由在法律上的体现。"②大约在10年以后，亦即哈耶克应邀去开罗做学术演讲的时候，他为法治问题开列出了一项基本纲领，而这就是著名的《法治的政治理想》(The Political Ideal of the Rule of Law)。他在该论著中宣称，法治在过去的300年里已经成了英国人的自由主义理想、欧洲大陆"法治国"概念的范例，以及西方文化的伟大成就之一③。在此项纲领的基础上，哈耶克又于1960年出版的《自由秩序原理》这部经典著作的第二部分"自由与法律"中对法治问题进行了更为详尽的研究，并引用古斯塔夫·拉德布鲁赫(Gustav Radbruch)的话说，"尽管民主确是一颇值称道的价值，但法治国却像我们每日食用的面包、饮用的水和呼吸的空气，实是我们最基本的需要；民主的最大价值就在于它仅凭自身的力量就能作出调适以维护法治国"④。最后，哈耶克在1973年、1976年和1979年分别出版的《法律、立法与自由》三卷本中，更是把法治问题确定为全书的研究对象并在该书前两卷中给出了极为详尽及系统的阐释⑤。著名经济学家Arthur Shenfield在哈耶克获得1974年诺贝尔经济学奖时曾经对哈耶克的"法治观"做过较为简明的概括；他认为，哈耶克的"法治观"阐发了下述四个基本命题："第一，作为社会之经纬的种种制度源出于人之行动而非源出于人之设计；因此，尝试去设计社会的努力会致命伤害社会的健康发展。第二，在一个自由的社会中，法律基本上是被发现的而非被创制的；因此，法律通常来讲并不只是统治者的意志，而不论统治者是君王还是民主的多数。第三，法治不仅是自由社会的首要且根本的原则，而且也依赖于上述两个条件之上。第四，法治要求平等地对待所有的

---

① 需要强调的是，尽管我认为哈耶克一以贯之地主张法治，但是这并不等于我认为哈耶克的法治的性质没有变化；实际情况恰恰相反，因为我经由研究而认为，哈耶克的法治经历了从早期的"欧洲大陆法治国"到"普通法法治国"的转换过程；关于这个问题，我曾做过一些简要的讨论，读者可以参见拙文：《关于哈耶克理论脉络的若干评注：〈哈耶克论文集〉编译者序》，载《哈耶克论文集》，邓正来选编/译，首都经济贸易大学出版社2001年版，第49—55页；也请参见我接受政治学教授张小劲的学术访谈：《关于哈耶克自由主义思想的若干讨论》，载《法大评论》第一卷第1期，方流芳主编，中国政法大学出版社2001年版，第281—335页。
② 哈耶克：《通往奴役之路》，王明毅等译，中国社会科学出版社1997年版，第82页。
③ 参见Hayek, *The Political Ideal of the Rule of Law*, Cairo: National Bank of Egypt, 1955, p.2.
④ 哈耶克：《自由秩序原理》，邓正来译，三联书店1997年版，第313页；同时也请参见该书第9—16章。
⑤ 参见哈耶克：《法律、立法与自由》第一卷《规则与秩序》和第二卷《社会正义的幻象》，邓正来等译，中国大百科全书出版社2000年版。

人,但是它却不仅不要求以人为的方式迫使人平等,而且还认为这种人为平等的努力会摧毁法治"①。姑且不论 A. Shenfield 所描述的有关哈耶克"法治观"的四个基本命题是否妥切,在我看来,他的论述至少凸显出了法治这项首要且根本的原则在哈耶克法律理论中所占据的重要地位。

然而需要强调的是,指出哈耶克对法治的诉求和建构,并不是本文所设定的问题的终结,相反,它只是我们问题的开始。一如我们所知,论者们在今天所采取的,在一般意义上讲,乃是这样一种理路:第一,努力建构一个独立的道德理论来证明个人权利的正当性;第二,进而由此而确实保障这些正当的个人权利的法律的正当性。正如著名法律哲学家 H·L·A·哈特在为以赛亚·伯林纪念文集《自由的理念》(The Idea of Freedom)一书专门撰写的论文中从西方自由主义发展的角度出发详尽讨论政治哲学转向趋势时所指出的那样,"我认为,任何熟悉过去十年来在英美两国出版的关于政治哲学的论著的人,都不可能怀疑这个论题——即道德哲学、政治哲学和法律哲学的汇合点——正在经历着重大的变化。我认为,我们当下正在目睹从一个曾经被广为接受的旧信念中转换出来的过程,这个旧信念便是某种形式的功利主义(如果我们能够发现它的恰当形式的话)必定能够把握政治道德的实质。然而新的信念则认为,真理一定不在于那种视集合或平均的一般福利的最大化为其目的的原则,而在于一种关于基本人权(亦即保护个人的具体的基本自由和利益)的原则,如果我们能够为这些权利发现某种足以坚固的基础,以应对那些久以为人们所熟悉的批评观点"②。在信奉这种"新信念"的论者当中,最著名的学者有罗尔斯、德沃

---

① Arthur Shenfield, "Friedrich A. Hayek: Noble Prizewinner," in F. Machlup, ed. *Essays on Hayek*, London: Routledge & Kegan Paul, 1977, p. 176. 但是值得注意的是,读者也可以参见 Arthur Shenfield 在1961年发表的论文"Law"中有关哈耶克法律命题的五大基本要素:第一,法律乃是一般且抽象的规则。它们之所以与命令相区别,部分是因为它们具有一般性和抽象性,而另一部分(也是更为重要的部分)则是因为它们在效力和目的方面区别于命令。第二,至少就强制性而言,一个自由社会的法律必须与法治相符合。法治是一种一般性的规则,但是它却不是作为法律定义本身一部分的那种一般性规则,因此它事实上不是一项法律,而是一种关于法律应当为何的规则,或者更为准确地说,它是一种关于法律应当具有什么特性的规则。第三,哈耶克沿循戴雪的思想认为,法治并不排除这样一种可能性,即制定一种特殊的行政法,因为这里的关键在于这样的法律应当根据一般的、可预见的和公允无偏的规则加以实施。第四,法治的历史表明,宪政和联邦制有着首位的重要性。第五,法治否弃了各种各样被称之为"经济计划"或"干预"的国家行动 ("Law," in Arthur Seldon, ed. *Agenda For a Free Society: Essays on Hayek's The Constitution of Liberty*, Hutchinson of London, 1961, pp. 52 - 55)。
② H. L. A. Hart, "Between Utility and Rights," in Alan Ryan, ed. *The Idea of Freedom*, Oxford University Press, 1979, p. 77.

金、约瑟夫·拉兹等论者,他们的首要关注点便是如何为自由主义政治哲学建构一个坚固的道德基础并努力根据道德理据去证明那些被他们视作是自由主义核心论辩的正当性。就此而言,这些信奉"新信念"的论者虽然"都赞同自由主义政治哲学必须关注社会理论和经济理论所提供的洞见或者制度理论所提供的洞见,但是他们根本就没有像哈耶克那样赋予那些洞见以首位性"①。实际上,诺齐克在某种程度上也可以被视作这种"新信念"信奉者当中的一位重要理论家,尽管作为洛克传统在当代最著名的代言人,诺齐克批判了罗尔斯的理论,但是他的理论却仍然维续着那种康德式的罗尔斯理论结构,因为外部世界的任何特性或人性都对他所阐释的个人权利的性质毫无影响②。值得我们注意的是,哈耶克虽说在若干问题的论证上也表现出了某种程度的道德建构趋向,特别是他在1960年出版的《自由秩序原理》一书中对自由与强制问题的讨论③,但是一如上述,哈耶克在证明法律规则正当性的时候却没有追随政治哲学的上述转向去建构一种独立的道德理论,而是采纳了直接建构法治的理路。

据此,我们有必要对哈耶克法治建构赖以为基础的认识进路做如下的追问:首先,哈耶克为什么选择直接建构法治的理路而不选择当下绝大多数论者所倾向于的那种建构道德理论的理路? 或者说,哈耶克做此选择的理据为何? 其次,与上述问题紧密相关的是,哈耶克据其理据发现并阐发了哪些法治原则呢? 再者,一如我们所知,在哈耶克建构了他的法治理论以后,许多论者都明确地指出哈耶克的法治原则在没有个人权利观念予以支撑的情况下乃是无法保障个人自由的,而其间较著名的有 Watkins、Robbins、Hamowy、Barry 和 Raz 等论者④;因

---

① Roland Kley, *Hayek's Social and Political Thought*, Oxford: Clarendon Press, 1994, p. 12.
② 参见 Chandran Kukathas, *Hayek and Modern Liberalism*, Oxford: Oxford University Press, 1989, p. 126。
③ 关于这个问题,请参见本文第三部分开篇的讨论。
④ 有关哈耶克的法治在没有个人权利观念支撑的情形下是无法保护个人自由的相关文献,请参见:J. W. N. Watkins, "Philosophy," in Arthur Seldon, ed. *Agenda For a Free Society: Essays on Hayek's The Constitution of Liberty*, Hutchinson of London, 1961, pp. 31–50;Lord Robbins, "Hayek on Liberty," (1961) in Peter J. Boettke, ed. *The Legacy of Friedrich von Hayek*, Vol. I, *Politics*, Edward Elgar Publishing Limited, 1999, pp. 290–305;Ronald Hamowy, "Freedom and the Rule of Law in F. A. Hayek," (1971) in Peter J. Boettke, ed. *The Legacy of Friedrich von Hayek*, Vol. I, *Politics*, Edward Elgar Publishing Limited, 1999, pp. 269–289;N. Barry, *An Introduction to Modern Political Theory*, London: MacMillan, 1981;Joseph Raz, "The Rule of Law and Its Virtue," in Robert L. Cunningham, ed. *Liberty and the Rule of Law*, Texas A & M University Press, 1979. 此外,读者还可以参见霍伊:《自由主义政治哲学》,刘锋译,三联书店1992年版,第144—146页。

此,我们也有理由把这种情形转换成这样一个问题,即哈耶克为什么选择作为自由社会秩序必要条件的"一般性原则"而不采纳那种被认为是保障个人自由之充分条件的个人权利之建构理路呢?

(三) 本文的分析路径与论述框架

上述问题的设定,实际上隐含着这样一项基本要求,即我们必须对哈耶克的法治理论做一番比较详尽的探究,因为唯有通过这样的研究,我们才有可能期望对前述问题做出回答。然而需要指出的是,由于不同的分析路径会使不同的论者洞见到不同脉络的问题,所以为了从哈耶克的整个法治理论中揭示出其间在我看来颇为重要的观点并开放出其间所隐含的通常为人们视而不见的重大问题,我们在着手进行这项研究之前还必须首先确立一个比较妥适的相关分析路径。

从我对西方论者相关文献的研读来看,他们在讨论哈耶克法治理论的过程中大体上采取的乃是下述两种论述"方法":一是将哈耶克的法治观点做笼而统之的整体性处理方法,其间最重要的代表作品乃是迪雅兹(Dietze)所发表的专论长文《哈耶克论法治》("Hayek on the Rule of Law")。虽然迪雅兹依循这种方法对哈耶克法治理论建构过程中各个时期的观点进行了详尽的描述,有关问题的讨论也颇为翔实,但是坦率地说,他的讨论却因为不具有他自己经过研究而确立的分析路径而无法揭示出隐含在哈耶克法治观点背后的内在理路,更是无从洞见到哈耶克法治理论所存在的各种问题的"隐而不显"的缘由[①]。二是将哈耶克的法治观点做"早期"与"晚期"的界分方法,而这种方法的最重要的代表人物乃是《哈耶克以及以后》(*Hayek and After*)一书的作者 Jeremy Shearmur。显而易见,Shearmur 所采取的这种界分方法要比上述第一种方法更能揭示出哈耶克法治理论建构的转换过程,因为选择这种界分方法本身在某种程度上就意味着某种界分判准的存在。但是值得我们注意的是,由于 Shearmur 等论者并没有把这种隐含的界分判准视作其分析的判准,因此哈耶克的"早期"观点与"晚期"观点便在他们的分析中表现出了某种程度的"隔离"甚或表现为一种纯粹时间性的"分割",而且他们的分析也无从对哈耶克"早期"

---

① 参见 Gottfried Dietze, "Hayek on the Rule of Law," in F. Machlup, ed. *Essays on Hayek*, London: Routledge & Kegan Paul, 1977, pp. 107–146。

观点与"晚期"观点的转换做出某种内在的实质性解释①。显而易见，上述两种方法所关注的侧重点主要在于它们的研究对象，但是一如我们所知，研究对象本身的设定虽说意味着它在较深的层面上有着某种理论框架的支撑，但是这却未必就意味着它们分析路径的必然确立。正是西方论者所采纳的这两种方法在分析路径方面存在着某种缺失，我个人认为，类似于它们的研究也都在某种程度上忽视了哈耶克法治理论植根于他的个人主义社会理论及其赖以为凭的进化论理性主义这个关键的事实，更是无力洞见到哈耶克个人主义社会理论及其赖以为凭的进化论理性主义对他建构法治理论的重要意义②。

根据我对哈耶克思想的研究，我个人认为，贯穿于哈耶克整个法治理论建构过程之中的乃是他所主张的那种以进化论理性主义为依凭而形成的社会行为规则系统的"文化进化"观，因为第一，哈耶克的整个理论体系都是以"文化进化"观为基础的，正如哈耶克在《法律、立法与自由》（全三卷）的"跋文"中总结自己观点的时候所指出的，"当下更为迫切的问题依旧是如何使道德哲学家、政治科学家和经济学家也来切实地关注文化进化这个观念的重要性。这是因为长期以来，这些论者一直没有能够认识到这样一个重要的事实，即当下的社会秩序在很大程度上并不是经由设计而建构出来的，而是通过那些在竞争过程中胜

---

① Jeremy Shearmur 在其所著 *Hayek and After* 一书中对哈耶克"早期观点"与"晚期观点"转换的讨论，只是论涉到了 Bruno Leoni《自由与法律》(*Freedom and the Law*, Princeton, 1961)一书中的观点对哈耶克思想的"外部"影响，但却未能对哈耶克自由主义理论体系之建构的"内在"必要性做出详尽讨论(关于这一点，请参见 J. Shearmur, *Hayek and After: Hayekian Liberalism as a research programme*, London and New York: Routledge, 1996)。据我个人的研究来看，Leoni 对哈耶克观点的批判对于哈耶克观点的转换来说的确很重要，一如我在《关于哈耶克理论脉络的若干评注：〈哈耶克论文集〉编译者序》(载《哈耶克论文集》，邓正来选编/译，首都经济贸易大学出版社 2001 年版)一文中所承认的，"还有一个因素对哈耶克改变他的法治观产生了极为重要的影响"(第 53 页)，而这就是 Leoni 所出版的《自由与法律》，但是我还是坚持认为，"显而易见，哈耶克在批判家 Leoni 的影响下，同时也是在其知识观转换这一更为紧要的基础上，日益洞见到了普通法作为个人自由保障者的重要性并且逐渐解决了他早期关于立法与普通法在自生自发秩序中的位置的论述中所隐含的紧张之处"(第 54 页)。这意味着，哈耶克通过其知识观的转换及其实质性社会理论的不断拓深而最终建构的"规则"范式，不仅使各种规则成了其自由主义理论的研究对象，而且还致使其从一开始就主张的进化论理性主义与其法律研究的实质性勾连有了现实的可能性，并为其所提出的著名的"文化进化"观奠定了一种坚实的基础(关于后者，请参见拙著：《法律与立法的二元观：哈耶克法律理论的研究》一书中《哈耶克知识观的转换与"规则范式"的确立》一文，上海三联书店 2000 年版，第 21—26 页)。当然，考虑到这个问题比较繁复，因此我打算另外撰写一篇论文专门就这个问题展开讨论。

② 请参见上页注释①和本页注释①。但是关于这个问题，我还想特别强调指出一点：尽管这些论者在论述的过程中也在一定程度上提到了哈耶克的个人主义社会理论及其赖以为凭的进化论理性主义观点，但是坦率地说，他们对这些观点的论及，并不是其分析路径所预设的一种逻辑展开，而是就事论事地论证需要所致。

出的更为有效的制度的普遍盛行而逐渐形成的。文化既不是自然的也不是人为的,既不是通过遗传承继下来的,也不是经由理性设计出来的。文化乃是一种由习得的行为规则(learnt rules of conduct)构成的传统,因此,这些规则决不是'发明出来的',而且它们的作用也往往是那些作为行动者的个人所不理解的。"①第二,我在研究哈耶克思想的其他论文中也曾反复强调指出过这一点,即哈耶克在其理论建构过程中所达致的一系列重要命题,乃是在我称之为的哈耶克关于"知与无知的知识观"的转换的逻辑脉络中和有关进化论理性主义与建构论唯理主义的冲突框架中展开的,而且也是在其间得以实现的。哈耶克在批判建构论唯理主义的过程中逐渐形成了他所主张的明确限定理性范围和行为规则文化进化的进化论理性主义。因此,在理解和把握哈耶克法治思想发展过程的时候,我们无论如何都不能忽略哈耶克所阐发的"文化进化"观②。第三,也是最为重要的,哈耶克所主张的"文化进化"观与本文所研究的哈耶克的法治理论有着极为紧密的相关性关系,因为它不仅为哈耶克奠定一种新的法治国解释路径——亦即约翰·格雷所称之为的哈耶克的"普通法法治国"理论③或者霍伊所谓的"进化论法律"④——提供了某种切实的可能性,而且也凸显出

---

① 哈耶克:《法律、立法与自由》(全三卷)"跋文",邓正来等译,中国大百科全书出版社 2000 年版,第 499—500 页。这里需要强调的是,我们必须把哈耶克的"文化进化观"与达尔文生物进化论区别开来,就此而言,请参见哈耶克《社会正义的返祖性质》和《关于行为规则系统之进化问题的若干评注》,载《哈耶克论文集》,邓正来选编/译,首都经济贸易大学出版社 2001 年版,第 193—195,336—361 页;哈耶克《法律、立法与自由》全三卷"跋文:人类价值的三个渊源",邓正来等译,中国大百科全书出版社 2000 年版,第 497—531 页。

② 参见拙文:《关于哈耶克理论脉络的若干评注:〈哈耶克论文集〉编译者序》,载《哈耶克论文集》,邓正来选编/译,首都经济贸易大学出版社 2001 年版,第 10—11 页;也请参见哈耶克:《社会正义的返祖性质》,载《哈耶克论文集》,邓正来选编/译,首都经济贸易大学出版社 2001 年版,第 193—195 页。关于这个问题,我个人以为,哈耶克在 50 年代或 60 年代所发生的具有根本意义的知识观的转化,最值得我们注意的就是他从"观念"向"规则"这一概念的转换,因为正是透过这个概念的转换,标示着他实质性社会理论的建构路径的变化和他所主张的极为重要的"规则"研究范式的真正奠定:其核心要点就在于那些原本为行动者所"知"的社会行为规则现在却在性质上转换成了独立于这些行动者对它们的辨识或"知"而存在的规则。此一洞见在理论研究上的根本意义乃在于:原来根本不可能进入研究对象的社会行为规则,现在也就当然地成了其研究对象的最为重要的组成部分。显而易见,哈耶克在这个过程中获得的这项最为重要的成就,亦即我概括成他为其社会理论所建构的认识和解释社会的"规则"研究范式,还从内在理路上为他建构他的法律理论开放出了最为重要的途径之一。

③ John Gray, *Hayek on Liberty*, Oxford: Basil Blackwell, 1984, p.69. 他在这里指出,"哈耶克后来的观点——亦即他在《法律、立法与自由》三卷本的最后一卷中所阐明的观点——认为,自由国家有着一种普通法法治国的形式(据我的了解,哈耶克本人不曾使用过'普通法法治国'这个说法,但是它却很好地把握住了哈耶克的当下观点)"。

④ 关于"进化论法律"观的问题,参见哈耶克:《法律、立法与自由》第二卷《社会正义的幻象》,邓正来等译,中国大百科全书出版社 2000 年版,第 91 页;也请参见霍伊:《自由主义政治哲学》,刘锋译,三联书店 1992 年版,第 118—120 页。

了哈耶克选择其法治进路所依凭的内在理据以及他在建构法治理论时早期观点向晚期观点的转换方向。由此可见,哈耶克的"文化进化"观不仅构成了他建构法治的基础,而且也为我们洞见哈耶克法治理论以及其间的一些重要问题提供了一个基本的认识进路。

因此,本文在探究哈耶克法治理论的过程中将围绕着哈耶克的文化进化观而展开,并且把他所主张的文化进化观视作是本文分析哈耶克法治理论的一个基本路径。再者,考虑到哈耶克法治理论的建构乃是从下述两个脉络展开的:一方面,哈耶克对各种以建构论唯理主义为基础并且会摧毁法治的法律实证主义(legal positivism)、历史主义(historicism)、"自由法"学派(free law school)、"利益法理"学派(the school of jurisprudence of interest)和功利主义等思潮①进行了尖锐的批判,而另一方面,哈耶克则从正面建构他的法治理论;因此,本文也将从批判和建构这两个脉络展开我的论述。

立基于上文所提出的问题以及我们为本文所确定的进化论分析进路,同时考虑到哈耶克法治理论研究过程赖以展开的批判与建构两个脉络,本文的论述框架也将做如下的安排:除了本文第一部分所做的引论以外,我将在第二部分首先讨论哈耶克依据他所主张的进化论理性主义而对法律实证主义所做的实质性批判②,其间将着重强调两个方面:一是哈耶克主要经由"意志"与"意

---

① 参见哈耶克:《自由秩序原理》,邓正来译,三联书店1997年版,第295—297页;他在这里指出,反对法治的各种建构论观点所获得的强势地位,"亦得到了那些虽产生于19世纪初叶但却在当时才影响日隆的各种理论观点的极大支持;尽管这些理论观点在诸多方面都存在着极大的分歧,但它们却有一相同的方面,即它们都不赞成用法律规则去限制政府的权力,并欲求给予政府的组织化力量(organized forces)以更大的权力,刻意根据某种社会正义的理想去型构社会关系。就此而言,我们可以说有四大知识运动一直在推进社会朝着这个方向发展,依其重要性的顺序来看,它们是法律实证主义(legal positivism)、历史主义(historicism)、'自由法'学派(free law school)和'利益法理'学派(the school of jurisprudence of interest)。"再者,哈耶克还在其所发表的著名论文《建构主义的谬误》中指出,"在此之后,这种'建构主义'在19世纪的最为重要的表现形式先是功利主义(utilitarianism)——在一般意义上讲,这种功利主义乃是从认识论的实证主义出发对待所有规范的,而在特殊意义上讲,它则是从法律实证主义出发对待所有规范的"(《哈耶克论文集》,邓正来选编/译,首都经济贸易大学出版社2001年版,第240—241页)。

② 需要指出的是,Barry曾经极为正确地指出,并不是所有的实证法理论都是那种渊源于霍布斯以及边沁和奥斯汀的法律命令理论,比如说,H·L·A·哈特教授就是批判命令学派的最重要的代表人物之一,但是哈特仍然认为有必要把法律与道德做严格的界分。就此而言,Barry教授的观点显然是正确的,但是他由此而做出的一个判断却有失公允,因为他指出,"致使哈耶克法律理论的阐释变得相当含混不清的乃是这样一种情形,即他倾向于把所有的实证法理论都视作是那种命令理论的不同表述"(N. Barry, *Hayek's Social and Political Philosophy*, London: Macmillan, 1979, p. 78)。实际上,尽管哈耶克承认哈特的法律理论存有法律实证主义的某些特性,但是他却从来没有把哈特的法律理论与他所批判的法律实证主义混为一种理论,反而是把他的理论与其他法律实证主义理论做了明显的区别,正如哈耶克所指出的:"一如我们(转下页)

见"的界分而对法律实证主义视法律为主权者意志的命令的"社会秩序规则一元观"所做的批判;二是哈耶克经由否定性客观正义的阐发而对法律实证主义以实然替代应然的实证正义观所做的批判。需要指出的是,囿于篇幅,本文将不讨论哈耶克对以边沁为代表的功利主义学派所做的批判,尽管这些批判观点也颇为重要①。本文拟在第三部分讨论哈耶克建构法治国的具体理路,但是在

(接上页)所知,论者们于晚近就法律与道德的关系展开了详尽的讨论。尽管我们不可能在这里对其间所涉及的种种繁复问题一一做出评论,但是我们仍有必要对其中的几个要点进行探究;而第一个要点便是这个问题与法律实证主义的关系。在我看来,H·L·A·哈特教授的研究从许多方面来讲都可以说是对法律实证主义作出的最为有效的一种批判;而正是由于他的此一努力,法律实证主义这一称谓才在当下常常被论者们用来指称'这样一种简明的论点,即从任何意义上讲,法律都未必真的会再生产出或符合某些道德要求';当然,哈特教授本人也因坚持这个立场而被认为是一个法律实证主义者。尽管我完全拒斥我们在前一节中所讨论的法律实证主义的那些论点,但是我个人以为,如果我们仔细推敲或斟酌我们在上文所征引的哈特教授那句话中的每一个字词,那么我实在没有什么理由去反对他的这个论点。当然,法律中的许多规则都是与道德规则没有关系的;再者,即使有一些规则与公认的道德规则相冲突,但是毋庸置疑,它们却依旧是有效的法律规则。哈特的这个陈述亦没有排除这样一种可能性,即在某些情形中,法官也有可能不得不去查考或诉诸现行的道德规则以求发现何为法律——这些情形包括:一是公认的法律规则明确诉诸如'诚信'这样的道德观念的情形;二是公认的法律规则以默示的方式预设了人们还必须遵守某些在以往无须予以强制实施的其他行为规则——这是因为如果业已阐明的规则要保障它们为之服务的那种秩序,那么这些其他行为规则就必须得到普遍遵守。的确,所有国家的法律都会不断地诉诸普遍盛行的道德信念,而且可以说是比比皆是,但是法官却只有根据他对这些道德信念的知识,才能赋予它们以具体内容。"(哈耶克:《法律、立法与自由》第二卷《社会正义的幻象》,邓正来等译,中国大百科全书出版社2000年版,第85—86页)哈耶克在讨论自由主义否定性正义观念的时候,甚至还征引了哈特教授的观点作为理据:"法律与道德的共同要求,在很大程度上讲,并不是由应予提供的肯定性服务构成的,而是由忍耐或克制构成的——这些忍耐或克制通常是通过禁令这种否定性形式表达出来的"(哈耶克:《法律、立法与自由》第二卷《社会正义的幻象》,邓正来等译,中国大百科全书出版社2000年版,第101页)。

① 尽管我在正文中无法讨论哈耶克批判功利主义的观点,但是我还是想在这里简要地论及这个方面的两个问题:第一,一些西方论者把哈耶克本人也视作是间接的功利主义者,正如格雷所言,"哈耶克与休谟一样,他们的道德理论都有着一种根本的功利主义承担,而这就是间接的功利主义"(John Gray, Hayek on Liberty, Oxford: Basil Blackwell, 1984, p.59);当然,哈耶克本人也承认,"对行为规则的建构论诠释,便是广为人们所知的那种'功利主义'(utilitarianism)。然而,在更为宽泛的意义上讲,'功利主义'一术语还被用来意指任何对这样的规则和制度在社会结构中的功能所做的批判性检视。就此一宽泛的意义而言,如果一个人不把所有现行的价值都视作是不可置疑的东西,而是随时准备对它们为什么应当被人们所信奉的这个问题进行追问,那么他就可以被视作是一个功利主义者。据此,亚里士多德、托马斯·阿奎那和大卫·休谟,都可以被认为是功利主义者,而本书对行为规则的功能所做的讨论也完全可以被称之为一种功利主义的观点"(哈耶克:《法律、立法与自由》第二卷《社会正义的幻象》,邓正来等译,中国大百科全书出版社2000年版,第24页)。但是值得我们注意的是,格雷等论者却正确地指出,哈耶克所确立的功利标准的开放性与他的反享乐主义立场在间接的功利主义论式中结合和表达得最精彩,这是因为哈耶克与"正统的"功利主义者不同,他乃是以"某种长期的且内在无法定量的裨益"来检视自由的价值和隐含于其间的规则的价值的:在哈耶克,任何规则系统的标准乃是它是否最大化了不确定的任何个人得以运用其个人知识并实现其未知的目的的机会;而且他认为,自发社会秩序的规则系统之所以是适当的规则,乃是因为个人对它们的遵循会产生一种普遍欲求的和道德上可欲的后果,亦即一种有助益的行动结构或社会秩序。第二,正是考虑到上述功利主义的差异,我曾经撰文指出要认真对待与此相关的两种功利主义:一是"行为功利(转下页)

讨论的过程中,我将首先探讨为什么哈耶克没有采纳建构道德理论的进路而是一以贯之地建构他的法治理论这个问题。就此而言,我将强调下述两个要点:第一,哈耶克根据他的道德进化论而明确指出,论者们在这个方面所做的任何道德建构努力都注定会归于失败;第二,哈耶克依据他的个人主义政治进化论而认为,个人权利导向的社会契约论努力乃是以一种虚构且孤立的个人性质为基础的,因此这种努力不仅没有个人的社会性质作为支撑,而且也在根本上忽视了任何个人权利的内容都是演化发展的这个事实。据此,哈耶克主张从规则导向的视角出发去建构一种普通法法治国的理论。最后,亦即在本文的结语部分,我将对本文的讨论做一番简要的总结,但是更为重要的是,我将依循本文所确立的文化进化论分析路径对哈耶克法治理论提出两类在我看来值得人们重视因而有必要做进一步追究和思考的问题。

二、哈耶克对法律实证主义的批判

众所周知,法律有效性渊源的问题乃是法理学讨论中的核心问题之一,哈

(接上页)主义";二是"规则功利主义";前者主张道德行为只受制于一个原则,即功利原则;行为的正当与否,完全在于它是否能够带来更多的功利或导致更少的反功利。后者则反对前者,认为如果每个人按照他个人的功利计算去采取行动,反而会导致更多的反功利,因此最高原则(即功利原则)与个别的道德行为之间还需要有约定的道德和社会的规则(关于这个问题,请参见傅伟勋:《美国近年来的哲学研究与中国哲学重建问题》,载《从西方哲学到禅佛教》,三联书店1989年版,第203—238页)。当然,我们更应当关注哈耶克本人的看法:"在那些关注道德规则的理论当中,最为著名的理论就是功利主义。功利主义有两种形式,它们为我们说明论者们在价值讨论过程中合理使用理性的做法与那种无视理性力量之限度的极为错误的'建构论'唯理主义之间的差异提供了最好的例证。……笛卡儿传统中的那些论者,比如说爱尔维修(Helvetius)和贝卡利亚(Beccaria),或者他们在英国的追随者如边沁(Bentham)、奥斯汀(Austin)乃至莫尔(G. E. Moore),却把上述那种一般论的功利主义(this generic utilitarianism)转变成了一种特定论的功利主义(a particularist utilitarianism)。一如前述,'一般论的功利主义'所探究的乃是隐含于那些经由前后相继无数代人演化而成的抽象规则之中的功效;而从'特定论的功利主义'的最终结果来看,它无异于这样一种要求,即每一项行动都应当在充分意识到它所具有的所有可预见的结果的情况下加以判断……由此可见,休谟所主张的一般论的功利主义以承认理性之限度为基础并且期望从严格遵循抽象规则中获致理性的充分效用,而建构主义者所主张的特定论的功利主义则是以这样一种信念为基础的,即理性能够直接操控一个复杂社会的所有细节。"(哈耶克:《理性主义的种类》,载《哈耶克论文集》,邓正来选编/译,首都经济贸易大学出版社2001年版,第209—211页)此外,哈耶克还在《法律、立法与自由》第二卷中指出,边沁有关最大多数人的最大快乐可以经由对快乐与痛苦的计算而得到确定的观点乃是以这样一种预设为前提的,即任何一项行动所具有的所有特定且具体的效果都是能够为行动者本人所知道的。根据这个逻辑往下推论,边沁的观点就会达致一种特定论的功利主义或"行为"功利主义,而这种功利主义则会彻底否弃规则,并根据每一个别行动所具有的已知效果的"功利"来判断该行动;而另一种功利主义的解释则是"一般论"的功利主义,亦即人们于当下所称之为的那种"规则"功利主义(参见哈耶克:《法律、立法与自由》第二卷《社会正义的幻象》,邓正来等译,中国大百科全书出版社2000年版,第26—33页)。

耶克也承认这个涉及法律正当性的问题的重要性,但是这并不意味着哈耶克必定会在自然法理论与法律实证主义在这个问题上的冲突框架中展开他的讨论。实际上,哈耶克依据他的进化论理性主义不仅对法律实证主义进行了尖锐的批判,而且也对唯理主义的现代自然法予以了猛烈抨击,因为在哈耶克看来,这两种理论都是以他所反对的建构论唯理主义为基础的。我个人认为,哈耶克的这一努力,为现代法理学的发展和拓深做出了极大的贡献,或者说,他的努力至少为我们在更深的层面上认识和理解现代法律问题开放出了一个新的路向①。

---

① 值得我们注意的是,法律实证主义乃是在反对自然法传统的过程中形成并发展起来的,而且这二者之间的理论冲突也构成了现代法律哲学的基本框架。正是基于这一点,一些论者很容易因为哈耶克明确反对法律实证主义而得出一个"非此即彼"的结论,即哈耶克的法律理论在现代法律哲学中应当被视作是自然法的一支。但是我认为,这种结论却是错误的,因为它根本就没有看到哈耶克对早期自然法与现代自然法所持的不同看法。的确,哈耶克在一定程度上赞同自然法的观点,但是他在审慎考虑之后却拒绝使用"自然法"之名来指称他自己的法律理论,一如他明确所说的,"尽管在两千多年的历史中,自然法传统为人们讨论本书所涉及的那些核心问题提供了一个重要的框架,然而本书却未对自然法传统本身进行讨论。对于许多人来讲,自然法观仍能解答我们在下面对的最为重要的问题。然而,我在前此各章节讨论本书的问题时,却没有使用这个观念,而这当然是审慎考虑的结果,其原因是以自然法为旗号而发展出来的种种学派,所主张的理论实在差别太大……"(哈耶克:《自由秩序原理》,邓正来译,三联书店1997年版,第298页);而且将所有反对法律实证主义的理论都同样地称之为或混为一谈为"自然法"这一极具误导的名称之下,实是致使法理学这个领域出现严重混淆的渊源之一,因为一些自然法理论毫无相似之处可言,只是在反对法律实证主义方面具有共同点。1960年以后,哈耶克经由多年的研究而一方面明确承认,"自由主义既继承了普通法的理论也接受了早期的(前唯理主义的)自然法理论"(哈耶克:《自由社会秩序的若干原则》,载《哈耶克论文集》,邓正来选编/译,首都经济贸易大学出版社2001年版,第130页),而另一方面,哈耶克则对17世纪以后占据支配地位的"唯理主义自然法理论传统"进行了批判。第一,哈耶克指出,"自然法"这一术语的误导性一如"实在法"的术语一样也渊源极深,因为在两千多年中,古希腊人所提出的"自然的"与"人造的"二分观几乎在未受质疑的情况下一直支配着人们的思维方式并且还深深地植根于人们所使用的法律语言之中,而当下大多数欧洲语言中的"自然法"和"实在法"的术语都渊源于这两个术语,因为"在公元二世纪,一位拉丁语法学家 Aulus Gellius 用 naturalis 和 positivus 两词来表达希腊语 physei 和 thesis,此后大多数欧洲语言都以此来描述这两种法律(即'自然法'〔natural law〕和'实在法'〔positive law〕)"(参见哈耶克:《法律、立法与自由》第一卷《规则与秩序》,邓正来等译,中国大百科全书出版社2000年版,第19—20页)。第二,哈耶克更具洞见力地指出,"自然法"这种误导性真正的确立乃是在西方建构论唯理主义确立其支配至今的"现代理性图式"下实现的。这是因为在17世纪的论者根据建构论的唯理主义对自然法做出重新解释之前,"自然的"这个术语一直被用来描述那种并非人之意志的产物的有序性或常规性。但是自那以后,这一颇为古老的自然法传统却因建构论的唯理主义的兴起而被阻断,并被另外一种与之极不相同的自然法观念所扭曲和遮蔽,后者竟然把"自然的"解释为"设计"理性的产物。关于自然法理论传统此一"转换"所导致的结果,在哈耶克那里,就是"理性"和"自然法"这两个术语完全改变了它们的含义,因为原本包括区别善与恶(即何者是符合业已确立的规则与何者是不符合业已确立的规则)的心智能力的"理性",后来却开始渐渐意指经由从明确前提进行推断而建构这些规则的一种能力;"在我看来,似乎存在着这样一种理性主义:由于这种理性主义不承认个人理性的力量所具有的这些限度,所以它实际上也就趋于使人之理性变成了一种较为低效的工具(这当然是与理性原本可能具有的效力相比较而言的)。这种理性主义乃是一种比较新近的现象,尽管它的根源可以追溯至古希腊哲学。然而值得我们注意的是,这种理性主义的现代影响只是始于16、17世纪,尤其是与法国哲学家笛卡儿对这种理性主义的主要原则的阐释紧密(转下页)

然而颇为遗憾的是，囿于篇幅，我在这里只能对哈耶克批判法律实证主义的观点展开讨论。

(接上页)联系在一起的。在很大程度上讲，正是经由笛卡儿，'理性'这个术语才改变了它的含义。对于中世纪的思想家来说，理性在很大程度上意味着人们在遇见真理尤其是道德真理的时候认识这种真理的能力，而不是一种依据明确的前提进行演绎推理的能力。此外，他们还明确地意识到，许多文明制度并不是理性的发明，而是那种被他们称之为'自然的'东西——它们与所有发明之物构成了鲜明的对照，亦即自发生成之物。正是为了反对这种明确承认许多文明制度不是人刻意设计的产物的传统自然法理论，培根、霍布斯，特别是笛卡儿的新理性主义才宣称道，所有有用的人类制度都是而且也应当是有意识理性刻意创造的产物。在笛卡儿看来，这种理性就是几何学精神(或严格精确的精神：esprit geometrique)，亦即一种依据少数几个显见且毋庸置疑的前提进行演绎推理而达致真理的心智能力"(哈耶克：《理性主义的种类》，载《哈耶克论文集》，邓正来选编/译，首都经济贸易大学出版社 2001 年版，第 203—204 页)。这样，自然法的观念也因此变成了唯理主义意义上的"理性之法"的观念，进而几乎走向了早期自然法的反面。

由此可见，一方面，哈耶克对法律实证主义的批判最主要地集中在该理论所主张的法律乃是主权者或立法者意志之产物的观点，因为在哈耶克那里，是意见(opinion)而不是意志决定了法律的有效性；另一方面，尽管一般性原则在哈耶克的法治理论中有着十分关键的作用，但是它们却是内在于持续发展的规则系统中的原则。因此，哈耶克对自然法宣称抽象的伦理原则乃是法律有效性的决定因素的观点中所存在的唯理主义也进行了批判，因为这种唯理主义的自然法会颠覆那些自生自发进化而成的一般性原则，正如哈耶克本人所明确指出的，我们在这里所捍卫的那种进化论的法律观，"既与唯理主义的自然法理论无甚关联，亦与法律实证主义毫无关系。因此，我们所持的那种进化论认识进路，即反对把法律解释成一种超自然力量的构造之物，也反对把法律解释成任何人之心智的刻意建构之物。不论在何种意义上讲，进化论认识进路都不居于法律实证主义与大多数自然法理论之间，而是在一个维度上与它们中的任何一者相区别——当然，这个维度也同法律实证主义与大多数自然法理论相区别的那个维度不尽相同"(哈耶克：《法律、立法与自由》第二卷《社会正义的幻象》，邓正来等译，中国大百科全书出版社 2000 年版，第 91 页)。

关于现代自然法或古典自然法的问题，另请参见萨拜因和博登海默的观点。现代自然法学家处理法律问题的那种有条有理的方法，常常带有非历史的、简化和任意假设的特点；例如，他们毫无根据地以为，理性能设计出普遍有效的法律体系的全部细节，套用萨拜因的话说，古典自然法"的重要性在于治学的方法。……这在十七世纪可以说是科学的方法，以便得出一组成为政治安排和成文法条款的基础的命题。从根本上说，它……是诉诸于理性的，但它赋予理性的含义之精确则是古代自然法学说所不能企及的"(萨拜因：《政治学说史》，商务印书馆版 1987 年版，第 482 页)；博登海默在讨论古典自然法理论与中世纪经院自然法观的区别时也明确指出，"在法学领域中，一种新的自然法哲学在近代的前几个世纪中占据了支配地位。这种自然法被我们称之为古典自然法……尽管古典自然法学的代表人物对古典自然法所持的观点不尽相同，但古典自然法具有某些明显的特征，使之区别于中世纪和经院主义的自然法。……中世纪经院主义哲学家强烈倾向于把自然法的范围局限在一些首要原则和基本要求之内，而古典自然法学家则倾向于精心设计具体而详细的规则体系，这些规则被认为是可以直接从人的理性中推导出来的。新一代的法律思想家认为，理性的力量普遍适用于任何人、任何国家、任何时代，而且在对人类社会进行理性分析的基础上能够建立起一个完善的、良好的法律体系"；"自然法哲学的另一个实际结果是，它掀起了强大的立法运动。自然法的倡导者们认为，仅用理性的力量，人们能够发现一个理想的法律体系。因此很自然，他们都力图系统地规划出各种各样的自然法的规则和原则，并将它们全部纳入一部法典之中。因此，在 18 世纪中叶，便开始了一场立法运动。其第一个成果乃是《普鲁士腓特烈大帝法典》(Allgemeines Landrecht, 1794 年在腓特烈大帝的继承者统治时期颁布)。该法典中包含了基督教徒沃尔夫(Wolff)仁慈的、家长式的法律哲学的重要原理。立法运动最大的成就之一是 1804 年的《拿破仑法典》，至今它在法国仍然有效。奥地利于 1811 年颁布了法典。在通向法典化的道路上，后来的里程碑有 1896 年的《德国民法典》和 1907 年的《瑞士民法典》"(埃德加·博登海默：《法理学：法律哲学与法律方法》，邓正来译，中国政法大学出版社 1999 年版，第 66 页)。

众所周知,自托马斯·霍布斯(Thomas Hobbes)经杰里米·边沁(Jeremy Bentham)和约翰·奥斯汀(John Austin)"分析法学"最终至汉斯·凯尔森(Hans Kelsen)①"纯粹法学"而达到顶峰的现代法律实证主义所阐释的种种观念,从20世纪的情形来看,先是在20年代完全支配了德国人的法律思想,尔后又迅速传播到了世界其他各国。正是法律实证主义支配下的思想状况,在哈耶克看来,为实现一种以外部规则(即哈耶克所谓的组织规则或公法)替代或统合内部规则(即哈耶克所谓的私法规则)的法律制度性安排提供了种种可能性,因为法律实证主义者将法律与主权者命令等而视之的观点亦即哈耶克全力批判的"社会秩序规则一元观"得到了盛行②。更有甚者,法律实证主义透过这种制度性安排还给自由社会带来了更为致命的危害,因为它经由变"实质性法治国"为"纯粹形式的法治国"而彻底摧毁了保障个人自由的法治。出于论述的具体考虑,我将在下文第一节中首先讨论法律实证主义对法治的危害并由此揭示出哈耶克批判法律实证主义的必要性;然后在第二节中对哈耶克批判法律实证主义的实质性观点进行讨论。

(一) 法律实证主义对法治的危害

哈耶克认为,自由主义既继承了普通法的理论也接受了早期的前唯理主义的自然法理论,而且还是以这样一种正义观念为前提的,亦即那种可以使我们对正当的个人行为规则与权力机构发布的所有的特定命令做出明确界分的正义观念:前者是那些隐含在法治观念中的内部规则,同时也是自生自发秩序的型构所要求的规则,而后者则是权力机构为了组织目的而发布的特定命令或外部规则③。正如哈耶克所说的,"这种基本界分曾经在现代两位最伟大的哲

---

① 哈耶克:《建构主义的谬误》,载《哈耶克论文集》,邓正来选编/译,首都经济贸易大学出版社2001年版,第245页。法律实证主义代表人物之一的凯尔森,曾经是哈耶克博士论文的第二指导导师,一如哈耶克本人所承认的,"他就是我曾经在维也纳大学的一位老师,汉斯·凯尔森(Hans Kelsen)"。
② 参见拙著:《法律与立法的二元观:哈耶克法律理论的研究》,上海三联书店2000年版。
③ 哈耶克指出,他对上述正当的个人行为规则与权力机构发布的特定命令所做的界分实际上就是他对作为普遍行为规则的"内部规则"与作为组织规则的"外部规则"所做的界分,当然大体上也相对应于人们所熟知的私法(包括刑法)与公法(宪法和行政法)之间的区分。在哈耶克所限定的特定意义上,私法主要是指那些支配着个人行动和交易的规则,而公法则主要是指那些下达于各层人员执行集体计划或具体目的的组织命令。在讨论公法的过程中,哈耶克列举了三种类型的公法,并将它们与他所意指的私法逐一作了概括性的比较(参见哈耶克:《法律、立法与自由》第一卷《规则与秩序》,邓正来等译,中国大百科全书出版社2000年版,第210—217页):第一,宪法虽然常常被人们奉为最高类型的根本大法,但它却是公法而不是私法,因为(转下页)

学家的法律理论中得到了极为明确的阐释,而这两位最伟大的哲学家就是大卫·休谟(David Hume)和伊曼纽尔·康德(Immanuel Kant)"①。

然而,从现代图式赖以存续的法律实践来看,外部规则却经由现代社会中的各种制度性安排而对内部规则不断进行着统合或侵吞,致使内部秩序很难得到应有的保障,一如哈耶克所明确指出的,"那些普遍的正当个人行为规则的特征,亦即自由主义所预设并希望尽可能不断完善的那种特性,长期以来,一直因为人们将正当行为规则与决定政府组织并指导政府管理资源活动的那部分法律相混淆而被遮蔽了。……在过去80年或100年的岁月中,公法向私法的逐渐渗透(这意味着组织规则对行为规则的逐渐替代),实际上构成了自由秩序蒙遭摧毁的主要方式之一"②。

当然,哈耶克在1960年的时候只是对这种现象进行了某种追问:"就当下的情形而言,立法机构以适当形式赞成通过的任何文献,都被称之为'法律'。但是,在这些仅具有该词形式意义的法律中,只有一些法律——就今天来看,通常只有极小的一部分法律——是调整私人间关系或私人与国家间关系的'实质性'法律(substantive or material laws)。绝大部分这类所谓的'法律',毋宁是国家对其官员所发布的指令,其关注的主要问题也是他们领导政府机关的方式以及他们所能运用的手段。然而,在当今的各个国家,规定这类手段之运用方式的规则和制定一般公民必须遵守的规则,都属于同一个立法机构的任务。这虽说是一种久已确立的惯例,但毕竟不是一种必然的事态。据此,我不能不设问,防止混淆上述两类规则是否就不可能是一可欲之举?"③实际上,哈耶克只是在经过多年的详尽研究以后才对此做出了明确的阐释,"最能揭示我们这个

(接上页)私法旨在规范个人之间的行为,而宪法则旨在配置政府内部的权力进而限制政府的权力;第二类是财政立法,它也与私法完全不同,因为私法并不想达致任何特定的结果,而财政立法,亦即对于政府能够筹集和花费的货币数量方面所作的规定,则旨在实现特定的目标;第三,行政法虽然有多种含义,但在最为通常的情况下却是指决定政府部门如何运用公共资源的一些规程条例,因此它也明显区别于私法。哈耶克还认为,尽管在一个自生自发的现代社会秩序中,公法有必要组织一种能够使作为其基础的自生自发秩序发挥更大作用所必需的架构,但是公法却绝不能因此而渗透和替代私法。显而易见,这里所隐含的乃是哈耶克批判现代"社会秩序规则一元观"过程中的一个核心问题,也是他整体建构其法律理论之重心的"社会秩序规则二元观"的逻辑展开(参见本书《法律与立法的二元观——哈耶克法律理论的研究》一文)。

① 哈耶克:《自由社会秩序的若干原则》,载《哈耶克论文集》,邓正来选编/译,首都经济贸易大学出版社2001年版,第130—131页。
② 同上书,第134页。
③ 哈耶克:《自由秩序原理》,邓正来译,三联书店1997年版,第263页。

时代占据支配地位的趋势……即公法对私法的逐渐渗透和取代乃是把一种自由的自生自发的社会秩序改造成一种组织或外部秩序之过程的一个部分。而这一改造过程则是一个多世纪以来一直支配着社会发展进程的两个因素所导致的结果：一方面，'社会'正义或'分配'正义的观念逐渐取代了那些受着'交换正义'指导的正当个人行为规则；而另一方面，不能把制定'内部规则'（即正当行为规则）的权力交由那种承担着指导政府之任务的机构去掌控。在很大程度上讲，正是把这两种本质上不同的任务归于同一个'立法'机构去掌控的做法，几乎彻底摧毁了作为一种普遍行为规则的法律与作为指导政府在特定情势中如何行事的命令的法律之间的区别"①。

哈耶克指出，现代社会之所以盛行外部规则渗透或替代内部规则的这种制度性趋势，有诸多原因②，但是最重要的原因却是作为当代社会"意识形态"之一的法律实证主义的误导性理论在现代法律实践和现代法理学的发展过程中占据了绝对的支配地位③。具体言之：第一，各种法律实证主义理论都在某种意义上把公法视作是首要的法律并且认为唯有公法是服务于公共利益的，与此同时它们还把私法视作是从公法中派生出来的因而是次要的法律，并且认定私法的服务对象只是个人利益而非普遍利益；第二，法律实证主义者，尤其是凯尔森，"不仅竭力混淆具有抽象且一般性规则那种实质意义上的真正的法律与仅具形式意义的法律（包括立法机构制定的所有的法规）之间的根本区别，而且还通过将这些法律和权力机构所颁布的各种命令都笼而统之地置于'规

---

① 哈耶克：《政治思想中的语言混淆》，载《哈耶克论文集》，邓正来选编/译，首都经济贸易大学出版社 2001 年版，第 18—19 页。

② 参见拙著：《法律与立法的二元观：哈耶克法律理论的研究》，上海三联书店 2000 年版，第 52—53 页。哈耶克认为，公法之所以被认为比私法更重要，还与人们所熟知的"私"法与"公"法这两个法理学术语所具有的误导性紧密相关，因为这两个术语与**"私"益**（private welfare）和**"公"益**（public welfare）间的相似性，极容易使人们错误地以为私法只服务于特定个人的利益，而唯有公法才服务于公益。然而，哈耶克却认为，所谓只有公法旨在服务于"公益"的观点，只是在"公"于一特定狭隘的意义上被解释为那些与政府组织方面相关的利益或其设定的特定目标相关而不被解释为"一般福利"(general welfare)的同义词的时候才能成立，因此那种认为只有公法才服务于"一般福利"而私法只保护个人私益且次位于和渊源于公法的观点，实乃是对真相的完全颠倒。为此，哈耶克明确指出，"那种以为只有那些以刻意的方式实现共同目的的行动才有助益于公共需求的观点，实是一种错误的观点。事实的真相毋宁是，对于每个人来说，从而也是对于普遍利益来说，自生自发的社会秩序为我们所提供的东西，要比政府组织所能够提供的大多数特定服务更为重要"，因为整个私法制度并不只是为了实现个人的利益，而且亦将经由保障个人利益而增进整个社会的真正利益。

③ 关于法律实证主义是一种"意识形态"的问题，哈耶克在 1976 年的著作中专门开辟了一节以"法律实证主义的意识形态"为题进行了比较详尽的讨论，请参见哈耶克：《法律、立法与自由》第二卷《社会正义的幻象》，邓正来等译，中国大百科全书出版社 2000 年版，第 67—71 页。

范'这个含混的术语之中,从而使命令(亦不论这些命令的内容为何)与法律无从区分"①;但是他们却完全忽视了这样一个事实,即维续一种有效的自生自发秩序所必须遵循的内部规则,在其渊源、特性、功能甚或可能的内容方面都与支配一个组织的外部规则完全不同。当然,法律实证主义之所以在现代社会能够占据支配地位,在很大程度上应当归因于当时的公法学家,一如哈耶克所指出的,"法律实证主义的上述断言只是在被适用于那些构成了公法的组织规则的时候才是有道理的;而且极为重要的是,几乎所有杰出的现代法律实证主义者都是公法学者和社会主义者——这些人信奉组织(亦即那些只能够把秩序视作是组织的人)并完全无视18世纪的思想家就正当行为规则能够导致自生自发秩序之型构所提出的全部论辩"②。

值得我们注意的是,法律实证主义所导致的外部规则对内部规则的统合或侵吞,根本的危害乃在于它对保障个人自由的法治的摧毁,因为它通过把国家与法治国等而视之的观点而使实质性法治国转变成了一个极端形式化的法治国。哈耶克指出,法治乃是一种关注法律应当是什么的原则,但是"法律实证主义从一开始就不赞同甚或反对那些构成了法治理想或原初意义上的'法治国'观念之基础的超法律原则或元法律原则(meta-legal principles),亦反对那些对立法权构成限制的种种原则。法律实证主义在19世纪下半叶的德国所赢得的无可争议的地位,乃是任何其他国家都无从比拟的。因此之故,法治的理想最早也是在德国被抽离掉了实质内容,变成了一个空洞之词。实质性的法治国观念为一种纯粹形式的观念所替代,前者要求法律的规则具有一些明确的特性,而后者只要求所有的国家行动得到立法机构的授权即可。简而言之,所谓'法律',就只是表明了这样一点,即不论当权机构做什么,只要是立法机构的授权行为,其在形式上就都应当是合法的。因此,这里的问题就变成了一个仅仅是形式合法性(legality)的问题"③。

法律实证主义正是经由这种形式法治国的主张而使法治国成了所有国家

---

① 哈耶克:《自由秩序原理》,邓正来译,三联书店1997年版,第301页。
② 哈耶克:《法律、立法与自由》第二卷《社会正义的幻象》,邓正来等译,中国大百科全书出版社2000年版,第71页。
③ 哈耶克:《自由秩序原理》,邓正来译,三联书店1997年版,第299页。值得我们注意的是,法律实证主义的这种"形式合法性"问题,在哈耶克那里,主要涉及两个紧密相关的论式:一是所有源出于立法机构的法律就是"实质"合法的法律的论式,二是任何行动只要符合立法规定就是"实质"合法的行动的论式;而关于"形式法律"与"实质法律"概念的讨论,则请参见哈耶克:《自由秩序原理》,邓正来译,三联书店1997年版,第370页注释[8]。

的特性,甚至还成了专制国家的特性。在哈耶克看来,这种观点尤可见之于"纯粹法律理论"所提出的这样一个骇人听闻的主张,即人们根本就无力对法治处于支配地位的法律体系与不存在法治的法律体系进行界分,因此每一种法律秩序,甚至包括权力机构拥有完全不受约束之权力的那种法律秩序,都是法治的一个实例①。当然,不只是那些坚决反对法律实证主义的论者业已认识到了这个问题,甚至像古斯塔夫·拉德布鲁赫这种坚定信奉法律实证主义的人到最后也只得承认,正是法律实证主义的盛行,才使得法律的卫士们在专断政制卷土重来的时候变得毫无防范之力,因为法律的卫士们只要接受了法律实证主义有关每一种国家都是一种法治国的定义,那么他们就别无选择,只能按照凯尔森等论者所主张的那种观点行事。凯尔森认为,"从法律科学的角度来看,纳粹统治之下的法律(Recht)也是法律(Recht)。我们虽说可以对这样一种状况表示遗憾,但是我们却不能因此而否认它是法律"②;而拉斯基则更是直白地宣称,"希特勒德国,与英国或法国一样,在独裁权力是经由法律秩序而转交给元首这个意义上讲,都是法治国"③。

从哈耶克对当代社会经由外部规则渗透或统合内部规则这种制度性安排而危及法治的趋势的论述来看,他不仅揭示出了促使这种趋势在当代社会成为可能并隐藏在背后给予它以支撑的法律实证主义观点,而且也表明了对这种法律实证主义进行批判的必要性,因为我们知道,从哈耶克的论证逻辑来看,如果人类社会的法律制度真的需要以法律实证主义所主张的那种既制定法律又高于法律的主权者为最终渊源,那么人们主张法治的理据就会蒙遭被彻底否弃的危险。正是在这个意义上,我个人以为,哈耶克法治理论的实质性建构乃是在他对这种以建构论唯理主义为基础并应和着现代民族国家建构的需要和现代唯科学主义的盛兴而产生的法律实证主义的谬误观点所做的彻底批判中实现的,而且他的这一批判也是他从 20 世纪 40 年代开始的对建构论唯理主义的批判的逻辑展开。据此,依循着哈耶克上文论述所隐含的内在必要性,我拟在下述文字中集中阐释哈耶克对法律实证主义的批判。

---

① 哈耶克:《法律、立法与自由》第二卷《社会正义的幻象》,邓正来等译,中国大百科全书出版社 2000 年版,第 76 页。
② 同上书,第 84—85 页。
③ Laski, *The State in Theory and Practice*, London: Allen & Unwin, 1934, p. 177, 转引自哈耶克:《法律、立法与自由》第二卷《社会正义的幻象》,邓正来等译,中国大百科全书出版社 2000 年版,第 113 页注释[70]。

(二) 哈耶克对法律实证主义的实质性批判

一如上述,哈耶克对法律实证主义的批判乃是以其对建构论唯理主义的批判为基础的,而且也是围绕着法律实证主义所主张的"社会秩序规则一元观"的基本内核(即只有主权者或立法者刻意制定的法律才是真正的法律这种观点)而展开的。哈耶克认为,尽管法律实证主义者的具体论述不尽相同,但是他们却都诉求一种高度同质性的法律理论,亦即他们都在理论上预设了一个能够解释所有法律有效性的主权者渊源的存在以及经由此一渊源而产生的法律的唯一性。这种同质性的预设意味着,由于所有法律的有效性渊源都在于主权者的意志,而与任何道德或有关价值的意见不涉,所以主权者就可以根据自己的想象发布任何法律,也可以根据自己的意志制定或设计具有任何内容和任何形式的法律,并可以通过强制力的使用而确使人们服从他或它所发布的法律。沿循这一逻辑,我们可以说,主权者在法律实证主义那里位于法律之上而不受法律所制约。

值得我们注意的是,哈耶克在批判法律实证主义上述理论预设时所采取的乃是一种经由法律实证主义的核心概念入手然后再确立起它的各种观点赖以为基础的核心命题的分析路径,并在此基础上对构成这个核心命题的两个方面展开实质性的批判。哈耶克认为,由于"法律实证主义"这一术语存有某种不确定性而且该术语在当下的法学界也被用来指称不同的含义,所以有必要通过讨论"实证法"这一术语的原始含义来探察这一理论的实质性含义或核心命题。正如我在拙著《法律与立法的二元观》中所指出的,哈耶克认为,在2 000多年的历史过程中,古希腊人所提出的"人造的"与"自然的"二分法几乎在未受质疑的情况下一直支配着人们的思想,而且还深深地植根于人们所使用的概念和语言之中;在公元2世纪,一位拉丁语法家 Aulus Gellius 用 positivus 或 positus 一词来表达希腊术语 thesis 或 thesei(即那种属于人之意志之刻意创造的东西,与之相对的则是并非依此发明而是自然生成的东西);此后,大多数欧洲语言都将"实证的"(positive)这个术语扩展到了法律领域当中,并用这个术语来描述一种"人造的"法律即"实证法"(positve law)①。

---

① 参见拙著:《法律与立法的二元观:哈耶克法律理论的研究》,上海三联书店2000年版,第39—44页;也请直接参见哈耶克:《法律、立法与自由》第一卷《规则与秩序》,邓正来等译,中国大百科全书出版社2000年版,第19—20页,以及第二卷《社会正义的幻想》,第69页。

正是在对"实证法"这个原始意义的探究中,哈耶克阐明了法律实证主义的思想史渊源,并由此揭示出了贯穿于整个现代法律实证主义的核心命题:人(或主权者)根据其意志刻意创造或设计了所有的法律,因为在法律实证主义者那里,"法律,从定义上讲,只能由人的意志经由审慎思考而形成的命令构成,别无他途"①,而这意味着形式合法性,亦即符合主权者或立法者意志并以国家强制力为后盾者,便是法律之所以为法律的唯一的充分条件。在现代法律实证主义的源头,亦即在霍布斯为法律所做的有关法律乃是"拥有立法权的人所发布的命令"的定义中,我们可以清楚地发现那种强调所有的法律都是由主权者意志刻意创制的产物的观点。显然,这是一种特殊的论证逻辑,亦即一种"意志的逻辑";它解释了一个法律制度的有效化过程:这个法律制度中所有的法律都只是命令的一种,而它们却是由一个可以被证实的拥有最高控制权的主权者所发布的。当然,这种典型的论式也可以从边沁的论证中见出,一如他所明确认为的,"整个法律……可以被界分为两个部分,其间的第一部分乃是那些真的由人们制定出来的法律——它们是由那些被普遍认为经确当授权并有权立法的机构制定出来的法律……这个法律部分可以……被称之为真实的法律(亦即真实存在的法律或立法者制定的法律[real law, really existing law, legislator-made law]);在英国的治理架构中,它已然以制定法(statute law)之名著称……由另一部分法律所做出的安排……则可以被冠以下述称谓:非真实的法律、并不真正存在的法律、想象的法律、拟制的法律、虚假的法律和法官造的法律(unreal, not really existing, imaginary, fictious, spurious, judge-made law);在英国的治理架构中,这一部分法律事实上是由**普通**法(common law)和**不成文**法(unwritten law)这些词不达意的、没有特色的、颇不恰当的名称来指称的。"②此外,边沁还进一步指出,"我们可以将法律定义为一国主权者设想或采用的一系列意志宣告,其涉及某个人或某些人在一定情形下必须服从的行为。这些人受制于或应当受制于主权者的权力"③。因此,对于法律来说,最为合适的定义便是强制命令(mandate)。正是从边沁的这个观点中,奥斯汀推演出了他的法律观,"所有的法律都是由一个有智性的存在(an intelligent being)制定出来

---

① 参见哈耶克:《自由秩序原理》,邓正来译,三联书店1997年版,第299页。
② Jeremy Bentham, *Constitutional Code* (1827),转引自哈耶克:《法律、立法与自由》第二卷《社会正义的幻象》,邓正来等译,中国大百科全书出版社2000年版,第106页注释[35]。
③ H. L. A. Hart, ed. *Of Laws in General*, The Press of University of London, 1970, p. 1.

的",而且"没有立法行为,也就不可能有法律"①。法律实证主义的这个核心命题,还构成了它在现代登峰造极的表现形式(即凯尔森所提出的"纯粹法学")的基础,一如凯尔森所言,"规定人之行为的规范,只能源出于人的意志而非人的理性"②。

值得我们注意的是,法律实证主义的上述核心命题不仅凸显出了它有关"法律同质性"的理论预设,而且还致使法律实证主义者提出了这样一项主张,即法律理论家必须根据一项同样的原则去解释所有的法律,换言之,法律理论家必须给予"法律"这个术语以一种单一同质性的定义并含括所有为"法律"这个术语所适用的情形,而所有满足了此一法律定义的东西也都必须被视为是真正的法律。但是哈耶克却尖锐地指出,"人们已经为那种被他们视作是'法律秩序'(该术语在这里所意指的并不是权力机构所强制推进的任何秩序,而是那种因个人遵循普遍的正当行为规则而形成的秩序)的状态奋斗了数个世纪;在这个过程中,'法律'这个术语不仅一直决定着诸如法治、法治国、权力分立这样一些政治理想的含义,而且也决定着那个具有更为悠久历史的视法律为保护个人自由的法律观念的含义,并在宪法文献中被用来限制那种有可能妨碍基本权利的做法。经历了上述悠久且繁复的进化过程以后,如果说我们不想胡乱贬斥西方文明发展过程中的任何一项决定因素,那么我们就不能像矮胖子或格兰维尔·威廉姆斯教授那样声称,'我所使用的每一个字词,都完全意指我想用它意指的东西——分毫不差!'"③因为在哈耶克看来,从更为具体的角度讲,在某些法律情形中,"法律"这一术语会具有一个非常具体的含义,并使之区别于它在其他法律情形中所具有的含义,而且那个在特定意义上被称之为"法律"的东西还有可能在各个方面都与其他一些亦被称之为"法律"的东西相区别④。

显而易见,我们可以从哈耶克所揭示的法律实证主义上述基本命题中洞见到它所必然具有的两项基本内容:第一,法律乃是一种表达了主权者意志的

---

① 参见 Mary Warnock, ed. *Utilitarianism*, *The Province of Jurisprudence Determined*, Fontana Press, 1962, pp. 322-342,转引自哈耶克:《法律、立法与自由》第二卷《社会正义的幻象》,邓正来等译,中国大百科全书出版社 2000 年版,第 106 页注释[36]。
② Hans Kelsen, *What is Justice?* University of California Press, 1957, p. 20.
③ 哈耶克:《法律、立法与自由》第二卷《社会正义的幻象》,邓正来等译,中国大百科全书出版社 2000 年版,第 72—73 页。
④ 参见同上书,第 73 页。

具有自上而下的强制命令①,而违背者将受到强制性的制裁;第二,立基于法律的这种"实证"品格,实证法的"实然"必须严格区分于无法实证的"应然",因此法律也就具有了道德不涉的品格,甚至恶法亦法。一如法理学家博登海默所言,"法律实证主义者认为,只有实证法才是法律,而所谓实证法,在他们看来,就是国家确立的法律规范。套用匈牙利法学家朱利叶斯·穆尔(Julius Moor)的话说,'法律实证主义认为,法律是在社会发展的历史过程中由统治者制定的。这种观点认为,法律仅仅是统治者所命令的东西,从而基于这种条件,统治者所命令的任何东西,也就都是法律。'法律实证主义者还坚持严格区分实证法与伦理和社会关系,并倾向于认为正义就是形式合法性,亦即服从国家所制定的规则"②。

1. 哈耶克对"法律即主权者意志之产物"的观点的批判

法律实证主义关于法律即主权者意志之产物的观点,在哈耶克看来,乃是以这样一项错误的假设为基础的,即在人类社会发展的过程中只有一种类型的法律,即主权者根据其意志而制定的法律。再者,一如我们所见,法律实证主义的这项假设唯有根据那种"方法论本质主义"(methodological essentialism)③在把那些独立于立法机构而存在的内部规则切割掉或者统合进立法之中的前提上方可能得到成立。哈耶克尖锐地指出,对于法律实证主义者来说,"每一项法律规则都必须源出于一种有意识的立法行为。正如每一位法律史学家所知道的那样,这种观点在事实层面上讲乃是一种谬误。但是,即使从最为现代的法律实证主义观点来看……这种错误的假设也只是通过把有意识的立法行为局限于赋予规则以有效性这种方式而得以避免的,但是它却根本无力回答这些规则的内容的起源问题。由此可见,这种认识方式实际上是把整个法律实证主义

---

① 对主权的解释各不相同,尤其是对主权者与立法者的解释各不相同,但是囿于篇幅,本文不予讨论;请参见哈耶克对"主权"观念所做的具体分析:哈耶克著《法律、立法与自由》第一卷《规则与秩序》,邓正来等译,中国大百科全书出版社 2000 年版,第 140—142 页,以及第二卷《社会正义的幻象》,第 92—93 页;也请参见哈耶克《自由主义》,载:《哈耶克论文集》,邓正来选编/译,首都经济贸易大学出版社 2001 年版,第 80—81 页。
② 埃德加·博登海默:《法理学:法律哲学与法律方法》,邓正来译,中国政法大学出版社 1999 年版,第 110 页。关于这个问题,也请参见哈耶克的一段评论文字,"法律实证主义无论是从观念上讲还是从历史上来看都是错误的,这是因为法律实证主义认为:第一,每一项法律规则都必定是从某一有意识的立法行为中推演出来的;第二,所有的正义观念都是特定利益的产物"(哈耶克:《法律、立法与自由》全三卷"跋文:人类价值的三个渊源",邓正来等译,中国大百科全书出版社 2000 年版,第 527 页)。
③ 关于法律实证主义的这种"方法论本质主义",请参见哈耶克的批判观点:《法律、立法与自由》第二卷《社会正义的幻象》,邓正来等译,中国大百科全书出版社 2000 年版,第 111 页注释[55]。

理论变成了一种令人极为厌烦的说教,因为这种理论根本就没有告诉我们司法权力机构必须适用的那些规则是如何可能被发现的"①。更为重要的是,哈耶克还指出,在人类能够以刻意制定和设计的方式形成法律以前,法律无疑先已存在了很长的时间;因此从经验的意义上讲,法律乃是人类社会历史中的一个不可分割的部分:法律直接生成于人与人彼此之间的互动关系,它们与社会生活同时而在并且是社会生活的内在方面。哈耶克据此认为,法律先于国家的出现而在,换言之,从法律发生学的意义上讲,法律不仅不是任何政府权力的创造之物,而且也肯定不是任何主权者的刻意命令。从另一个角度看,人类关于自己能够制定和设计法律的信念的出现,在哈耶克看来,最早也只始于希腊古典时期,尔后便很快消失不存了;当这种信念再次出现并得到人们更广泛接受的时候,那已是中世纪晚期了。正是通过对内部规则先于国家并独立于立法机构以及立法信念大大晚于法律现象这两个方面的分析②,哈耶克得出结论认为,法律实证主义关于所有法律都是而且应当是主权者或立法者意志之产物的观点,乃是一种事实上的谬误。

这里需要强调指出的是,法律实证主义关于法律即主权者或立法者意志之产物的观点,不仅是对建构论唯理主义所做的一种幼稚表达进而是对事实所做的一种歪曲,更重要的还在于法律实证主义者竟然从这个观点推论出了所有法律规则的内容都是由主权者或立法者根据其意志而确定的结论。换言之,法律实证主义的上述观点中还隐含着这样一项主张,即主权者或立法者不仅可以向法院指示如何确认法律的方式,而且还可以随心所欲地创制法律的内容。正如凯尔森所指出的,"任何内容都可以成为法律的内容;任何人的行为也都可以作为一项法律规范的内容"③;因此,"法律规范可以具有任何内容"④。针对这个问题,哈耶克对法律实证主义达致这个荒谬结论的具体手法进行了详尽的剖析和批判⑤:

---

① 哈耶克:《建构主义的谬误》,载《哈耶克论文集》,邓正来选编/译,首都经济贸易大学出版社 2001年版,第241—242页。
② 参见哈耶克:《法律、立法与自由》第一卷第4章"变化中的法律概念",邓正来等译,中国大百科全书出版社2000年版,第113—151页。
③ Hans Kelsen, "The Pure Theory of Law," *Harvard Law Review*, 1935, p. 517.
④ Hans Kelsen, *General Theory of Law and State*, Trans. Anders Wedberg. Cambridge, MA: Harvard University Press, 1945, p. 113.
⑤ 哈耶克:《法律、立法与自由》第二卷《社会正义的幻象》,邓正来等译,中国大百科全书出版社2000年版,第74—75页。

"纯粹法律理论"或"纯粹法学"的代表人物凯尔森在一个不同寻常的特殊意义上坚持不懈地但却极具误导地使用有关术语……首先,同时也是最为重要的,为了强化"法律"(law)与"规则"(rule)之间的关系,凯尔森先用"规范"(norm)一术语来取代"规则";尔后,他竟篡改语意,用"规范"一术语去含括他所谓的"单个规范"(individual norms),亦即每一项命令和每一个应然陈述(ought-statement)。其次,凯尔森所使用的"秩序"(order)一术语,并不是指称一种事实性事态(a factual state of affairs),而是指称那些规定了一种特定安排的"规范",据此,他也就否弃了这样一个洞见,即某些行为规则,而且也仅仅是某些行为规则,会在某些情势中促使一种秩序的形成,而正是出于这个原因,才必须把这样一些规则与其他的规则区别开来。第三,凯尔森在讨论规范的时候,把"存在"(existence)一术语当作"有效性"(validity)的同义词来使用(亦就是说"规范的存在"与"规范的有效"同义),而"有效性"又被他定义为那种可以用逻辑的方式从最高权力者的某种意志行为中或从"基本规范"(basic norm)中推导出来的东西。第四,也是最后一个例子,凯尔森用"创制"(creating)、"确立"(setting)或"设定"(positing)(亦即 erzeugen 或 setzen)等术语来涵盖所有"由人之行为构成的"东西,据此,不仅人之设计的产物,而且就像语法规则或道德规则或礼仪规则这种自生自发演化而成的东西,也都必须被视作"规定出来的规范,也就是实证的规范(positive norms)"。如果我们把前述最后两种(亦即上述第三和第四种)用法结合起来看,那么我们就可以发现它导致了一种**双重**的含混性(a double ambiguity)。有关一项规范乃是以一种特定的方式产生的断言,不仅有可能意味着该项规则的内容已按照某种详尽规定的特定方式形成了,抑或这样一项现行的规则已按照一种特定的方式被赋予了有效性;而且也有可能意味着,该项规则的内容乃是经由一种理性的过程而被刻意发明出来的。

在法律实证主义扭曲事实与断言所有法律规则的内容都是由主权者或立法者根据其意志而确定的观点这二者当中,就它们对法律实证主义论辩的证成而言,后者可能具有更为重要的意义,因为哈耶克认为,几乎所有的法律实证主义教条都源出于立法者"决定"何者应当成为法律这项断言,而这项断言当中却隐含着一个根本的含混之处:这个含混之处可以帮助法律实证主义者刻意地规避某些业已成为结论的观点,而这些业已成为结论的观点则能够十分明确地凸显出法律实证主义这一断言赖以为凭的假设的虚构性质。

哈耶克指出,第一,法律实证主义有关立法者决定何者应当成为法律的主张,可能仅仅意味着立法者指示实施法律的机构必须如何行事以发现何者是法律。但是,法律实证主义者却相信,只要他们证实了"立法者告诉法院如何行事以发现何者是法律"这一点在所有成熟的法律制度中是真实的,那么他们也就证明了立法者的意志决定了法律内容这项主张。对此,哈耶克尖锐地指出,"立法者告诉法院如何行事以发现何者是法律"这一点未必就意味着法律的内容是由立法者决定的,甚至也不意味着立法者需要知道何为法律的内容。立法者可以指示法院继续适用普通法,也可以指示法院实施习惯法规则、本地法(native law),或者要求法院遵循诚信原则或衡平原则,但是在所有的上述情形中,哈耶克强调说,应予实施的那项法律或原则的内容,却肯定不是立法者创制出来的。那种断言在上述情形中法律表示了立法者意志的观点,无疑是对语词的滥用①。

第二,哈耶克进一步指出,凯尔森及其追随者坚持采用"创制"(creating)这样的术语来描述那个为人们所知道且得到人们遵守的整个规则系统的做法,导致他们不断地提出了一些从他们理论的前提中根本就无法得出的断言。事实上,立法者赋予其以有效性的那个规则系统早在立法者出现之前就已经存在了,因而根本就不是立法者设计的产物;而且从内容的角度来看,那个规则系统还可能是独立于立法者的意志而存在的,甚至还可能是立法者所不知道的。哈耶克认为,在这个方面,英国普通法的规则系统就曾一度给人们提供了一个很好的经验范例,因为它不仅是一个自生自发且非设计的结果,而且还给人们提供了一个彼此协调的规则框架,因为个人在其间可以合理地预见到彼此行事的方式。英国普通法这个范例的关键之处在于,哈耶克指出,尽管有关普通法这个规则系统的存在和持续运作乃是以立法者的意志为依凭的或者只是根据主权者的默认而得以存在的说法是颇有道理的,但是法律实证主义者却不能因此而推论出立法者或主权者根据他的意志命令了那个法律的内容②,因为普通法

---

① 参见哈耶克:《法律、立法与自由》第二卷《社会正义的幻象》,邓正来等译,中国大百科全书出版社2000年版,第70—71页;也请参见《哈耶克论文集》,邓正来选编/译,首都经济贸易大学出版社2001年版,第130页和第368—369页。
② 哈耶克:《法律、立法与自由》第二卷《社会正义的幻象》,邓正来等译,中国大百科全书出版社2000年版,第69—71页。

规则系统的内容根本就不是任何特定意志的产物，而是各种各样的法律人（尤其是法官）发现、解释或陈述的结果，有些规则的内容或许还要回溯数百年，亦即一种通过那些在这个特定的规则框架中工作的法官所做的解释或陈述而形成的结果。

需要强调指出的是，哈耶克对法律实证主义关于法律乃是主权者根据其意志自上而下发布的强制性命令的观点所做的批判，并没有因为指出了这个观点的事实性谬误和揭示出了隐含于这个观点之中的有关立法者或主权者刻意设计法律内容为正当做法的谬误而止步；相反，哈耶克在此基础上对这种观点赖以为凭的但却常常为论者们所忽略的一个错误观点还进行了更为彻底的批判，而这个错误观点便是哈耶克在讨论自由国家之构造问题时所明确指出的，"这种法律实证主义哲学试图把所有的法律都归结于一个立法者所表示的意志。从根本上讲，这种发展情势所依凭的乃是这样一种错误的观念，即终极性的'最高'权力或'主权性'权力必定是不受限制的"①。实际上，主权者不受权力约束的观念，对于那些按照上述方式定义法律以使它的实质性内容取决于立法者意志的法律实证主义者来说，乃是一种逻辑的必然，因为只要按照这种方式定义法律，那么对最高立法者的权力所施以的各种法律约束在定义上就已经被完全排除在外了②。

哈耶克认为，主权者或立法者在努力维续一种日益扩展的自生自发秩序的过程中，只要还想实现这个目的，那么他就不能随意挑选规则并赋予它们以有效性。主权者或立法者的权力之所以不是无限的，乃是因为他的权力实是以这样一个事实为基础的，即他使之有效的某些规则不仅被公民们视作是正当的规则，而且他采纳这些规则的做法本身也必定会对他赋予其他规则以有效性的权力构成限制。的确，哈耶克通过彻底批判主权渊源或任何组织的"意志"可以

---

① 哈耶克：《自由国家的构造问题》，载《哈耶克论文集》，邓正来选编/译，首都经济贸易大学出版社2001年版，第151页。
② 此外，哈耶克在讨论自由主义权力观的时候也以间接的方式指出了这个问题："权力分立观念中所隐含的对立法机构权力的限制，还意味着反对任何无限权力（unlimited power）的观念或主权性权力（sovereign power）的观念，或者至少还意味着反对任何拥组织化权力可以为所欲为的观念。有关拒绝承认这种主权性权力的观点，在洛克的理论中可以说是凸显无遗，而且还得到了此后自由主义理论的不断强调；再者，这一点也正是自由主义理论与那些在当下占据支配地位的法律实证主义（legal positivism）观念发生冲突的要点之一"（哈耶克：《自由主义》，载《哈耶克论文集》，邓正来选编/译，首都经济贸易大学出版社2001年版，第80—81页；另请参见哈耶克关于"意志与意见"的讨论：《法律、立法与自由》第二卷《社会正义的幻象》，邓正来等译，中国大百科全书出版社2000年版，第17—18页）。

衍生出一切合法权力这种逻辑而否定了主权者无限权力的观点,但是需要强调指出的是,哈耶克的这个论辩乃是以他对法律哲学中的一对核心概念即"意志"与"意见"所做的精辟且严格的界分为依据的。按照哈耶克的观点,在任何不断进化和发展的法律系统中,那种被法律实证主义者称之为主权者意志的有效性或者说那种表现了主权者意志的法律的确当性,并不是以主权者意志本身为基础的,而在根本上是以主权者的意志或那些法律是否符合它们所指向适用于的共同体成员的意见为依凭的①。哈耶克据此认为,人们普遍持有的意见可以对所有有组织的权力构成限制,因为只要立法者的权力(或某种有组织的意志)实施了上述公众意见并未授权的某项行动,那么这种公众意见就可以使人们拒绝服从这种权力或这种有组织的意志;再者,只要立法者的权力并非源出于某种虚构的基本规范而是从人们对立法者有权制定的规则种类所持的普遍意见中衍生出来的,那么即使在并不存在一个更高的能够明确表示意志行为的权力机构的情况下,立法者所享有的权力也完全能够根据这种意见而受到限制或约束。

2. 哈耶克对"法律与道德不涉"观点的批判

一如前述,法律实证主义把法律定义为立法者意志之产物的观点,无异于把立法者意志的所有表示(而不论其内容为何)都纳入了"法律"之中,因为立法者可以决定法律的任何内容。然而,这个观点却只是法律实证主义有关人(或主权者)之意志刻意创造或设计了所有的法律这个核心命题中的一个方面,因为这个核心命题还包含有另一个重要的方面。我们可以把这个方面具体表述如下:第一,在被称之为法律的不尽相同的陈述之间,其内容的确当性并不构成界分它们的重要尺度;第二,尤为重要的是,正义在任何意义上都不能成为决定何者在事实上是法律的一个因素;而这就是法律实证主义者所谓的"实然"的法律必须与"应然"相区分的观点,一如凯尔森所明确指出的,"正义乃是一种非理性的观点"②;第三,也是最为根本的,实证法决定何谓正义者,因此制定实证法的立法者也就成了正义的创造者。哈耶克指出,与那个视正义先于法律并至少认为部分法律受正义观念之限制的古老传统相反对,上述有关立法者是正义

---

① 参见哈耶克:《法律、立法与自由》第一卷《规则与秩序》,邓正来等译,中国大百科全书出版社2000年版,第139—142页;另请参见哈耶克:《政治思想中的语言混淆》,载《哈耶克论文集》,邓正来选编/译,首都经济贸易大学出版社2001年版,第22—30页。

② Hans Kelsen, *What is Justice?* University of California Press, 1957, pp. 21-22.

创造者的观点确实构成了法律实证主义的最为核心的教条。从霍布斯的"任何法律都不可能是不正义的"观点①到凯尔森的"正义者只是合法条者或形式合法者的另一种说法"②,法律实证主义者的努力显然都旨在否定这样一种观点,即正义乃是决定何者为法律的一种指导③。针对法律实证主义核心命题的这个方面,亦即他们所主张的"法律与道德不涉"的方面,哈耶克对其间几个最为重要且紧密勾连的论点进行了彻底的批判。

哈耶克指出,法律实证主义宣称实证性正义标准根本就是不存在的,因为正义只是一个相对概念,只是当它与作为意志而非理性之产物的特定的实证法系统关联在一起的时候才是有意义的。霍布斯就明确主张这种观点,亦即在作为主权者命令的法律以外,"正义的"和"不正义的"这两个术语乃是毫无意义的;当然,类似的观点也能够见之于当代法律实证主义者的论著。凯尔森在其著名论著《何为正义?》(*What is Justice?*)中所主张的观点便可以被视作是这个方面的一个范例。在这一论著中,凯尔森采取了一种本质上属于逻辑实证主义者的立场并且宣称,有意义的陈述要么是在分析上为真的,要么是能够经由经验而得到证明的经验命题,而所有其他的陈述以及所有对那种宣称能根据一种外部标准或道德标准评价实证法正义与否的陈述在本质上则都是主观的和形而上的。他论辩说,由于正义乃是关于价值之冲突的,又由于价值是主观的,所以任何理性的论证都不能解决这类冲突;绝对正义乃是一种幻想,而且"从理性认知的角度来看,所存在的只是人的利益,以及由此而产生的利益之间的冲突。这些冲突得以解决的方式,或者是以牺牲一方的利益来满足另一方的利益,或者是在彼此冲突的利益之间达成一种妥协。因此,人根本就不可能证明任何一种解决方法是正义的"④。值得我们注意的是,法律实证主义的这种正义观乃

---

① 哈耶克:《法律、立法与自由》第二卷《社会正义的幻象》,邓正来等译,中国大百科全书出版社2000年版,第72页。
② 同上。
③ 同上。
④ Hans Kelsen, *What is Justice?* University of California Press, 1957, pp. 21-22. 当然,凯尔森在1945 年出版的 *General Theory of Law and State* (Trans. Anders Wedberg. Cambridge, MA: Harvard University Press, 1945)一书中,也表达了几乎完全相同的观点。需要指出的是,哈耶克认为,"把正义概念从法律当中根除掉的主张,当然不是凯尔森的发明,而是整个法律实证主义所共有的一种观点,尤其是世纪之交德国的法律理论家所特有的一种观点"(哈耶克:《建构主义的谬误》,载《哈耶克论文集》,邓正来选编/译,首都经济贸易大学出版社 2001 年版,第 256 页注释[23];而有关这些法律理论家的观点,则请参见 Alfred von Martin 所著 *Mensch und Gesellschaft Heute* [Frankfurt a. M., 1965, p. 265]一书)。

是与其法律理论的一个主要目标即实现法律中的确定性紧密勾连在一起的,因为法律实证主义认为,法律所应当具有的这种确定性是永远不可能从那些不断变化且必定是主观和形而上的道德标准中获致的,而只能在其所主张的给定事实的实证科学探究过程中达致。当然,法律实证主义欲求达致的这种确定性目标乃是以这样一种观点为基础的,即如果个人或法官有权根据某种主观的道德标准而视某项法律规则为不正当的法律规则进而不承担遵守该项法律规则的义务,那么法律制度就会丧失其应有的可预见性和连续性这些作为法律制度不可或缺的基本要素。

对于这个问题,哈耶克极其严肃地承认,"法律实证主义确实成功地证明了这样一个问题,即实证性的正义标准根本就是不存在的"[1];哈耶克还指出,在满足下述条件的前提下,他甚至可以接受法律实证主义的这项论证:如果我们并不坚持要求正义的标准必须能够使我们建构起整个全新的正当行为规则系统,而只是要求做到不断地把那种检测不正义者的否定性标准适用于一个继受下来的规则系统(该系统中的大部分规则都是人们普遍接受的规则)中的部分规则并对它们进行检测,那么我们便可以接受法律实证主义有关根本不存在实证性正义标准的观点;换言之,如果说我们必须始终创造一个全新的正当行为规则系统,那么凯尔森关于法律只是一种为已知且特定的利益服务的刻意建构之物的这个说法就完全有可能是真实的。仅就此而言,哈耶克甚至赞同凯尔森所提出的这样一个观点,即我们绝不可能以肯定的方式证明何者是正义的[2]。

虽然法律实证主义者成功地证明了并不存在实证性正义标准这个问题,但是哈耶克却深刻地指出,法律实证主义者由此得出了一个错误的结论,即任何客观的正义标准也是不可能存在的。哈耶克认为,一方面,法律实证主义者根据这一错误的结论而宣称,他们主要关注的那部分法律(即外部规则)与正义无关;与此同时,他们还进一步断言说,通常被称之为法律的东西,包括那些有助益于维续自生自发秩序的内部规则,也都与正义无关。用哈耶克本人的话来说,法律实证主义者的目的就是要"想方设法把正当行为规则与组织规则之间

---

[1] 哈耶克:《法律、立法与自由》第二卷《社会正义的幻象》,邓正来等译,中国大百科全书出版社2000年版,第67页。
[2] 同上书,第68页。

的差别切割掉,并坚持主张所有在当下被称之为法律的东西都具有同样的性质,且更是认为正义观念与决定何为法律的问题之间不存在任何关系"①。显而易见,法律实证主义者正是经由这一论证逻辑而落实了他们所主张的必须把所有的"应然"因素都从"实然的"法律中否弃掉的观点,并且在这个基础上断言,所有有关正义的问题都只是一个意志的问题、一个利益的问题或一个情绪的问题。哈耶克尖锐地指出,如果这是真的,那么古典自由主义的整个基础也就土崩瓦解了,因为古典自由主义赖以确立的基础之一便是对客观正义的信奉②。另一方面,哈耶克认为,法律实证主义者的这个错误结论乃是以这样一种为人们在建构论唯理主义支配下视之为当然的谬误观点为依凭的,即只有那些能够被实证的东西才能被视作是客观的事实,而那种为一特定社会所具体拥有并为人们普遍信奉但却未经实证的东西则绝不能被认为是客观的事实,进而也不能予以承认③。但是哈耶克指出,这种意义上的"客观"却肯定与"客观"这一术语所具有的通常意义不相符合。那些型构一个社会之秩序的观点和意见以及由此而形成的社会秩序本身,都不取决于任何个人的决定,而且往往也是任何具体的意志行为所不能更改的,因此哈耶克认为,我们必须把它们视作是一种客观存在的事实。具体言之,自由主义法律理论所主张的那些道德规范或正义规则并不是法律理论家臆想出来的主观标准,而毋宁是不论时空对所有人都普遍适用的客观标准。这种客观的标准不仅可以裁断某项法律的善恶,而且还可以决定某项法律的资格性④。哈耶克的这个观点实际上就是我称之为"涉及哈耶克哲学层面本体论转换的那项核心论辩":凡是实证的东西虽在法律实

---

① 哈耶克:《法律、立法与自由》第二卷《社会正义的幻象》,邓正来等译,中国大百科全书出版社2000年版,第71页。
② 参见同上书,第67页;也请参见哈耶克:《自由社会秩序的若干原则》,载《哈耶克论文集》,邓正来选编/译,首都经济贸易大学出版社2001年版,第130页;"就此而言,我们需要强调指出以下三个要点:第一,这样一种自由秩序的观念只是在古希腊、古罗马乃至现代英国这样的国家中产生,这是因为在这些国家中,'正义'(justice)被认为是某种有待法官或学者去发现的东西,而不是某种由任何权力机构的专断意志所决定的东西;第二,这种自由秩序的观念一直很难在另外一些国家中扎根,这是因为在这些国家中,法律主要被认为是刻意立法(deliberate legislation)的产物;第三,在法律实证主义(legal positivism)和民主理论的综合影响下,这种自由秩序观念在世界各国都发生了式微的现象,其原因就在于无论是法律实证主义还是民主理论都把立法者的意志视作是评断正义的唯一标准。"
③ 参见拙著:《法律与立法的二元观:哈耶克法律理论的研究》,上海三联书店2000年版,第82—83页;也参见哈耶克:《法律、立法与自由》第二卷《社会正义的幻象》,邓正来等译,中国大百科全书出版社2000年版,第90页。
④ 参见哈耶克:《法律、立法与自由》第二卷《社会正义的幻象》,邓正来等译,中国大百科全书出版社2000年版,第65—68页。

证主义的理路中是客观的,然而未经实证的东西则未必不是客观的或真实的①。

不容我们忽视的是,哈耶克认为,法律实证主义有关不存在任何客观正义标准的结论乃是为了达到这样一个重要的目的,即用"实然的"法律替代"应然的"法律,最终使实证的法律转换成正义本身,一如凯尔森所说的,"谁要是否认这种(即任何实证的)'法律'的正义性,谁要是断言这样的法律不是'真正的'法律,谁就必须拿出证据来;而这种证据实际上是不可能拿出来的,因为客观的正义标准原本就是不存在的。"②一如前述,法律实证主义者认为,由于法律完全是立法者刻意设计的一种产物,所以作为设计者的立法者所发布的一切法律从定义上讲也就是正义的。但是法律实证主义者并没有就此止步,而是经由这个论辩得出了一个更为荒谬的观点,即立法者在这个意义上也就是正义的创造者。对此,哈耶克论证说,如果法律实证主义这个观点占据了支配地位,那么它所导致的一个最为严重的后果便是它必定会摧毁人们所信奉的这样一种正义信念,即立法者并不能够通过立法手段界定正义,而只能发现正义并为这种正义所制约;再者,所有阐明的法律所要达致的也只是实现正义而非创造正义,因为任何阐明的法律都无法成功地取代任何为人们所普遍接受或承认的正义规则:"直至今天,我们仍然运用同一个术语'law'(法律或规律)来同时指称下述两种规则:一是那些支配自然界的恒定不变的规则,二是那些支配人之行为的规则;当然,这种做法绝对不是偶然的。无论是自然界的规律还是人类社会的法律,最初都被认为是某种独立于人之意志而存在的东西。虽然原始思维的拟人化取向往往会使当时的人们把这两种 law 都归之于某种超自然力量的造物,但是它们却仍然被奉为永恒的真理:人只能努力发现它们,而不能改变它们。"③立基于上文的分析,哈耶克得出结论认为,不存在实证性正义标准的事实,并不能使法律实证主义者把立法者毫无约束的意志视作唯一的替代方案,因为正当行为规则进一步发展的问题并不是一个专断意志的问题,而是一个内在必要性的问题;再者,解决悬而未决的正义问题的方案也是逐渐发现的,而不

---

① 参见拙著:《法律与立法的二元观:哈耶克法律理论的研究》,上海三联书店2000年版,第88—89页。
② Hans Kelsen, *What is Justice?* University of California Press, 1957, p. 29.
③ 哈耶克:《法律、立法与自由》第一卷《规则与秩序》,邓正来等译,中国大百科全书出版社2000年版,第115页。

是由立法者以专断的方式加以规定的。

此外,哈耶克还指出,法律实证主义者经由不存在实证性正义标准的论辩而证明客观正义标准也不可能存在的做法,显然表明他们完全没有考虑到这样一种可能性,即有可能存在着一种能够使我们否弃或消除某些不正义规范的否定性正义标准:"从历史上看,正是对正义的追求,才使得一般性规则系统得以生成和演化,而这个规则系统反过来又成了日益发展的自生自发秩序的基础和维护者。实际上,为了实现这样一种秩序,正义之理想并不需要决定哪些能够被认为是正义的(或至少不是不正义的)规则的具体内容,所需要的只是为我们提供一种能够使我们以渐进的方式一步一步地否弃或取消那些被证明为不正义的规则的否定性标准;……事实上,对于何为正义的问题,确实存在着不同的观念,但是这个事实并不能够排除这样一种可能性,即对不正义进行检测的否定性标准,有可能是诸多不尽相同的(尽管不是全部的)正当行为规则系统都能够与之相符合的一种客观的标准。对正义理想的追求(就像对真理理想的追求一样),并不预设何为正义(或何为真理)是已知的,而只预设了我们知道何者被我们视作是不正义的(或谬误的)。"[①]哈耶克的这个观点意味着,尽管我们并不拥有评断正义的肯定性标准,但是我们却确实拥有一些能够告知我们何者是不正义的否定性标准。这个事实极为重要,因为我们知道,尽管努力消除不正义者并不能够构成我们建构一个全新的法律系统的充分基础,但是这种努力却能够在这样一个方面为我们提供一种适当的指导,亦即在我们为了使现行的法律系统更趋于正义而不断地发展这个法律系统的过程中指导我们。

毋庸置疑,哈耶克对法律实证主义核心命题的两个方面所做的批判,意义极为重大,因为他的批判不仅为他建构法治理论提供了某种路径的限度和知识准备,而且也为我们认识和理解他的法治理论及其建构过程提供了某种否定性的视角。当然,哈耶克的批判还有一个更为重要的意义,因为它凸显出了他经由"理性不及或无知观"而提出的"未阐明的正义规则"优位于"阐明的规则"的重要论点。哈耶克正是在这个重要论点的基础之上,揭示出了作为立法结果的"阐明规则"与那种日益进化且并不为人所完全意图的"未阐明"的正义规则框

---

① 哈耶克:《法律、立法与自由》第二卷《社会正义的幻象》,邓正来等译,中国大百科全书出版社2000年版,第82页。

架之间的关系①。哈耶克的这个洞见,不仅意味着法律实证主义关于法律只是立法者所意志者的观点在事实层面上是虚假的,而且更意味着立法者和国家的全部权威实际上都源出于此前已然存在的标示着正义观念的规则框架,因为第一,除非得到为人们普遍接受或遵循但却常常是未阐明的正义规则框架的支援,否则即使是阐明的法律系统也不可能得到完全有效的适用;第二,除非我们正视阐明的法律得以获取其意义所赖以为基础的这种未阐明的正义规则框架,否则法律系统得以发展、变化和阐明的整个进化过程也无从为我们所认识。正是在这个意义上,我个人认为,唯有在理解哈耶克这一重要洞见的基础上,我们才有可能真正把握哈耶克所说的那种未必是实证的但却是客观的和否定性的正义标准。

三、哈耶克法治国的建构理路

(一) 相关问题的梳理及参照架构的确立

一如我在本文开篇所征引的 H·L·A·哈特那段文字所描述的,当代政治哲学的知识范式已然经历了一个从功利主义政治道德观向基本权利道德原则的转换过程。在这个过程中,论者们一般都倾向于认为,"诸如约翰·罗尔斯(他本人乃是康德传统中的一个理论家)理论那样的有关正义的模式化说明与罗伯特·诺齐克以资格或权利为基础的理论(道德权利在该理论中被认为对所有其他的价值都构成了基本的约束)之间的对峙,乃是一种穷尽了所有似乎可能的阐释性说明的对峙"②。正是这样一种情形,要求我们在探究哈耶克法治理论的过程中对其法治理论的建构理路进行讨论,而这意味着我们必须首先对哈耶克为什么不沿循当下普遍盛行的道德理论的建构理路而直接采纳法治的

---

① 参见哈耶克:《政治思想中的语言混淆》,载《哈耶克论文集》,邓正来选编/译,首都经济贸易大学出版社 2001 年版,第 20—22 页;也请参见拙著:《法律与立法的二元观:哈耶克法律理论的研究》,上海三联书店 2000 年版,第 71—83 页;我还在第 89 页指出:"哈耶克的这一论辩极为重要,因为它为我们质疑那种在本质上否定人之实践活动及其赖以为据的实践性知识或'默会'知识在社会演化和型构过程中的重大意义提供了知识论上的理据,同时也为我们进一步追问或探究社会制度安排的建构与如何尽我们所能去发挥那些我们尚无能力以文字的形式加以表达但切实支配我们行动的社会秩序规则的作用间的关系这个至关重要的问题提供了一个重要的认识路向。"

② John Gray, *Hayek on Liberty*, Oxford: Basil Blackwell, 1984, p. 7.

建构理路进行追问。显而易见，这样的追问不仅有助于我们洞见哈耶克的建构理路与一般的道德理论建构理路之间的区别，而且也将有助于我们在讨论哈耶克法治理论之前能够比较深刻地理解和把握其法治理论得以建构的理据。

无论从哪个角度来考虑，诺齐克个人权利理论的建构理路都有着极为重要的意义①，然而囿于篇幅，我在这里仅以罗尔斯正义理论的建构理路作为本文分析的参照架构。我之所以选择这样一种论证安排，主要是考虑到下述两个原因：

第一，在当代关于正义的题域中，罗尔斯的正义理论可以被视之为最重要且最具代表性的理论，因为众所周知，自罗尔斯于1971年出版《正义论》始，英美现代自由主义政治理论便基本上为他的论题和他的研究范式所支配，正如

---

① 参见我对诺齐克与罗尔斯理论间的关系所做的讨论：《哈耶克社会理论的研究：〈自由秩序原理〉代译序》，载拙著：《邓正来自选集》，广西师范大学出版社2000年版，第203—215页。众所周知，罗尔斯的正义理论认为，个人权利是优先的和基本的，但是对它的社会保障却不是绝对唯一的；换言之，要保证每个人的权利不受侵损，就必须建立一种平等的社会基础和相应的公平条件，而且更为重要的是，还必须建立一种公平正义的社会分配程序和制度以关照所有人的人权利益，这是因为人的先天禀赋与后天遭遇不可能完全相同。但是，诺齐克却从视那种作为道德规范的个人权利为国家活动立法之限度的角度出发，对罗尔斯的自由主义公平正义观提出了尖锐的批判。诺齐克认为，罗尔斯的正义伦理具有太多人为的平等倾向，而且过分强调社会制度和社会结构的公平和侧重社会利益或价值分配的差异兼顾，而所有这一切都势必会侵损个人的权利；正是从这一根本性的批判出发，诺齐克还主张，国家绝不可能是罗尔斯所期待的那种过于严格程序化和规范化的国家，而只能是那种最宽松或干预最少的国家。因此，他认为，国家的正当性在于对个人权利的保护，而且任何以平等为名而干预或侵损个人权利的做法，也必定是对国家所赖以为据的正当性的违背。诺齐克承继了17世纪洛克等古典自由主义哲学家的"个人权利至上"理论以及蕴含于其间的有关个人和个人权利之正当性乃是先定的道德假设，一如他所言，"个人拥有权利。……这些权利如此强有力和广泛，以致引出了国家及其官员能做些什么事情的问题"；诺齐克进而在这一理论假设的基础上最终确立了国家的正当性原则，即正义的国家乃是最少干预个人事务、最能保障个人权利之充分实现的国家；而这也就是诺齐克提出的"最小国家"或"最低限度国家"（the minimal state）原则。因此从逻辑上讲，在"最低限度国家"原则之下，个人行为所应当且唯一能够遵循的道德准则，也只能是立基于"个人权利至上"这一道德原则的"权利"原则；这种权利原则包括三个最基本的要求：一是"获得的正义原则"，即任何人都必须通过其自身的能力和劳动去获得财产；二是"转移的正义原则"，即任何财产的转移与分配都必须立基于个人的自愿而不得以任何方式侵损个人的权利；三是"纠正的正义原则"，即以正义的方式纠正分配过程中发生的一切侵损个人权利的行为和后果。显而易见，诺齐克的理论不仅认为个人引发了一种必须服从法律（亦即在任何阶段都不会对当然作为一个道德个体的个人的权利加以侵犯的法律）的义务，而且还把权利理论建立在人之差异或分立的道德重要性的基础上，因此，他的道德理论所确立的乃是政府必须尊重人的分立的义务。

值得我们注意的是，诺齐克尽管批判罗尔斯，但是诺齐克与罗尔斯之间的论争却显然不在于是否应当坚持自由主义这一基本的价值观念，而在于他们对这一价值观念的具体解释和实现这一基本价值的具体方式所持的不同的认识进路；较确切地说，这种分歧只表现为以罗尔斯的"差异原则"与诺齐克"资格理论"（the theory of entitlement）之争为标志的当代自由主义内部的冲突。更为重要的是，由于诺齐克关于社会世界的性质或人性对于他的个人权利的性质毫无影响的解释，使他不可能界定出作为社会存在的真实的个人，所以他在对个人的解释方面乃是与罗尔斯颇为相似的。

Barry 所指出的,"当代关于正义的讨论一直集中在约翰·罗尔斯《正义论》这部书上,而且任何关于正义的阐释也都无法完全不论涉到这部著作"①。从研究论题的角度来看,甚至诺齐克的重要著作《无政府、国家与乌托邦》也未能脱离罗尔斯的论题范围,一如他在该书中所坦率承认的,"《正义论》是自约翰·穆勒的著作以来所仅见的一部有力的、深刻的、精巧的、论述广泛和系统的政治和道德哲学著作。……政治哲学家们现在必须要么在罗尔斯的理论框架内工作,要么必须解释不这样做的理由"②。而从研究范式的角度来看,我们则可以说英美政治哲学的发展因罗尔斯《正义论》重新确立起了义务论伦理学而步入了一个"罗尔斯时代"或"以罗尔斯为轴心的时代",一如 Kelly 所指出的,"约翰·罗尔斯《正义论》一书于 1971 年发表以后,这样的道德论证便迅速成了讨论政治哲学所有问题的支配性范式"③,而这个范式的主要特征便是前文所述的英语世界的自由主义从功利主义走出而步入了"以个人权利为基础"的支配性话语之中。

第二,也是更为重要的,罗尔斯显然是沿着康德理性主义义务论伦理学的思路重构其正义理论的。众所周知,在建构道德和政治哲学过程中最坚决拒绝人性因素的个人主义者乃是康德,因为在康德那里,必须为人们所接受的正当规则乃是可以适用于所有理性人而不是适用于所有人的那些规则,因此社会理论与辨识正当规则这个问题不涉。罗尔斯的个人主义遵循康德的理路并试图提出"一种可行的康德式的正义观",而他所诉诸的方法便是把康德的理论从其形而上的语境中抽离出来并将它置于对正义之情势的理解之中。尽管罗尔斯宣称他要在一种合理的经验主义中重构康德的理论,但是这只不过使其"原初地位"中的当事人意识到他们不能假设社会中不存在偏好的冲突而已,因为物品的供应是稀缺的而不是无限的。除此之外,罗尔斯的个人主义正义理论也与社会理论毫不相干,因此我们可以说,罗尔斯的正义理论,与康德的理论一样,乃是一个理性的理论,而不是一个关于人性的理论④。再者,罗尔斯的正义理论还有一个核心特征,即它乃是以其成功地批判功利主义而著称于学界的。

与此同时,一些研究哈耶克理论的论者也把哈耶克解释成一个康德论者。

---

① N. Barry, *Hayek's Social and Political Philosophy*, London: Macmillan, 1979, p. 126.
② 诺齐克:《无政府、国家与乌托邦》,何怀宏等译,中国社会科学出版社 1991 年版,第 187 页。
③ R. Kley, *Hayek's Social and Political Thought*, Oxford: Clarendon Press, 1994, p. 11.
④ 参见约翰·罗尔斯:《正义论》,何怀宏等译,中国社会科学出版社 1988 年版;又请参见 Chandran Kukathas, *Hayek and Modern Liberalism*, Oxford: Oxford University Press, 1989, p. 126.

比如说,格雷便在他的研究中指出,"哈耶克的全部论著——特别是他在知识论、心理学、伦理学和法律理论方面的论著——都透露出了一种独特的康德式进路"①。的确,这种康德式的进路不仅在哈耶克的知识论中很重要,而且在他的法律哲学和政治哲学中也有着同等重要的地位,因为"忽视康德的法律观对哈耶克社会理论的影响,致使一些哈耶克的解释者把他理解成了一个洛克传统中的权利理论家";事实上,哈耶克的法律观和正义观完全是康德式的,因为它不仅不赞同自然法——而自然法则构成了任何关于自然权利的阐释性说明的必要基础,而且最明显地还是以康德的"普遍性标准"为依凭的②。又由于哈耶克立基于他所主张的进化论理性主义一以贯之地反对功利主义观点③,因此Brian L. Crowley把哈耶克解释成了一个康德式的义务论自由主义者,因为他认为,哈耶克坚信正当行为规则乃是裁断人们关于好生活的彼此冲突的观念的,而这些正当行为规则的有效性本身却并不是以任何这样一种观念为前提的④。Kelly也指出,哈耶克政治哲学中有一个很明显的康德观念,即个人自主性的观念;他认为,尽管哈耶克本人在论述的过程中没有明确使用"自主性"这个术语,但是这个观念在哈耶克阐释自由与强制问题时却表现无疑⑤。

当然,在我看来,哈耶克的下述观点也在某种程度上表现出了康德的理性主义认识论:"在此状态中,一些人对另一些人所施以的强制,在社会中被减至最小可能之限度。在本书中,我们将把此一状态称之为自由的状态"⑥;这种自由观念"所描述的就是某种特定障碍——他人实施的强制——的不存在"⑦;"法治下的自由观念,乃是本书所关注的首要问题,它立基于下述论点,即当我们遵守法律(亦即指那些在制定时并不考虑对特定的人予以适用的问题的一般且抽象的规则)时,我们并不是在服从其他人的意志,因而我们是自由的"⑧。显而易见,哈耶克在力图揭示自由社会秩序的原则的时候,立基于上述自由观

---

① John Gray, *Hayek on Liberty*, Oxford: Basil Blackwell, 1984, p. 4.
② 参见 John Gray, *Liberalism*, Milton Keynes: Open Press, 1986, pp. 7-8。
③ 参见本书第74页注释①。
④ Brian L. Crowley, *The Self, the Individual, and the Community: Liberalism in the Political Thought of F. A. Hayek and Sidney and Beatrice Webb*, Oxford: Clarendon Press, 1987, pp. 16-19.
⑤ R. Kley, *Hayek's Social and Political Thought*, Oxford: Clarendon Press, 1994, p. 10.
⑥ 哈耶克:《自由秩序原理》,邓正来译,三联书店1997年版,第3页。
⑦ 同上书,第14页。
⑧ 同上书,第190—191页。

念而对自生自发社会秩序的必要条件和"大社会"的首要原则所做的阐释,在一定程度上讲确实是以康德的理性主义观点为前设的。哈耶克的这类阐释,一如库克瑟斯所说,乃是与康德理性主义认识论中的两个主张相勾连的:一是个人具有实践理性的能力,因为理性不仅使他能够进行判断而且还构成了他行动的动机;二是个人之所以是自由的,乃是因为理性揭示了经验所不能者,并使个人得以把握那种能使他意识到他的自由的道德法则或不受制约的实践法则①。

最为重要的是,哈耶克虽说没有直接研究过康德的法律哲学,但是在其他论者指出了他的观点与康德法律哲学之间的相似性以后,他还是坦率承认了这一点:M. J. Gregor 所撰写的"这本出色的著作(*Laws of Freedom*),使我意识到了我的结论与康德的法律哲学是多么接近,但是除了偶尔征引以外,我自学生时代以来却从未认真研究过康德的法律哲学。在我阅读 Gregor 小姐所撰写的这部著作之前,我未曾认识到的乃是这样两个问题:一是在康德的法律哲学中,他始终是把绝对命令当作否定性标准来使用的;二是康德并没有像他在道德哲学中那样,试图把绝对命令当作演绎过程(经由这个过程,可以推演出道德规则的实在内容)的一个前提。这使我非常强烈地联想到(尽管我给不出这方面的证据),康德很可能并不像人们普遍认为的那样,先是在道德规范中发现了绝对命令的原则,尔后再把它适用于法律规则的,而是相反,他乃是从休谟对法治的讨论中发现了这个基本的观念,尔后再将其适用于道德规范的"②。

正是上述第二个原因,亦即罗尔斯与哈耶克都在某种程度上被认为是或自认为是康德式论者,致使一些研究哈耶克理论的论者匆忙地得出了一些表面上看似合理但实质上却存疑问的结论:尽管哈耶克与罗尔斯在建构理路之间存在着某些重要的区别,但是在经由道德哲学的建构去论证各种制度安排的正当性这一点上,他们二人间的观点却有着某种共同之处,一如 Barry 所说,"在罗尔斯与哈耶克讨论社会政治制度的正义问题以及收入分配正当性标准问

---

① 参见 Chandran Kukathas, *Hayek and Modern Liberalism*, Oxford: Oxford University Press, 1989, p. 15。
② 因为 M. J. Gregor 在 *Laws of Freedom* (Oxford: Basil Blackwell, 1963, p. 81) 一书中这样解释康德的观点:"司法之法……只是禁止我们采用某些我们用以实现我们目的的手段,而不论这些目的为何";并参见第 42 页,她还把康德检测正义法律的否定性标准的特征描述成"只是通过正义法律自身的彻底一致性这一形式条件而对自由施加的限制"。哈耶克:《法律、立法与自由》第二卷《社会正义的幻象》,邓正来等译,中国大百科全书出版社 2000 年版,第 104—105 注释 [24];也请参见 S. Kresge and L. Wenar, ed. *Hayek on Hayek: An Autobiographical Dialogue*, London and New York: Routledge, 1994, pp. 139-140。

题的一般性认识进路之间存在着显著的相似性"①。但是我却认为,这种结论至少忽略了哈耶克在1960年《自由秩序原理》一书以后对康德法律哲学与康德道德哲学认识之间所存在的区别②,因为那种认为哈耶克试图根据道德哲学论

---

① N. Barry, *Hayek's Social and Political Philosophy*, London: Macmillan, 1979, p. 126.
② 我之所以强调哈耶克乃是在1960年《自由秩序原理》一书以后改变其观点的,实是因为我在研究哈耶克的论著的过程中明显注意到了他在1960年《自由秩序原理》与其1973年《法律、立法与自由》第一卷中对"自由"的界定之间所存在的区别。一如我们所知,哈耶克在1960年指出,"本书乃是对一种人的状态的探究;在此状态中,一些人对另一些人所施以的强制,在社会中被减至最小可能之限度。在本书中,我们将此一状态称之为自由的状态";但是哈耶克在1973年却采用了另一种论式,"在自由的状态下,每个人都能够运用自己的知识去实现自己的目的"(参见我为哈耶克《法律、立法与自由》第一卷所做的按语,第87页)。
　　必须承认的是,我本人在早期研究哈耶克社会理论的时候虽说已经从哈耶克采用的文字中注意到了康德法律哲学与康德道德哲学在哈耶克那里的区别,但是我在一定程度上还是持有把这二者等而视之的看法,比如说,我在《哈耶克社会理论的研究:〈自由秩序原理〉代译序》一文中就指出,"哈耶克在力图揭示自由社会秩序的原则的时候,立基于'独立于他人专断意志'的自由观念或'某种特定障碍——即他人实施的强制——的不存在'的自由观念(哈耶克:《自由秩序原理》,邓正来译,三联书店1997年版,第14页),而对自发社会秩序的必要条件和'大社会'的首要原则所做的阐释,则显而易见地植根于一种与休谟式假设完全不同的理性主义认识论中,而这就是哈耶克的康德式的哲学预设。哈耶克的这个第二哲学预设所强调的乃是坚持理性论证的重要性;更为具体地说,这一哲学预设与康德理性主义认识论中的两个主张相勾连:一是个人具有实践理性的能力,因为理性不仅使他能够进行判断而且还构成了他行动的动机;二是个人之所以是自由的,乃是因为理性揭示了经验所不能者,并使个人得以把握那种能使他意识到他的自由的道德法则或不受约制的实践法则(参见 Chandran Kukathas, *Hayek and Modern Liberalism*, Oxford: Oxford University Press, 1989, p. 15)。通过上文的简要分析,我们发现,正是哈耶克对休谟与康德这两种彼此紧张且冲突的自由主义哲学所做的调和处理,内化成了哈耶克自由主义哲学本身的反唯理主义与理性主义之间的紧张或冲突的困境;然而,当我们把哈耶克的这一哲学困境具体适用于哈耶克社会理论的时候,便产生了一个我们必须直面的类似的问题:一方面哈耶克关于人性和社会秩序性质的社会理论……导致他极力主张一种植根极深的反唯理主义的自由主义,而另一方面他试图根据一整套规范性原则去捍卫他的这一主张,正是这一努力使他在同时采纳了一种较为理性主义的进路去解决有关自由主义正义理论的论证问题。如果我们将哈耶克自由主义哲学中的这一核心困境转换成一种问式,那么这便可以被表达为 C. Kukathas 的问题:给定哈耶克依循休谟理路而认定个人理性在社会生活中只具有有限的作用,那么哈耶克的理论又如何有可能在为自由主义提供系统捍卫的同时,而不沦为他所批判的唯理主义的牺牲品?(参见 Chandran Kukathas, *Hayek and Modern Liberalism*, Oxford: Oxford University Press, 1989, pp. vii-viii.)"。而我之所以持这样的看法,主要有这样几个原因:第一,我当时对哈耶克自由主义理论的认识,虽然也受到了哈耶克其他论著的影响,但是主要受到的却是当时我正在认真研读并翻译的哈耶克《自由秩序原理》一书的影响,而在这部著作的第一部分"自由的价值"中,哈耶克本人的确在一定程度上表现出了他的这种企图;第二,在我阅读西方论者研究哈耶克理论的论著当中,库克瑟斯对哈耶克自由主义理论之规范性层面所做的精彩且杰出的分析对我的认识角度也产生了很大的影响;第三,也是最为重要的,那就是哈耶克本人在《哈耶克论哈耶克》一书中所做的这样一段告白文字:"你知道 John Gray 写了一本有关我的著作(*Hayek on Liberty*, 1984)。当然,他把我解释成了一个康德式论者。我一开始倾向于对他说,'你夸大了这一影响。我从未仔细研读过康德'。但是,事实却是,在我极关键的年龄,即20岁或21岁,我被一个叫 Alois Riehl 的那位当代康德论者的著作深深吸引住了,他就康德的批判问题撰写了一部巨著和两本比较易懂的介绍书籍。我想我对康德哲学的了解,在很大程度上来自于这位康德式论者。因此,我一开始对 Gray 说,不,我没有受康德的影响,因为我对康德的一手文献确实知之甚少,从而无法证明这个说法是正确的,然而后来我却不得不承认,我通过间接的方式受到了康德的很多影响"(参见 S. Kresge & L. Wenar, *Hayek on* (转下页)

辩去捍卫自由主义基本原则的观点是很难成立的。虽然 Kley 认为论者们从道德建构的角度去认识哈耶克的自由主义是很自然的——亦即把哈耶克的努力仅仅视作是那些根据道德理据证明一个社会应当采纳的指导原则和相关制度为正当的努力当中的一种尝试而已①,但他还是明确指出,"尽管哈耶克在他的政治哲学中确实采纳了各种最初由康德提出的道德观念和道德论辩,但是我们必须谨慎且不能忽视这样一个事实,即哈耶克乃是在一种高度非康德式的语境中使用那些观念和论辩的"②。实际上,哈耶克本人在《法律、立法与自由》三卷本中也特别强调指出,"需要指出的是,虽然康德对法治理想的发展所做的精彩讨论以及他在讨论中对法律规则之否定性质和独立于目的的性质所给予的强调,在我看来乃是他作出的诸项永恒成就之一,但是他试图把法律领域中那个应当用来检测现行规则系统的正义标准转换成一个前提并通过演绎手段而从这个前提推演出道德规则系统的努力,则注定是要失败的"③。

的确,哈耶克与罗尔斯在一些观点上有着某种相似性,但是不容我们忽视的是,他们在正当性论证的方面却存在着根本的差异。对于罗尔斯来说,法治原则虽说通过保护个人权利而为保障自由提供了一个公允无偏的基础,但是这些个人权利却是经由正义诸原则所界定的,因为在他那里,法治只是"对社会基本结构施加了相当微弱的约束"④;这意味着法治原则本身并不足以保障社会基本结构的正当性。正是立基于这个基本观点,罗尔斯指出,我们必须首先确立正义诸原则,然后再根据这些正义原则去确定法治原则应当加以保护的那些个人权利⑤。显而易见,罗尔斯道德哲学的建构理路有着这样两个基本的特征:一是他的理路在本质上乃是一种以制定社会公共道德规范为理论旨归的"社会契约论式"的伦理学进路,因为他试图从人们在那种不存在法律和政府的

(接上页)*Hayek*, London: Routledge, 1994, pp.139-140);哈耶克的这段文字对我当时认识康德哲学对哈耶克思想的潜在影响确实产生了至为重要的作用。现在,我经由详尽研读和翻译哈耶克于1973,1976和1979年出版的三卷本《法律、立法与自由》以及哈耶克在1960年以后发表的《哈耶克论文集》而认识到,哈耶克对康德法律哲学与康德道德哲学持有着一种越来越明显的区别态度,同时哈耶克关于康德法律哲学继受休谟法律哲学这个观点在其自由主义理论中有着极为重要的意义。

① 这是因为罗尔斯的理论研究范式处于支配地位的结果,请参见 R. Kley, *Hayek's Social and Political Thought*, Oxford: Clarendon Press, 1994, p.11。
② 同上书,第9页。
③ 哈耶克:《法律、立法与自由》第二卷《社会正义的幻象》,邓正来等译,中国大百科全书出版社2000年版,第105页注释[24]。
④ 参见约翰·罗尔斯:《正义论》,何怀宏等译,中国社会科学出版社1988年版,第226页。
⑤ 同上。

原初地位的"无知之幕"下所缔结的假设性契约中推演出一整套政治正义原则，仿佛一个自由社会的根本规则可以完全按照几何学的方式加以确定似的①；二是他的理路乃是一种以探寻"个人权利"正当性为核心问题的伦理学论式，因为在他的这一理路当中，作为一个完全理性的道德个体的"孤立"个人乃是首位的，而正是经由这种理性的孤立个人引发了一种必须尊重其在那种"公平的"情势中会赞同的那些正义原则的义务。

然而需要指出的是，罗尔斯所主张的上述建构进路正是哈耶克所坚决反对的。与罗尔斯道德理论建构中的上述两个特征相对应，哈耶克尖锐地指出：

第一，作为法律下的自由的正义乃是直接经由法治的确立而得到保障的，亦即符合法治的法律便是正义的法律。需要指出的是，哈耶克的法治原则只是自由社会秩序的必要条件，因为把法治原则适用于法律秩序本身只会产生一个把平等的自由赋予所有的人的准则或框架。这意味着自由本身并不是哈耶克法治定义中的当然之意，因为哈耶克的法治只能够产生致使自由（亦即分立的个人知识能够得到尽可能充分使用的个人自由）最大化的法律规则，进而才能够产生致使个人自由领域得到确受保障的权利②。这里的关键在于：哈耶克所确定的若干能够使社会自身进化和发展并符合其内在需求的法律规则的法治原则乃是人们通过经验发现并加以采纳的，而不是人们根据理性确定的。因此，立基于道德进化论，哈耶克在根本上反对那种经由预设人为一完全的理性存在而建构一种试图界定个人权利的有关社会正义或分配正义原则的道德理论。

第二，哈耶克还依据他所主张的政治进化论对罗尔斯道德建构理路赖以为凭的假设进行了批判。哈耶克明确指出，"对于任何把个人视作出发点并且假定个人乃是经由一种形式契约的方式把自己的特定意志与其他人的意志统合在一起而形成社会的哲学家来说，信奉自生自发的社会产物的做法从逻辑上讲乃是不可能的"③。因此，依据哈耶克理论的内在理路，我们可以说，罗尔斯

---

① 关于这个问题的讨论，请参见 N. Barry, *Hayek's Social and Political Philosophy*, London: Macmillan, 1979, p.147。此外，Theodore A. Burczak 也指出，"伪个人主义试图根据孤立和自足的个人（即能够通过理性力量的运用而设计出最优制度的个人）去理解社会现象。哈耶克把社会契约论者、经济计划者和法律实证主义者这样的思想家都归入了伪个人主义这个传统之中"（"The Postmodern Moments of F. A. Hayek's Economics," in P. J. Boettke ed. *The Legacy of F. von Hayek* [Ⅱ: Philosophy], Edward Elgar Publishing Limited, 1999, p.87）。
② 参见 John Gray, *Hayek on Liberty*, Oxford: Basil Blackwell, 1984, p.68。
③ 哈耶克:《个人主义：真与伪》，见哈耶克:《个人主义与经济秩序》，邓正来译，三联书店 2003 年版，第 9 页。

根据这种假设而建构起来的道德理论根本就无法给我们提供一个具有社会理论的法律哲学或政治哲学,因为人性和社会的性质与他的论辩不涉。哈耶克在这个方面的最为重要的洞见乃在于:个人主义所提供的乃是一种社会理论,而不是一套有关个人权利的主张或任何一套有关个人性质为一理性体的假设①;换言之,哈耶克的个人主义所依据的并不是根据理性加以确定的个人权利之公理主张,也不是任何与其社会环境不涉的个人观念,而毋宁是一种旨在表明为什么维护自由社会秩序需要有一个能够消除冲突的法律秩序的社会理论和以其为基础的法治理论。因此,本文将在下述文字中对哈耶克的上述论点做更为详尽的讨论。

(二) 哈耶克建构法治理论的理据:文化进化观

哈耶克的"文化进化"观,乃是指社会行为规则的文化进化论式。我曾经就此问题专门撰文指出:"行动的有序结构与其所依据的那些规则系统,在哈耶克看来,都是'人之行动而非人之设计的结果',然而他同时又强调指出,这些相似性并不能做无限的扩大,因为行动结构的生成依据规则,而规则的文化进化则否。哈耶克的这一论式向我们揭示了两种不同的'看不见的手'的进化过程:一种进化方式乃是在一规定的环境中展开的,或者说,这种进化过程的结果乃是在受到制约的意义上被决定的。这就是作为自发社会秩序的行动结构的进化方式;因此这一方式的一个特征在于它是在明确可辨的规则基础限制下发生的,而且是一永久循环的过程,而它的另一个特征则在于它是否定性的:它规定了何者不能存在,而不是何者能存在。"另一种进化方式则不是在与前一种规定相类似的规定环境中发生的,或者说,这种进化过程的结果由于不存在先已规定的条件或只是根据其对于个人或群体的"助益性"及"可欲性"而在很大程度上是不确定的。这就是作为自生自发社会秩序的道德、法律以及其他规则系统的进化发展方式;这一方式的特征在于它不遵循任何"进化之法则"②。

---

① 哈耶克:《个人主义:真与伪》,见哈耶克:《个人主义与经济秩序》,邓正来译,三联书店2003年版,第6页。
② 参见拙文:《哈耶克社会理论的研究:〈自由秩序原理〉代译序》,载拙著:《邓正来自选集》,广西师范大学出版社2000年版,第197—198页;又请参见 V. Vanberg, "Spontaneous Market Order and Social Rules: A Critical Examination of F. A. Hayek's Theory of Culture Evolution," in J. C. Wood and R. N. Woods, ed. *F. A. Hayek: Critical Assessments* (Ⅲ), London and New York: Routledge, 1991, pp. 177-201。

正是对自生自发社会秩序所依凭的上述两种不同进化进程的揭示，致使哈耶克宣称，对行动结构与规则系统这两种秩序之型构的解释逻辑也一定是不同的。在他看来，作为行动结构的秩序，乃是由个人通过遵循一定的规则并在与他们具体情势相调适的过程中生产出来的，因此对它的解释所依据的便是前文所说的个人主义的"自生自发社会秩序"论式；然而，对于法律、道德和其他规则系统的进化的解释，哈耶克则指出，其本身不能根据"遵循规则"的理路加以解释，否则就会陷入循环论证。正是通过主张规则系统具有一种个人理性不及的社会智慧，哈耶克认为，自生自发社会秩序的论式并不足以解释这些规则系统的生成与进化，换言之，由自生自发社会秩序观念所提供的解释并不是全涉的，而且只有当它与另一种解释论式结合起来（即对蕴含于规则系统之中的"累积性的知识储存"①是如何有助于自生自发社会秩序的解释）的时候，哈耶克才能对此做出充分的解释。在哈耶克，这种能够解释规则系统的便是他所确立的文化进化理论，亦即哈耶克所强调的"秩序的自生自发型构与进化这一对孪生观念"②中的一个重要观点。具体言之，哈耶克的文化进化观有着两个层面的含义：一是有关道德的进化观；二是有关政治的进化观，正如哈耶克本人所宣称的，"在我的整个事业中始终指导着我的［乃是］道德进化观和政治进化观。"③

值得我们注意的是，哈耶克所确立的道德进化观和政治进化观在根本上是以他所主张的进化论理性主义为知识论基础的，而哈耶克的进化论理性主义又是建立在这样一个不争的预设之上的，即我们事实上根本就无力阐释所有支配我们观念和行动的规则；与此同时，"人不仅对于自己为什么要使用某种形式之工具而不使用他种形式之工具是无知的，而且对于自己在多大程度上依赖于此一行动方式而不是他种行动方式亦是无知的。人对于其努力的

---

① 参见哈耶克：《自由秩序原理》，邓正来译，三联书店1997年版，第25—26页。
② 哈耶克：《法律、立法与自由》第一卷《规则与秩序》，邓正来等译，中国大百科全书出版社2000年版，第23页。需要指出的是，哈耶克把道德、法律以及其他规则系统从作为自发的有序行动结构中类分出来，当然不是意指它们是设计的产物，而是旨在说明它们与行动结构之间存在着某种经验上的关联，亦即有益于自发社会秩序的规则系统本身必须是在一文化进化的过程中发展出来的。对于这个问题，我们应当特别注意的是规则系统的"刻意设计"与"进化生成"之间的区别在哈耶克社会理论中所具有的核心作用，因为他一以贯之批判的就是"那种认为所有的社会制度都是而且应当是刻意设计的产物"的观念（参见哈耶克：《法律、立法与自由》第一卷《规则与秩序》，邓正来等译，中国大百科全书出版社2000年版，第8页）。
③ 哈耶克：《法律、立法与自由》第三卷《自由社会的政治秩序》"序言"，第262页。

成功在多大程度上决定于他所遵循的连他自己都没意识到的那种习惯,通常也是无知的"①。关于这种进化论理性主义的形成及其发展过程,我们不妨直接征引哈耶克在《政治思想中的语言混淆》一文和《法律、立法与自由》一书中的两段精彩文字来说明这个问题:

> 18世纪社会哲学家所取得的一项伟大成就,就是用一种批判的和进化论的理性主义(a critical and evolutionary rationalism)取代此前便已存在的那种幼稚的建构论唯理主义(the naive constructivistic rationalism);前者所探究的乃是有效运用有意识的理性的条件和限度,而后者则把所有的制度都解释成了人们为了实现一个可预见的目的而刻意设计出来的产物。②

> 自笛卡儿哲学在这些问题上深陷拟人化思维而不能自拔以后,伯纳德·孟德维尔和大卫·休谟则开启了一个新的认识视角。他们两人所受到的影响和启示,很可能是英国的普通法传统,尤其是马休·黑尔(Matthew Hale)所详尽阐释的那种普通法传统,而非自然法传统。当时,人们已日益认识到,人际关系中所形成的常规模式,并不是因人之行动的有意识的目的所致,而这就给当时的人们提出了一个问题;但是这个问题的解决,则有赖于一个系统化的社会理论的阐发。这一需求在18世纪下半叶因亚当·斯密和亚当·弗格森所领导的苏格兰伦理哲学家在经济学领域中做出的努力而得到了满足。当然,这种努力对政治理论所产生的影响,也由伟大的先知埃德蒙·伯克做出了极为精彩的阐释,然而颇为遗憾的是,我们却未能从他的论著中发现一个系统化的理论。但是,当此一进化论的认识进路在英格兰因那种以边沁的功利主义形式出现的建构主义的扩张而又一次蒙受挫折的时候,它却在欧洲大陆从语言学和法学的"历史学派"(historical schools)那里获得了新的活力。继苏格兰哲学家所做的开创性的努力之后,那种对社会现象采取进化论的认识进路,主要是通过威廉·冯·洪堡和F·C·冯·萨维尼的努力而在德国得到了系统的

---

① 哈耶克:《自由秩序原理》,邓正来译,三联书店1997年版,第26页。关于这个问题的详尽讨论,请参见拙文《哈耶克社会理论的研究:〈自由秩序原理〉代译序》,载拙著:《邓正来自选集》,广西师范大学出版社2000年版,第196—203页。
② 哈耶克:《政治思想中的语言混淆》,载《哈耶克论文集》,邓正来选编/译,首都经济贸易大学出版社2001年版,第5—6页。

发展。囿于种种原因,我们不可能在这里对此一进展在语言学中所取得的成就做出讨论,尽管在一个相当长的时间里,语言学可以说是除经济学以外唯一发展出了一种系统化理论的领域;此外需要强调的是,法律理论自罗马时代以降就一直受着语法学家所提出的观念的重大影响,但是这种影响的程度却未能得到应有的关注和理解。在社会科学诸学科中,正是经由萨维尼的追随者亨利·梅因爵士所做的努力,这种进化论的认识进路才得以重新植入英国的思想传统之中。再者,经由奥地利经济学派创始人卡尔·门格尔在1883年对社会科学的各种研究方法所做的伟大的研究,有关制度的自发型构以及这种型构的遗传性特征等问题在所有社会科学学科中所具有的核心地位,才在欧洲大陆得到了最为充分的重申。晚近,就推进这一思想传统而言,成就最为丰富的当推文化人类学,至少这个理论学派中的一些代表人物充分意识到了进化论传统的重要意义。①

显而易见,哈耶克所主张的进化论理性主义乃是与建构论唯理主义完全不同的,而这种不同则表现为它们在基本命题方面的冲突。我在《哈耶克社会理论的研究》一文中指出,首先,建构论唯理主义传统所提出的命题之一是人生而具有智识的和道德的禀赋,而这种禀赋能够使人根据审慎思考而型构文明,并宣称"所有的社会制度都是,而且应当是,审慎思考之设计的产物"②。然而,进化论理性主义者则明确指出,文明乃是经由不断试错、日益积累而艰难获致的结果,或者说它是经验的总和。因此,他们的命题可以表述为,文明于偶然之中获致的种种成就,实乃是人的行动的非意图的结果,而非一般人所想象的条理井然的智识或设计的产物③。其次,哈耶克认为,上述两种传统之间的最大差异,还在于它们对各种传统的作用的不同认识以及它们对所有在漫长岁月中并非有意识发展起来的成果的价值的不同判定:显而易见,建构论唯理主义在

---

① 哈耶克:《法律、立法与自由》第一卷《规则与秩序》,邓正来等译,中国大百科全书出版社2000年版,第21—22页。
② 参见同上书,第8页。
③ 参见哈耶克:《自生自发秩序与第三范畴:人之行动而非人之时间的结果》,载《哈耶克论文集》,邓正来选编/译,首都经济贸易大学出版社2001年版,第362—380页。正如亚当·斯密及其同时代思想家的直接传人所指出的,此一传统"解决了这样一个问题,即被人们认为极有作用的种种实在制度,乃是某些显而易见的原则经由自生自发且不可抗拒的发展而形成的结果,——并且表明,即使那些最为复杂、表面上看似出于人为设计的政策规划,亦几乎不是人为设计或政治智慧的结果"(哈耶克:《自由秩序原理》,邓正来译,三联书店1997年版,第65页)。

证明制度安排的效力方面确立了一种谬误的条件,即所有"并不明显服务于共同同意的目的的制度……都应当被否弃"①。然而,进化论理性主义的命题则指出,各种使我们得以适应于世界的规则系统,乃是一种进化的成就,因此与上述个人理性有限的主张相关联,这些规则系统在某种程度上具有一种理性不及的性质。就此而论,进化论理性主义所具有的一个最为重要的洞见乃在于:历经数代人的实验和尝试而达致的传统或成就,包含着超过了任何个人所能拥有的丰富经验,因此关于这些规则系统的重要意义,人们或许可以通过分析而发现,但是即使人们没有透彻认识和把握这些规则系统,亦不会妨碍它们有助于人们的目的的实现②。

需要强调指出的是,进化论理性主义与建构论唯理主义在上述基本命题间的冲突,实际上源出于它们对"理性"这个核心观念所持的完全不同的立场,因为正是这种立场构成了它们各自命题的知识论预设,正如哈耶克所指出的,"一如前述,笛卡儿式唯理主义及其所有的派生思潮都认为,人类的文明乃是人之理性的产物。因此,我们现在也许可以通过追问这样一个问题来明确指出我们所关注的核心问题,即人类文明是否像唯理主义者所认为的那样真是人之理性的产物?或者,事实是否正好与此相反,也就是说,我们是否应当把人之理性视作是一种文明的产物——这种文明并非人类刻意成就的而毋宁是由进化过程逐渐发展出来的?当然,在某种程度上讲,这是一个'先有鸡还是先有蛋'的问题——但是谁也不会否认这样一个事实,即人之理性和人类文明这两种现象持续不断地发生着互相影响。然而,笛卡儿式唯理主义的典型观点却始终坚持主张上述第一种解释,亦即坚持认为一种先行存在的人之理性设计出了各种制度"③。建构论唯理主义立基于每个个人都倾向于理性行动和个人生而具有

---

① 参见哈耶克:《建构主义的谬误》,载《哈耶克论文集》,邓正来选编/译,首都经济贸易大学出版社2001年版,第239—240页。实际上,哈耶克早就指出,"唯理主义进路在这一点上几乎与自由的所有独特成果相反对,并几乎与所有赋予自由以价值的观点或制度相背离"(哈耶克:《自由秩序原理》,邓正来译,三联书店1997年版,第70页)。
② 当然,关于这些基本命题之间的冲突,哈耶克也曾借用 J. L. Talmon 的重要论断对此做过一般性总结:"一方认为自生自发及强制的不存在乃是自由的本质,而另一方则认为自由只有在追求和获致一绝对的集体目的的过程中方能实现";一派"主张有机的、缓进的和并不完全意识的发展,而另一派则主张教条式的周全规划;前者主张试错程序,后者则主张一种只有经强制方能有效的模式"(J. L. Talmon, *The Origins of Totalitarian Democracy*, London: Secker & Warburg, 1952, p. 2, 71;转引自哈耶克:《自由秩序原理》,邓正来译,三联书店1997年版,第64页)。
③ 哈耶克:《理性主义的种类》,载《哈耶克论文集》,邓正来选编/译,首都经济贸易大学出版社2001年版,第206—207页。

智识和善的假设,认为理性具有至上的地位;因此凭借个人理性,个人足以知道并能根据社会成员的偏好而考虑到型构社会制度所必需的境况的所有细节①,但是这在哈耶克看来却是一种"致命的自负"。而进化论理性主义则严格主张理性的限度,而且反对任何形式的对理性的滥用②,因为只有在累积性进化的框架内,个人的理性才能得到发展并成功地发挥作用。我们可以把哈耶克的这种进化论理性主义表述为这样一种主张,即个人理性受制于特定的社会生活进程。这一植根于人性的主张至少从两个方面揭示了进化论理性主义的内核:一方面,个人理性在理解它自身运作的能力方面有着一种逻辑上的局限,这是因为它永远无法离开它自身而检视它自身的运作;而另一方面,个人理性在认识社会生活的作用方面也存在着极大的限度,这是因为个人理性乃是一种植根于由行为规则构成的社会结构之中的系统,所以它无法脱离生成和发展它的传统和社会而达致这样一种地位,亦即那种能够自上而下地审视它们并对它们做出评价的地位。当然,我们并不能由此得出结论认为,哈耶克所主张的进化论理性主义认为理性毫无作用③。

1. 哈耶克的道德进化论

正是立基于上述进化论的理性主义,哈耶克主张一种自由主义的道德进

---

① 参见哈耶克:《致命的自负》(原译《不幸的观念》),刘戟锋等译,东方出版社1991年版,第71页。
② 值得我们注意的是,关于"理性"(reason)这个术语,哈耶克在这里所采用的乃是 John Locke 在其所著 *Essays on the Law of Nature* (W. von Leyden, ed. Oxford: Clarendon Press, 1954, p. Ⅲ)一书中的那种含义:"所谓理性,我并不认为它在此处的含义是指那种构成了思想之链以及推论证据的领悟能力,而是指一些明确的行动原则,正是在这些原则的基础上,产生了所有的德性以及对于确当养育道德所必需的一切东西。"显而易见,有关理性的这种定义,乃是与唯理主义者关于理性的定义完全不同的。
③ 需要强调的是,哈耶克并不认为理性毫无作用,而是认为:第一,如果有必要对理性之用途寻求确当的限度,那么发现这些限度本身就是一项极为重要的且极为棘手的运用理性的工作,哈耶克坦率地指出,"毋庸置疑,理性乃是人类所拥有的最为珍贵的禀赋。我们的论辩只是旨在表明理性并非万能,而且那种认为理性能够成为其自身的主宰并能控制其自身的发展的信念,却有可能摧毁理性"(哈耶克:《自由秩序原理》,邓正来译,三联书店1997年版,第80页);第二,如果说进化论的理性主义的侧重点始终在于理性的限度方面,那么它的意思就一定不是说理性根本不具有任何重要的建设性使命,例如哈耶克指出,个人理性是一种"工具",一种"抽象思想的能力",因此它服务于个人的方式,乃是引导个人在一个他无力充分理解的复杂环境中进行行动,并使他能够把复杂现象抽象成一系列可把握的一般性规则,进而引导他的决策(参见哈耶克:《法律、立法与自由》第一卷《规则与秩序》,邓正来等译,中国大百科全书出版社2000年版,第37—39页);正是立基于此,哈耶克确立了他关于理性的立场:"我们所努力为之的乃是对理性的捍卫,以防理性被那些并不知道理性得以有效发挥作用且得以持续发展的条件的人滥用。这就要求我们真正地做到明智地运用理性,而且为了做到这一点,我们必须维护那个不受控制的、理性不及的领域;这是一个不可或缺的领域,因为正是这个领域,才是理性据以发展和据以有效发挥作用的唯一环境"(哈耶克:《自由秩序原理》,邓正来译,三联书店1997年版,第80—81页)。

化论,而这种道德进化论所达致的最重要的成就便是它所提出的有关人类制度(包括道德规则系统)生成发展的理论——这个理论不仅构成了休谟赞同自由的理据,而且还成了亚当·弗格森、亚当·斯密和斯图沃特这些伟大的苏格兰道德哲学家进行研究的基础①。需要指出的是,哈耶克所主张的这种道德进化论有着两个紧密相关的特征:首先,立基于个人理性无力脱离社会进化进程并判断它的作用方式这一观点,哈耶克认为,我们也同样无力为自己提供任何证明以说明我们遵循或采纳某些道德规则的理由;因此,道德规则绝不是建构的而是发现的。这意味着,道德规则绝不是刻意设计的产物,而是传统之自然选择的产物,而且这种自然选择也"不是一个理性的过程"而是一个创造理性的过程②。关于这个问题,哈耶克甚至指出,我们不能认为是我们"选择了它们;毋宁说,是这些约束选择了我们。它们使我们能够得以生存"③;因此,"我们绝不能假设我们有能力建构出一套新的道德规则体系,我们也绝不能假设我们有能力充分认识到遵循众所周知的道德规则于某一特定情形中所具有的各种含义,并试图在这种充分认识的基础上去遵循这些规则"④。

关于道德进化论的这个特点,可以最为明确地见之于哈耶克对"大卫·休谟的法律哲学和政治哲学"的讨论。哈耶克指出:"休谟哲学的出发点是他所提出的反唯理主义的道德理论(anti-rational theory of morals)。该理论认为,就道德规则的产生而言,'理性本身是毫无作用的',因此,'道德的规则并不是我们的理性所能得出的结论'。休谟对此论证说,我们的道德信念既不是先天意义上的自然之物,也不是人之理性的一种刻意发明,而是一种特殊意义上的'人为制品'(artifact)。休谟在这个意义上所说的'人为制品',也就是我们所称之为的'文化进化的一种产物'(a product of cultural evolution)。在这种文化进化的过程中,那些被证明有助益于人们做出更有效努力的规则存续了下来,而那些被证明只有助于人们做出较为低效努力的规则则被其他的规则取代了或淘汰了。"⑤对于这个问题,哈耶克甚至还引证了一位论者的观点:"道德准则和正义

---

① 参见哈耶克:《大卫·休谟的法律哲学和政治哲学》,载《哈耶克论文集》,邓正来选编/译,首都经济贸易大学出版社2001年版,第490—491页。
② 参见哈耶克:《法律、立法与自由》第三卷《自由社会的政治秩序》,邓正来等译,中国大百科全书出版社2000年版,第515—517页。
③ 哈耶克:《致命的自负》(原译《不幸的观念》),刘戟锋等译,东方出版社1991年版,第12—13页。
④ 哈耶克:《自由秩序原理》,邓正来译,三联书店1997年版,第74页。
⑤ 哈耶克:《大卫·休谟的法律哲学和政治哲学》,载《哈耶克论文集》,邓正来选编/译,首都经济贸易大学出版社2001年版,第491页。

准则,便是休谟所谓的'人为制品';它们既不是神授的,也不是人之本性所不可分割的一个部分,更不是纯粹理性所能揭示的。它们乃是人类实践经验的结果,而且在漫长的时间检验过程中,唯一的考量就是每一项道德规则是否能够为增进人类福祉起到有益的功用。在伦理学领域中,休谟可以被认为是达尔文的先驱。实际上,休谟所宣布的乃是一种有关人类习惯的最适者生存的理论(a doctrine of the survival of the fittest among human conventions)——当然,'最适者'在这里并不是指那种野蛮的弱肉强食者,而是意指具有最大的社会效用者。"①

此外,哈耶克还进一步指出了道德进化论之所以认为人们能够发现但绝不能以专断方式创制正当行为规则的两个事实性依据:一是绝大多数正当行为规则无论在什么时候都会以一种不容置疑的方式为人们所接受;二是人们对某项特定规则是否正义的问题所提出的质疑,乃是在这个为人们普遍接受的规则系统中加以解决的,而解决的方式则是看这项被认为应当接受的规则是否与所有其他的规则相容合:这就是说,这项规则必须同样服务于所有其他正当行为规则所服务的那种抽象的行动秩序,而且还不得与其他规则中任何一项规则所提出的要求相冲突②。

其次,道德进化论的第二个特点乃是由此而达致的自由主义所信奉的客观的"否定性正义"观。哈耶克指出:"经由上文的论辩,我们可以证明,建构论唯理主义的认识进路根本就不可能达致任何正义标准。在这种情况下,如果我们能够认识到法律从来就不全是人之设计的产物,而只是在一个并非由任何人发明的但却始终指导着人们的思考和行动(甚至在那些规则形诸文字之前亦复如此)的正义规则框架中接受评断和经受检测的,那么我们就会获得一种否定性的正义标准(a negative criterion of justice),尽管这不是一种肯定性的正义标准(a positive criterion of justice)。正是这种否定性的正义标准,能够使我们通过逐渐否弃那些与整个正义规则系统中的其他规则不相容合的规则,而渐渐趋近(虽然永远也不可能完全达到)一种绝对正义的状态。"③正是立基于这一观

---

① 哈耶克:《大卫·休谟的法律哲学和政治哲学》,载《哈耶克论文集》,邓正来选编/译,首都经济贸易大学出版社2001年版,第491页。
② 参见哈耶克:《法律、立法与自由》第二卷《社会正义的幻象》,邓正来等译,中国大百科全书出版社2000年版,第33—34页。
③ 哈耶克:《自生自发秩序与第三范畴:人之行动而非人之时间的结果》,载《哈耶克论文集》,邓正来选编/译,首都经济贸易大学出版社2001年版,第371—372页。

点,哈耶克进一步阐明了这种客观的否定性正义观的四个关键要点①。

---

① 参见哈耶克:《自由社会秩序的若干原则》,载《哈耶克论文集》,邓正来选编/译,首都经济贸易大学出版社2001年版,第131—134页;另请参见哈耶克在1976年《法律、立法与自由》第二卷第8章"正义的探求"的注释[9]中就其否定性正义的思想渊源给出的详尽列举(第99—102页),比如说斯密(*Theory of Moral Sentiments* (1759), part Ⅱ, sect. Ⅱ, chapter Ⅰ, Vol. Ⅰ, p. 165 of ed. of 1801):"纯粹的正义,在绝大多数场合,不过是一种否定性的德性(a negative virtue),它仅仅阻止我们去伤害我们的邻人。仅仅不去侵害邻人的人身、财产或名誉的人,肯定没有多少肯定性的品行。"另请参见 Adam Ferguson(*Institutes of Moral Philosophy*, Edinburgh, 1785, p. 189):"根本的道德律,在其最初适用于人的行动的时候,乃是禁令性的,它禁止人们做错误的事情";F. C. von Savigny 就在其所著 *System des Heutigen Römischen Rechts* (Bd. Ⅲ(M), Berlin: Deil und Camp, S. 332)一书中做如是说:"许多人从相反的观点出发,亦即从不合法的角度出发探寻合法的概念。不合法乃是指一个人的自由因其他人的自由而遭到了干涉,而这种不合法乃是阻碍人类发展的,并被视作是一种祸患。"在19世纪,明确阐明这个观点的两个代表人物是哲学家叔本华(Arthur Schopenhauer)和经济学家巴思蒂(Frédéric Bastiat),而巴思蒂很可能间接地受到了叔本华的影响。参见 Arthur Schopenhauer, *Parerga und Paralipomena*, Ⅱ, 9, "Zur Rechtslehre und Politik," in A. Hübscher, ed. *Samtliche Werke*, Leipzig: Brockhaus 1939, Vol. Ⅵ, S. 257:"法律的概念就像自由的概念一样,是一种否定意义上的概念,它的内容完全是一种否定。" F. Bastiat 则指出(*La Loi*, 1850, 载 *Oeuvres Complètes*, Paris, 1854, Vol, Ⅳ, p. 35):"这一点是千真万确的,正如我的一位朋友向我指出的那样,声称法律的目的在于确立正义的支配地位这个说法,严格来说并不确切。我们应当这样来定义:法律的目的乃在于阻止不正义占据支配地位。的确,具有自身存在形式的并不是正义,而是不正义。其间,正义只是在不正义消失的情况下才产生的。"亦请参见 J. S. Mill, *Utilitarianism* (1861, ed. J. Plamenatz, Oxford: Basil Blackwell, 1949), p. 206:"正义,就像许多其他的道德特性一样,最好用它的对立物来界定它。"晚近,在哲学家当中,马克斯·舍勒(Max Scheler)也强调了同样的观点。参见他所著的 *Der Formalismus in der Ethik und die materielle Wertethik* (3rd ed., 1927), S. 212:"法律命令从来就不规定(完全根据原来意思)应当如何(或什么是合法的),相反,它总是规定,不应当如何(或什么是不合法的)。" K. E. Boulding 指出(*The Organisational Revolution*, New York: Harper, 1953, p. 83):"困难似乎在于'正义'乃是一个否定性概念;这就是说,并不是正义导致了行动,而是不正义或不满导致了行动"。McGeorge Bundy 认为("A Lay View of Due Process",载于 A. E. Sutherland ed. *Government under Law*, Harvard, 1956, p. 365):"然后,我设想,要最好地理解法律程序,就不能把它理解成一种纯粹且肯定性正义的渊源,相反,我们应当把它理解成对严重过错所做的一种不完善的救济。……或者,也许我们可以认为法律并不是一种本身就是善的东西,而是一种工具;这种工具的价值与其说源出于它所肯定规定的东西,不如说源出于它所禁止的东西……人们要求法院所做的,并不是实施正义,而是提供某种保护以阻止重大的不正义。" H. L. A. Hart 指出(*The Concept of Law*, Oxford: Oxford University Press, 1961, p. 190):"法律与道德的共同要求,在很大程度上讲,并不是由应予提供的肯定性服务构成的,而是由忍耐或克制构成的——这些忍耐或克制通常是通过禁令这种否定性形式表达出来的。"Lon L. Fuller 也指出(*The Morality of the Law*, New Haven: Yale University Press, 1964, p. 42):"在那些可以被称为社会生活之基本道德的东西中,对他人所负的义务,一般来讲……通常只要求忍耐或克制,或者就像我们所说的那样,在性质上是否定性的。"J. R. Lucas 也持有这样的观点(*The Principles of Politics*, Oxford: Clarendon Press, 1966, p. 130):"面对人的不完善性,我们在一定程度上是从程序的角度来阐释法治的,这些程序的目的并不是为了确保绝对的正义得到实现,而是为了防止最糟糕的不正义。在政治哲学中,'披着外衣'的是不正义而不是正义,这是因为,作为会犯错误的人,我们无力事先说出什么样的判决将始终是正义的,再者,由于我们生活在自私的人当中,所以我们也无力始终如一地保证正义将得到实现;据此,从明确性这个角度来考虑,我们采取一种否定性的认识进路,并确定一些程序以避免某些可能产生的不正义现象,而不是去追求各种形式的正义。"

但是根据我的研究,我认为,在很大程度上致使哈耶克真正意识到否定性正义这个问题的乃是弗赖堡大学的奥肯教授,正如哈耶克在他于1962年发表的《经济学、科学与政治(转下页)

第一，如果正义要具有意义，那么它就不能被用来指称并非人们刻意造成的或根本就无力刻意造成的事态，而只能被用来指称人的行动；正当行为规则要求个人在进行决策的时候只需要考虑那些他本人能够预见到的他的行动的后果。由于自生自发秩序的具体结果并不是任何人设计或意图的结果，所以把市场等自生自发秩序在特定的人当中进行分配的方式称之为正义或不正义的方式乃是毫无意义的。

第二，正当行为规则从本质上讲具有禁令的性质，换言之，不正义(injustice)乃是真正的首要概念，因而正当行为规则的目的也就在于防阻不正义的行动；如果人之特定行动没有一个旨在达到的具体目的，那么任何这类特定行动就是无法完全决定的。因此，那些被允许运用他们自己的手段和他们自己的知识去实现他们各自目的的自由人，就绝不能受那些告知他们必须做什么事情的规则的约束，而只能受那些告知他们不得做什么事情的规则的约束；除了个人自愿承担的义务以外，正当行为规则只能够界分或确定所允许的行动的范围，而不得决定一个人在某个特定时刻所必须采取的特定行动。

第三，正当行为规则应予防阻或禁止的不正义行动乃是指对任何其他人确受保护的领域(亦即应当通过正当行为规则加以确定的个人领域)的任何侵犯；因此，这就要求这些正当行为规则能够帮助我们确定何者是其他人确受保护的领域。

第四，也是最重要的，这些正当行为规则本身就是否定性的(negative)，因此它们只能够通过持之一贯地把某项同属否定性的普遍适用之检测标准(negative test of universal applicability)适用于一个社会继受来的任何这类规则而得到发展。需要指出的是，这种检测标准，归根结底，仅仅是这些行为规则在被适用于现实世界中的各种情势的时候所允许的各种行动之间的自我一致性(self-consistency)的标准。除了将某项特定的正当行为规则置于整个正当行为

(接上页)学》一文中最早提出这种正义之雏形观念时所指出的，"我们对任何特定的政策措施所做的评价也无须以它所取得的特定结果为依凭(因为在绝大多数情形中，我们无论如何都是无法知道全部这类结果的)，而必须以该项政策措施与整个系统的一致性为依凭(我认为，这就是奥肯最早描述成'系统正义'[systemgerecht]的标准)。这还意味着我们在所有的情形中都往往必须根据这样的假设去行事，尽管这些假设事实上只是在大多数情形中而并不是在所有的情形中为真的"(哈耶克:《经济学、科学与政治学》，载《哈耶克论文集》，邓正来选编/译，首都经济贸易大学出版社 2001 年版，第 431—432 页)。

规则系统的框架中加以审视以外,我们不可能对该项特定的正当行为规则是否正义的问题做出判定;这意味着,该规则系统中的大多数规则就必须为了这个目的被视作是不容置疑的或客观给定的,这是因为价值始终只能够根据其他的价值加以检测。关于这个关键问题,哈耶克进一步解释道,检测一项规则是否正义的标准,自康德以来就一直被描述为该项规则是否具有"普遍性"(universalizability)的标准,亦即这样一种欲求的可能性:有关规则应当被适用于所有同"绝对命令"所陈述的条件相符合的情势。这意味着,在把某项正当行为规则适用于任何具体情势的时候,该项规则不得与任何其他被人们所接受的规则相冲突。因此,这种标准归根结底是一种评断某项规则是否与整个规则系统相容合或相一致的标准;当然,这项标准不仅意指某项规则与其他规则之间不会发生逻辑意义上的冲突,而且还意味着这些规则所允许的行动之间不会发生冲突。

2. 哈耶克的政治进化论

依据进化论理性主义,哈耶克不仅主张一种道德进化论,而且还信奉一种政治进化论。从一般的角度讲,哈耶克的政治进化论主要针对的乃是那种有关历史的意向论解释,而在他看来,对历史所作的那种意向论的非历史的解释,在人们根据社会契约型构社会的观念中得到了最为充分的表达[1];据此我们可以说,哈耶克政治进化论所反对的也包括了罗尔斯正义理论赖以为凭的那种社会契约论。罗尔斯所遵循的那种社会契约论传统,依照哈耶克的分析理路来看,在最深刻的层面上乃是以它所始于的这样一个理论假设为基础的,即个人乃是一种孤立的理性存在,而所谓社会和政府则是这样的个人通过所谓的社会契约型构而成的;因此,这种社会契约论认为,个人是道德义务和政治义务的真正本源。这种理论正是从这样一幅虚构的"人性"图景出发,建构起了它对社会的解释,即调整个人间关系的各种规则唯有在与那些达成"社会契约"的"个人"所自愿接受的原则相一致的时候才能被视作是正当的。但是不容忽视的是,这种社会契约论赖以为凭的上述理论假设显然忽视了人作为社会存在的性质,因此,这种社会契约论不仅未能而且也不可能对支配社会互动的经济及政治的历史过程给出真切且充分的解释。除此之外,依照哈耶克的观点来看,这种观点还

---

[1] 哈耶克:《理性主义的种类》,载《哈耶克论文集》,邓正来选编/译,首都经济贸易大学出版社2001年版,第206—207页。

有一个特征,"即它根本就没有为社会理论本身留有任何空间,因为社会理论的问题都是从这样一个事实中产生的:人们各自采取的行动往往会产生一种秩序——尽管这种秩序是未意图的和未预见的,但是它却被证明是人们实现他们为之努力的各自目标所不可或缺的"①。

毋庸置疑,罗尔斯正义理论赖以为基础的那种个人主义显然是一种可以被归入哈耶克"伪个人主义"范畴之中的观点②。与这种伪个人主义相反对,哈耶克的政治进化论或法律进化论却是深深植根于他所主张的个人主义的社会理论——亦即哈耶克所说的"真个人主义"——之中的。从哈耶克的论述来看,这种真个人主义至少具有下述两个基本特征:

第一,真个人主义主要是一种旨在理解那些决定人类社会生活的力量的社会理论③。具体言之,哈耶克的个人主义的理论首先是一种试图把个人理解为一种社会存在的理论,而且也正是在这个意义上,哈耶克一以贯之地强调对作为社会存在的人性与社会性质进行阐释的必要性。从另一个角度来讲,哈耶克认为,社会绝不能够被分化入那些只具有私利的孤立的个人之中,因此"社会契约论"赖以为凭的那种由孤立的个人组成社会的理论假设也是不能成立的,一如哈耶克所言,"个人主义者的论辩真正赖以为凭的基础乃是:第一,任何人都不可能知道谁知道得最清楚;第二,我们能够据以发现这一点的唯一途径便是一种社会过程,而在这个过程中,每个人都可以自由地去尝试和发现他自己

---

① 哈耶克:《理性主义的种类》,载《哈耶克论文集》,邓正来选编/译,首都经济贸易大学出版社2001年版,第206—207页。
② 哈耶克最早是在1945年"个人主义:真与伪"的著名演讲中提出"伪个人主义"这个范畴的,而且也正是从这篇著名的论文开始,哈耶克对上述理论传统的这个理论假设展开了一以贯之的批判(参见哈耶克:《个人主义:真与伪》,载《个人主义与经济秩序》,邓正来译,三联书店2003年版即出)。然而值得我们注意的是,哈耶克捍卫自由主义的方式之所以首先表现为对伪个人主义的批判,这是因为哈耶克认为,"所有完全违背真个人主义的概念和假设已经被当作了个人主义理论的基本核心"(同上书,第10页),而且这种伪个人主义"也会导致实际上的集体主义"(参见同上书,第1—2页)。再者,哈耶克所说的"伪个人主义"实际上也就是查尔斯·泰勒所谓的"原子论的"个人主义,但是值得我们注意的是,并不是所有的社会契约都是"伪个人主义"或原子论的个人主义,比如说,霍布斯虽说初看上去是这样一个原子论个人主义者,但是他却并不是,因为他的社会契约论赖以为基础的有关人性的说明,把人视作了一种明确无误的并且受着那些唯有在社会背景中方能存有的激情(passions)支配的社会创造物;尤其是人对名誉和荣誉的欲求。洛克的理论也是如此,因为社会契约的缔结,并不是在原先孤立的个人之间完成的,而是在那些早已经社会化了的人之间达成的;关于这个问题,请参见 C. Kukathas, *Hayek and Modern Liberalism*, Oxford: Oxford University Press, 1989, pp. 125 - 126。
③ 参见哈耶克:《个人主义:真与伪》,载《个人主义与经济秩序》,邓正来译,三联书店2003年版,第6页;"真个人主义首先是一种社会理论,亦即一种旨在理解各种决定着人类社会生活的力量的努力;其次,它才是一套从这种社会观念中衍生出来的政治准则。"

所能够做的事情"①。

第二,哈耶克的真个人主义主张,不仅个人不能独立于社会而存在,而且道德规范系统也不能独立于社会而存在,一如他所指出的,"据此我们可以说,论者们一直在讨论的那个'道德相对性'(moral relativity)的问题,显然与这样一个事实有关,即所有的道德规则(以及法律规则)都服务于一个任何个人都无力从根本上加以改变的现存的事实性秩序(factual order);这是因为:一、如果某个个人要改变这样的秩序,那么他就必须改变该社会中其他成员所遵循的那些规则(当然,他们在某种程度上是在一种无意识的情况下或者是纯粹出于习惯而遵循那些规则的);二、如果他想创建一个不同类型的健康的社会,那么他还必须用任何人都无力创制的其他规则来替代原有的规则。因此,任何一种道德规范的系统,都不可能独立于一个人生活于其间的那种社会秩序而孤立地存在"②。因此,哈耶克明确指出,真个人主义"是一套从这种社会观念中衍生出来的政治准则。只此一个事实就应当足以驳倒若干一般误解中那种最为愚蠢的误解了,亦即那种认为个人主义乃是一种以孤立的或自足的个人的存在为预设的(或者是以这样一项假设为基础的)观点"③。这里的关键在于:真个人主义首要关注的并不是个人如何走到一起构成了社会并创设了其义务,而毋宁是这样一个问题,即如果社会要得到维续和个人的安全或自由要得到保障,那么人们必须确立什么样的原则,进而在这样的追问基础上发现并形成保障个人自由的正当行为规则。因此,一如前述,哈耶克在这个方面最为重要的洞见乃在于,真个人主义所确立的并不是先定的个人权利之公理主张,也不是任何理性体的人之观念,而是一种旨在表明为什么维护自由社会秩序要求有一个消除冲突的法律秩序的法治理论。

正是立基于上述有关真个人主义的认识,哈耶克形成了他本人对权利的看法。首先,对于哈耶克来讲,自由并不是一项绝对的或自然的权利,它所反映的毋宁是人们为了限制政府权力而展开的诸多艰苦斗争的历史产物,因为个人自由权项,亦即具体的自由权项,只是在文明社会中得到发展并得到保护的。

---

① 参见哈耶克:《个人主义:真与伪》,载《个人主义与经济秩序》,邓正来译,三联书店2003年版,第14页。
② 哈耶克:《法律、立法与自由》第二卷《社会正义的幻象》,邓正来等译,中国大百科全书出版社2000年版,第37页。
③ 哈耶克:《个人主义:真与伪》,载《个人主义与经济秩序》,邓正来译,三联书店2003年版,第6页。

的确,在哈耶克看来,对这些个人自由权项的持续保护,要求人们把它们当作原则加以陈述,但是哈耶克却经由对自由社会的理解以及对文化进化路径的强调而坚决反对那种以绝对权利或自然权利为论辩基础的进路,正如哈耶克所明确指出的,"尽管自由的用法多样且不尽相同,然自由只有一种。只有当自由缺失时,'自由权项'(liberties)才会凸显,因为'自由权项'乃是指某些群体及个人在其他人或群体多少不自由的时候仍可获致的具体的特权或豁免。从历史上看,人们正是通过特定'自由权项'的实现而逐渐迈上自由之路的。但是,一个人应当在得到允许以后方能做特定事情的状态,并不是自由,尽管这可以被称为'一项自由权'(a liberty);更有进者,虽说自由与不允许做特定事情的状况相容,但如果一人所能做的大多事情须先获致许可,那就绝无自由可言。"①因此,在哈耶克那里,自由与"自由权项"间的关键区别乃在于:前者意指这样一种状态,而在这种状态中,确获保障的自由领域的内容或范围有着很大程度的可变性,而且除法治之法所禁止的以外,一切事项都应当被认为是许可的和正当的;后者则指另一种状况:除法律规则明文许可的以外,一切事项都应当被禁止②。显而易见,哈耶克的洞见要比那些视"个人权利"为绝对权利或自然权利的论者更趋向于认为法律是可以发展和变化的,因为哈耶克认为:第一,人之理性的构成性限度不可能使人建构出一种确定不变或一劳永逸的"个人权利表"以应对人类社会日益演化的各种繁复情势;第二,那种以先验的自然权利或绝对权利为论辩基础的进路很容易在不知不觉中被转换成一种肯定性的自由观,因为我们知道,一些论者为了使他们对个人自由的诉求牢不可破而设定了一系列权利,但是这种论点的问题却在于:当它遭到其他论者反对它所设定的特定权利组合的时候,它便会变得毫无意义③。

其次,哈耶克经由上述研究而进一步指出,任何由法律规定的权利也不是绝对权利,因为它们只是对一般性的自由主义原则的适用而已。哈耶克指出,有一种观点主张,应当特别保障某些基本权利,比如说"自由权、财产权、安全权利和抵制压迫的权利"等,更为具体地说,诸如思想自由、言论自由、集会自由和出版自由等权项。然而哈耶克却认为,这种观点只是把一般性的自由主义原则

---

① 参见哈耶克:《自由秩序原理》,邓正来译,三联书店1997年版,第14—15页。
② 同上书,第15页。
③ 哈耶克:《法律、立法与自由》第二卷第9章"正义与个人权利",邓正来等译,中国大百科全书出版社2000年版,第180—187页。

适用于那些在当时被认为特别重要的权利而已;此外,由于这种观点仅限于那些被列举的权利,所以它并没有超出一般性的自由主义原则所适用的范围。值得我们注意的是,哈耶克之所以认为它们只是对一般性原则的具体适用,实是因为下述几个事实所致:第一,所有这些基本权利并不能被当然地视作是一种绝对的权利,而必须以一般性的法律原则为限①;第二,"我们在日常生活中经常会遇到这样的问题:究竟哪些权项应当被归入我们所称之为'产权'的这种权利束之中……哪些其他权利应当被归入确获保障的领域之中……但是需要指出的是,就所有这类问题的解决而言,只有经验能够表明何者是最为适宜的安排。对这种权利所做的任何特定界说,根本不存在什么'自然的或天赋的'品格"②;第三,那种以绝对权利为论辩基础的理路还忽视了这样一个基本事实,即"我们希望尽可能多的人能够享有的所有那些利益之所以有可能为人们所获得,实是因为这些人本身能够在创造这些利益的过程中运用他们自己所拥有的最佳的知识。确立一些可以强制实施的权利以要求得到某些利益,是不可能创造出那些利益的。如果我们希望每个人都生活得富裕,那么我们据以趋近这个目标的方式就不能是经由法律的规定去命令人们应当实现这个目标,或赋予每个人以一项法律权利去要求获得我们认为他应当享有的东西,而毋宁是向所有的人提供激励以促使他们尽可能地去做有助益于其他人的事情。"③据此,哈耶克得出结论认为,"自由主义所拥有的一项最为普遍的原则主张,政府采取的所有强制性行动都必须只限于实施这类一般性规则,因此,所有由保障权利的文献或法案专门列举的基本权利以及从来就没有被纳入这些文献或法案的许多其他的权利,实际上都可以通过一条陈述这项最为普遍的自由主义原则的条款而得到保障。"④

---

① 参见哈耶克:《自由主义》,载《哈耶克论文集》,邓正来选编/译,首都经济贸易大学出版社2001年版,第79—80页。
② 哈耶克:《自由秩序原理》,邓正来译,三联书店1997年版,第197页。
③ 哈耶克:《法律、立法与自由》第二卷《社会正义的幻象》,邓正来等译,中国大百科全书出版社2000年版,第九章补遗,第186—187页。关于这个问题,哈耶克还一反主流观点并且尖锐地指出,"显而易见,《世界人权宣言》……完全凸显出了这种'普遍权利'(universal right)观念的彻头彻尾的荒谬性。哪怕具有一丁点常识,该项文献的制定者们就应当懂得,他们所颁布的那些普遍权利无论是在眼下还是在任何可预见的将来都是根本不可能实现的,而且把它们作为权利庄严地宣告于天下,实际上也是在以一种不负责任的方式玩弄'权利'概念,而这种把戏只能摧毁人们对权利的尊重"(同上书,第185页)。
④ 哈耶克:《自由主义》,载《哈耶克论文集》,邓正来选编/译,首都经济贸易大学出版社2001年版,第79—80页。

(三) 哈耶克的文化进化观与其法治原则的关系

通过上文的讨论,我们可以发现,哈耶克经由道德进化论和政治进化论的阐释而明确否弃了罗尔斯所主张的那种以"伪个人主义"为基设的道德建构理路。与此同时,哈耶克一方面在道德进化论的维度上阐明了与自由主义法律观念紧密相关的自由主义否定正义观①,而另一方面则在政治进化论的维度上阐发了其法治建构理路赖以为基设的个人主义社会理论,或者说,哈耶克经由这一努力而在很大程度上为他发现并确定一些得以使社会自身演化并符合其内在需求的法治原则开放出了某种切实的可能性。

从具体的角度来看,我们可以发现,哈耶克经由上述对文化进化观的讨论而发现并确立了在长期的文化进化过程中自生自发形成的内部规则,亦即"那些在它们所规定的客观情势中适用于无数未来事例和平等适用于所有的人的普遍的正当行为规则,而不论个人在一特定情形中遵循此一规则所会导致的后果。这些规则经由使每个人或有组织的群体能够知道他们在追求他们的目的时可以动用什么手段进而能够防止不同人的行动发生冲突而界分出了个人确获保障的个人领域。这些规则一般被认为是'抽象的'和独立于个人目的的规则。它们导致了一种同样抽象的和目的独立的自生自发秩序或内部秩序"②。正是由于这类内部规则是文化进化的产物,所以它们必定具有一些使它们区别于外部规则的独特的特征,而这就是它们在调整人与人之间的涉他性活动的过程中所形成的否定性、目的独立性和抽象性特征③。

第一,哈耶克认为,自生自发秩序所遵循的内部规则可以被认为是一种指向不确定的任何人的"一劳永逸"的命令;它们乃是对所有时空下的特定境况的抽象,并且仅指涉那些可能发生在任何地方及任何时候的情况④。就内部规则

---

① 哈耶克指出:"自由主义的正义观念在下述两个重要方面与人们现在广泛持有的那种正义观念相区别:第一,自由主义的正义观念所依凭的乃是这样一种信念,即人们有可能发现独立于特定利益而存在的客观的正当行为规则;第二,这种正义观念只关注人之行为的正义问题或调整人之行为的规则的正义问题,而不关注这种行为对不同个人或不同群体的地位所造成的特定影响的问题"(哈耶克:《自由主义》,载《哈耶克论文集》,邓正来选编/译,首都经济贸易大学出版社2001年版,第81页)。
② 哈耶克:《政治思想中的语言混淆》,载《哈耶克论文集》,邓正来选编/译,首都经济贸易大学出版社2001年版,第14—15页。
③ 参见哈耶克:《法律、立法与自由》第二卷《社会正义的幻象》,邓正来等译,中国大百科全书出版社2000年版,第55—57页。
④ 哈耶克:《自由秩序原理》,邓正来译,三联书店1997年版,第185页。

所具有的这种一般且抽象的特性的具体内涵来看,主要涉及下述三个方面:在本质上,它们乃是长期性的措施;从指向上来讲,它们所指涉的乃是未知的情形而非任何特定的人、地点和物;再就它们的效力言,它们必须是前涉性的,而绝不能是溯及既往的。按照我个人的理解,内部规则所具有的这种一般且抽象的特性有着两个极为重要且紧密相关的意义:一是它揭示了内部规则并不预设一个理性发布者的存在,而且也不具体指向一种特定的或具体的行动,或者用哈耶克本人的话来说,"一般性法律与具体命令间的最重要的区别就在于,指导一项特定行动的目标和知识,究竟是由权威者来把握,还是由该行动的实施者和权威者共同来把握"①;二是内部规则并不预设一发布者的存在而且不具体指向一种特定的或具体的行动的特性表明,自生自发秩序依赖于其上的这种内部规则所指向的必定是一种抽象秩序,而这种抽象秩序所具有的特定的或具体的内容也是不为任何人所知或所能预知的。再者,内部规则所指向的社会秩序越复杂,个人分立行动的范围亦就愈大,进而相应的协调和调整亦就愈加依赖于一般且抽象的规则而非具体的命令②。因此,在这个意义上讲,这种一般且抽象的内部规则不仅能够使那些为人们所使用的知识在数量上得以最大化,而且也可以使他们所追求的目的在数量上得以最大化③。

第二,哈耶克经由对内部规则所具有的一般且抽象性质的阐发而认为,这一特性导致了自生自发秩序所遵循的内部规则的第二个特性,即它们是目的独立的(end-independent)而非目的依附的(end-dependent),因此这种"目

---

① 哈耶克:《自由秩序原理》,邓正来译,三联书店 1997 年版,第 186 页。从另一个视角来看,哈耶克指出,这种否定性的内部规则在界分个人确获保障的领域时所采取的方式,并不是从肯定的角度出发直接决定什么是个人必须或应当做的,而只是从否定性的角度出发决定什么是个人绝不能做的,亦即只是对任何人都不得侵犯个人确获保障领域的诸原则进行规定,一如哈耶克所明确指出的,这些内部规则"完全无力决定一项特定的行动,而只能界定出它们所许可的某些行动类型的范围——至于是否采取某项特定的行动,则由行动者本人根据他自己的目的加以决定"(参见哈耶克:《法律、立法与自由》第二卷《社会正义的幻象》,邓正来等译,中国大百科全书出版社 2000 年版,第 57 页)。当然,由于内部规则的功能在于经由消灭某些产生不确定性的渊源而有助于防阻冲突和增进合作并有助于个人都能够根据他自己的计划和决定行事,所以在某种意义上讲,它们也不可能完全消除不确定性。立基于此,哈耶克反复强调内部规则只能创设某种程度的确定性,即通过对个人所具有的确获保障的私域进行保护并使它们免受其他人的干涉,从而使个人能够视这种确获保障的领域为他自己所控制(参见哈耶克:《法律、立法与自由》第二卷《社会正义的幻象》,邓正来等译,中国大百科全书出版社 2000 年版,第 58—59 页)。
② 参见哈耶克:《法律、立法与自由》第一卷《规则与秩序》,邓正来等译,中国大百科全书出版社 2000 年版,第 176—177 页。
③ 参见哈耶克:《法律、立法与自由》第二卷《社会正义的幻象》,邓正来等译,中国大百科全书出版社 2000 年版,第 5—6 页。

的独立"的内部规则也可以被看成是作为实现"一般性目的的工具"的"正当行为规则"①,例如哈耶克所指出的,"我们选用了'正当行为规则'一术语来指称那些有助益于自生自发秩序之型构的'目的独立的'规则,并以此与那些'目的依附的'组织规则相对照。前者是内部规则,而内部规则不仅是'私法社会'的基础,而且也是使开放社会得以形成的基础"②。内部规则之所以具有这种不依附于特定目的的特性,其主要原因就在于这些规则是从目的关联群体向共同目的不存在的复杂社会的扩展过程中实现的,一如哈耶克明确指出的,"值得我们注意的是,长期以来,之所以只有目的独立的('形式'的)规则才通过了这一检测(即康德式的标准),实是因为这样一个历史事实所致:由于那些最初在目的相关的小群体('组织')中发展起来的规则逐渐被扩展到越来越大的群体直至最后被普遍适用于一个开放社会的所有成员之间的关系(而我们知道,这些开放社会的成员并不拥有共同的具体目的并且只服从相同的抽象规则),所以那些正当行为规则在这一不断的扩展过程中就不得不逐渐消除所有对特定目的的指涉"③。显而易见,构成自生自发秩序型构之基础的内部规则所具有的这一"目的独立"的特性,其关键要点乃在于对这种性质的规则的遵循,本身并不旨在实现某个特定目的,而只服务于或有助益于人们在尽可能大的范围内追求各自不尽相同的目的④。

第三,哈耶克在阐释内部规则的上述特性以后指出,它们"之所以必须成为否定性的规则,实是因规则不断扩展其适用范围并超出了那种能够共享甚或能够意识到共同目的的生活共同体而造成的一个必然结果。……一如我们所见,上述情形只能使规则成为人们采取某些有可能侵损他人的行动的禁令;而且我们也已发现,要想禁止侵损他人的行动,唯有凭靠那些对任何其他人都不得干涉的个人领域(或有组织的群体的领域)做出界定的规则方能实现"⑤。正是在这里,我们发现了哈耶克通过真个人主义的讨论而为其法治理论所奠定的作为社会存在的个人主义基设,而这一点特别值得我们注意,因为在哈耶克的法治

---

① 参见哈耶克:《法律、立法与自由》第二卷《社会正义的幻象》,邓正来等译,中国大百科全书出版社 2000 年版,第 28—30 页。
② 同上书,第 49 页。
③ 哈耶克:《自由社会秩序的若干原则》,载《哈耶克论文集》,邓正来选编/译,首都经济贸易大学出版社 2001 年版,第 133—134 页。
④ 参见哈耶克:《法律、立法与自由》第二卷《社会正义的幻象》,邓正来等译,中国大百科全书出版社 2000 年版,第 211—212 页。
⑤ 同上书,第 57 页。

理论中,保障自生自发秩序的内部规则乃是通过社会进化过程而产生的,亦即是在不断地解决人与人之间的各种法律纠纷的过程中产生的,因此它们所关注的就不是个人在其家庭等隐私范围内做什么或不做什么事情的自由,而是一种"仅指涉人与他人间的关系"的自由①或"涉他性行动"的自由②;当然,内部规则乃是通过界分"个人行动确获保障的领域"③的方式来达致保障个人自由这个目的。再者,立基于上述文化进化观的否定性的讨论,我们还可以发现,哈耶克的内部规则的抽象性和目的独立性"实是与那些业已通过一般化过程的规则所具有的某些其他特征紧密相关的,而这些特征包括:一、在这些规则禁止而非要求采取某些特定种类行动的意义上讲,它们几乎全都是否定性的规则;二、这些规则禁止而非要求采取某些特定种类的行动,其目的乃在于对可以确认的领域提供保护——在这些领域中,每个个人都可以自由地按照自己的选择行事;三、某项特定的规则是否具有这种特征,能够用一般化或普遍化的标准对其进行检测而获知。我们将努力表明,所有上述特征都是那些构成自生自发秩序之基础的正当行为规则所必须具有的特征。……实际上,所有正当行为规则都是否定性的,当然这是在它们通常不向任何个人施加肯定性的义务的意义上所言的,除非个人因自己的行动而承担了这样的义务"④。这在根本上意味着:内部规则的否定性决定了它本身并不会对个人确获保障的领域做出明确的肯定性规定,而只是有助于这些规则支配下的个人在行动中根据他与其他人的互动和他所"默会"的外部情势去划定他们自己的确获保障领域的边界。

显而易见,哈耶克所阐释的内部规则所必须具有的上述三项特性,一方面反映了他以文化进化观为基础的法治建构理路,另一方面也凸显出了他所发现并确立的法治基本原则——亦即格雷所说的哈耶克"普通法法治国"的基本原则,因为哈耶克的法治原则表明,它们既是认知发现的问题,又是法律传统自生自发进化的结果。对此,我们可以做出大体两个方面的概括:一方面,为了反对把法律视作是立法者或主权者刻意创造之命令的法律实证主义,哈耶克始终强调法律所具有的客观性以及正义标准的客观性,因为法律和正义规则框架不

---

① 哈耶克:《自由秩序原理》,邓正来译,三联书店1997年版,第5页。
② 哈耶克:《法律、立法与自由》第一卷《规则与秩序》,邓正来等译,中国大百科全书出版社2000年版,第161—163页。
③ 同上书,第162页。
④ 哈耶克:《法律、立法与自由》第二卷《社会正义的幻象》,邓正来等译,中国大百科全书出版社2000年版,第55—56页。

仅占据着一个前存在的客观位置，而且还完全不为人的意志所影响。然而另一方面，哈耶克的文化进化观又促使他趋向于认为法律在很大程度上是可以发展和变化的，而且一如前述，个人行动确受保障的领域也有着很大程度的可变性，因为任何人根据理性确定的任何绝对的权利组合都不足以适应社会日益变化的情势。比如说，当某项新技术的发现引发了财产权方面的新纠纷的时候，这类纠纷的裁定从一个角度来讲乃需要依赖进化发展了数个世纪的法律传统的成就，而从另一个角度来讲又需要依赖一种以法治原则作为支撑的认知发现过程。

四、结语：值得注意的两类问题

作为本文的结语，我还想在这里对下述两个与哈耶克法治理论紧密相关的论题做一番强调：一是哈耶克的法治原则在其法律理论结构中的地位问题；二是就哈耶克法治理论的建构过程提出若干在我看来颇为重要的问题，并使之成为此后进一步思考和研究的基础。首先值得我们注意的是，一如前述，哈耶克在其法治理论中采用一般性原则的方式与其他论者自康德最初系统阐释这个观念以后所使用的方式——尤其是罗尔斯的方式——完全不同。根据罗尔斯的道德哲学，只要个人对于其当下的利益处于原初地位的无知之幕下，那么一般性或普遍性的方法就可以被用来说明理性的个人按照社会契约方式会接受何种道德原则这个问题，由此还可以确立一种极其理性的道德观。但是，哈耶克所采用的却是一种"弱"意义上的一般性原则，而这意味着应当根据其法治理论所主张的那种"否定性"方法或"内在批判"[①]的方法对一项法律规则是否正义的问题进行检测；换言之，这实是一种检测一项法律规则是否与既有的整个法律规则系统相一致的标准。一如前述，这种一致性显然不是一个逻辑的问题，因为一致性在这里意味着这些规则必须服务于同一个抽象秩序并防止它们所允许的行动之间发生冲突[②]。

这里值得我们注意的是，罗尔斯确实明确指出过，"在其他条件相同的情况

---

① 参见哈耶克：《法律、立法与自由》第二卷《社会正义的幻象》，邓正来等译，中国大百科全书出版社2000年版，第33,36页。

② 参见哈耶克：《法律、立法与自由》第一卷《规则与秩序》，邓正来等译，中国大百科全书出版社2000年版，第二章和第五章；也参见第二卷《社会正义的幻象》，第38—40页。

下,如果一种法律秩序较完善地实行着法治的准则,那么这个法律秩序就比其他法律秩序更为正义。它将为自由提供一个较可靠的基础,为组织起来的合作体系提供一个较有效的手段。但由于这些准则仅保证对规则的公正的正常的实施,而不管规则本身的内容,所以它们也可以与不正义相容。它们对社会基本结构施加了相当微弱的约束。"①据此我们可以说,J. Raz认为罗尔斯所使用的法治乃是一种"弱"意义上的法治的观点乃是相当正确的,因为法治在罗尔斯的理论架构中实际上次位于那些源出于"原初地位"的正义原则。但是颇为遗憾的是,Raz却由此而错误地认为哈耶克也是在罗尔斯那种"弱"法治意义上使用法治这一术语的,并且宣称说,由于"法治只是法律应予拥有的诸德性(virtues)之一,所以人们可以认为它只具有表面的力量,而且还始终可以与相冲突的其他价值主张相平衡"②。

显而易见,Raz根本就没有洞见到哈耶克的法治所处的"元法律原则"的地位,因为法治在哈耶克那里远不止于罗尔斯那种"公允无偏地"实施法律规则③;实际上,哈耶克早在《法治的政治理想》一书中便明确指出,"法治,作为对所有政府权力的一种限制,当然也是一种规则,但是一如我们所见,它却是一种超法律的规则(extra-legal rule):它本身并不是一项法律规则,而只能作为一种支配性观念(亦即关于善法应当拥有哪些特性的观念)而存在"④;不久以后,哈耶克又指出,"我们必须强调指出的是,由于法治意味着政府除非实施众所周知的规则以外不得对个人实施强制,所以它构成了对政府机构的一切权力的限制,这当然也包括对立法机构的权力的限制。法治是这样一种原则,它关注法律应当是什么,亦即关注具体法律所应当拥有的一般属性。我们之所以认为这一原则非常重要,乃是因为在今天,人们时常把政府的一切行动只需具有形式合法性的要求误作为法治。当然,法治也完全以形式合法性为前提,但仅此并

---

① 约翰·罗尔斯:《正义论》,何怀宏等译,中国社会科学出版社1988年版,第226页。
② Joseph Raz, "The Rule of Law and Its Virtue," in Robert L. Cunningham, ed. *Liberty and the Rule of Law*, Texas A & M University Press, 1979.
③ 关于这个问题,研究哈耶克理论的学者Chandran Kukathas正确地指出,拉兹的这种解说是不能成立的,参见C. Kukathas, *Hayek and Modern Liberalism*, Oxford: Oxford University Press, 1989;再者,迪雅兹也正确地指出,哈耶克的法治乃是一项"元法律原则",但是颇为遗憾的是,他却未能进一步追究这一点之于哈耶克整个法律理论的意义(Gottfried Dietze, "Hayek on the Rule of Law", in F. Machlup, ed. *Essays on Hayek*, London: Routledge & Kegan Paul, 1977, pp.112-113)。
④ Hayek, *The Political Ideal of the Rule of Law*, Cairo: National Bank of Egypt, 1955, pp.25-26.

不能含括法治的全部意义：如果一项法律赋予政府以按其意志行事的无限权力，那么在这个意义上讲，政府的所有行动在形式上就都是合法的，但是这一定不是法治原则下的合法。因此，法治的含义也不止于宪政，因为它还要求所有的法律符合一定的原则。从法治乃是对一切立法的限制这个事实出发，其逻辑结果便是法治本身是一种绝不同于立法者所制定之法律那种意义上的法。无疑，宪法性规定（constitutional provisions）可以使侵犯法治变得更加困难，也可能有助于阻止普通立法对法治的非故意侵犯。但是，最高立法者（the ultimate legislator）绝不可能用法律来限制他自己的权力，这是因为他随时可以废除他自己制定的法律。法治因此不是一种关注法律是什么的规则（a rule of the law），而是一种关注法律应当是什么的规则，亦即一种'元法律原则'（a meta-legal doctrine，亦可转译为'超法律原则'）或一种政治理想。"①

一旦我们认识到了哈耶克的法治所占据的"元法律原则"地位，那么我们就可以说，法治在哈耶克的理论中所占据的位置与"原初地位"在罗尔斯的正义论述中所占据的地位是相同的，因为它们乃是在同一个抽象层面所做的论证。因此，尽管罗尔斯与哈耶克的建构理路完全不同，但是罗尔斯的正义理论与哈耶克的法治理论却都是关于法律应当是什么的理论，而且二者也都认为只有为人们所普遍接受的法律才是正义的法律。对于罗尔斯来讲，如果法律符合或确认由他的道德理论所确立的正义原则，那么这些法律就是正义的；而对于哈耶克来讲，如果法律符合或确认他所阐释的法治原则，那么这些法律便是正义的，因此，一言以蔽之，哈耶克关于法治乃是一种"元法律原则"的观点意味着法治并不是法律制度内在的一部分（亦即法治不像契约法规则那样是一项法律规则），而是一个必须并且应当被用来评判某项法律规则之正当性甚或理解整个法律制度的判准②。

尽管如此，我们还是有必要强调指出，哈耶克在这里所遵循的乃是康德法律理论中的一般性原则而不是康德道德理论中的一般性原则；这是因为哈耶克的"元法律原则"并不是一项充分的条件，而只是一项必要的条件，正如他本人

---

① 哈耶克：《自由秩序原理》，邓正来译，三联书店1997年版，第260—261页；哈耶克还指出，"法律应当具有这种特性已成为一项原则，而且已是一项为人们普遍接受的原则，尽管它并不总是以法律形式表现出来的；这便是那些元法律规则的范例：欲使法治维续效力，就必须遵守这类元法律规则"（同上书，第264页）。
② 参见 C. Kukathas, *Hayek and Modern Liberalism*, Oxford: Oxford University Press, 1989, pp. 154-155。

所指出的,"不正义的消除或否弃,只是适当规则的一个必要的决定因素,而不是一个充分的决定因素"①。当然,哈耶克在讨论康德法律哲学的时候更是明确地指出了这一点:"我们应当在这里指出的是,正是在这样一种否定性标准的意义上(亦即在推进一个业已确立的法律系统的过程中应当加以适用的那项标准),伊曼纽尔·康德才在他的法律哲学中使用了绝对命令的原则(the principle of the categorical imperative)。这一点之所以常常被论者所忽略,乃是因为在康德的道德理论中,他似乎是把这项原则当作一个充分的前提加以使用的,而立基于此一前提之上,人们便可以用演绎方法推导出整个道德规则体系。然而,就康德的法律哲学而言,我们则可以说,康德完全意识到了他的绝对命令原则所提供的只是正义的一个必要条件,而非一个充分条件,或者说,它所提供的只是一种我们所谓的否定性标准,而正是这种否定性标准能够使我们以渐进的方式一点一点地消除不正义者;因此,这种否定性标准也就是普遍性标准。"②

其次,一如人所周知的,哈耶克的法治理论极为宏大而且所涉及的理论问题也相当繁复,因此,尽管我已经做出了某种努力,但是我仍无法在这样一篇论文中对它们给出详尽的阐释。根据我对哈耶克法治理论的研究,我相信它至少还含括下述三个重要问题。

(1)众所周知,哈耶克以其法治理论中的"一般性原则"为基础而在早期提出的法律只要遵循法治的一般性原则就能够保障个人自由的观点,招致了最为严厉的批判。我们可以把批判哈耶克法治理论这一观点的诸多论辩做如下的概括:由于哈耶克所阐发的法治一般性原则乃是一项形式原则因而根本无法防阻宰制性或压制性的立法,更为根本的是由于哈耶克的法治理论在基本层面上并不含有对个人权利的担当,所以哈耶克的法治只有在把自由转换成高度道德的权利的时候才可能保障个人自由。显而易见,这类批判观点的要点在于哈耶克所诉诸的一般性原则本身是不具有实质意义的,因为宰制性或压制性的立法亦能通过这项标准的检测;比如说,要求所有的个人都崇奉某种宗教的法律虽说有可能符合哈耶克法治观所设定的一般性原则,但却仍有可能侵犯个人自由,一如 Hamowy 所评论的,"法律不指涉任何人名,并不能防止特定的人或群

---

① 哈耶克:《法律、立法与自由》第二卷《社会正义的幻象》,邓正来等译,中国大百科全书出版社2000年版,第82页。
② 同上书,第65—66页。

体受到歧视他们的法律的侵犯或被赋予它拒绝给予其他人的特权。对法律所采取的这种形式所规定的禁令,实是对法律平等所做的一种华而不实的保障,因为设法搞出一系列只适用某个人或群体而不指称其特定名称的描述性术语总是可能的……"①实际上,哈耶克本人也承认,"我们无须否认,甚至一般性的、抽象的且平等适用于所有人的规则,也可能会对自由构成严苛的限制"②。因此,我们可以做这样的追问:哈耶克法治中的"一般性原则"究竟是"形式的"抑或是"实质的"原则? 或者,哈耶克法治中的"一般性原则"是否有可能或如何确使法律规则保有正当性进而使个人自由得到保障?③

(2) 坦率地讲,我在上文所论及的哈耶克"普通法法治国"的原则并不是他在一开始就确立起来的,这里涉及哈耶克从早期的欧洲大陆法法治国向晚期的普通法法治国的转换过程。但是我必须指出,哈耶克的法治国在性质上的这一转换过程却常常为一些论者所忽视:他们认为哈耶克早期与晚期的法治思想之间并不存在重要的差异,即使存在某种差异,它们也仅仅表明哈耶克的法治

---

① Ronald Hamowy, "Law and the Liberal Society: F. A. Hayek's Constitution of Liberty", *Journal of Libertarian Studies*, 2(1978), pp. 291-292;也请参见霍伊:《自由主义政治哲学》,刘锋译,三联书店1992年版,第144—146页。
② 哈耶克:《自由秩序原理》,邓正来译,三联书店1997年版,第192页。
③ 克里斯托夫·蔡特勒就指出,"根据'自由至上主义者'的观点,法治的形式标准无法令人满意地完成保护个人自由免受国家干预的功能。在这种情形下,他们得出结论,这一任务只能由关于个人权利的实质性理论来承担。被誉为'自由至上主义者之父'的约翰·洛克就提出了这样的看法。洛克对法律的责任的古典表述,即保护'生命、自由和财产',是'自由至上主义者'的共同财富。根据自由至上主义的观点,一项法律是否合理,不是由形式决定,而是取决于它是否侵犯了一个人的个人权利。这样一来,自由主义者就把关于个人生命、自由和正当物质财产的法律绝对化了。只有法律才能为个人生命、自由和正当物质财产提供独一无二的保护。个人自由权利的基础是自我利益、自主权和思想、行为的自主权。'成本—收益计算'不是第一位的,不应因此而损害个人权利。因此,莫雷·N·罗斯巴德(Murry N. Rothbard),'自由至上主义者最杰出、最极端的代表人物之一',提出了一套关于个人权利的有说服力的理论,来取代哈耶克的法治学说(见 Murray N. Rothbard, *For a New Liberty: The Libertarian Manifesto*, New York: Basil Blackwell, 1985)。罗斯巴德的现代天赋人权概念是以'财产权'为基础的。在'自由至上主义者'看来,哈耶克建议通过法治来进行对自由的形式上的保护,是不够的。与此相反,他们认为,国家通过法律进行的干预只有在个人权利理论的基础上才能得到正确评价。因此就需要毫无含糊的实质性限制来确定国家干预的界限。詹姆斯·M·布坎南(James M. Buchanan)在他的立宪条约中建议采用一致同意规则作为表决方式('保护性国家'),而在立宪后条约中,'保护性国家'服从一种低于这一门槛的规则(见 Murray N. Rothbard, *For a New Liberty: The Libertarian Manifesto*, New York: Basil Blackwell, 1985)。比如,米尔顿·弗里德曼为在实质上限制国家,要求在宪法中规定一个特定的最高税率,如25%,以及规定一种平衡的国家预算(见 Milton Friedman, *Kapitalismus und Freiheit*, Buchbeschreibung: Ullstein TB-Vlg, 1984,及 Roes Friedman, *Die Tyrannei des Status Quo*, München: Wirtschaftsverlag Langen-Müller/Herbig, 1985)"(克里斯托夫·蔡特勒:《自由和法治国家》,载帕克主编:《知识、自由与秩序》,黄冰源等译,中国社会科学出版社2001年版,第154—156页)。

理论是分阶段发展起来的,亦即哈耶克晚期的法治观点只是其早期法治思想的一种逻辑结果,甚或只是对早期法治思想所做的一种更为详尽的阐释而已。比如说,迪雅兹就以一种间接的方式指出过,"对于哈耶克来说,法治乃是一种在自由主义时代得到阐释并在很大程度上得到实现的理想。在《通往奴役之路》一书中,法治作为一种理想的品格已经得到了明确的显现。……1955 年,他在埃及国家银行成立五周年的庆典上所做的演讲以《法治的政治理想》为名公开发表。哈耶克为了更加详尽地讨论这一演讲中的观点而出版了《自由秩序原理》;在这部著作中,他确定无疑地表明,他把法治视之为一种理想。这个理想也贯穿于《法律、立法与自由》第一卷《规则与秩序》之中;而整个三卷本也是围绕着实现法治与否定法治这个论题而展开的"①;Ogus 则更是明确地指出,"哈耶克把普通法与自生自发秩序等而视之的观点雏形可以在《通往奴役之路》和《自由秩序原理》中发现,而在这两本著作中,哈耶克把'真正的'法律视之为有着一般性因而是从特定时空的各种情势中抽象出来的。……因此,法律乃是非计划秩序的一部分。这个论题在《法律、立法与自由》三卷本中得到了更为详尽的阐释,而且该书第一卷的大部分文字都在讨论这个论题。"②值得我们注意的是,甚至哈耶克本人所持的下述看法也在这个方面产生了某种影响:"或许我应当再一次提醒读者,本书(即《法律、立法与自由》三卷本——引者注)的意图决不在于对一个自由的人的社会得以维续所赖以为基的诸基本原则给出穷尽或全涉的阐释或揭示,而毋宁是我在完成前一部论著以后发现必须对它做出的一种补充;我的前一部著作就是《自由秩序原理》,在这部著作中,我曾力图以一种适合于当下问题和思想的方式去为当下的读者重述古典自由主义的传统理论。就此而言,与前一部著作相比较,本书较为专门,也较为难读,然我个人却希望它更具原创性。但是,本书却肯定不是对前书的一种替代,而只是一种补充。"③尽管如此,我依旧认为,哈耶克早期与晚期法治国性质的转换实是他整个法律理论乃至其社会哲学建构过程中最为凸显的事件之一,因为对这个事件

---

① Gottfried Dietze, "Hayek on the Rule of Law," in F. Machlup, ed. *Essays on Hayek*, London: Routledge & Kegan Paul, 1977, p. 120.
② A. I. Ogus, "Law and Spontaneous Order: Hayek's Contribution to Legal Theory," in P. J. Boettke, ed. *The Legacy of F. von Hayek* (I: Politics), Edward Elgar Publishing Limited, 1999, p. 419.
③ 哈耶克:《法律、立法与自由》第三卷《自由社会的政治秩序》,邓正来等译,中国大百科全书出版社 2000 年版,第 264 页。

的追究不仅关涉到我们如何认识哈耶克法治理论的问题,而且还进一步关涉到我们对哈耶克做出如此转换(如果他做出如此转换的话)的理据的认识,更是关涉到我们对哈耶克为什么在早期未能沿循其进化论理性主义而建构起与其"文化进化观"相符合的"普通法法治国"这个问题的探究。

(3)一如前述,哈耶克立基于他的社会秩序分类学而在1973年《法律、立法与自由》第一卷"规则与秩序"中指出,道德、宗教、法律、语言、书写、货币、市场以及社会的整个秩序,都是自生自发的社会秩序①。哈耶克把所有这些自生自发的社会秩序都归属于同一个范畴的预设,显然是它们生成演化的过程极其相似,亦即它们都是人之行动而非人之设计的结果。然而,在这种自生自发的社会秩序中,仍然存在着两种绝对不能混淆的秩序类型:一是在进行调适和遵循规则的无数参与者之间形成的互动网络的秩序(或称为行动结构);二是作为一种业已确立的规则或规范系统的秩序;因为行动结构的生成和进化乃是依据规则而展开的,而道德、法律以及其他规则系统的文化进化却不遵循任何"进化之法则"②。显而易见,哈耶克的这些观点凸显出了这样一个重大的问题,即构成自生自发秩序之必要条件的规则系统是自然主义的进化呢,还是在一定条件限制下的进化呢?而答案如果是后者,那么这些条件又是如何形成的呢?从一个角度上讲,这些问题构成了我们对哈耶克在有限理性或无知观的基础上型构而成的"社会秩序内部规则是人之行动而非人之设计的结果"以及他从文化进化论出发而确立的"社会秩序规则相互竞争的自然选择"这样两个命题做进一步追问的一个出发点;而从另一个角度上讲,亦即从哈耶克法治理论的建构角度来看,我们也有必要对哈耶克建构其法治理论的内在理路的一致性问题进行探究,亦即对哈耶克所确立的法治原则是否与他在否弃道德建构理路时所主张的道德进化论和政治进化论相符合或相一致的问题进行追问。显而易见,为了阐明上述问题,我们还需要对哈耶克在这些问题上的具体观点及其转变理据做更为详尽的探讨。

---

① 参见哈耶克:《法律、立法与自由》第一卷《规则与秩序》,邓正来等译,中国大百科全书出版社2000年版,第5页。
② 参见哈耶克:《复杂现象理论》,载《哈耶克论文集》,邓正来选编/译,首都经济贸易大学出版社2001年版,第308—311页。

普通法法治国的建构过程
——哈耶克法律理论研究的补论*

一、引论：本文的主旨与论述安排

我在前文《普通法法治国的建构：哈耶克法律理论的再研究》中不仅对哈耶克建构"普通法法治国"的内在理路做了详尽的分析，而且还对他的法治国建构理路与他所确立的普通法法治国三项原则之间的关系进行了讨论①。所谓普通法法治国的三项原则，也就是那些在长期的文化进化过程中自生自发形成的内部规则所具有的一些使它们区别于外部规则的独特的特征，而这就是它们在调整人与人之间的涉他性活动的过程中所形成的否定性、目的独立性和抽象性特征②。显而易见，哈耶克所阐释的法律规则所必须具有的上述三项特性，一方面反映了他以文化进化观为基础的法治建构理路，另一方面也凸显出了他所发现并确立的法治基本原则——亦即格雷所说的哈耶克"普通法法治国"的基本原则，因为哈耶克的法治原则表明，它们既是认知发现的问题，又是法律传统自生自发进化的结果。对此，我们可以做出大体两个方面的概括：一方面，为了反对把法律视作是立法者或主权者刻意创造之命令的法律实证主义，哈耶克始终强调法律所具有的客观性以及正义标准的客观性，因为法律和正义规则框架不仅占据着一个前存在的客观位置，而且还完全不为人的意志所影响；然而另一方面，哈耶克的文化进化观又促使他趋向于认为法律在很大程度上是可

---

* 本文最早发表在《开放时代》2002年第4期。
① 参见本书《普通法法治国的建构——哈耶克法律理论的再研究》一文。
② 主要参见哈耶克《法律、立法与自由》第二卷《社会正义的幻象》，邓正来等译，中国大百科全书出版社2000年版。

以发展和变化的,而且个人行动确受保障的领域也有着很大程度的可变性,因为任何人根据理性确定的任何绝对的权利组合都不足以适应社会日益变化的情势。

但是这里有一个问题值得我们做进一步的追问,即哈耶克在其法治理论的建构过程中是否从一开始就信奉上文所述的"普通法法治国"理论①？在我看来,这个问题实是哈耶克整个法律理论乃至其社会哲学建构过程中最为重要的问题之一,因此本文的主旨便在于对这个问题进行分析,并试图从中揭示出因人们忽视这个问题而被遮蔽的哈耶克法治理论的建构过程以及其间所隐含的一些重要的理论问题;换言之,按照我的看法,恰当地认识和回答这个问题乃是我们理解他整个社会哲学的关键之一,因为如果哈耶克在一开始时并不信奉"普通法法治国"理论,那么这个问题就会不仅关涉到哈耶克对法治理论的认识问题,而且还会进一步关涉到他转向"普通法法治国"理论的理据问题,当然更是关涉到他为什么在早期未能沿循其进化论理性主义而建构起与其"文化进化观"相符合的"普通法法治国"这个问题。

与上文确定的主旨相应和,本文将做如下的论述安排。除了第一部分的

---

① 需要指出的是,我在《普通法法治国的建构——哈耶克法律理论的再研究》一文的"结语"中提出了这样几个重要的问题:第一,众所周知,哈耶克以其法治理论中的"一般性原则"为基础而在早期提出的法律只要遵循法治的一般性原则就能够保障个人自由的观点,招致了最为严厉的批判,因为批判者认为,由于哈耶克所阐发的法治一般性原则乃是一项形式原则,所以它根本就无法防阻宰制性或压制性的立法。第二,哈耶克"普通法法治国"的原则并不是他在一开始就确立起来的,这里涉及哈耶克从早期的欧洲大陆法法治国向晚期的普通法法治国的转换过程。关于这两个问题的比较详尽的描述,请参见本书此文的"结语"。当然,这里还存在着第三个问题,即"哈耶克立基于他的社会秩序分类学而在1973年《法律、立法与自由》第一卷《规则与秩序》中指出,道德、宗教、法律、语言、书写、货币、市场以及社会的整个秩序,都是自生自发的社会秩序。哈耶克把所有这些自生自发的社会秩序都归属于同一个范畴的预设,显然是它们生成演化的过程极其相似,亦即它们都是人之行动而非人之设计的结果。然而,在这种自生自发的社会秩序中,仍然存在着两种绝对不能混淆的秩序类型:一是在进行调适和遵循规则的无数参与者之间形成的互动网络的秩序(或称为行动结构),二是作为一种业已确立的规则或规范系统的秩序;因为行动结构的生成和进化乃是依据规则而展开的,而道德、法律以及其他规则系统的文化进化却不遵循任何'进化之法则'。显而易见,哈耶克的这些观点凸显出了这样一个重大的问题,即构成自生自发秩序之必要条件的规则系统是自然主义的进化呢,还是在一定条件限制下的进化呢?而答案如果是后者,那么这些条件又是如何形成的呢?从一个角度上讲,这些问题构成了我们对哈耶克在有限理性或无知观的基础上型构而成的'社会秩序内部规则是人之行动而非人之设计的结果'以及他从文化进化论出发而确立的'社会秩序规则相互竞争的自然选择'这样两个命题做进一步追问的一个出发点;而从另一个角度上讲,亦即从哈耶克法治理论的建构角度来看,我们也有必要对哈耶克建构其法治理论的内在理路的一致性问题进行探究,亦即对哈耶克所确立的法治原则是否与他在否弃道德建构理路时所主张的道德进化论和政治进化论相符合或一致的问题进行追问。"然而我们必须承认,这个问题太大也太复杂,我不可能在这里对这个问题详加讨论,不过我将在为商务印书馆撰写的一部专著中讨论这个问题。

简短引论以外,我将在第二部分首先对哈耶克法治理论是否存在转换这个前提性问题进行讨论;第三部分和第四部分将在确认哈耶克法治理论存在着重大转换的基础上对哈耶克法治理论中的相关问题展开讨论:前者将关注哈耶克法治国中的核心原则即"一般性原则"的问题;后者将从哈耶克观点的批判者所具有的重要意义和哈耶克法律理论的内在要求这两个方面来探究其法治理论进行转换的缘由;第五部分则是本文的结语。当然,本文对上述问题的讨论,也可以被视作是我对哈耶克法律理论研究的一个补论。

二、哈耶克法治理论建构过程中的转换

一如我们所知,哈耶克在1955年出版的《法治的政治理想》和1960年出版的《自由秩序原理》两部著作中开始建构的法治理论乃是以下述三项与普通法法治国原则不尽相同的原则为依凭的[①];首先,哈耶克根据他的知识观和社会理论认为,从个人知识具有特定时空的分立性来看,任何秩序的参与者或维护者(不论是个人还是组织)都不可能完全知道每个人所特有的偏好和需求。据此,哈耶克的法治观主张,只有当参与者或维护者都遵循一般且抽象的行为规则时才有可能使其在参与或维护秩序的同时不变成强制者。显而易见,正是依据这一论述逻辑,哈耶克主张"法治之法"的首要特性是一般性和抽象性,以区别于具有具体目的的命令。就法律所必须具有的这种一般且抽象的特性的具体内涵来看,哈耶克认为主要有三个方面:第一,在本质上它们乃是长期性的措施;从指向上来讲,它们所指涉的乃是未知的情形而非任何特定的人、地点和物;再就它们的效力言,它们必须是前涉性的,而不是溯及既往的。第二,哈耶克认为"法治之法"所应当具有的第二项特性乃是公知性和确定性。法律的确定性,在哈耶克那里,对于自由社会得以有效且顺利地运行来讲,有着不可估量的重要意义;尽管他认为法律的完全确定性也只是一个人们须努力趋近但却永远不可能彻底达致的理想,但是他却明确指出,这一事实并不能减损法律确定性对西方繁荣所具有的重要意义,为此他宣称,"就西方的繁荣而言,可能没有任何一个因素比西方普行的法律的相对稳定性所做出的贡献更大"[②]。就"法

---

① 参见哈耶克:《自由秩序原理》,邓正来译,三联书店1997年版,第260—269页。
② 同上书,第264页。

治之法"的这一特性而言,哈耶克解释说,法律的确定性乃是指法律对于个人来讲是明确的和可适用的;它明确要求建构一套能够使阐释这些法律的法院判决成为"可预见的"的司法程序和规则框架,进而供人们在行动的过程中予以遵循。第三,哈耶克坚持认为,争取自由的斗争的伟大目标始终是"法律面前人人平等",然而,法律面前人人平等这项原则却不能被简单地化约为前述"法治之法"的第一项特性即法律的一般性和抽象性,一如哈耶克所言,"任何法律都应当平等地适用于人人,其含义远不止于我们在上文所界定的法律应当具有的一般性的含义",这是因为任何法律都应当平等适用于人人的理念,意味着必须赋予由一般性规则构成的法律理念以具体内容。从一般意义上讲,哈耶克早期法治理论为其"法治之法"所确立的三项原则中,法律的抽象性和一般性原则乃是最为核心的原则,因为从逻辑的关系言,他所提出的"法治之法"的第二项特性和第三项特性(即公知且确定性和平等性),都可以经由推论而从上述第一项特性中获致:公知且确定性和平等性显然都是以"法治之法"的一般且抽象的原则(以下简称为"一般性原则")为基础的,因而也可以被认为是这项原则的不同方面。

显而易见,哈耶克从其早期法治国的"确定性"和"公知性"原则出发,一定会强调法律法典化的重要性,但是不容我们忽视的是,他同时却又遵循其有限理性的知识论而明确指出,并不是所有决定判决的规则都是能够用文字表述的,一如他所指出的,"此处的关键要点在于法院的判决是能够被预见的,而不在于所有决定这些判决的规则是能够用文字表述的。坚持法院的行动应当符合先行存在的规则,并不是主张所有这些规则都应当是明确详述的,亦即它们应当预先就一一用文字规定下来。实际上,坚持主张后者,乃是对一不可能获致的理想的追求。有些'规则',永远不可能被赋予明确的形式。许多这类规则之所以为人们所承认,只是因为它们会导向一贯的且可预见的判决,而且也将被它们所指导的人视作是一种'正义感'(sense of justice)的表达。"① 当然,以上所述不仅涉及了确定性或公知性原则本身所存在的问题,而且还在某种程度上揭示出了明文法典与未阐明规则之间所存在的紧张,而在我看来,其间的关键问题实源出于哈耶克所主张的"法治国"的性质。

---

① 哈耶克:《自由秩序原理》,邓正来译,三联书店1997年版,第265页。

本文认为,哈耶克在建构其法治理论的初期所确立的并不是上文所述的"普通法法治国"理论,相反,他在建构其法治理论的初期所主张的乃是一种欧洲大陆法典化的"法治国"理论;换言之,这里涉及哈耶克从早期的欧洲大陆法法治国向晚期的普通法法治国的转换过程。但是需要指出的是,哈耶克的法治国在性质上的这一转换过程却常常为一些论者所忽视;一些论者认为,哈耶克早期与晚期的法治思想之间并不存在重要的差异,即使存在某种差异,它也仅仅表明他的法治理论乃是分阶段发展起来的,而这实际上意味着哈耶克晚期的法治理论只是其早期法治思想的一个逻辑结果,甚或只是他在晚期对其早期法治思想所做的一种更为详尽的阐释而已。比如说,迪雅兹(G. Dietze)在研究哈耶克法治理论的一文中就以一种间接的方式错误地把哈耶克早期与晚期的法治思想等而视之:"对于哈耶克来说,法治乃是一种在自由主义时代得到阐释并在很大程度上得到实现的理想。在《通往奴役之路》一书中,法治作为一种理想的品格已经得到了明确的显现。……1955年,他在埃及国家银行成立五周年的庆典上所做的演讲以《法治的政治理想》为名公开发表。哈耶克为了更加详尽地讨论这一演讲中的观点而出版了《自由秩序原理》一书;在这部著作中,他确定无疑地表明,他把法治视之为一种理想。这个理想也贯穿于《法律、立法与自由》第一卷《规则与秩序》之中;而整个三卷本也是围绕着实现法治与否定法治这个论题而展开的"①;Ogus则以一种更为明确的方式指出,"哈耶克把普通法与自生自发秩序等而视之的观点雏形可以在《通往奴役之路》和《自由秩序原理》中发现,而在这两本著作中,哈耶克把'真正的'法律视之为有着一般性因而是从特定时空的各种情势中抽象出来的。……因此,法律乃是非计划秩序的一部分。这个论题在《法律、立法与自由》三卷本中得到了更为详尽的阐释,而且该书第一卷的大部分文字都在讨论这个论题。"②值得我们注意的是,甚至哈耶克本人所持的下述看法也在这个方面产生了某种影响:"或许我应当再一次提醒读者,本书〔即《法律、立法与自由》三卷本——引者注〕的意图决不在于对一个自由的人的社会得以维续所赖以为基的诸基本原则给出穷尽或全涉的阐

---

① Gottfried Dietze, "*Hayek on the Rule of Law*," in F. Machlup, ed. *Essays on Hayek*, London: Routledge & Kegan Paul, 1977, p.120.
② A. I. Ogus, "Law and Spontaneous Order: Hayek's Contribution to Legal Theory," in P. J. Boettke, ed. *The Legacy of F. von Hayek* (I: Politics), Edward Elgar Publishing Limited, 1999, p.419.

释或揭示,而毋宁是我在完成前一部论著以后发现必须对它做出的一种补充;我的前一部著作就是《自由秩序原理》,在这部著作中,我曾力图以一种适合于当下问题和思想的方式去为当下的读者重述古典自由主义的传统理论。就此而言,与前一部著作相比较,本书较为专门,也较为难读,然我个人却希望它更具原创性。但是,本书却肯定不是对前书的一种替代,而只是一种补充。"①

然而根据我对哈耶克法律理论的研究,我却不能同意上述论者对哈耶克法治理论之建构过程的认识,当然我也不能完全赞同哈耶克本人关于其晚期思想只是对其早期思想的"一种补充"的解说。我认为,只要我们对哈耶克本人的论述做一番稍微仔细一点的考察,我们便可以发现他的法治理论在前后时期确实发生了转换。在建构法治理论的初期,哈耶克不仅赞同欧洲大陆所进行的法律法典化运动,而且还对普通法制度持有相当的怀疑态度,正如他在1955年出版的《法治的政治理想》一书中所指出的,"整个这样的运动乃是欧洲大陆努力确立法治中最为重要的部分之一;它在过去不仅决定了这种法治独有的特性,而且还决定了这种法治所达致的超出普通法国家中那种法治类型的进步(至少是理论上的进步)。当然,即使拥有构划最完美的法典,也不可能完全取代植根很深的传统,而且前者有可能提供的好处也可能不会超过后者所可能提供的好处。但是这不应当致使我们对这样一个事实视而不见,即判例法制度与法治理想之间存在着某种内在冲突。由于在判例法制度中,法官持续不断地创制着法律,所以法官只适用先已存在的法律这项原则在判例法制度中,与在法律法典化的制度中相比较,无法得到很好的实施。此外,尽管普通法所具有的得到高度赞美的弹性也许会有助于法治的兴起,只要普遍意见趋向于这个方向,但是我以为,普通法也表明,当唯一能够维续自由的警戒松动的时候,它较无力抵制这种警戒的继续衰败"②;更令人关注的是,哈耶克还在1960年出版的《自由秩序原理》一书中对这一观点做了基本一致的重申:"即使拥有制定得最为完备的法典,亦不可能确保获得法治所要求的那种确定性;因此,它也绝不可能替代植根极深的传统。然而,此点却

---

① 哈耶克:《法律、立法与自由》第三卷《自由社会的政治秩序》,邓正来等译,中国大百科全书出版社2000年版,第264页。
② Hayek, *The Political Ideal of the Rule of Law*, Cairo: National Bank of Egypt, 1955, p.19.

不应当掩盖下述这样一个事实,即在法治的理想与判例法制度(a system of case law)之间似乎存在着一种至少是表面上的冲突。当然,在一业已确立的判例法制度中,法官实际造法的范围,可能并没有其在一法典法制度(a system of codified law)下的造法范围大。但是,明确承认司法和立法为法律的渊源(尽管这与构成英国传统之基础的进化理论相符合),却仍趋向于混淆法律之制定与法律之适用之间的差异。普通法所具有的为人们极为称颂的弹性(flexibility),在法治已成为一种为人们广为接受的政治理想的条件下,的确颇有助于法治的进化,但是我们需要追问的是,在维续自由所需要的警戒消失时,普通法的这种弹性对于那些摧毁法治的种种趋势是否仍具有较强的抵抗力呢?"①

哈耶克的上述文字表明,他在1960年以前对普通法制度所持的态度在很大程度上讲乃是一种怀疑态度,但是需要强调的是,他对普通法制度的态度却在此之后发生了很大的变化②。我认为,把哈耶克此后不同时期的修正性观点在这里做一番比较详尽的征引,不失为一恰当之举。哈耶克在1966年发表的《自由社会秩序的若干原则》一文中指出:

> 就此而言,我们需要强调指出以下三个要点:第一,这样一种自由秩序的观念只是在古希腊、古罗马乃至现代英国这样的国家中产生,这是因为在这些国家中,"正义",被认为是某种有待法官或学者去发现的东西,而不是某种由任何权力机构的专断意志所决定的东西。第二,这种自由秩序的观念一直很难在另外一些国家中扎根,这是因为在这些国家中,法律主要被认为是刻意立法的产物。第三,……这种自由秩序观念在世界各国都发生了式微的现象,其原因就在于无论是法律实证主义还是民主理论都把立法者的意志视作是评断正义的唯一标准。的确,自由主义既继承了普通法的理论也接受了早期的(前唯理主义的)自然法理论;此外,自

---

① 参见哈耶克:《自由秩序原理》,邓正来译,三联书店1997年版,第251页。
② 关于哈耶克早期与晚期的法律思想之间是否存在重要的差异,论者们有极为不同的看法:一些论者认为它们之间并不存在重要的差异,即使存在某种差异,它们也只表明哈耶克的法律理论是分阶段发展起来的,亦即哈耶克晚期的法律观点只是其早期法律思想的一种逻辑结果,甚或只是对早期法律思想所做的一种更为详尽的阐释。关于这个问题,除了我在上文征引的迪雅兹和Ogus的看法以外,还可以参见N. Barry的观点(N. Barry, *Hayek's Social and Political Philosophy*, London: Macmillan, 1979, p. 82.)。尽管如此,我们仍然认为,哈耶克早期与晚期关于法律问题讨论的论点,确实发生了很大的变化,而其间的观点转换实是他整个社会哲学建构过程中最为凸显的事件之一,我将在下文中对这个问题做比较详尽的讨论。

由主义还是以这样一种正义观念为前提的,亦即那种可以使我们对这类正当的个人行为规则与权力机构发布的所有的特定命令做出明确界分的正义观念:前者是那些隐含在"法治"观念中的规则,同时也是自生自发秩序的型构所要求的规则,而后者则是权力机构为了组织的目的而发布的特别命令。①

此后,他在1967年发表的《自由国家的构造问题》一文中又指出:

> 从历史上来看,个人自由只是在这样一些国家中才得到了确立,在这些国家中,人们认为,法律并不是任何人的专断意志的产物,而是法官或法学家(jurisconsults)力图把那些指导正义感的原则阐释成一般性规则的努力所导致的结果。一如我们所知,试图用立法手段来修正一般性正当行为规则的做法,乃是历史上较为晚出的一种现象;……实际上,早期经由刻意的"立法"所做的大多数规定,所指涉的基本上都是一些有关政府组织和运作的问题而不是有关正当行为规则的问题。②

当然,他在1967年发表的《政治思想中的语言混淆》一文中提出的观点,实际上已然构成了他最终主张的"普通法法治国"的雏形:

> 创制法律或立法始于公法领域,而在私法领域中,数千年来,私法的发展则是经由一种发现法律的过程而得以展开的——在这种发现法律的过程中,法官和法学家所试图发现和努力阐明的只是那些长期以来一直支配着人们行动的规则和"正义感"。……一如我们所知,内部规则意义上的法律观念……只是在古罗马和现代英国这样的国家里存在,而且还是与个人自由的理想一起得到维续的——在这些国家中,私法乃是在判例法而非制定法的基础上发展起来的。……在这个方面,有一个重要问题尚未得到人们的普遍理解,即作为判例法程序的一个必然结果,那种以先例(precedent)为基础的法律必定只是由那种含有普遍意图的、目的独立的

---

① 哈耶克:《自由社会秩序的若干原则》,载《哈耶克论文集》,邓正来选编/译,首都经济贸易大学出版社2001年版,第130页。
② 哈耶克:《自由国家的构造问题》,载《哈耶克论文集》,邓正来选编/译,首都经济贸易大学出版社2001年版,第155页。

和抽象的行为规则构成的;而这些规则正是法官和法律学者试图从早期的判例中提炼出来的。但是,立法者制定的规范却不存在类似的内在限制,因此立法者也就不太可能把遵循这样的限制作为他们必须承担的首要任务。……传统上视法律为内部规则的观念构成了法治、法律下的政府以及权力分立这类理想的基础。①

最后,哈耶克在1973年发表的《自由主义》一文中则更是明确地指出:

> 如果政府实施的规则要成为法律(亦即成为英国式自由主义传统中用以指称自由之条件的那种法律)的话,那么这些规则就必须具有像英国普通法这样的法律所必须拥有的某些特征:第一,它们必须是一般性的个人行为规则;第二,它们必须在无数的未来情势中平等地适用于所有的人;第三,它们必须对确获保护的个人领域做出界定;因而第四,它们必定在本质上是具有禁令性质的一般性规则而不是具体的命令。然而我们知道,立法的产物却未必拥有这些特征。②

经由对哈耶克上述文字的征引,我们至少可以初步发现,哈耶克此后对他在1955年和1960年的论著中把普通法的法治观念简单地比附成欧洲大陆的法治国(Rechtsstaat)传统的做法③进行了修正,亦即从怀疑普通法到相信普通法直至将普通法视作是保障自由或者构成自由之条件的法律;正如Jeremy Shearmur在《哈耶克及其之后》(*Hayek and After*)一书中对哈耶克法律观点的转换所做的极为精彩的概括:哈耶克在1967年发表的《政治思想中的语言混淆》一文和《法律、立法与自由》一书中对法律发展所给出的解释,与其早期的解释全然不同;尽管哈耶克晚期的解释与前此的解释在性质上相同,但是他讨论这个问题的方式则表明他已不再根据欧陆法典化法律的方式去看待法律,而是根据普通法的方式去看待法律④。J. Gray在讨论这个问题的时候更为明确地

---

① 哈耶克:《政治思想中的语言混淆》,载《哈耶克论文集》,邓正来选编/译,首都经济贸易大学出版社2001年版,第17—18页。
② 哈耶克:《自由主义》,载《哈耶克论文集》,邓正来选编/译,首都经济贸易大学出版社2001年版,第75页。
③ 这里需要指出的是,哈耶克于1955年在开罗所做的"法治的理想"演讲,实际上就是哈耶克1960年《自由秩序原理》一书中关于法治论述的基本大纲。
④ 参见Jeremy Shearmur, *Hayek and After: Hayekian Liberalism as a Research Programme*, London and New York: Routledge, 1996, p. 92.

指出,"哈耶克后来的观点——亦即他在《法律、立法与自由》三卷本的最后一卷中所阐明的观点——认为,自由国家有着一种普通法法治国的形式(the form of a common-law Rechtsstaat)"①。

三、哈耶克法治理论中的一般性原则问题

在我们确定了哈耶克法治理论的建构经历了"大陆法法治国"向"普通法法治国"的转换这个前提性问题以后,我们将在本节中对哈耶克法治理论中的核心原则即"一般性原则"的问题进行讨论。当然,我们在这里首先需要指出的是,关于哈耶克所主张的一般性原则是否能够保障个人自由或者是否仍可能对个人自由构成严苛限制的问题,无疑是一个极为重要的问题,因为哈耶克本人也不否认这个问题的存在,比如说他指出,"我们无须否认,甚至一般性的、抽象的且平等适用于所有人的规则,也可能会对自由构成严苛的限制。"②但是哈耶克又指出,"如果我们对这种状况进行认真的思考,我们便会发现这种状况是极为罕见的。这种状况之所以是极为罕见的,乃是因为我们有着一项重要的保障措施,即这些规则必须适用于那些制定规则的人和适用规则的人……而且任何人都没有权力赋予例外"③。此外,哈耶克还进一步指出,"法律应当具有这种特性已成为一项原则,而且已是一项为人们普遍接受的原则,尽管它并不总是以法律形式表现出来;这便是那些元法律规则的范例:欲使法治维续效力,就必须遵守这类元法律规则"④。

然而,正是哈耶克以这项核心的一般性原则为基础而在早期提出的法律只要遵循法治的一般性原则便能够保障个人自由的观点,招致了最为严厉的批判,而其间较著名的批判者有 Watkins, Robbins, Hamowy, Barry 和 Raz

---

① John Gray, *Hayek on Liberty*, Oxford: Basil Blackwell, 1984, p. 69. J. Gray 甚至还指出,"据我的了解,哈耶克本人不曾使用过'普通法法治国'这个说法,但是它却很好地把握住了哈耶克的当下观点"(同上书,第 69 页)。
② 哈耶克:《自由秩序原理》,邓正来译,三联书店 1997 年版,第 192 页。
③ 同上。
④ 同上书,第 208 页。

等人①。我们可以把批判哈耶克法治理论这一观点的诸多论辩做如下的概括：由于哈耶克所阐发的法治一般性原则乃是一项形式原则因而根本无法防阻宰制性或压制性的立法，更为根本的是由于哈耶克的法治理论在基本层面上并不含有对个人权利的担当，所以哈耶克的法治只有在把自由转换成高度道德的权利的时候才可能保障个人自由。显而易见，这类批判观点的要点在于哈耶克所诉诸的一般性原则本身是不具有实质意义的，因此某些宰制性或压制性的立法亦能通过这项标准的检测；比如说，要求所有的个人都崇奉某种宗教的法律虽说有可能符合哈耶克法治观所设定的一般性原则，但却仍有可能侵犯个人自由，一如 Hamowy 所评论的，"法律不指涉任何人名，并不能防止特定的人或群体受到歧视他们的法律的侵犯或被赋予它拒绝给予其他人的特权。对法律所采取的这种形式所规定的禁令，实是对法律平等所做的一种华而不实的保障，因为设法搞出一系列只适用某个人或群体而不指称其特定名称的描述性术语总是可能的……"②

对哈耶克一般性原则所提出的上述批判，在我看来，实是以那些批判者对哈耶克深刻的法治观点所做的一种极为错误的认识为基础的，因为这些批判观点一般都认为，哈耶克法治观所确立的一般性原则源出于康德的普遍性原则，而由于康德的原则乃是一种形式原则，所以哈耶克用于判准法律正当性的一般性原则也当然是一种完全形式的原则。然而，这种认识显然忽视了哈耶克在1960年以后就其法治观所提出的一系列修正性的观点：第一，哈耶克在他于1963年发表的《大卫·休谟的法律哲学和政治哲学》一文中就已经指出，"我只是希望上文所述能够充分地说明这种界分（指一般且抽象的正义规则与个人行动及公众行动的特定且具体的目的之间的界分）在休谟的整个法律哲学当中占

---

① 有关哈耶克"一般性原则"在没有个人权利观念支撑的情形下是无法保护个人自由的相关文献，请参见：J. W. N. Watkins, "Philosophy," in Arthur Seldon, ed. *Agenda For a Free Society: Essays on Hayek's The Constitution of Liberty*, Hutchinson of London, 1961, pp. 31 - 50; Lord Robbins, "Hayek on Liberty," (1961) in Peter J. Boettke, ed. *The Legacy of Friedrich von Hayek* (I: Politics), Edward Elgar Publishing Limited, 1999, pp. 290 - 305; Ronald Hamowy, "Freedom and the Rule of Law in F. A. Hayek," (1971) in Peter J. Boettke, ed. *The Legacy of Friedrich von Hayek*, Vol. I, *Politics*, Edward Elgar Publishing Limited, 1999, pp. 269 - 289; N. Barry, *An Introduction to Modern Political Theory*, London: MacMillan, 1981; Joseph Raz, "The Rule of Law and Its Virtue," in Robert L. Cunningham, ed. *Liberty and the Rule of Law*, Texas A & M University Press, 1979. 此外，读者还可以参见霍伊：《自由主义政治哲学》，刘锋译，三联书店1992年版，第144—146页。

② Ronald Hamowy, "Law and the Liberal Society: F. A. Hayek's Constitution of Liberty," *Journal of Libertarian Studies*, 2(1978), pp. 291 - 292.

据着极为中心的位置,同时也能够充分地说明当下盛行的一种观点是大有疑问的……即'普遍规则这一概念的近代历史始于康德'……实际上,康德对这个问题的认识直接源出于休谟的思想。当我们把眼光从休谟论著中较为理论的部分转向较具实践意义部分的时候,尤其当我们把眼光转向他关于法治而非人治的观点以及他关于'据法自由'的基本理念的时候,这一点也就变得更为凸显了。……有的论者指出,康德经由把他所主张的道德上的'绝对命令'观念(categorical imperative)适用于政府治理事务方面而提出了他的'法治国'理论。但是,事实却很可能与此相反,亦即康德很可能是通过把休谟业已阐发的法治观念适用于伦理学领域而提出了他的'绝对命令'理论"①。第二,哈耶克在他于1966年发表的《自由社会秩序的若干原则》一文中也相当明确地指出,一般性原则远非只是意指形式上的特定指涉的不存在,因为"除了把某项特定的正当行为规则置于整个正当行为规则系统的框架中加以审视或评断,否则我们就不可能对该项特定的正当行为规则是否正义的问题做出判定;这意味着,我们必须为了这个目的而把该规则系统中的大多数规则视作是不容置疑的或给定的,这是因为价值始终只能够根据其他的价值加以检测。检测一项规则是否正义的标准,(自康德以来)通常都被描述为该项规则是否具有'普遍性'(universalizability)的标准,亦即这样一种欲求的可能性:有关规则应当被适用于所有同'绝对命令'(the "categorical imperative")所陈述的条件相符合的情势。这意味着,在把某项正当行为规则适用于任何具体情势的时候,该项规则不得与任何其他被人们所接受的规则相冲突。因此,这种标准归根结底是一种评断某项规则是否与整个规则系统相容合或不矛盾的标准;当然,这项标准不仅意指某项规则与其他大多数规则之间不会发生逻辑意义上的冲突,而且还意味着这些规则所允许的行动之间不会发生冲突"②;据此,法律规则依据哈耶克的一般性原则,就必须被整合进一个非冲突的或和谐相容的规则系统之中。第三,哈耶克在他于1967年撰写的《政治思想中的语言混淆》一文中指出,"所谓'内部规则',我们所意指的是那些在它们所规定的客观情势中适用于无数未来事例和平等适用于所有的人的普遍的正义行为规则,而不论个人在一特定情形

---

① 哈耶克:《大卫·休谟的法律哲学和政治哲学》,载《哈耶克论文集》,邓正来选编/译,首都经济贸易大学出版社2001年版,第497—498页。
② 哈耶克:《自由社会秩序的若干原则》,载《哈耶克论文集》,邓正来选编/译,首都经济贸易大学出版社2001年版,第133页。

中遵循此一规则所会导致的后果。这些规则经由使每个人或有组织的群体能够知道他们在追求他们目的时可以动用什么手段进而能够防止不同人的行动发生冲突而界分出了个人确获保障的领域。这些规则一般被认为是'抽象的'和独立于个人目的的规则。它们导致了一种同样抽象的和目的独立的自生自发秩序或内部秩序。"①

正是上述批判观点对哈耶克注入"一般性原则"中的实质性内容的忽视,使得这些批判观点根本就无力真正地洞见到哈耶克法治观的原创性。关于这个问题的讨论,我个人认为,英国著名政治哲学家 John Gray 对上述批判观点所做的回应可以为我们较为妥切地理解哈耶克法治理论中的一般性原则提供某种极有意义的帮助,因为在 1984 年以前,J. Gray 本人不仅赞同上述批判观点而且他本人也对哈耶克的法治观进行了批判,但是在历经 4 年的思考以后他却坦承了自己在认识哈耶克法治理论方面的贫困和错误,正如他明确坦言指出的那样,这种批判"最强有力的提出者是 Hamowy 和 Raz,而且还得到了我的一些早期论文的赞同,而我现在认为,它只是对康德式普遍性标准在哈耶克哲学法理学中的作用和性质所提出的一种贫困且错误的认识"②。在这一认识的基础上,J. Gray 进一步指出,在哈耶克的法治理论中,一般性标准远非只是排除指涉特定的人或特殊的群体,因为哈耶克这个一般性原则实际上具有三个步骤:第一,一般性原则设定了在相似情形之间必须前后一贯的要求,并在这个意义上设定了一个仅是形式的非歧视性要求;第二,一般性原则追问一个人是否同意那些将要调整其他人涉及他自己的行为的法律规则;显然,这是一个对行动者之间公允平等的要求;第三,一般性原则进一步要求法律规则在其他人的偏好之间应当公允无偏,而不论立法者自己的生活取向或理想——即道德中立

---

① 哈耶克:《政治思想中的语言混淆》,载《哈耶克论文集》,邓正来选编/译,首都经济贸易大学出版社 2001 年版,第 14—15 页。
② John Gray, *Hayek on Liberty*, Oxford: Basil Blackwell, 1984, p. 62. 的确, John Gray 于 1980 年至 1983 年期间共写了五篇论文,它们是: "F. A. Hayek on Liberty and Tradition," *The Journal of Libertarian Studies*, 4 (Spring 1980): pp. 119 - 137; "Hayek on Liberty, Rights and Justice," *Ethics: Special Issue on Rights*, 82, No. 1, (October 1981): pp. 73 - 84; "Hayek on Spontaneous Order," (Unpublished paper presented to The Carl Menger Society Conference on Hayek, London, 30 October 1982); "F. A. Hayek and the Rebirth of Classical Liberalism," *Literature of Liberty*, Vol. V, No. 4 (Winter 1982): pp. 19 - 66; "Hayek as a Conservative," *The Salisbury Review* (Summer 1983). 这里值得我们注意的是,J. Gray 在 1989 年发表了一部讨论各种自由主义的论文集,而且其中也收入了一篇他对哈耶克思想的讨论文章,即"Hayek on Liberty, Rights and Justice,"但是这篇论文却是他于 1981 年发表在 *Ethics: Special Issue on Rights*, 82, No. 1 (October 1981: pp. 73 - 84) 之上的一篇早期论文。

性的要求①。

再者,J. Gray 在把哈耶克的法治观归纳为将一般性原则适用于法律规则会产生一种自由的社会秩序的命题的基础上又对此一命题做了进一步的阐发:首先,尽管哈耶克本人并没有明确分梳上文所述的普遍化的三个步骤,但是他却明确意识到,一般性原则并不只是形式的,而且还包括了这样一个实质性的要求,即它在现实世界中所允许的活动方案应当是非冲突的(conflict-free);其次,在社会成员之间几乎不存在共同目的的社会中,法律一定会具有很高程度的形式特征,即它们只对一些条件进行规定,而个人则可以在这些条件下追求他们自己确定的目的和自己选择的活动,而不是把任何具体的目的或活动强加给个人;最后,在社会成员不具有共同目的或共同的具体知识的社会中,唯有赋予每个人以一个确获保障的领域的一般性规则才能被认为是可以增进合作活动之模式的规则②。

四、哈耶克法治理论进行转换的缘由

显而易见,当我们论及哈耶克法治理论从"大陆法法治国"向"普通法法治国"转换的时候,实际上必定会引发这样两个彼此紧密相关的问题:一是哈耶克为什么进行这样的转换? 二是哈耶克虽说在 1960 年时已然确立起了"进化论理性主义",但是他却为什么没有在当时直接建构"普通法法治国"呢? 当然,我们可以将这两个问题视作一个问题即"哈耶克法治理论进行转换的缘由"加以讨论。但是,在分析这个问题之前,我想先对哈耶克的批判者对他改变其法治观所具有的重要意义做一番简要的讨论。

(一) Leoni 的批判观点所具有的意义

一如我们所知,对某一理论所提出的批判观点在很大程度上讲始终是该项理论得以发展的一个重要因素,因此那些对哈耶克的法治理论所提出的批判观点也对他改变其法治观产生了极为重要的影响。我个人认为,在那些批判观点当中,最值得我们注意的乃是 Bruno Leoni 所提出的批判观点。1961 年,B.

---

① 参见 John Gray, *Hayek on Liberty*, Oxford: Basil Blackwell, 1984, pp. 63－64。
② 同上书,第 66—67 页。

Leoni出版了一本题为 Freedom and the Law（即《自由与法律》）的著作①；在这部著作中，Leoni对哈耶克于1955年在开罗所做的"法治的政治理想"演讲中把英国的法治观念简单地比附成欧洲大陆的法治国（Rechtsstaat）传统的做法进行了详尽的批判。Leoni在批判的过程中指出了这样一个核心观点，即欧陆法治传统中的确定性观念与普通法中极为重要的确定性观念之间存在着很大的区别。欧陆法治传统认为，一如哈耶克的观点，确定性原则意指法律对于公民来讲是明确的和可适用的；尽管Leoni并不认为这种确定性观念不具有价值，但是他却明确地论辩说，这项确定性原则本身并不足以确使哈耶克所主张的个人自由免遭强制；更为重要的是，哈耶克所主张的这种确定性原则还致使他忽视了英国普通法法治观中一个相当重要的观点，即确定性在普通法中所意指的主要是规则稳定而免受修正，因此普通法在给予个人以一个稳定活动的规则框架方面要比立法更为成功，因为欧洲大陆国家所主张的立法极易受到任何一个多数（包括民主制下的多数派）所可能产生的变化无常的即时兴致的影响。与此紧密相关的是，Leoni在对那种以法典化法治国的理想为基础的法律（作为主权者颁布的立法的法律）进行批判的过程中还指出了另外一个核心观点，即现代社会在法律语境中把法律统合或集权于立法的做法，与中央经济集权在经济领域中一样，不仅困难而且极不可能；正如中央集中配置经济资源会导致浪费并致使经济活动的协调程度低于市场所能提供者一般，中央集权的立法在应对复杂且日益变化的情势时亦无法与普通法的精妙相媲美②。

　　毋庸置疑，就我对哈耶克论著的阅读和研究结果表明，哈耶克在1960年以后出版的所有论著中根本就没有明确指出他是在Leoni这部著作的影响下改变其观点的③，但是值得我们注意的是，在1962年4月4日致Leoni的信函中，

---

① Bruno Leoni, *Freedom and the Law*, Princeton, 1961.
② 参见同上书，第21—22页。
③ 哈耶克甚至还指出，Leoni的观点没有完全说服他，一如他在讨论Bruno Leoni的观点时所指出的，"即使是在现代社会，法律的发展也需要依赖司法先例和学理解释这个渐进过程；关于此一主张的理由，已故的Bruno Leoni在其所著 *Freedom and the Law* (Princeton, 1961)一书中做了极有说服力的阐释。但是，虽045他的论辩对于那种深信只有立法才能够或应当改变法律的极为盛行的正统观念的人来说，是一服有效的解毒剂，但是它却未能使我相信，甚至在他主要关注的私法领域里，我们也能够完全否弃立法"（哈耶克：《法律、立法与自由》第一卷《规则与秩序》，邓正来等译，中国大百科全书出版社2000年版，第151页，注释〔35〕）；一如我们所知，"以此方式演化生成的法律都具有某些可欲的特性的事实，并不能证明它将永远是善法，甚或也无法证明它的某些规则就可能不是非常恶的规则。因此，它也就不意味着我们能够完全否弃立法"（同上书，第136页）。

哈耶克却明确指出,他不仅为 Leoni 出版《自由与法律》一书感到高兴,而且该书中的观点也给予了他以新的启示;哈耶克在简略讨论了这些观点以后指出,他希望在一本关于《法律、立法与自由》的"小书"(a little pamphlet)中提出这些问题①。显而易见,哈耶克在批判者 Leoni 的影响下,日益洞见到了普通法作为个人自由保障者的重要性并且通过"普通法法治国"的确立而基本上解决了他早期关于立法与普通法在自生自发秩序中的位置的论述所隐含的紧张之处,一如他在 1973 年出版的《法律、立法与自由》第一卷《规则与秩序》中所指出的,"我们业已指出,个人自由的理想似乎主要是在这样一些民族中繁荣起来的,在这些民族中,至少在很长的时间中,法官造的法律处于支配地位。这是因为法官造的法律必定拥有某些为立法者所制定的法律未必拥有的而且也只是在立法者把法官造的法律作为其模式时有可能拥有的特性"②。

此外,在我看来,也正是在 Leoni 观点的影响下,哈耶克才有可能在此后对他早期主张的"确定性原则"做出了重大修正。比如说,哈耶克在 1976 年《法律、立法与自由》第二卷《社会正义的幻象》中解释确定性的时候指出,"正当行为规则的作用只在于下述两个方面:一是有助于防阻冲突;二是有助于人们通过消除某些不确定性的根源来促进合作。但是需要指出的是,由于这些规则旨在使每个人都能够依照他们各自的计划和决策行事,所以它们又不可能完全根除不确定性。正当行为规则只能够在下述范围内创造确定性,即它们保护个人所享有的资源或财产并使之免受他人的干涉,进而使个人能够把这些资源或财产视作是他可以按照自己意图使用的东西。"③更值得我们注意的是,哈耶克甚至还对洛克所主张的法律"公知"观做出了极为重要的批判,"就此而论,甚至约翰·洛克有关自由社会的所有法律都必须是事先'颁布的'或'宣告的'论点,似乎也是建构论那种把所有的法律都视为刻意创造之物的观点的产物,因为他的

---

① 参见 Hayek to Leoni, 4 April, 1962, in *Hayek archive*, Hoover Institution, 77 - 78 和 Leoni to Hayek, 8 May, 1963, in *Hayek archive*, Hoover Institution, 77 - 79)。关于 Leoni 所撰的 *Freedom and the Law* 一书对哈耶克法治观点的影响,也请参见 John Gray, *Hayek on Liberty*, Oxford: Basil Blackwell,1984, pp. 68 - 69;T. G. Palmer, "Freedom and the Law: A Comment on Professor Aranson's Article," *Harvard Journal of Law and Public Policy*, 11 (3), summer, 1988, p. 716, n. 121;Jeremy Shearmur, *Hayek and After: Hayekian Liberalism as a Research Programme*, London: Routledge, 1996, pp. 87 - 92。
② 哈耶克:《法律、立法与自由》第一卷《规则与秩序》,邓正来等译,中国大百科全书出版社 2000 年版,第 94 页。
③ 哈耶克:《法律、立法与自由》第二卷《社会正义的幻象》,邓正来等译,中国大百科全书出版社 2000 年版,第 59 页。

论点意味着,经由把法官的职能限于对业已阐明的规则的适用,我们便能够增进法官判决的可预见性;然而,这却是错误的。事先所颁布的或宣告的法律,往往只是对原则所做的一种极不完善的表述,而人们在行动中对这些原则的尊重更甚于他们用文字对它们的表达"①。

(二) 哈耶克理论内在理路所提出的要求

除了上述因素以外,我认为,哈耶克法治观点发生的这一重大改变,更是由其理论之内在理路的要求所引发的,亦即由他在建构其法治理论的时候必须解决他所主张的"进化论"理性主义与法典法治国所隐含的"建构论"唯理主义之间的紧张或冲突这一理论要求所引发的,因为根据我个人的研究,我们可以发现,尽管哈耶克在1960年以前已经明确主张进化论理性主义并对建构论唯理主义进行了尖锐的批判,尽管他已然意识到自由与法治的关系,但是他却因为尚未确立一项能够打通他所主张的"进化论"理性主义与其法治国间关系的恰当范式而无法使其理论达致基本的自洽。从另一个角度上讲,只要哈耶克在其法治理论的建构中彻底落实他的"进化论"理性主义,那么他的法治理论就必定会发生从"大陆法法治国"向"普通法法治国"的转换。当然,哈耶克法治理论所发生的具体转换,实是与他在1960年以后在落实进化论理性主义的过程中详尽阐发的这样几个观点明显勾连在一起的:一是哈耶克所建构的被我概括为"规则"范式的观点;二是由此而形成的"三分观"和"文化进化"命题;三是哈耶克在制度进化观的基础上详尽阐发的个别规则与整个规则系统之间"一致性"和"相容性"的否定性检测标准。我认为,没有这些观点的支撑,哈耶克根本就无法达致他最终形成的以进化论法律观为核心的"普通法法治国"理论;退一步言,即使他有可能达致这一理论,但是如果没有上述观点的阐发,他所主张的"普通法法治国"也只能牵强地流于形式。

(1) 哈耶克"规则"范式的确立。我曾经撰文反复强调,哈耶克自由主义理论所达致的一系列重要命题乃是在我称之为的哈耶克关于"知与无知的知识观"的转换的逻辑脉络中展开的,而且也是在其间得以实现的②。"哈耶克在

---

① 哈耶克:《法律、立法与自由》第一卷《规则与秩序》,邓正来等译,中国大百科全书出版社2000年版,第183—184页。
② 参见拙文:《知与无知的知识观:哈耶克社会理论的再研究》,载拙著:《自由与秩序:哈耶克社会理论的研究》,江西教育出版社1998年版,第85—86页。

'分立的个人知识'经'知道如何'（know how）的默会知识再到'无知'概念的转换过程中，达致了从'知'意义上的主观知识观向'无知'意义上的'超验'知识观的转化——这可以典型地表述为从'观念依赖'到'观念决定'再转向'必然无知'或'理性不及'的发展过程。……我个人以为，哈耶克的社会理论建构在50年代（更准确地说是在60年代）所发生的这一根本性的知识观变化，最值得我们注意的就是哈耶克从'观念'向'规则'等一系列概念的转换，因为正是透过这些概念的转换，标示着哈耶克实质性社会理论的建构路径的变化，表明了哈耶克对行动结构与规则系统'两分框架'的拓深，也在更深刻的层面上意味着哈耶克'规则范式'的确立"①。

值得我们注意的是，在1960年以前，哈耶克极少使用"规则"（rule）这个术语而且也甚少论及这个问题。事实上，他在《感觉秩序》②一书中就是试图不用"规则"这个术语来讨论认知心理学的问题；只是在1960年出版的《自由秩序原理》一书中，他才开始大量使用这个术语，但却很少对这个术语进行限定。此后，他开始对这个术语进行限定，称之为"行动规则"（rules of action），而到1967年，他又用"行为规则"（rules of conduct）替代了这个术语，并在其后的著述中一直使用这个术语。显而易见，这个问题绝非只是一个语义学的问题，因为从哈耶克于1967年所发表的"关于行为规则系统之进化问题的若干评注"一文的副标题"个人行为规则与社会的行动秩序之间的相互作用"（The Interplay between Rules of Individual Conduct and the Social Order of Actions）来判断，我们可以发现，他乃是经由对此一术语的征用而达致了对"个人行动者遵循的行为规则"与由此而产生的"社会行动秩序或整体性秩序"的明确界分的③；此外，哈耶克更是在该文的第二节中从九个方面详尽阐释了界分整体的行动秩序与个人的行为规则的必要性，并且经由此一讨论而做出了如下的论辩："个人行为的规则系统与那种从个人依据它们行事的过程当中而产生的行动秩序，并不是同一事情。这个问题一经得到陈述，就应当是显而易见的，尽管这两种秩序在

---

① 参见拙著：《自由与秩序：哈耶克社会理论的研究》，江西教育出版社1998年版，第69—139页。
② 参见 Hayek, *Sensory Order*, Routledge & Kegan Paul, 1952。
③ 参见 T. Lawson, "Realism and Hayek: a Case of Continuous Transformation," 转引自 S. Fleetwood, *Hayek's Political Economy: The socio-economics of order*, London and New York: Routledge, 1995, pp. 83-84；也请参见拙文《哈耶克社会理论的研究：〈自由秩序原理〉代译序》对这个问题的讨论，载拙著：《邓正来自选集》，广西师范大学出版社2000年版，第191—203页。

事实上经常被人们所混淆"①，因为自生自发的社会秩序并不是自然生成的，而是"这些秩序的要素在回应它们的即时环境时遵循某些规则的结果"，或者说"只有当个人所遵循的是那些会产生一种整体性秩序的规则的时候，个人对特定情势所作的应对才会产生一种整体性秩序。如果他们所遵循的规则都是这样一些会产生秩序的规则，那么即使他们各自的行为之间只具有极为有限的相似性，也足以产生一种整体性秩序"②。

哈耶克经由明确界分"行动结构"与"规则系统"而确立的路径，对于我们洞见社会秩序与规则系统之间的繁复关系来说有着极为重要的意义，然而从哈耶克法治理论的转换过程来看，我们在这里至少可以指出：首先，他的这一努力明确标示出他在1960年以后对他前此设定的理论命题的转换，亦即从提出"整体社会秩序乃是经由个人行动者之间的互动和协调而达致的"命题，向确立"整体社会秩序不仅是由个人行动者间的互动达致的，而且更是由行动者与表现为一般性抽象结构的社会行为规则之间的互动而形成的"命题的转换。就此而言，哈耶克在1965年发表的《理性主义的种类》一文中比较明确地提出了"个人在其行动中遵循的抽象规则与那种抽象的整体秩序之间的种种关系"的问题，并且得出结论认为，"个人在其行动中遵循的抽象规则与作为个人应对具体而特定的情势（亦即在那些抽象规则加施于他的限度内他对所遇到的具体而特定的情形所作的应对）的结果而形成的那种抽象的整体性秩序之间存在着一种关系"③。

其次，哈耶克通过把他在1960年所强调的"无知"意义上的默会知识观与他此后界分出来的"规则系统"结合在一起而引发的法治观的转换，关键之处在于那些原本为行动者或主权者所"知"的行为规则现在却在性质上转换成了独

---

① 哈耶克：《关于行为规则系统之进化问题的若干评注：个人行为规则与社会的行动秩序之间的相互作用》，载《哈耶克论文集》，邓正来选编/译，首都经济贸易大学出版社2001年版，第337—338页。
② 参见哈耶克：《法律、立法与自由》第一卷《规则与秩序》，邓正来等译，中国大百科全书出版社2000年版，第65页。
③ 哈耶克：《理性主义的种类》，载《哈耶克论文集》，邓正来选编/译，首都经济贸易大学出版社2001年版，第216页。当然，我认为，我们也可以通过把这两个命题转换成实质性问题的方式来指出它们之间的差异，因为一如我们所知，社会秩序问题的设定所要求的远不止于对这种秩序所赖以存在的条件进行形式层面的描述，而是必须置身于该社会秩序之中的行动者是如何始动其行动这个实质性问题进行追究：这样，第一个命题便可以转换成行动者是如何在"知"的情形下始动其行动进而维续社会秩序的问题；而第二个命题则可以表述为行动者如何可能在"必然无知"的情形下依旧进行其行动和应对这种无知而维续社会秩序的问题。

立于这些行动者或主权者对它们的辨识或"知"而存在的行为规则。这个问题在理论研究上的根本意义在于：在这种情形中，如果人们在语言上并不知道或不能恰当地概念化那些增进或促成他们正常行动的行为规则，那么显而易见，社会就不能仅从行动者的观念或行动中综合出来，而这也就当然地导致了哈耶克对其研究对象的重构：原来根本不可能进入其研究对象的行为规则，现在也就当然地成了其研究对象当中的最为重要的组成部分。这是因为一旦哈耶克认识到了行动者能够在无知的状况下协调他们的行动并形成社会秩序，那么他实际上也就在更深的一个层面上预设了某种独立于行动者的知识但却切实影响或支配行动者之行动的行为规则亦即哈耶克所谓的"一般性的抽象规则"的存在。正是在这个意义上，我们可以认为，哈耶克的这一观点转换为其探究并强调非法典化的行为规则系统开放出了一个重要的理论通道。

最后，更为重要的是，尽管哈耶克在1960年《自由秩序原理》一书中已经发展出了一个与此相关的重要命题，即"人的社会生活，甚或社会动物的群体生活，之所以可能，乃是因为个体依照某些规则行事"①，但是这个命题的真正完成则是哈耶克在1970年撰写的《建构主义的谬误》一文；他在该文中指出，"人不仅是一种**追求目的**（purpose-seeking）的动物，而且还是一种**遵循规则**（rule-following）的动物"②。哈耶克的这个命题的关键之处乃在于行动者在很大的程度上是通过遵循社会行为规则而把握他们在社会世界中的行事方式的，并且是通过这种方式而在与其他行动者的互动过程中维续和扩展社会秩序的。与此相关的是，我们也可以说哈耶克的这一理论发展乃是他研究知识发现和传播的机制方面的一个转折点，因为这些社会行为规则不仅能够使行动者在拥有知识的时候交流或传播这些知识，而且还能够使他们在并不拥有必需的知识的时候应对无知。

显而易见，哈耶克在这个过程中获得了最为重要的一项成就，我将之概括成他认识和解释社会的"规则"研究范式，而这也从内在理路上为他建构他的"普通法法治国"理论开放出了最为重要的途径之一，因为正是经由这一范式的确立，哈耶克为他的进化论进入他的法治理论建构过程提供了某种切实的可能

---

① 参见哈耶克：《自由秩序原理》，邓正来译，三联书店1997年版，第184页。
② 哈耶克：《建构主义的谬误》，载《哈耶克论文集》，邓正来选编/译，首都经济贸易大学出版社2001年版，第232页。

性。此外,"规则"范式的确立不仅意味着人之事件/行动受着作为深层结构的社会行为规则的支配,而且还意味着对人之行为的解释或者对社会现象的认识乃是一种阐释某种独立于行动者的知识但却切实影响或支配行动者之行动的社会行为规则的问题,而不是一种简单考察某些刻意的和具体的行动或事件的问题①。

(2) 哈耶克"三分观"的确立与"文化进化"命题的阐发。众所周知,哈耶克在1960年出版的《自由秩序原理》第4章第3节的开篇中指出,"从上述种种观念中,渐渐发展出了一整套社会理论;这种社会理论表明,在各种人际关系中,一系列具有明确目的的制度的生成,是极其复杂但却条理井然的,然而这既不是设计的结果,也不是发明的结果,而是产生于诸多并未明确意识到其所作所为会有如此结果的人的各自行动。这种理论表明,某种比单个人所思的结果要宏大得多的成就,可以从众人的日常且平凡的努力中生发出来。这个论点,从某些方面来讲,构成了对各种各样的设计理论的挑战,而且这一挑战来得要比后来提出的生物进化论更具威力。这种社会理论第一次明确指出,一种显见明确的秩序并非人的智慧预先设计的产物,因而也没有必要将其归之于一种更高级的、超自然的智能的设计;这种理论进一步指出,这种秩序的出现,实际上还有第三种可能性,即它乃是适应性进化的结果。"②但是需要强调指出的是:第一,哈耶克在1960年时对自由主义社会理论"三分观"的阐释乃是以其对笛卡儿式强调"理性万能"的唯理主义"一分观"的批判为基础的,但是他在当时却未能对那种强调"事物之本性"的自然观进行批判;第二,尽管哈耶克在1960年已经指出了认识社会秩序和社会制度的"第三观",但是他却未能对构成真正社会理论的这种"第三观"的理论渊源进行深刻的探究。

实际上,哈耶克本人也意识到了这两个问题,因此第一,他在1963年发表的《大卫·休谟的法律哲学和政治哲学》一文中对"真正的自由主义社会理论"的思想渊源进行了认真的研究。他之所以选择休谟作为研究的对象,在我看来,实是因为"休谟达致的成就,最重要的就是他提出的有关人类制度生成发展的理论,而正是这个理论后来构成了他赞同自由的理据,而且还成了亚当·福

---

① 关于这个问题的更为详尽的讨论,请参见拙著:《自由与秩序:哈耶克社会理论的研究》,江西教育出版社1998年版,第131—133页。
② 哈耶克:《自由秩序原理》,邓正来译,三联书店1997年版,第67页。

格森(Adam Ferguson)、亚当·斯密(Adam Smith)和斯图沃特(Dugald Stewart)这些伟大的苏格兰道德哲学家进行研究的基础；今天，这些伟大的苏格兰道德哲学家已经被公认为是现代进化人类学的主要创始人。此外，休谟的思想还为美国宪法的创制者提供了坚实的基础，当然也在某种程度上为埃德蒙·伯克(Edmund Burke)的政治哲学奠定了基础"①；此外，"事实上，只有为数不多的社会理论家明确意识到了人们所遵循的规则与那种因人们遵循规则而形成的秩序这二者之间的关系，而休谟便是这为数不多的社会理论家当中的一员"②。哈耶克在该文中进一步指出，"休谟哲学的出发点是他所提出的反唯理主义的道德理论(anti-rational theory of morals)；该理论认为，就道德规则的产生而言，'理性本身是毫无作用的'，因此，'道德的规则并不是我们的理性所能得出的结论。'休谟对此论证说，我们的道德信念既不是先天意义上的自然之物，也不是人之理性的一种刻意发明，而是一种特殊意义上的'人为制品'(artifact)；休谟在这个意义上所说的'人为制品'，也就是我们所称之为的'文化进化的一种产物'(a product of cultural evolution)。在这种文化进化的过程中，那些被证明有助益于人们做出更有效努力的规则存续了下来，而那些被证明只有助于人们做出较为低效努力的规则则被其他的规则取代了或淘汰了。"③

---

① 哈耶克：《大卫·休谟的法律哲学和政治哲学》，载《哈耶克论文集》，邓正来选编/译，首都经济贸易大学出版社2001年版，第490页。
② 同上书，第492页。
③ 同上书，第491页。关于休谟哲学之于哈耶克自由主义思想的意义，我认为有一点特别值得我们注意，这就是休谟和康德在哈耶克思想中的关系："哈耶克乃是通过对古典自由主义哲学进行全面重述和建构的方式来捍卫自由主义理想的，因此从逻辑上讲，我们当可以从古典自由主义者的社会哲学和道德哲学中发现哈耶克的哲学预设；当然，在这些古典自由主义者的思想当中，之于哈耶克，最具重要意义的则是休谟和康德的思想，这是因为哈耶克认为，休谟和康德乃是自由主义传统中的核心人物，而且他们的知识贡献也构成了现代自由主义理论的基础：哈耶克在《大卫·休谟的法律哲学和政治哲学》一文中指出，休谟的政治理论对晚些时候以自由主义著称的法律和政治哲学提供了很可能是唯一的全面性论述；而他又在《自由社会秩序的若干原则》一文中断言，自由主义对内含于法治观念中的适当行为规则与当局为了组织的目的而颁发的具体命令所做的'根本区别'，乃是由休谟和康德的法律理论所明确阐释的，尽管自他们以后未得到充分的重述；此外，他还进一步指出，就他所关注的主要问题而言，自休谟和康德以后，思想似乎几无进展，因此他的分析也将在很大程度上是在他们停止的地方对他们的观点进行阐释。需要指出的是，哈耶克之所以以休谟和康德的理论为基础，乃是因为他认为他们的观点不仅不存在根本的不相容合性，而且是可以互补的，例如他宣称，'正义行为规则的目的独立的特点，已由大卫·休谟做了明确的阐释，并由伊曼纽尔·康德做了最为系统的阐发'。参见拙文：《哈耶克社会理论的研究：〈自由秩序原理〉代译序》，载拙著：《自由与秩序：哈耶克社会理论的研究》，江西教育出版社1998年版，第64—65页。当然，J. Gray也指出了这个问题，"哈耶克政治哲学最具意义的特征之一，乃是它试图在休谟和康德的正义观之间构造出一种调和的观点"；参见John Gray, *Hayek on Liberty*, Oxford:（转下页）

第二,哈耶克此后还对那种错误的"二分观"做出了具有修正性质的研究;他在1970年发表的《建构主义的谬误》一文中把"二分观"的谬误直接追溯到了古希腊人的哲学观:"近些年来,我对上述问题予以了某种程度的关注;但是在这样一个时间有限的讲座中,我显然无法追溯前人就这些问题所做的讨论的历史沿革。在这里,我只能指出,古希腊人早就熟知这些问题了。两千年来,古希腊人提出的'自然'(natural)形成物与'人为'(artificial)形成物的二分观,一直支配着这项讨论。颇为遗憾的是,古希腊人在自然之物与人为之物之间所做的那种界分已经变成了人们在推进这项讨论方面的最大障碍,因为我们知道,当这种界分被解释成一种唯一的非此即彼的选择的时候,这种界分不仅是含混不清的而且也肯定是错误的。正如18世纪的苏格兰社会哲学家最终明确认识到的那样(需要指出的是,晚期的经院论者在此之前就已经在某种程度上认识到了这个问题),绝大多数社会形成物,虽说是人之行动的结果,但却不是人之设计的产物。这种认识导致了这样一个结果,即根据传统术语的解释,这些社会形成物既可以被描述成'自然的',也可以被称之为'人为的'。"①

正是经由上述进一步的研究,哈耶克得出了一个极为重要的结论,即公元前5世纪的希腊人以及此后2 000多年中沿循其知识脉络的唯理主义者都没有能够也不可能发展出一种系统的社会理论,以明确处理或认真探究那些既可以归属于"自然"的范畴亦可以归属于"人为"的范畴进而应当被严格归属于另一个独特范畴下的第三类现象,亦即那些既非"自然的"亦非"人之设计的"而是"人之行动且非意图或设计的结果";换言之,古希腊先哲的二分法谬误观以及立基于其上的现代唯理主义根本就无力洞见社会理论以及以它为基础的法律理论所真正需要的乃是一种三分观,"而这种三分观将在自然的现象(亦即那些完全独立于人之行动的自然现象)与人为的或约定的现象(亦即那些出自于人之设计的结果)之间插入了一个独特的居间性范畴,用以含括所有存在于人类

(接上页)Basil Blackwell, 1984, p. 8。N. MacCormik也宣称,哈耶克关于休谟与康德的理论具有可相容性的观点,不仅是可行的,而且是极富洞见的;参见MacCormik, *Legal Right and Social Democracy*, Oxford: Clarendon Press, 1982, 6. n。但是, C. Kukathas却指出,"哈耶克的危险在于这样一种努力有可能无法成功";参见Chandran Kukathas, *Hayek and Modern Liberalism*, Oxford: Oxford University Press, 1989,尤其是其间的第五章"伦理学与自由秩序"。

① 哈耶克:《建构主义的谬误》,载《哈耶克论文集》,邓正来选编/译,首都经济贸易大学出版社2001年版,第225页。

社会之中并且构成社会理论研究对象的非意图的模式和常规情形"①。

我个人认为,正是立基于上述进一步的批判和研究,哈耶克还达致了两个至为重要且构成其**"第三范畴"**建构之参照架构的相关结论:第一,建构论唯理主义式的观点经由"自然与人为"的二分观而在实质上型构了"自然与**社会**"的二元论,而此一二元论的真正谋划乃在于建构出一个由人之理性设计或创构的同质性的实体社会并且建构出一种对社会施以专断控制的关系的观点,亦即力图切割掉所有差异和无视所有不可化约的价值进而扼杀个人自由的**"一元论的社会观"**②;第二,以这种"一元论的社会观"为基础,后又经由渊源于拉丁语 naturalis 一词对希腊语 physei 的翻译和拉丁语 positivus 或 positus 一词对希腊语 thesis 的翻译之基础上的"自然法理论"(natural law theory)和"法律实证主义"(legal positivism)的阐释③,并在多数民主式的"议会至上"论的推动下,建构论唯理主义者最终确立起了以人之理性设计的立法为唯一法律的"社会秩序规则一元观"④。

通过上文的简要讨论,我们至少可以指出哈耶克这两个方面的努力对于他建构"普通法法治国"所具有的下述两个重要意义:第一,哈耶克经由继受上述三分观而在其法治理论建构的过程中所明确提出的"社会秩序规则二元观",

---

① 哈耶克:《自生自发秩序与第三范畴:人之行动而非人之设计的结果》,载《哈耶克论文集》,邓正来选编/译,首都经济贸易大学出版社 2001 年版,第 365 页。
② 需要指出的是,本文关于唯理主义经由"自然与人为"二分观而达致的"自然与社会"二元论的真正谋划乃在于建构一种对社会施以控制的支配关系的"一元论的社会观"的论述,在哈耶克的社会理论和法律理论的脉络中具有极为重要的意义,而其间的意义则可以见之于哈耶克一以贯之地对"社会"这个同质化概念在唯理主义理论支配下被运用于解释社会现象的谬误的彻底批判;关于哈耶克对"社会"这个概念及其所引引的"社会正义"观念的实质性批判,最为集中的论述请参见哈耶克于 1955 年撰写的《什么是社会的?它究竟意味着什么?》一文,以及他所撰写的《泛灵论词汇与混乱的"社会"概念》,载哈耶克:《致命的自负》(原译《不幸的观念》),刘戟锋等译,东方出版社 1991 年版,第 159—169 页;正是在这里,哈耶克极具创见地提出了需要把"社会正义"观念与"社会权力"结合起来加以思考的深刻洞见。
③ 在哈耶克看来,"自然法"这一术语的误导性一如"实在法"的术语一样也渊源极深,因为在两千多年中,古希腊人所提出的"自然的"与"人造的"二分观几乎在未受质疑的情况下一直支配着人们的思维方式并且还深深地植根于人们所使用的法律语言之中,而当下大多数欧洲语言中的"自然法"和"实在法"的术语都渊源于这两个术语,因为"在公元二世纪,拉丁语语法学家 Aulus Gellius 曾用 naturalis 和 positivus 这两个术语来翻译 physei 和 thesis 这两个希腊术语;而正是在此一翻译的基础上,大多数欧洲语言也都演化出了用以描述两种法律(即'自然法'[natural law]和'实在法'[positive law]——邓正来注)的类似词汇"。参见哈耶克:《法律、立法与自由》第一卷《规则与秩序》,邓正来等译,中国大百科全书出版社 2000 年版,第 20 页。
④ 我们在这里的讨论虽然涉及了"多数民主",但是并不旨在反对"民主",而只是试图指出"多数民主"在推进"议会至上"以及由此引发的"作为立法的法律至上"的观念和实践等方面的作用,并且明确反对"无限民主"意义上的那种"民主"。

才真正使得那种以"社会秩序规则一元观"和将所有社会秩序规则统一于"主权者意志"或"先验的理性设计"者为基础的法理学主流理论(其中包括唯理主义的自然法理论和法律实证主义)陷入了困境①,并且对现代社会将所有社会秩序规则都化约为国家立法的实践活动构成了根本性的质疑。第二,经由"三分观"中"第三范畴"法律观的提出,与其进化论理性主义的阐释相结合,哈耶克更是形成了一个极为重要的命题,即社会行为规则系统"文化进化"的命题②;而对这一核心命题的阐发则为哈耶克在法治理论建构的过程中最终确立了著名的关于社会行为规则系统的"文化进化理论"。我之所以持有这个观点,实是因为这一有关社会行为规则系统"文化进化"的深刻命题为哈耶克奠定一种与进化的"普通法法治国"相适合的新的解释路径提供了某种可能性,即这些社会行为规则不仅引导着那些以默会的方式遵循它们但对为什么遵循它们或对它们的内容并不知道的行动者如何采取行动,而且还反过来在更深的层面上设定了社会秩序的自生自发性质,亦即通过行动者对他们所遵循的社会行为规则的"文化进化"选择而达致的自生自发进程③。

---

① "主权者意志"或"先验的理性设计"为基础的法理学主流理论,在这里主要是指"法律实证主义"和"自然法传统"。我之所以认为哈耶克对它们的质疑构成了对它们的根本挑战,实是因为这些主流法律理论在发展的过程中完全陷入了它们之间的内部论战之中,它们二者都不承认理性不及者为法律;正是在这个限定的意义上,哈耶克的下述观点就具有了极为重要的挑战性:"本书所捍卫的那种进化论的法律观(以及对所有其他社会制度所抱持的进化论认识进路),既与唯理主义的自然法理论无甚关联,亦与法律实证主义毫无关系。因此,我们所持的那种进化论认识进路,既反对把法律解释成一种超自然力量的构造之物,也反对把法律解释成任何人之心智的刻意建构之物。不论在何种意义上讲,进化论认识进路都不居于法律实证主义与大多数自然法理论之间,而是在一个维度上与它们中的任何一者相区别。"参见哈耶克:《法律、立法与自由》第二卷《社会正义的幻象》,邓正来等译,中国大百科全书 2000 年版,第 91 页。
② 就此而言,Andrew Gamble 甚至认为,哈耶克在理论建构初期所强调的乃是"进化论理性主义"中的后者(即"理性主义"),只是在后期才意识到了前者的意义(即"进化论"),因为哈耶克在 20 世纪 50 年代撰写的《自由秩序原理》一书在捍卫自生自发秩序的时候所诉诸的主要是以政策和制度为基础的"后果论",只是到了 70 年代撰写《法律、立法与自由》三卷本时才转而采纳了"进化论"的论辩;参见 Andrew Gamble, *Hayek: The Iron Cage of Liberty*, Westview Press, 1996, p.187。对于 Andrew Gamble 的这个观点,我本人只是基本同意,但是我们绝不能忽视这样一个事实,即哈耶克在撰写《法律、立法与自由》三卷本之前发表的诸多论文中,实际上已经转而强调"进化论"了,请参见《哈耶克论文集》,邓正来选编/译,首都经济贸易大学出版社 2001 年版。
③ 有关哈耶克在法律理论建构的过程中最终确立的社会行为规则系统的"文化进化理论",对于知识分子认识人和社会的重要意义,请参见哈耶克为《法律、立法与自由》(全三卷)撰写的"跋文";他明确指出,"当下更为迫切的问题依旧是如何使道德哲学家、政治科学家和经济学家也来切实地关注文化进化这个观念的重要性。这是因为长期以来,这些论者一直没有能够认识到这样一个重要的事实,即当下的社会秩序在很大程度上并不是经由设计而建构出来的,而是通过那些在竞争过程中胜出的更为有效的制度的普遍盛行而逐渐形成的。文化既不是自然的也不是人为的,既不是通过遗传承继下来的,也不是经由理性设计出来的。文化乃是一种习得的行为规则(learnt rules of conduct)构成的传统,因此,这些规则决不是'发明出来的',而且它们的作用也往往是那些作为行动者的个人所不理解的。"

(3) 哈耶克"否定性检测标准"的确立。一如我们所知,哈耶克在1960年《自由秩序原理》一书中以及此前就明确信奉"进化论"理性主义,而这种"进化论"的理性主义严格主张理性的限度,并且反对任何形式的对理性的滥用①,因为它认为,唯有在累积性进化的框架内,个人的理性才能得到发展并成功地发挥作用。我们可以把哈耶克的这种进化论理性主义表述为这样一种主张,即个人理性受制于特定的社会生活进程。显而易见,这一植根于人性的主张至少从两个方面揭示了进化论理性主义的内核:一方面,个人理性在理解它自身运作的能力方面有着一种逻辑上的局限,这是因为它永远无法离开它自身而检视它自身的运作;而另一方面,个人理性在认识社会行为规则的作用方面也存在着极大的限度,这是因为个人理性乃是一种植根于由行为规则构成的社会结构之中的系统,所以它也无法脱离生成和发展它的传统和社会而达致这样一种地位,亦即那种能够自上而下地审视它们并对它们做出评价的地位。

然而值得我们注意的是,尽管哈耶克在1960年以前就主张"进化论"理性主义,但是他在当时却因为尚未确立起上述"规则"范式和"文化进化"命题而未能将他的这种理性主义适用于他的法治观的建构之中,进而也无力洞见到并建构起法律规则的进化机制和标准,一如他本人在《自由秩序原理》一书中所明确指出的,"人们有时指出,法治之法(the law of the rule of law),除了具有一般性和平等性以外,还必须是正义的。尽管毋庸置疑的是,法治之法若要有效,须被大多数人承认为是正义的,但颇有疑问的是,我们除了一般性及平等性以外是否还拥有其他的正义形式标准——除非我们能够判断法律是否与更具一般性的规则相符合:这些更具一般性的规则虽可能是不成文的,但是只要它们得到了明确的阐释,就会为人们普遍接受。然而,就法治之法符合自由之治(a reign of freedom)而言,除了法律的一般性和平等性以外,我们对于仅限于调整不同的人之间的关系而不干涉个人的纯粹私性问题的法律实没有其他判准可言。"②

---

① 值得我们注意的是,关于"理性"(reason)这个术语,哈耶克在这里所采用的乃是John Locke在其所著 *Essays on the Law of Nature* (W. von Leyden, ed. Oxford: Clarendon Press, 1954, p.Ⅲ)一书中的那种含义:"所谓理性,我并不认为它在此处的含义是指那种构成了思想之链以及推论证据的领悟能力,而是指一些明确的行动原则,正是在这些原则的基础上,产生了所有的德性以及对于确当养育道德所必需的一切东西。"显而易见,有关理性的这种定义,乃是与唯理主义者关于理性的定义完全不同的。
② 哈耶克:《自由秩序原理》,邓正来译,三联书店1997年版,第266—267页。

换言之,哈耶克之所以能够在1960年以后在其法治理论中明确提出一种检测法律规则的"否定性正义标准",实是因为他经由上述"规则"范式和"文化进化"命题的确立而得以将个人理性存在构成性局限这一核心观点扩展适用于对法律规则的认识之中①,一如他本人在1967年发表的《自生自发秩序与第三范畴:人之行动而非人之设计的结果》一文中所承认的,"如果我们能够认识到法律从来就不全是人之设计的产物,而只是在一个并非由任何人发明的但却始终指导着人们的思想和行动(甚至在那些规则形诸于文字之前亦复如此)的正义规则框架中接受评断和经受检测的,那么我们就会获得一种否定性的正义标准(a negative criterion of justice),尽管这不是一种肯定性的正义标准(a positive criterion of justice);而正是这种否定性的正义标准,能够使我们通过逐渐否弃那些与整个正义规则系统中的其他规则不相容合的规则,而渐渐趋近(虽然永远也不可能完全达到)一种绝对正义的状态。"②

当然,哈耶克所主张的这种"否定性正义"观念的实质乃在于它只关注人之行为的正义问题或调整人之行为的规则的正义问题,而不关注这种行为对不同个人或不同群体的地位所造成的特定结果或某种事态的问题;它不仅强调正当行为规则的否定特性,而且更是强调个人行为规则在进化过程中所应当遵循的否定性的普遍适用的检测标准③。在这里,我们可以看到,哈耶克所主张的这

---

① 但是需要指出的是,哈耶克所主张的这种"否定性正义"观点,在一定程度上也受到了弗赖堡大学奥肯教授的影响,正如他在1962年发表的《经济学、科学与政治学》一文中最早提出这种正义之雏形时所指出的,"我们对任何特定的政策措施所做的评价也无须以它所取得的特定结果为依凭(因为在绝大多数情形中,我们无论如何都是无法知道全部这类结果的),而必须以该项政策措施与整个系统的一致性为依凭(我认为,这就是W·奥肯最早描述成'系统正义'[systemgerecht]的标准)。这还意味着我们在所有的情形中都往往必须根据这样的假设去行事,尽管这些假设事实上只是在大多数情形中而并不是在所有的情形中为真的。"参见《哈耶克论文集》,邓正来选编/译,首都经济贸易大学出版社2001年版,第431—432页。

② 哈耶克:《自生自发秩序与第三范畴:人之行动而非人之设计的结果》,载《哈耶克论文集》,邓正来选编/译,首都经济贸易大学出版社2001年版,第371—372页。

③ 哈耶克还对否定性正义观的四个关键要点进行了阐释:第一,如果正义要具有意义,那么它就不能被用来指称并非人们刻意造成的或根本就无力刻意造成的事态,而只能被用来指称人的行动;正当行为规则要求个人在进行决策的时候只需要考虑那些他本人能够预见到的他的行动的后果。由于自生自发秩序的具体结果并不是任何人设计或意图的结果,所以把市场等自生自发秩序在特定的人当中进行分配的方式称之为正义的或不正义的方式乃是毫无意义的。第二,正当行为规则从本质上讲具有禁令的性质,换言之,不正义(injustice)乃是真正的首要概念,因而正当行为规则的目的也就在于防阻不正义的行动;如果人之特定行动没有一个旨在达到的具体目的,那么任何这类特定行动就是无法完全决定的。因此,那些被允许运用他们自己的手段和他们自己的知识去实现他们各自目的的自由人,就绝不能受那些告知他们必须做什么事情的规则的约束,而只能受那些告知他们不得做什么事情的规则的约束;除了个人自愿承担的义务以外,正当行为规则只能够界分或确定所允许的行动的范围,而不得决定一个人在某个　(转下页)

种"否定性正义"观念对其最终完成"普通法法治国"的建构有着极为重要的意义:第一,它为哈耶克详尽阐明个人行为规则系统与特定的某项行为规则之间的关系提供了坚实的基础,而这恰恰是他在1960年以前无法想象的;第二,正是在确立了关注规则系统与个别规则间关系的"一致性"或"相容性"的检测标准或"内在批评的方法"的基础上,哈耶克才真正地建立起了与其"进化论"理性主义相符合的"普通法法治观",并在解释法律进化的过程中得到了明确的适用①。我们不妨在这里征引哈耶克本人的一个说法来说明这个问题:"由于任何业已确立的行为规则系统都是以我们只是部分知道的经验为基础的,而且也是以一种我们只是部分理解的方式服务于一种行动秩序的,所以我们不能指望以那种完全重构的整全方式对该规则系统进行改进。如果我们想充分利用那些只是以传统规则的形式传递下来的经验,那么为改进某些特定规则而做的批判和努力,就必须在一给定价值的框架内展开;当然,这个给定的价值框架,就人们力图实现的即时性目的而言,必须被他们视作是一种无须证明便予以接受的东西。这种批判乃是在一个给定的规则系统内部展开的,而且也是根据特定规则在促进型构某种特定的行动秩序的过程中与所有其他为人们所承认的规则是否一致或是否相容(亦即一致性或相容性的原则)来判断这些特定规则的;因此,我们将把这种批判称之为'内在的批判'(immanent criticism)。只要我们

(接上页)特定时刻所必须采取的特定行动。第三,正当行为规则应予防阻或禁止的不正义行动乃是指对任何其他人确受保护的领域(亦即应当通过正当行为规则加以确定的个人领域)的任何侵犯;因此,这就要求这些正当行为规则能够帮助我们确定何者是其他人确受保护的领域。第四,也是最重要的,这些正当行为规则本身就是否定性的(negative),因此它们只能够通过持之一贯地把某项同属否定性的普遍适用之检测标准(negative test of universal applicability)适用于一个社会继受来的任何这类规则而得到发展。需要指出的是,这种检测标准,归根结底,仅仅是这些行为规则在被适用于现实世界中的各种情势的时候所允许的各种行动之间的自我一致性(self-consistency)的标准。除了将某项特定的正当行为规则置于整个正当行为规则系统的框架中加以审视以外,我们不可能对该特定的正当行为规则是否正义的问题做出判定;这意味着,该规则系统中的大多数规则就必须为了这个目的被视作是不容置疑的或客观给定的,这是因为价值始终只能够根据其他的价值加以检测。关于这个关键问题,哈耶克进一步解释道,检测一项规则是否正义的标准,自康德以来就一直被描述为该项规则是否具有"普遍性"(universalizability)的标准,亦即这样一种欲求的可能性:有关规则应当被适用于所有同"绝对命令"所陈述的条件相符合的情势。这意味着,在把某项正当行为规则适用于任何具体情势的时候,该项规则不得与任何其他被人们所接受的规则相冲突。因此,这种标准归根结底是一种评断某项规则是否与整个规则系统相容合或相一致的标准;当然,这项标准不仅意指某项规则与其他规则之间不会发生逻辑意义上的冲突,而且还意味着这些规则所允许的行动之间不会发生冲突。参见哈耶克:《自由社会秩序的若干原则》,载《哈耶克论文集》,邓正来选编/译,首都经济贸易大学出版社2001年版,第131—134页。

① 参见霍伊:《自由主义政治哲学》,刘锋译,三联书店1992年版,第112—115页。

承认整个现行的行为规则系统与这个规则系统所会产生的已知且具体的结果之间存在着一种不可化约性,那么上述'内在的批判'就是我们对道德规则或法律规则进行批判性检视的唯一基础。……作为传统之产物的规则,不仅应当能够成为批判的对象,而且也应当能够成为批判的标准。……我们并不认为传统本身是神圣的且可以免于批判的,而只是主张,对传统的任何一种产物进行批判,其基础必须始终是该传统的一些其他产物——而这些产物或者是我们不能够或者是我们不想去质疑的东西;换言之,我们主张,一种文化的特定方面只有在该种文化的框架内才能够得到批判性的检视。……因此,我们始终只能根据整体来对该整体的某个部分进行检视,而这个整体正是我们无力完全重构而且其大部分内容亦是我们必须不加检讨便予以接受的那个整体"①。

当然,哈耶克在1973年发表的《自由主义》一文中对与"普通法法治国"紧密相关的"自由主义正义观"做了总结性的描述:"自由主义的法律观念乃是与自由主义的正义观念紧密勾连在一起的。自由主义的正义观念在下述两个重要方面与人们现在广泛持有的那种正义观念相区别:第一,自由主义的正义观念所依凭的乃是这样一种信念,即人们有可能发现独立于特定利益而存在的客观的正当行为规则;第二,这种正义观念只关注人之行为的正义问题或调整人之行为的规则的正义问题,而不关注这种行为对不同个人或不同群体的地位所造成的特定影响的问题。"当然,"自由主义之所以认为存在着能够被人们发现但却不可能以专断方式创制出来的正当行为规则,实是以这样两个事实为基础的:第一,绝大多数正当行为规则无论在什么时候都会以不容置疑的方式为人们所接受;第二,人们对某项特定规则是否正义的问题所提出的质疑,必须在这个为人们普遍接受的规则系统中加以解决,而解决的方式则是看这项应予接受的规则是否与所有其他的规则相容合:这就是说,这项规则必须同样服务于所有其他正当行为规则所服务的那种抽象的行动秩序,而且也不得与这些规则当中任何一项规则所提出的要求相冲突。因此,一项特定规则是否有可能具有普遍适用性,乃是评断该项特定规则正义与否的标准,因为唯有根据这项标准,人们才能够证明它是否与所有其他为人们所接受的规则相一致。"②

---

① 参见哈耶克:《法律、立法与自由》第二卷《社会正义的幻象》第7章"普遍利益与特定目的"中的文字,邓正来等译,中国大百科全书出版社2000年版,第33—35页。
② 哈耶克:《自由主义》,载《哈耶克论文集》,邓正来选编/译,首都经济贸易大学出版社2001年版,第81—82页。

五、结语

综上所述,哈耶克在一些批判者的观点(主要是极为深刻的批判家 Bruno Leoni 的观点)的影响下,同时也是在其理论内在理路所提出的转换要求这一更为紧要的基础上,日益洞见到了"普通法法治国"作为个人自由保障者的重要性并且在很大程度上解决了他早期所主张的"大陆法法治国"与其"进化论"理性主义之间所存在的紧张或冲突。但是需要强调指出的是,从上述哈耶克的论述以及我们对这些论述的讨论中,我们可以发现,哈耶克关于法治乃是一种"元法律规则"的观点并没有发生变化,而且他试图经由"法治国"保障个人自由的理想实际上也没有发生变化,只是他所理解的实现这种理想的"法治国"的性质发生了变化。在哈耶克的早期著述中,一如我们所见,他趋向于把自生自发秩序所需要遵循的法律规则与"大陆法法治国"原则明确联系在一起,并且在此基础上指出他的这些原则乃是欧陆论者经由从英国普通法和英国不成文宪法的发展中汲取养分而确立的那些法典化法律的特征。然而,哈耶克晚期对法律问题的论述虽说仍然关注自生自发秩序的法律框架所应具有的一般特性,但是他对这个框架的说明以及对这个框架之发展的阐释却转向了对"普通法法治国"所主张的"法律进化论"的强调以及对法律乃是有待法官或法学家发现之物的观念的强调;就此而言,他明确认为法律乃是经由法官或法学家和行动者不断做出的发现和否弃而发展起来的①。

---

① 哈耶克对法律的抽象性和一般性的强调,尤其是他对法律进化论的强调,导致他强调普通法发展的重要性,而且还导致他反对立法的发展,因为通过司法过程而演化生成的法律,在他看来,必定是抽象的,而经由命令(如立法)所创设的法律却未必如此:"抽象规则不可能由某个关注获致特定后果的人所创造出来"(参见哈耶克:《法律、立法与自由》第一卷《规则与秩序》,邓正来等译,中国大百科全书出版社 2000 年版,第 86—88 页);而立法者之所以较可能关注特定的结果,乃是因为他们有权寻求特定的结果。但是值得我们注意的是,哈耶克并不是要完全否弃立法,正如他所主张的,如果法治要得到维持,我们仍在某种程度上需要立法这种救济手段,这是因为哈耶克认为,内部规则在某种意义上是一种"单行道":在它沿循某个方向已发展至一定程度的时候,早期判例中的某些含义在被认为明显不可欲时,常常是无法扭转的;此外,哈耶克还给出了另外四个需要立法的理由:第一,"法律发展的司法过程必定是渐进的,而且也可能被证明为发展得太慢,以至于不可能使法律对全新的情势做出可欲的且迅疾的调适。第二,"由司法判决来扭转那业已发生且在后来被认为具有不可欲之后果或者被认为是根本错误的发展趋势,不仅是困难的,而且也是不可欲的"。第三,"对特定规则施以如此彻底变革的必要性,可能因各种情况所致。这可能是因为人们认识到,以往的某种发展乃是建立在错误的基础之上的,或者,这种发展所产生的结果后来被认为是不公正的"。第四,"最为常见的原因则很可能是,某项法律的发展掌握在某个特定阶级的成员手中,而他们的传统观点则促使他们把那些不可能满足更为一般的正义要求的东西视作为正义者"(参见上引书,第 136—137 页)。

这里的关键要点在于：哈耶克不再从欧洲大陆的法典法法治国的角度出发去设定法律所应当具有的特性，而转向了从普通法法治国的角度亦即从日常司法实践活动过程中的法律规则进化的角度出发去阐发它们所表现出来的并使之区别于组织秩序所遵循的外部规则的特性。

哈耶克理论进路所发生的这一重大转换，在更深的层面上意味着他的"普通法法治国"认为，法律乃是人类历史进程中的一部分；它们直接生成于人们彼此之间的互动关系之中并调整着人们的行动，它们与社会同时而在，因而也就先于国家的出现而在。在这个意义上讲，法律不是任何政府权力的创造物，而且也肯定不是任何主权者的命令。因此，法律诸原则乃是社会生活的内在方面，而且对它们的陈述，亦即自由之法，并不是设计或刻意计划的产品，而是自生自发的结果；与此同理，检测法律规则的正义标准也显然不是个人理性能够超乎于这些规则之上而建构出来的独立于这些规则的外在标准，而是个人理性在其赖以存在和发展的法律规则系统内发现的检测个别规则与该系统间是否存在"一致性"或"相容性"的否定性标准或"内在批评的方法"。显而易见，哈耶克"普通法法治国"的确立，使他真正获致了对法律进化过程的理解，而"对法律进化过程的理解则达致了一个极为重要的洞见，即从此一进化过程中生成的规则必定会拥有某些为统治者所发明或设计的法律可能会拥有但却未必会拥有的属性，而且只有当这些法律的制定所仿效的是那些从阐释先已存在的惯例的过程中所形成的规则的时候，它们才可能拥有这些属性"①。

最后，我们必须承认，套用迪雅兹的话来说，"哈耶克通过法治和法治精神而坚决捍卫自由，通过制度性手段而保护自由之法；而这使得哈耶克可以与历史上最伟大的自由主义者之一，《论法的精神》(*The Spirit of the Laws*)一书的作者孟德斯鸠相媲美"②。

---

① 哈耶克：《法律、立法与自由》第一卷《规则与秩序》，邓正来等译，中国大百科全书出版社2000年版，第132页。
② G. Dietze, "Hayek on the Rule of Law," in F. Machlup, ed. *Essays on Hayek*, London: Routledge & Kegan Paul, 1976, p. 129.

哈耶克关于自由的研究[*]

"20世纪最重要的自由主义理论家"弗里德利希·冯·哈耶克(Friedrich A. Von Hayek 1899—1992)出生于奥地利维也纳一个自然科学世家。"一战"结束后,哈耶克就读于维也纳大学,于1921年获法学博士学位,并于1923年再获政治(社会)学博士学位。1927年至1931年,他担任奥地利经济研究所所长。1931年初,哈耶克受邀前往伦敦经济学院访问,并发表系列经济学专题演讲,同年受聘为伦敦大学经济学和统计学 Tooke 讲座教授;1938年归化英国,并于1944年当选为英国皇家科学院院士。1950年,哈耶克受邀前往美国芝加哥大学,担任社会与道德科学教授一职,并成为该校"社会思想委员会"成员。1962年,他回到欧洲,担任联邦德国弗赖堡大学经济政策教授直至1967年退休;同年回到他自己的祖国奥地利,担任萨尔茨堡大学名誉教授。除了出版《自由秩序原理》(*The Constitution of Liberty*,1960)、《法律、立法与自由》(三卷本)(*Law, legislation and Liberty*,1973,1976,1979)、《致命的自负》(*The Fatal Conceit: Errors of Socialism*,1988)和《通往奴役之路》(*The Road to Serfdom*,1944)等二十余部具有深远影响的著作外,哈耶克还于1947年4月发起成立了著名的自由国际学社——"朝圣山学社"(The Mont Pelerin Society),并担任首任主席。1974年,因在经济学领域的开创性贡献,哈耶克与冈纳·缪尔达尔一起获得了诺贝尔经济学奖[①]。

---

[*] 此文首发于《哲学研究》2008年9月号。
[①] 关于哈耶克生平的论述,请参见 Fritz Machlup, "Hayek's Contribution to Economics," in F. Machlup, ed. *Essays on Hayek*, London: Routledge & Kegan Paul, 1977, pp. 13-60;更重要的文献,请参见 S. Kresge and L. Wenar, ed. *Hayek on Hayek: An Autobiographical Dialogue*, London: Routledge, 1994。

在自由主义理论脉络中,哈耶克无疑是一位极为重要的人物;但他的重要性,其实并不只在于他曾经是20世纪西方最重要的自由主义学术团体"朝圣山学社"的领袖人物,也不只在于他是1974年诺贝尔经济学奖的得主,而毋宁在于他对现代自由主义理论的转向或发展以及他对当代社会理论研究领域的拓宽所做的知识上的贡献——亦即我所谓的"知识增量";一如S. Gordon在评论哈耶克政治经济学时所指出的:"哈耶克要比罗尔斯、弗里德曼、熊彼特或J·克拉克更重要,甚至比任何以经济学为基础而对政治哲学给出综合论述的学者更重要,当然,在这些学者当中,F·奈特可能是一个例外。"①哈耶克在学术上的这种重要性,还可以从西方学术界对他的思想所做的研究努力中瞥见:晚近出版的诸多关于政治理论尤其是自由主义的论著中反复征引了哈耶克的理论②;西方知识界在70年代以后出版了大量研究哈耶克理论的专著③;而在讨论和批判其思想方面所发表的论文则更是不计其数,其中由J. C. Wood和R. N. Woods于1991年编辑出版的《弗里德利希·哈耶克——批判性评述》四卷本论文集则堪称高质量研究论文的集大成者。

哈耶克的自由主义理论极为繁复,从他1924年发表第一篇论文至1988年出版最后一部论著《致命的自负》这一长达60多年的学术生涯中,他建构出了一个庞大而又精致的自由主义社会理论体系。对于一般的读者来说,哈耶克理论体系的复杂性无疑增加了理解其思想的难度。然而,尽管如此,哈耶克理论体系的建构自始至终却都是围绕着他对自身所处的社会和历史时代中问题的思考而展开的。哈耶克把自己定位成一个"头脑糊涂"的思考者,这种思考者的

---

① S. Gordon, "The Political Economy of A. Hayek S. Gordon," in J. C. Wood and R. N. Woods, ed. *F. A. Hayek: Critical Assessments* (Ⅲ), London and New York: Routledge, 1991, p. 290.
② 参见 M. Sandel, ed. *Liberalism and Its Critics*, Oxford: Basil Blackwell, 1984; A. Arblaster, *The Rise and Decline of Western Liberalism*, Oxford: Basil Blackwell, 1985; John Gray, *Liberalism*, Milton Keynes: Open Press, 1986。1987年由D. Miller主持的《布莱克维尔政治思想百科全书》也收入了"哈耶克"词条。参见邓正来主编:《布莱克维尔政治学百科全书(修订版)》(中译本),中国政法大学出版社2002年版。
③ 较具代表性的专著有:N. Barry, *Hayek's Social and Political Philosophy*, London: Macmillan, 1979; John Gray, *Hayek on Liberty*, Oxford: Basil Blachwell, 1984; R. Butler, *Hayek: His Contribution to the Political and Economic Thought of Our Time*, London: Temple Smith, 1983; B. L. Crowley, *The Self, the Individual, and the Community: Liberalism in the F. A. Hayek and Sidney and Beatrice Webb*, Oxford: Clarendon Press, 1987; B. M. Rowland, *Ordered Liberty and the Constitutional Framework: The Political Thoughts of F. A. Hayek*, London and Westport, Connecticut: Greenwood Press, 1987; C. Kukathas, *Hayek and Modern Liberalism*, Oxford: Oxford University Press, 1989.

一个重要的特征是,他在不同领域提出的许多具体观点似乎都源于某个相同的较为一般性的观念。

有鉴于此,在本文中,我将致力于考察作为一个困惑的思想者的哈耶克,为读者呈现出哈耶克对所处时代问题的思考和他由此而提供的"答案"即他对自由理论的阐发。因此,在文章的第一部分,我将论述哈耶克的思考历程和他的"终身问题";在第二部分,我将考察哈耶克关于自由社会之原则的论述,也就是哈耶克所提供的"答案";在文章的最后一部分,我将简要探讨哈耶克所能提供给我们的某些启示。当然,对哈耶克理论有兴趣的读者,可以进一步参阅哈耶克本人的著作以及我所撰写的哈耶克理论研究论著①。

一、哈耶克的"终身问题"和时代诊断

哈耶克在其所著的《法律、立法与自由》一书中对他自己的研究和思考得出了这样一个最终结论:"我们应当学到了足够多的东西,以避免用扼杀个人互动的自生自发秩序(置其于权威当局指导之下的方法)的方式去摧毁我们的文明。但是,要避免这一点,我们就必须否弃这样一种幻想,即我们能够经由刻意的思考而'创造人类的未来'……这是我……现在给我就这些问题的四十年的研究所下的最终结论。"②

哈耶克的这一"最终结论",不仅为我们理解他的社会理论的知识论基础提供了最明确的启示,而且也的确勾画了哈耶克整个研究中的最重要的论题。毋庸置疑,贯穿于上述核心命题的乃是个人自由与整体社会秩序间关系以及秩序与规则间关系的问题;对这些问题的认识和解释就是"哈耶克的终身问题",或者说,哈耶克建构其社会理论的核心目的乃在于对人类社会中的"自生自发秩序"(即内部秩序)做理论上的阐发和捍卫,因为正是这个"哈耶克的终身问题"反映了或支配着哈耶克整个社会哲学的建构过程。

哈耶克的这一"终身问题"的确构成了他基于时代体认和理论反思而抽象

---

① 参见拙著:《规则·秩序·无知:关于哈耶克自由主义的研究》,三联书店2004年版;《自由主义的社会理论:解读〈自由秩序原理〉》,山东人民出版社2003年版;《自由与秩序:哈耶克社会理论的研究》,江西教育出版社1998年版;《哈耶克法律哲学的研究》,法律出版社2002年版等。
② 哈耶克:《法律、立法与自由》(第二、三卷),邓正来、张守东、李静冰译,中国大百科全书出版社2000年版,第492页。

出来的根本问题。从哈耶克的整个学术思想历程来看,困扰他的这一"终身问题"虽然在不同的学术发展阶段表现为不同的问题形式,但始终具有理论立场和研究方法上的连贯性和一致性。实际上,哈耶克关注的一般性问题在他问学之初就粗具雏形。哈耶克早期甚至是一个具有温和社会主义理想的年轻人,是社会主义让他对经济学产生了兴趣并把他引向一个一生都意图回答的问题:全权计划体制是否可行?在维也纳大学,哈耶克受到奥地利经济学派的影响,得以进入自由主义、自由市场的经济学的堂奥,转而成为社会主义计划经济坚定的反对者。自此,终其一生,对自由主义和社会主义两大政治意识形态的论辩和分析贯穿了哈耶克的整个学术理论生涯,并在很大程度上决定了他在学术上终身所探寻的问题。因而,在20世纪20至30年代,哈耶克与路德维希·米塞斯一起,发动了社会主义大论战,与当时的社会主义经济学家兰格(O. Lange)、迪金森(H. D. Dickinson)、泰勒(F. M. Taylor)等人展开了论辩,指出社会主义经济计算之不可能性;20世纪30年代开始,哈耶克到伦敦经济学院执教,又与当时的宏观经济学巨擘凯恩斯展开了论战。

30年代纳粹的掌权和由此而来的第二次世界大战及其带来的欧洲的政治演变直接型塑了学者们对人类文明的分析和忧思。对此,哈耶克也不例外,如库卡瑟斯所指出的:"哈耶克自由主义社会哲学与政治哲学的诞生,正是渊源于他对欧洲的前途与现代文明的忧患意识,也渊源于他的一种信念,即坚信美好的未来取决于能否挽救人文价值的传统,因为它的生命力受到了世界大战及极权主义势力的瓦解"①。然而,与其他学者不同,哈耶克提供了一种独特的对当时思想观念和时代特征的把握和分析。在《通往奴役之路》一书中,哈耶克集中对影响整个欧洲的历史观念进行一种历史的"时代精神分析"。这一分析不仅是对当时现状的总体描述,而且植根于一种主要针对19世纪面貌的较长距离的历史透视。《通往奴役之路》这一书名本身就已提示,哈耶克把这一历史发展理解为人们在走下坡路。

如果哈耶克的"时代诊断"就此止步,仅仅把他那个时代的危机归结到他批判的"集体主义"之计划上的话,那么哈耶克最多被看成是某种意识形态的吹鼓手。然而,哈耶克对欧洲文明的反思却指向了自由主义观念的核心层面。在哈

---

① 库卡瑟斯:《哈耶克与现代自由主义》,张守东译,载王焱等编:《自由主义与当代世界》,三联书店2000年版,第159页。

耶克看来，无论是他所批判的纳粹的国家社会主义，还是他所担忧的当时欧洲占主导性地位的观念，都源自由主义理念本身的一种异变，这种异变以"自由"的名义，却走向了对"自由"的反动。哈耶克清晰地标示出了它的源流，他称之为一种"大陆的"、"建构的"自由主义传统。它首先来自笛卡儿（也有英国的霍布斯）提出的新理性主义（唯理主义），在18世纪通过法国启蒙哲学而影响大增，并在法国大革命中达到高潮。这一传统的著名代表有"百科全书"派成员卢梭和重农主义者。这种理性主义者的个人主义总是有演变成为个人主义的敌人——社会主义或集体主义的倾向。

因此，哈耶克实际上把所面临的欧洲文明乃至整个人类文明的危机，诊断为支配人类文明发展背后的观念的危机，欧洲文明乃至世界文明在哈耶克看来都处于一个十字路口，走向自由还是奴役，取决于对这种危机的深刻体认和对自由社会原则的重新阐述。自由社会的基本原则，在哈耶克看来，已经为另一种自由主义传统所深刻阐发。这种古老的"古典的"、"渐进的"自由主义的理性主义最早从英国发展起来的，它可以追溯到古典时代，其近代形式形成于17世纪和18世纪的英国辉格党的政治信条，而其现代发展则始于约翰·洛克，尤其始于伯纳德·曼德维尔和大卫·休谟；而在乔赛亚·塔克尔、亚当·弗格森和亚当·斯密，以及他们伟大的同代人埃德蒙·伯克的著作中，这种真正的个人主义首次形成了完整的体系。

哈耶克笃信"只有观念才能打败观念"，基于对所处时代的根本诊断，哈耶克的"终身问题"就是要阐发自由社会的基本原理。哈耶克正是在其"终身问题"的支配下，以其分梳出来的"建构论唯理主义"和"进化论理性主义"为基本框架，建构出其整个自由主义理论体系。

二、无知、自由与秩序：哈耶克的"答案"

尽管哈耶克视他对自由主义社会理论的阐发为对苏格兰启蒙运动以来一脉自由主义传统的继承和对古典自由主义理论的重述，但是无疑，哈耶克对其时代根本问题的体认和思考中，还是做出了其独特的知识贡献。借用著名的哈耶克理论研究者 J. Gray 的话来说，哈耶克透过对立基于苏格兰启蒙思想传统的自由主义社会理论的重述和构建，引发了当代社会哲学发展进程中的重大的"认识论转向"（epistemological turn）和"进化论转向"

(evolutionary turn)①。

哈耶克自由主义理论的"认识论转向"体现为与其他论者不同,其自由理论建立在知识论基础之上,这一知识论基础就是哈耶克所建构出来的"进化论的理性主义与建构论的唯理主义"认识论框架;正如 N. Barry 颇为确当地指出的,"构成哈耶克社会哲学之全部基础的,乃是一种关于知识的理论。此一理论最为重要的特征乃是哈耶克对人之无知的强调。"②当然,N. Barry 的这一精彩评论只能适用于哈耶克发表《自由秩序原理》以后的知识论,因为哈耶克的知识论本身经历了颇为繁复的发展变化:大体而言,在"进化论的理性主义与建构论的唯理主义"框架下,哈耶克的知识论本身经历了"知"意义上的"分立的个人知识"经"知道如何"(know-how)的默会知识(tacit knowledge)再到"必然无知"(necessary ignorance)之知识论的复杂变化③。

简单地说,哈耶克所谓的"分立的个人知识"是指人与人之间的知识关系,其实质是一个人不能完全占有他人的知识;"默会知识",是指人与他自己的知识关系,其实质是一个人甚至对自己所具有的知识也不能完全占有;而"必然无知"则是个人与所谓"社会知识"的关系,其实质是个人不可能完全占有这种只能由"社会"在比喻意义上"知道"的知识,如"传统"④。我们可以从如下三个方面分别探讨它们与自由的关系。

第一,知识的分工特性(division of knowledge)(或知识的分立性、分散性)决定了知识存在的个体性(非集权性)和那种凌驾于个体之上的"中央机构"在"知"意义上的不可能,也为市场机制和个体自由的合理性提供了知识论前提。在1936年发表的《经济学与知识》中,哈耶克明确提出了被经济学界视为哈耶克最具原创力的问题,即基于"劳动分工"之上的"知识分工"问题。哈耶克所谓的知识分工是指"我们必须运用的有关各种情势的知识,从来就不是以一种集中的且整合的形式存在的,而仅仅是作为所有彼此独立的个人所掌握的不完全的而且常常是相互矛盾的分散知识而存在的。"⑤知识的这种分立性的意义在

---

① John Gray, *Hayek on Liberty*, London: Routledge, 1998, pp. 134 - 135.
② N. Barry, *Hayek's Social and Political Philosophy*, London: Macmillan, 1979, p. 9.
③ 关于哈耶克知识论变化的详细考察,参见拙著:《规则·秩序·无知:关于哈耶克自由主义的研究》,三联书店2004年版,第123—181页。
④ 参见赵晓力:《知识关系与自由主义的"俭省治理"——评邓正来〈知与无知的知识观〉》,载《中国书评》1999年第4期。
⑤ 哈耶克:《个人主义与经济秩序》,邓正来译,三联书店2003年版,第117页。

于：我们必须采用基于个人自由的非集权化制度模式才能使这种分散化的知识得到更好地运用。由于每个人都掌握着有可能极具助益的独一无二的信息，"只有当立基于这种信息的决策是由每个人做出的或者是经由他的积极合作而做出的时候，这种信息才能得到运用。"① 为使个人决策成为可能，必须以制度化的方式保障个人自由；"正是由于自由意味着对直接可知个人努力之措施的否弃，一个自由社会所能使用的知识才会远较最明智的统治者的心智所能想象者为多"②。在哈耶克看来，最能体现这种模式的就是他所极力辩护的市场模式，而此模式的对立面即计划经济模式的错误正在于其在知识论上预设了一个全知全能的"中央机构"。知识的分立性决定了我们只能把决策交给熟悉那些特定情势的分立个体，"我们根本就不能指望这个问题可以通过另一种方式得到解决：先把是由这样的知识都传递给某个中央机构，并在这个机构整合了所有这类知识以后再发布命令。"③ 从另一方面看，计划经济模式必然要求权力的高度集中，进而在根本上威胁到个人自由的实现：计划模式"为了达到他们的目的，必须建立起前所未有的巨大权力"，以使整个社会服务于特定的目标，而"个人自由是和整个社会都必须完全地、永久地从属于某个单一目的至上性这一观念水火不容的。"④

第二，知识的默会性决定了知识传播的局限性，也为立基于个人自由的个体自主性和创造性提供了文化依据。哈耶克的"默会知识"是借用吉尔伯特·赖尔所谓"知道如何"和迈克·博兰尼的默会知识观而形成的。简言之，"默会"是指"只可意会，不可言传"，其所强调的是知道对象的方式（know-how），而不是陈述知道对象的能力（know-that）；正如哈耶克借用赖尔的观点所指出的，"知道如何"（know-how）存在于根据规则行事的方式之中，而就这些规则而言，人们虽说可能有能力发现它们，但却不用为了遵循它们而必须有能力去陈述它

---

① 哈耶克：《个人主义与经济秩序》，邓正来译，三联书店2003年版，第121页。
② 哈耶克：《自由秩序原理》（上），邓正来译，三联书店1997年版，第30页。
③ 哈耶克：《个人主义与经济秩序》，邓正来译，三联书店2003年版，第126页。
④ 参见哈耶克：《通往奴役之路》，王明毅等译，中国社会科学出版社1997年版，第139、195—196页。对社会主义计划经济模式的批判和对自由主义意识形态的捍卫是哈耶克自由理论的一大特色；正因此，德国学者德特马·多林评论道："1989年苏联……的终结，也许是他的人生旅途尽头最值得他欣慰的事情，而且许多东欧国家的知识分子自发地成立了各种'哈耶克'和'哈耶克协会'。他们找不到比这更好的镇山之主了。"（同上书，第7页）

们①。在《规则,认知和可知性》一文中,哈耶克以言说者、骑自行车者、手艺人、滑雪者等作为范例,以说明行动者在知道如何方面的"知"但同时在知道那个(know-that)方面的"无知";正如哈耶克所指出的,"我们将视作出发点的最为显著的现象事例,乃是小孩以符合语法规则和习惯语的方式运用语言的能力,然而这些语法规则和习惯语则是他们所完全不意识的"②。哈耶克列举这些范例的深刻含义在于:在社会经济生活中,有许多现象是个人行动者无从阐明、并不知道也不可能知道的;换言之,"这些技术的特征就是我们通常无力明确(以语言方式)陈述其间所隐含的行事方式"③。就这种默会知识而言,行动者并不需要"有意识"的获取就已经拥有了它,因为他们在和学习的过程中已经掌握了在社会中生活和遵循社会行为规则的技术。哈耶克将此种现象归结为默会知识与感觉秩序之间的内在关系;而这种内在联系表明:人之心智本身乃是一种社会和文化构成的产物,它无力使自身与那些使它进行分类的规则相分离;换言之,心智的构成性规则始终高于对心智本身的理解,也因此它"绝不能充分解释其本身的运作"④。这种默会知识为人们在各种情形中行事提供了一种一以贯之的指导,但它却是独立于理性之外,并通过学习和阐释的经验、最基本的是通过那种由诸如家庭这类制度传承下来的文化传统所提供的。也就是说,这种"知道如何"的默会知识并不是由形式制度储存和传播的,而是隐含于社会的非正式的制度网络之中的(informal institutional network),而处于这种网络核心位置的便是人们遵循但并不知道其结果的一般社会行为规则。另一方面,虽说这种"知道如何"的默会知识隐含于文化传统之中,但文化传统并不决定默会知识的具体内容,因为由个人拥有的默会知识是一种高度个人化的知识,或者说它是相当依附于"知道者"本人的;这种知识所反映的是作为一个人感觉的他个人所处的环境,而这种反映是独特的,从而也只在一个相当有限的程度上是可以传播的。默会知识观的提出是哈耶克从"知"到"无知"知识观转换的一个承前启后阶段,它既使文化维度进入到哈耶克的知识论视野,也为人之"必然无知"的最后出场开辟了可能:由于我们的知识在很大程度上是默会

---

① 参见 Hayek, *Studies in Philosophy, Politics and Economics*, London: Routledge & Kegan Paul, 1967, p.44, fn.4。
② 同上书,第43页。
③ 同上。
④ Hayek, *The Sensory Order*, London: Routledge & Kegan Paul, 1952, p.185.

知识,由于我们所掌握的要比我们能陈述的多,而且由于调整我们行为和感觉的社会行为规则以及那些支配我们遵循规则的规则归根到底都处于阐释不及的状态,所以在某些情势下,我们就可能只拥有极为有限的知识甚或没有知识,也就是说我们是无知的。

第三,人的"必然无知"则在根本上为主张个人自由提供了人性基础和社会理论依据。在《自由秩序原理》中,哈耶克愈来愈强调无知的重要意义,而在不同形式的无知中,他所强调的是那种"必然无知";正如哈耶克在《自由秩序原理》第二章开篇所指出的,"苏格拉底认为,承认我们的无知,乃是开智启慧之母。苏氏的此一名言对于我们理解和认识社会有着深刻的意义,甚至可以说是我们理解社会的首要条件;我们渐渐认识到,人对于诸多有助于实现其目标的力量往往处于必然的无知状态"①。对哈耶克来讲,知识在传统上一直是以标示人之理性的力量的方式而加以讨论的,而这一点在17世纪以笛卡儿等人为代表的法国唯理主义哲学中获得了最为充分的表达。但"明确知识"在数世纪中得到了无数学者的广泛关注,而无知却鲜有论及。哈耶克认为,正是这样一个以科学主义为标榜的"理性时代",通过掩盖无知的重要作用而误导了此后数代社会科学思想家,并且导致了政治上和知识上的两重不幸:"人对于文明运行所赖以为基的诸多因素往往处于不可避免的无知状态,然而这一基本事实却始终未引起人们的关注。但是值得我们注意的是,尽管以完全知识预设为基础而展开的关于道德问题或社会问题的讨论,作为一种初步的逻辑探究,偶尔也会起些作用,然而欲图用它们来解释真实世界,那么我们就必须承认,它们的作用实在是微乎其微。这里的根本问题乃在于这样一个'实际困难',即我们的知识在事实上远非完全。科学家倾向于强调我们确知的东西,这可能是极为自然的事情;但是在社会领域中,却往往是那些并不为我们所知的东西更具有重要意义,因此在研究社会的过程中采取科学家那种强调已知之物的取向,很可能会导致极具误导性的结果。"②更为具体地说,按照哈耶克的观点,由这种"理性时代"导致的政治后果之所以是不幸的,乃是因为它致使一些人相信人之理性创造了社会,进而人也因此有能力依照其有意识的设计去改造和革新社会,甚至导引人们推行革命政治;而由它导致的知识后果之所以也是不幸的,乃是因为

---

① 哈耶克:《自由秩序原理》(上),邓正来译,三联书店1997年版,第19页。
② 同上书,第19—20页。

人因此而无法理解那些基于无知的社会行为规则和非正式制度的运作,以及这些规则和制度植根于其间的社会文化网络结构。如果社会科学家意识不到与这种社会文化网络结构相勾连的人之"必然无知性",那么他们就会趋向于夸大他们的心智能力,试图在完全认识的基础上采取干预措施以"规范"社会秩序,或者在根本无视社会理论内在限度的前提下对这种知识完全不及的社会日常生活进行所谓的"文化批判",或者按照另一种经由审慎设计的社会秩序类型来改造既有的社会秩序。

"必然无知"这一深刻概念的提出为哈耶克自由主义理论的发展提供了一个崭新的转折点,借此概念,哈耶克开始从行动者的无知角度主张自由;换言之,哈耶克对于自由正当性的主要论证所依据的是所有的行动者对于他们大多数目的和福利之实现所依凭的各种因素的必然无知。正如哈耶克指出的:"主张个人自由的依据,主要在于承认所有的人对于实现其目的及福利所赖以为基础的众多因素,都存有不可避免的无知……我们之所以需要自由,乃是因为我们经由学习而知道,我们可以从中期望获致实现我们诸多目标的机会。正因为每个个人知之甚少,而且也因为我们甚少知道我们当中何者知道得最多,我们才相信,众多人士经由独立的和竞争的努力,能促使那些我们见到便会需要的东西的出现"①;"个人自由之所以如此重要的终极原因,乃是人们对于大多数决定所有其他人的行为的情势存在着不可避免的无知,而这些其他人的行为则是我们得以不断从中获得助益的渊源。"②因此,从根本上讲,"增进自由的所有制度都是适应无知这个基本事实的产物"③。

但值得我们注意的是,从无知的角度主张自由的逻辑,并不意味着由于我们的知识极端有限,所以它支持一种允许人们在生活中进行各种尝试的自由社会秩序。毋宁说,它意味着:一种自由的社会秩序允许我们运用我们并不知道(甚至永远不会知道)或无力陈述自己拥有的那种知识,因为自由的社会秩序在为不可预见者或不可预测者提供空间方面甚为重要,而任何集权化的社会秩序由于只依赖于那种相对于默会知识的明确知识而必然只能运用散存于社会之中的一小部分知识。因此,否弃个人自由和按照某种有意识的设计安排或改造

---

① 哈耶克:《自由秩序原理》(上),邓正来译,三联书店1997年版,第29—29页。
② Hayek, *Studies in Philosophy, Politics and Economics*, London: Routledge & Kegan Paul, 1967, p.265.
③ 哈耶克:《自由秩序原理》(上),邓正来译,三联书店1997年版,第30页。

社会,或许会给人们带来某些裨益,但是它们更可能被证明是一种灾难。

正是基于自由理论的知识论前提以及哈耶克在其中所实现的我所谓的"知与无知的知识观"上的转换,哈耶克最终确立了其自由主义社会理论的"核心概念"①,即建构起来了其关于"自生自发秩序"理论的一系列基本命题,实现了所谓的"进化论转向"。哈耶克的"自生自发秩序"理论,与其所确立的进化论理性主义与建构论唯理主义框架之间也存在着结构上的一致性。其最为核心的洞见可以被归纳为以下几个命题。

第一,哈耶克认为所有社会型构的社会秩序不是生成的就是建构的:前者是指"自生自发的秩序"(spontaneous order),而后者则是指"组织"(organization)或者"人造的秩序"(a made order)。然而,为了更为确切地指称这两种社会秩序,哈耶克在20世纪60年代以后开始采用两个希腊术语以强调它们之间的区别:他用cosmos(即"内部秩序")这个术语来指称自生自发的社会秩序,其特征是这种秩序不具有一种共同的目的序列,所具有的只是每个个人的目的;然而,那种以确定或实现具体目的为特征的组织形式,哈耶克则把它称之为taxis(即"外部秩序")。哈耶克认为,人之行动可能并不严格符合刻意设计的、有意识的组织秩序这个事实,并不意味着这些行动是非理性的或者不具有可辨识的模式,事实可能正好与此相反,因为存在于这种行动中的常规性或模式就是自生自发秩序。然而在这两种社会秩序中,哈耶克指出,只有自生自发秩序才是自由主义社会理论的"核心概念",或者说,"社会理论的整个任务,乃在于这样一种努力,即重构"存在于社会世界中的各种自生自发的秩序②,这是因为在哈耶克的分析中,自生自发秩序与组织完全不同,它们的出现和进化以及它们演化扩展赖以为基础的规则机制所具有的非设计性质或非意图性质,必定会引发真正需要解释和理解的问题,因此只有自生自发的社会秩序才需要有相应的社会理论的建构。

第二,哈耶克立基于上述的社会秩序分类学框架进一步指出,道德、宗教、法律、语言、书写、货币、市场以及社会的整个秩序,都是自生自发的社会秩序。哈耶克把所有这些自生自发的社会秩序都归属于同一范畴的预设,显然是它们生成演化的过程极其相似,更具体地说,亦就是它们都不是因计划或设计而生

---

① Hayek, *Studies in Philosophy, Politics and Economics*, London: Routledge & Kegan Paul, 1967, p. 162.
② 同上书,第71页。

成的,而是"人之行动而非人之设计的结果"。然而,哈耶克又明确指出,在自生自发的社会秩序本身中,还存在着两种无论如何不能混淆的秩序类型:一是在进行调适和遵循规则的无数参与者之间形成的互动网络的秩序(或称为行动结构);二是作为一种业已确立的规则或规范系统的秩序。哈耶克就此指出,"个人行为的规则系统与从个人依据它们行事而产生的行动的秩序,并不是同一事情;这个问题一经得到陈述,就应当是显而易见的,即使这两种秩序在事实上经常被混淆"①,因为自生自发的社会秩序并不是自然生成的,而是"这些秩序的要素在回应它们的即时环境时遵循某些规则的结果",或者说:"只有当个人所遵循的是那些会产生一种整体秩序的规则的时候,个人对特定情势所作的应对才会产生一种整体秩序。如果他们所遵循的规则都是这样一些会产生秩序的规则,那么即使他们各自的行为之间只具有极为有限的相似性,也足以产生一种整体秩序"②。显而易见,自生自发社会秩序在这里并不能够被化约成行为规则系统,也因此,社会理论的任务之一就在于揭示那些只要得到遵循便会导向自生自发秩序的规则及其赖以存续的常规性。

第三,根据上述"行动结构"与"规则系统"的两分框架,哈耶克形成了他的社会理论中的另一个重要命题,即社会行为规则系统"文化进化"的命题;而对这一核心命题的阐发,则为哈耶克在法律理论建构的过程中最终确立了著名的有关社会行为规则系统的"文化进化理论"。这是因为这一有关社会行为规则系"文化进化"的深刻命题为哈耶克奠定一种新的解释路径提供了某种可能性,即这些社会行为规则不仅引导着那些以默会的方式遵循它们但对为什么遵循它们或对它们的内容并不知道的行动者如何采取行动,而且还反过来在更深的层面上设定了社会秩序的自生自发性质,亦即通过行动者对他们所遵循的社会行为规则的"文化进化"选择而达致的自生自发进程。

三、哈耶克自由理论的可能启示

综上所述,哈耶克在对其所处时代的体认和对人类文明危机的诊断中,抽

---

① Hayek, *Studies in Philosophy, Politics and Economics*, London: Routledge & Kegan Paul, 1967, p. 67.
② Hayek, *Law, Legislation and Liberty*, Vol. I, *Rules and Order*, Chicago: The University of Chicago Press, 1973, p. 44.

象出了其理论上一以贯之的"终身问题"。这一终身问题支配着哈耶克思考的走向和其整个理论自由主义体系的建构。哈耶克有关自由主义社会理论的论述可以看成是对所体认到的时代问题的回应。无论是作为思想者还是作为自由主义教义的宣扬者,哈耶克无疑都取得了巨大的成功。然而,对哈耶克自由主义理论来说,其意义绝不仅如此,哈耶克理论的魅力在于他超出其所秉承意识形态之外,带给我们诸多相当有意义的一般性启示。

首先,哈耶克自由理论之"必然无知"的知识论,以及建立在这一知识论基础上的对"人之行动而非设计"的"自生自发秩序"理论的阐发,有力地批判和澄清了唯理主义的谬误。正是建立在知识论基础上,哈耶克对社会主义的批判和自由理论的阐发才不至于陷入意识形态和单纯价值论争的泥潭,而显得令人信服。更重要的是,哈耶克建立在知识论基础上的论证有力地驳斥了这样一种为人们在唯理主义支配下而视之为当然的谬误观点,即只有那些普遍真实或被实证的东西才能被认为是一客观的事实,而那种为一特定社会所具体拥有但却未经实证的东西则绝不能被认为是客观的事实,进而也不能予以承认。据此,哈耶克提出了一个涉及其哲学层面本体论的转换的核心论辩,即凡是实证的东西虽在实证主义的理路中是客观的,然而未经实证的东西则未必不是"客观"的或真实的。哈耶克的这一论辩极为重要,因为它为我们质疑那种在本质上否定人之实践活动及其赖以为据的实践性知识或"默会"知识在社会演化和型构过程中的重大意义提供了知识论上的理据,同时也为我们进一步追问或探究社会制度安排的建构与如何尽我们所能去发挥那些我们尚无能力以文字的形式加以表达但切实支配我们行动的社会秩序规则的作用间的关系这个至关重要的问题提供了一个重要的认识路向。

其次,哈耶克"自生自发秩序理论"的阐发,并不旨在建构一种"自生自发秩序"与"人造的秩序"、"外部规则"与"内部规则"间的二元对立关系,毋宁是旨在明确处理现代社会以外部规则对内部规则的侵扰或替代的问题,或者说是要在参与社会秩序的行动者所遵循的外部规则与内部规则之间设定一共存的边界,尽管这一边界在哈耶克的社会秩序规则的文化进化命题中不仅极难确定,而且也会在选择过程中发生变化。当然,这里的前提问题乃是如何和依凭何种标准划定行动者所遵循的社会秩序规则的性质的问题,因为要确定行动者所遵循的社会秩序规则之性质,本身还要求建构某种标准,而在哈耶克"社会秩序规则二元观"那里则是上文所述的以个人行动自由为旨归的抽象性、否定性和目的独立性标准。正是在这个限定的意义上讲,我个人以为,哈耶克"自生自发秩序理论"的建构与其"规则"研究范式的相结合,不仅为我们认真思考内部秩序所遵循的内部规则如何分立于组织(包括政府)规则以及人们如何设定各种组织(包括政府)的权力范围及外部规则的适用范围等问题确立了一个极具助益的路径,而且也在更深刻的层面上为我们理解和解释长期困扰学人的"国家行动与自生自发秩序"这个理论问题开放出了某种可能性,因为他的理路明确要求我们在认识到唯有政府才可能将外部规则扩展适用于自生自发秩序的前提下,根据政府在自生自发秩序中行事时所遵循的具体规则之性质对政府行动做具体的分析和探究,而不能仅根据政府是否参与自生自发秩序之型构的行动本身来赞成或反对政府行动。

最后,哈耶克自由主义理论的启示性意义还在于,在以个人权利为基设的当代自由主义与以社会共同目的或共同善为基设的"社群主义"的论争中,哈耶克立基于人之理性限度和社会自生自发性质的社会理论而重述和建构的自由主义,一方面通过对伪个人主义的批判而对当代自由主义哲学传统提出了挑战,另一方面则透过对自由主义社会理论的发现和阐释而对来自于"社群主义"一脉的批判做出了回应,并且还通过对丢失了个人的社会整体观的批判而否弃了各种唯理主义的集体观或社群观。由此,哈耶克的自由主义社会理论虽然立基于对其所处时代的体认和回应,却具有超越特定时代的一般性的意义。

附 录

关于哈耶克自由主义思想的答问录

《自由秩序原理》抑或《自由的宪章》
——哈耶克 *The Constitution of Liberty* 书名辨

哈耶克论法治/迪雅兹　著/邓正来　译

关于哈耶克自由主义思想的答问录*

一、关于哈耶克思想的研究

问（张小劲教授）：邓正来先生，众所周知，自你1997年翻译出版哈耶克《自由秩序原理》一书以来，你就一直在研究和撰写有关哈耶克社会理论、法律理论及其知识观方面的论文，而且还在2000年主译了哈耶克分别于1973年、1976年和1979年发表的《法律、立法与自由》三卷本巨著。以学力之丰厚如你者，用如此之多的时间与精力投入这种专门性的研究，实属罕见。不争的事实是，你多年来的学术努力不仅为国人更好地理解哈耶克的思想和自由主义理论作出了贡献，而且还在汉语世界产生了很大的影响。然而，在观察和关注你的学术活动的这许多年里，特别是在阅读你的译著和论文的时候，我仍然还有一些问题不是很清楚，因此，为了使更多的读者了解哈耶克的思想和你的研究，同时也是为了使我的问题得到解答，我特意拟定了一份书面的问题清单，向你请教并请你回答。尽管我知道这种提问/回答的方式将会在一定程度上破坏思考的连续性，会使你被迫服从我的思考逻辑。但从一个普通读者的角度考虑，我的做法何尝又不是更多的读者想做而未能达成的呢？因此，我的第一个问题是，在你翻译出版了《法律、立法与自由》一书以后，你对哈耶克思想的研究是否已告一个段落了呢？

---

* 本文缘起于中国人民大学政治学教授张小劲先生对我进行的一次访谈，而访谈中的所有的问题都是张小劲教授拟定的。因此，我要特别感谢张小劲先生对我所做的研究给予的长期且热切的关注，因为正是在他的努力下，本文才能够顺利地完成。但是我也需要做出一点说明：由于我在这里所做的讨论乃是根据先设的问题而展开的，所以我对不同问题所做的讨论也就少了些系统性，尽管我后来对讨论的文本做了极为认真的修改。本文原发表在《法大评论》，方流芳主编，第一卷第一辑，中国政法大学出版社2001年版，第281—335页。

答（邓正来）：没有。一如你所知，这几年我一直在研究西方自由主义理论，因此除了大量研读我自己确定的研究计划所必需阅读的论著以外，我的研究重点还是哈耶克的思想。这主要有两个原因：

第一，我始终认为，在思想或观点存有"时间过程"的情况下，不论出于什么原因而将这种"时间过程"悬置起来或不加严格限定的做法，都会使研究者无法有效地洞见到被研究者在"时间过程"中所隐含的理论问题之转换或理论观点之修正和拓深的过程。正是为了把握和反映哈耶克思想发展和转换的过程，我在翻译完了哈耶克《自由秩序原理》和《法律、立法与自由》这两部著作以后，又开始着手选编和翻译一部能够反映他在此一期间（即1955年至1979年）思想发展和转换的《哈耶克论文集》；这项工作已经完成，很快就将由首都经济贸易大学出版社出版。出于同样的考虑，我现在正在翻译哈耶克于1948年出版的《个人主义与经济秩序》一书；在这部论文集中，我们也可以洞见到哈耶克在20世纪30至40年代的思想发展进程，正如哈耶克本人所指出的，"我关于人在新的和不可预见的情形的生活中协调持续性行动需要抽象规则所做的论述，甚至更适用于具体情势中许多不同个人的行动的协调，这些情势只在部分上为每个个人所知道，而且也只有在它们出现的时候才能为他们所知道。这导使我达致，在我个人的学术发展中，我进行所有反思的出发点，而且它或许可以解释为什么我……从专门经济学转入了对所有那些常常被视为哲学的问题的探究。回顾这些变化，这似乎始于我将近30年前所发表的《经济学与知识》的论文；在这篇论文中，我考察了在我看来纯粹经济学理论所具有的一些核心困难。该文的主要结论是，经济学理论的任务乃在于解释一种经济活动的整体秩序（overall order）是如何实现的，而这个过程运用了并非集中于任何一个心智而只是作为无数不同的个人的独立的知识而存在的大量的知识。但是，从这一认识到获致下述恰当的洞见还有很远的路要走，即个人在其行动中遵循的抽象规则与作为个人回应（亦即在那些抽象规则加施于他的限度内对所遇到的具体而特定的情势所作的回应）的结果而形成的抽象的整体秩序之间关系的洞见。……我达致了我所认为的一幅关于自生自发秩序之性质的全新图景"。

第二，我个人认为，只有在真正理解了哈耶克有关不同问题的认识以后，我们才可能真正把握哈耶克的整个社会哲学；而就我目前的研究情况来讲，我认为自己至少还需要对哈耶克的"方法论个人主义"以及哈耶克的"社会科学主观论"这两个问题做更为详尽的研究，因此我正在撰写有关这两个问题的专题论文。

二、对若干批评哈耶克思想的文章的评论

问：自你 1997 年翻译出版哈耶克《自由秩序原理》以来,学术界发表了若干批评哈耶克思想的文章,其中给我留下最深刻印象的有两篇：一篇是香港中文大学石元康教授在 1999 年发表在《二十一世纪》(12 月号)上的题为《海耶克论自由与法治》的文章,另一篇是清华大学秦晖教授在 1999 年收集在他的论文集《问题与主义》中的题为《中国现代自由主义的理论商榷》的文章。石元康教授基本上认为,哈耶克所主张的法治,在缺失权利的情况下,是无法保障个人自由的；而秦晖教授在文章中则质疑了哈耶克的自由主义对于"自身受奴役而已自知、自由可欲但未可得"的社会的意义,因为他的理论作为一种捍卫自由秩序的理论是成功的,但它作为建立自由秩序的理论却未必成功。不知道你对这样的观点有什么评论?

答：这是一个很严肃的问题,因为在此之前,我只是对域外论者在向中国大陆学术界传播和讨论哈耶克思想的过程中所表现出来的那种"印象式"的论辩方式——通过这种论辩方式而对哈耶克思想所做的捍卫抑或否定,尽管立场不同,然而论辩方式却是完全相同的：这种论式最为重要的特征之一,就是根据一己的"印象"而把有关问题的结论从其立基于的理论脉络中剥离出来,并且根据自己的论述脉络对其做背离原本理论的解释,进而误导读者——做过一般性的批评,而从未对研究哈耶克思想的具体观点做过评论。因此,我在这里首先需要指出的是,从学术研究的角度来讲,对哈耶克思想进行批判或商榷的做法不仅是正常的,而且也是极为必要的,因为在我看来,哈耶克的观点,一如任何其他论者的学术观点,都是可以批判的。

你提到的这两篇文章我也读过。关于石元康的《海耶克论自由与法治》一文,它所论涉的题域和所确定的论题,无疑都是极为重要的,但是坦率地讲,论题的重要性,并不能够证明对这个论题所做的任何讨论也是重要的。不过,我不想在这里对他这篇文章的具体论辩进行讨论,而只想就该文的论述方式——亦就是如何批判的方式——提出两点质疑：

第一,该文的标题虽说是《海耶克论自由与法治》,但是全文却只以哈耶克《自由秩序原理》一书中的观点为讨论对象,仿佛哈耶克在此后于 1967 年出版的 *Studies in Philosophy, Politics and Economies* 和 1978 年出版的 *New Studies* in Philosophy, Politics, Economics and the History of Ideas 这两本论文集以及他于1979年出齐的《法律、立法与自由》（全三卷）都与"自由与法治"这个题域或论题不涉似的，但是根据我的研究，事实绝非如此，因为这个论题或题域恰恰是哈耶克在这些论文和著作中所讨论的核心问题之一。更为重要的是，哈耶克于1960年以后对他于1955年在开罗所做的"法治的理想"演讲中把英国的法治观念简单地比附成"欧洲大陆的法治国传统"的做法进行了修正，正如Jeremy Shearmur 在 Hayek and after 一书中对哈耶克法律观点的转换所做的极为精彩的概括：哈耶克在1967年发表的《政治思想中的语言混淆》一文和《法律、立法与自由》一书中对法律发展所给出的解释，与其早期的解释全然不同；尽管哈耶克晚期的解释与前此的解释在性质上相同，但是他讨论这个问题的方式则表明他已不再根据欧陆法典化法律的方式去看待法律，而是根据普通法的方式去看待法律。

第二，石元康在该文中多处征引英国著名政治哲学家John Gray的观点以证明他对哈耶克的批评是正确的。但是值得我们注意的是，石元康在该文中只是征引了John Gray写于1981年的一篇论文，实际上John Gray于1980年至1983年期间共写了五篇专门讨论哈耶克思想的论文，而更为紧要的是，他甚至还在1984年出版了一部研究哈耶克思想的专著：《哈耶克论自由》（Hayek on liberty）。在这部著作中，John Gray对哈耶克的自由主义思想做出了如下的一般性评价，即"本项研究的一个主要论点认为，哈耶克的论著阐发了一个思想体系，其抱负之宏大完全可与穆勒和马克思的思想体系相媲美，但是却远不如它们易于受到批判，因为哈耶克的体系乃是以一种在哲学上站得住脚的有关理性之范围和限度的观点为基础的。……仅依据上述理由，哈耶克的论著就有资格命令（command）哲学家、社会理论家和政治经济学家给予其以批判性的关注。更为根本的是，哈耶克的论著开启了社会哲学中的范式转换并在社会理论中启动了一项新的研究纲领"。当然，关于哈耶克所提出的法律只要遵循法治的一般性原则就必定能够保障个人自由的观点，的确招致了极为严厉的批判，但是在我看来，John Gray对上述批判观点所做的反批判却对我们较妥切地理解哈耶克的观点更具启示意义，因为在1984年以前，他确实不仅赞同上述批判观点而且本人也对哈耶克的这种法治观进行了批判，但是在历经4年的思考以后他却坦诚指出，这种批判"最强有力的提出者是Hamowy和Raz，而且还得到了我的一些早期论文的赞同，而我现在认为，它只是对康德式普遍性标准在哈耶克哲学法理学中的作用和性质所提出的一种贫困且错误的认识"。颇为遗憾的是，石元康的论文却没有注意到 John Gray 对他自己先前观点所做的这一重大修正。

以我个人之见，如果石元康的论文能够注意到哈耶克理论发展脉络中的这样一个事实，即哈耶克从"一般性原则的形式标准"到"一般性原则的实质标准"的转换过程中确立的"普通法法治观"，乃是以他对"唯理主义的自然法"和"法律实证主义"的批判为依凭的，而且也是在他对"正义与权利"、"权利与自由"以及"法律与立法"进行讨论的过程中展开的，更是以他所阐发的"理性有限"的文化进化论为哲学基础的，那么我相信，石元康文章的讨论一定会繁复得多。因为我个人认为，不论哈耶克的观点正确与否，任何一个论者在认真讨论哈耶克的"自由与法治"观的时候，都无法回避这样一个问题以及构成这个问题的理据，即哈耶克为什么不诉诸"权利"而主张"法治"来保障自由呢？只要我们把这个"为什么"的问题考虑在内，那么我们的讨论就不会失于简单。

关于秦晖的文章，我想首先指出，他对哈耶克自由主义的讨论实际上只是该文中的一部分，其间着重的关注点也与石元康的论文不同，因为秦晖的文章主要关注的是哈耶克自由主义理论对于何种社会有意义的问题，而没有对哈耶克理论中的具体论辩进行讨论。秦晖认为，哈耶克的"消极自由主义"理论作为一种捍卫自由秩序的理论是成功的，但它作为建立自由秩序的理论却未必成功，因为在建立自由秩序的过程中所需要的乃是"消极自由"与"积极自由"的互补，而不是两种"自由"的互斥，这是中国现代自由主义的理论任务之一。如果我对他的观点的理解是对的，那么我必须指出，我不能同意他的观点，因为他的判断太过简单，并且遮蔽了一种理论对于作为行动者和认识者的我们所具有的意义的复杂性。这里的核心问题在于：即使有关哈耶克理论不是一种建立自由秩序的理论的判断是正确的——这意味着哈耶克的理论在如何帮助我们决定采取何种"行动"以建立自由秩序的方面无甚意义，那么我们仍须追问的是：第一，对于建立自由秩序的"行动者"来说，我们如何可能在我们并不知道自由秩序是可欲的秩序的情况下去努力建立这种自由秩序呢？因此第二，我们又如何可能在不认真研究和分析那些详尽阐释自由秩序为什么可欲的理论（包括哈耶克的理论）情况下当然地认识到这种自由秩序是可欲的呢？依此逻辑，如果说哈耶克这样的理论在帮助我们"认识"何为自由秩序以及这种自由秩序为什么可欲的方面意义颇大的话，那么我们是否可以说，哈耶克这样的理论对于力图建立自由秩序的行动者来说也具有很重要的意义呢？更为重要的是，我始终认为,无论从近代历史上来看,还是从当下来看,中国理论界的根本任务就在于对那些我们自以为已然理解而实际上知之甚少的东西做切实认真的研究,而从自由主义理论研究的角度上讲,我们也应当对那些我们不甚了解的理论观点做更认真的研究和分析,并在做判断的时候慎之又慎。

三、哈耶克论自由主义与非西方或发展中国家的关系

问:邓正来先生,从你的研究来看,哈耶克所关注的似乎只是西方文明的问题,而且也不曾对非西方文明的问题做过讨论。如果这是真的,那么哈耶克对西方自由主义原则的讨论对于我们究竟有什么样的意义呢?

答:首先需要说明的是,这个问题与我在上面的评论之间存在着一定的关系。从一般的意义上讲,哈耶克的自由主义理论在帮助我们认识何为自由秩序以及这种自由秩序为什么可欲的方面有着很大的意义;我想,我们无论如何强调这一点,都是不会过分的。当然,关于哈耶克的自由主义与非西方社会之间的关系,我在发表的论文中确实没有做过讨论,其间的主要原因是哈耶克本人不曾在这个方面做过任何系统的努力。而哈耶克之所以没有做这样的努力,实是因为哈耶克认为对不同文明进行比较研究乃是极具雄心的构想,非一般学者所能企及。他在赞誉研究不同文明的著名历史学家汤因比时就做过这样的解释。

不过,根据我对哈耶克论著的研读,我发现哈耶克在讨论其他问题的时候偶尔也论涉到了自由主义与非西方社会的关系问题。我想在这里具体阐发一下他的这些观点。尽管这些论述并不是系统论辩,但是值得我们注意的是,我个人认为,哈耶克的有关论述并不会因此而减损它们对于我们的启示意义,相反,它们完全可以从另一个维度为我们提供反思我们自己在借鉴和学习西方文明过程中所存在的问题。哈耶克曾在下述四个方面论涉到了这个问题:

第一,哈耶克在《自由秩序原理》一书中指出,发展中国家应当从西方国家学习西方早先建构文明的方式和对自由的信奉,而不应当借鉴和采纳西方国家在成功发展以后所引发的各种替代性方案的梦想:一是因为正是对自由的信奉,才使得西方世界得以充分地利用那些能够导致文明之发展的社会力量,并使西方文明获得了史无前例的迅速发展;二是因为各种替代性方案虽说会使发展中国家较快地模仿并获致西方的若干成就,但是它们亦将阻碍这些国家做出

它们各自的独特贡献。

第二,哈耶克在《作为一种发现过程的竞争》一文中指出,作为一种发现探索过程的竞争,在那些高度发达的经济制度中极为重要,但是它之于低度发达的社会却有着更大的重要性,一是因为那种以为我们在一个低度发达国家(即首要问题乃是发现什么物质资源和人力资源可资使用的那种国家)中也能够事先确定其社会结构的观点,或者那种以为我们能够预测出我们采取的任何措施对这样一种国家所具有的特定影响的观点,纯属是异想天开;二是因为只有当少数乐意且有能力尝试新方法的人能够使众人感到有必要效仿他们并且同时又能够为众人指明方向的时候,风俗习惯才可能发生必要的变化;竞争不仅指出了人们如何方能够把事情做得更具效率,而且还迫使那些依赖市场获取收入的人直面这样一种抉择:要么效仿更为成功的人士,要么失去部分或者全部的收入;正是依凭这样一种方式,竞争产生了一种非人力的强制:它迫使无数的个人必须以一种任何刻意的指令或命令都不可能促成的方式去调整他们自己的生活方式。

第三,哈耶克在《理性主义的种类》一文中专门讨论了日本思想家应当如何看待西方理性主义的问题,并且明确告诫日本思想家,那些把欧洲传统中看似最具特色的某种东西推至极限的学派,实际上与那些并不充分承认有意识理性之价值的人一样,都是极其错误的,只是这二者的错误方向不同而已:前者完全无视理性的限度,而后者则完全无视理性的作用。因此,哈耶克希望日本思想家能够研究和认识西方社会中的与唯理主义相区别的"批判理性主义"传统,因为在哈耶克看来,它在创建现代欧洲文明的基础,尤其是在创建自由主义的政治秩序方面很可能做出了更大的贡献。当然,哈耶克关于这个问题的讨论,对于非西方社会的中国思想家来讲也有着极为重要的意义。他在该文中指出,"颇为幸运的是,这种建构论唯理主义并不是欧洲传统可以贡献给人们的唯一的哲学……你们还可以发现另外一种较为低调且比较平实的传统:尽管它在建构宏大的哲学体系方面着力不多,但是它却很可能在创建现代欧洲文明的基础,尤其是在创建自由主义的政治秩序方面做出了更大的贡献。……这种传统并不是一种植根于欧洲思想发展某个特定阶段的片面的夸张之物,而是提出了一种真正研究人性的理论,所以它应当可以为你们的研究提供一个基础,而你们自身拥有的经验又能够使你们在发展和推进这种基础的方面做出重要的贡献。这种有关心智和社会的观点明确认为,传统和习惯在心智和社会的发展过程中起着相当重要的作用"。

第四,也是最为重要的,哈耶克在《法律、立法与自由》第三卷中极富洞见力地指出了非西方社会从西方国家移植民主制度的前提性问题,即非西方国家在移植西方民主制度的时候必须关注支撑这一制度的很可能未形诸文字的相应传统和信念。哈耶克明确指出,"正是这些传统和信念,在那些较为幸运的国家中始终构成了它们的宪法得以有效发挥作用的基础,尽管这些传统和信念并没有明确陈述出宪法所预设的全部内容,甚或还没有形诸于文字。当然,新兴国家的情况就更是如此了,因为在这些国家中,甚至连一个与欧洲国家长期信奉的法治理想略具相似的传统都没有;据此我们可以说,这些新兴国家实际上只是从欧洲国家那里移植了民主制度而已,但是它们却没有这些民主制度所预设的信念和观念作为它们的坚实支撑。……如果我们不想让移植民主制度的种种尝试归于失败,那么我们在建构这种新的民主制度的时候,就必须对大多数作为这些制度之基础的未形诸文字的传统和信念给出详尽的阐释,因为在成功的民主制度中,正是这些传统和信念曾在相当长的时期内制约了人们对多数权力的滥用。当然,大多数移植民主制度的尝试已告失败的事实,并不能够证明民主这个基本观念不具有现实适用性,而只能够证明这样一个问题,即那些在西方国家曾一度运行大体良好的特定制度乃是以人们默会地接受某些其他原则这个预设为基础的——这就是说,在西方国家中,这些为人们以默会方式承认的原则在某种程度上得到了人们的遵循;因此,在那些尚未认识到这些原则的国度里,人们就必须把这些默会性原则作为宪法的一部分明确写进成文宪法之中,就像把其他的原则写进宪法一样。……因此,我们完全有理由做这样的追问,即西方代议制度以默会方式预设的那些观念,究竟如何才能够被明确地纳入到这类成文宪法之中呢?"我个人认为,哈耶克关于这个问题的论辩,不仅涉及民主制度,而且也可以同样适用于法律制度、经济制度、司法制度等,因此他的这一论辩对于一直在思考中国传统文化与后来建构的现代制度间繁复关系的中国论者来说有着极为重要的意义。一如我们所知,在中国社会转型的过程中,制度建设与传统文化之间的高度紧张始终困扰着中国论者,但是其间的重要原因之一就是我们在讨论这方面的问题的时候一般都是从孤立的角度来讨论制度变革和中国传统文化的,而往往忽略了这样一些问题:(1)西方现代的各种制度与支撑它们的默会知识和信念之间的紧密关系;(2)中国正在逐渐建构的制度与中国传统文化之间的紧张关系;(3)如何通过制度性安排来为正在建设的各种制度提供它们所必需的支撑性基础。

四、关于 The Constitution of Liberty 的翻译问题

问：在讨论了上面的问题以后，我想就哈耶克研究中的一些比较具体的问题请教于你。我们大家都知道，哈耶克在 1960 年出版了他的重要著作 The Constitution of Liberty。有的学者把这部著作的书名翻译成了《自由的宪章》（台湾周德伟等人），刘锋在译霍伊《自由主义政治哲学》一书时将其译作了《自由宪法》（三联书店 1992 年版），你将它译作了《自由秩序原理》（三联书店 1997 年版），而杨玉生等人在此后又把它翻译成了《自由宪章》（中国社会科学出版社 1999 年版）。差异如此之大的译法，显然说明这已经不是一个翻译上的技术问题，而是一个涉及理解的问题。因此，是否可以请你先就这个问题谈一谈你的看法？

答：我完全同意你的判断，这不是一个翻译上的技术问题，而是对哈耶克自由主义社会理论和知识观的理解问题。实际上，我在翻译哈耶克该书书名的时候颇费心思，学术界的好友也相当关心这个问题，尤其是许倬云先生和林毓生先生，他们在得知我正在翻译哈耶克这部著作以后，曾先后专门写信提醒我不要将书名译作《自由的宪章》并建议翻译成《自由的构成》。但是，经由详尽考虑以后，我还是主张把它译作《自由秩序原理》，并且还专门就采用这个译名的理据写了一篇文章：《〈自由秩序原理〉抑或〈自由的宪章〉：哈耶克 The Constitution of Liberty 书名辨》（载拙著《自由与秩序：哈耶克社会理论的研究》，江西教育出版社 1998 年版）。在这里，我只想征引哈耶克本人在《法律、立法与自由》"导论"中所提供的一个解释以及我本人对它的理解来说明这个问题。哈耶克在该书中指出："如果我早在出版 The Constitution of Liberty 一书时就知道我会着手本书所试图进行的研究工作，那么我就会把那部著作的标题留下来，用在现在这部书上。我在当时采用 constitution 一词时，是在该词的广义上使用这个词的，其间我们亦用它来指称人的适宜的状态（the state of fitness of a person）。只是在现在这部书中，我才致力于回答这样一个问题，即什么样的宪法性安排（constitutional arrangements），即法律意义上的宪法性安排，才可能对维护个人自由有最大的助益。"

哈耶克这段晚出的关键文字，按照我个人的理解，至少向我们揭示了理解

The Constitution of Liberty 这一书名的两个要点：首先，这个书名中的 constitution 乃是指一种适合于人的生活状态，即个人的自由状态或集合意义上的自由秩序；同时他通过这个书名所试图表达的乃是 The Constitution of Liberty 这本书的研究对象，一如他在该书的第一章开篇所指出的，"本书乃是对一种人的状态的探究；在此状态中，一些人对另一些人所施以的强制在社会中被减至最小可能之限度"。当然，"自由秩序"这个研究对象不同于《法律、立法与自由》所确立的具体研究对象，因为后者的具体研究对象或试图回答的具体问题乃是什么样的宪法性安排才可能对维护个人自由有最大的助益。

其次，哈耶克的上述说明文字还表明，他乃是在两个不同的层面上处理前后两本书的具体研究对象的，即从重述古典自由主义原则的层面向主要是重构法律制度的层面的转换，后者乃是在文化进化规则系统限度下的论题。20 世纪 50 年代，哈耶克对自由遭受威胁的问题有一个基本的判断，即在过去，"人们只是模糊地认识到了这一理想或者说不尽完善地实现了这一理想；因此，如果要使这一理想成为解决当下问题的指导，就必须对其做出进一步的厘定和阐明"。正是这种判断，决定了哈耶克在阐释原则的层面上研究人的自由秩序的问题；当然他也对一些重大的政策进行了分析，然而这种分析充其量也只是"对这些原则的验证"。到了六七十年代，哈耶克日益认识到，要对那些以制度作为基础的支配着当下西方人的种种信念做出重大的修正，仅诉诸于原则的阐释和寄希望于社会的道德是不充分的，这是因为那些信念所依凭的原本旨在保护个人自由的宪政制度已无法实现它们的目的，所以必须从原则阐述的层面转向变革这些制度的层面，而这就是哈耶克所谓的文化进化下的"制度性发明"（institutional invention）。正是基于上述我对哈耶克说明的解读，我认为应当把哈耶克社会政治理论下的 constitution 理解成一种"秩序"，而把整个书名译作《自由秩序原理》；综而述之，采用这个译名，一是为我们理解作为一位纯粹经济学家的哈耶克转向研究社会政治哲学的学术旨趣留下了可能的空间；二是符合哈耶克社会政治理论的内在理路；三是完全符合哈耶克本人对这一书名的说明；最后也不含译者对哈耶克社会政治理论的任意限定。

五、对哈耶克"自生自发秩序"观念的讨论

问：在哈耶克的研究中，就像你所讲的那样，"自生自发关系"乃是一个极

为重要的观念,而且还构成了他的社会理论的重要基础之一。但是,坦率地说,这个观念并没有得到人们很好地理解,因为人们一般都把哈耶克的这个观念与"自然形成"等而视之,甚至像汪晖这样严肃的学者也这样认为——他在讨论这个问题的时候指出,哈耶克把社会领域视作是"自然的"或"个人主义的"领域,也即通过自然的交往行为而形成的自由的社会。既然你一再强调哈耶克"自生自发关系"观念的重要性,那么是否可以请你更加明确地澄清这个问题?

答:我注意到,自我翻译出版哈耶克《自由秩序原理》一书以来,人们在理解或认识哈耶克"自生自发秩序"观点的方面常常发生一些问题,而其间最为误导的便是这样两种现象:第一,就是你在上面提到的那种把"自生自发秩序"与"自然形成的秩序"混为一谈的说法;第二,亦即那种把"自生自发秩序"理解成人的自然交往的结果。我必须承认,这是一个很大的问题,我只能在这里对此做一番简要的讨论。

众所周知,我在研究哈耶克思想的论文中反复强调,自生自发秩序的理念以及与其相关的原理,可以说是亚当·斯密经济社会秩序研究一脉的经济学家的"内核"定理,同时也是哈耶克自由主义社会理论的"核心观念",更是他的社会理论在试图认识和解释个人自由与社会整体秩序间关系方面的我所谓的"哈耶克的终身问题",因为正是这个"哈耶克问题"反映了或支配着哈耶克整个社会理论建构的过程,换言之,哈耶克社会理论的繁复建构过程乃是从这一问题中产生并围绕这一问题而展开的,一如哈耶克本人所说的,社会理论的整个任务,就在于这样一种努力,即重新阐释存在于社会世界中的各种自生自发的秩序。关于"自生自发秩序"这个观念的重要性,我想只需征引两位论者的评价就足以说明问题了:G. P. O'Driscoll 指出,"自生自发秩序(更确切地可以称为'非设计的秩序')原则,可以被视为经济学的第一原则";布坎南晚近更是认为自生自发秩序乃是经济学的唯一原则,只是他不主张将它扩张适用于制度和法律结构的层面。

就如何理解哈耶克"自生自发秩序"这个重要的观念而言,我认为至少需要把握住下述三个方面:

第一,哈耶克"自生自发秩序"观念在知识论上的渊源。一如我们所知,哈耶克所主张的进化论理性主义,一方面表现为他对一些苏格兰道德哲学家所明确阐明的进化论传统的继承,而另一方面,则是在他对所谓的立基于笛卡儿式唯理主义的"法国启蒙运动传统"的批判中加以展开的。而哈耶克所阐发的"自生自发秩序"观念就是以这一"进化论理性主义与建构论唯理主义"框架为基础的。哈耶克指出,这两种传统区别极大:一为经验的且非系统的自由理论传统,另一为思辨的及唯理主义的自由理论传统;前者旨在对自生自发发展的但却未被完全理解的各种传统和制度进行解释,而后者则旨在建构一种乌托邦。套用 J. L. Talmon 的话来说:"一方认为自生自发及强制的不存在乃是自由的本质,而另一方则认为自由只有在追求和获致一绝对的集体目的的过程中方能实现";一派"主张有机的、缓进的和并不完全意识的发展,而另一派则主张教条式的周全规划;前者主张试错程序,后者则主张一种只有经强制方能有效的模式"。我们可以把哈耶克这种进化论的理性主义表述为这样一个主张,即个人理性受制于特定的社会生活进程;这个植根于人性的主张至少从两个方面揭示了进化论理性主义的核心:一方面,个人理性在理解它自身运作的能力方面有着一种逻辑上的局限,这是因为它永远无法离开它自身而检视它自身的运作;而另一方面,个人理性在认识社会生活的作用方面也存在着极大的限度,这是因为个人理性乃是一种植根于由行为规则构成的社会结构之中的系统,所以它无法脱离生成和发展它的传统和社会而达致这样一种地位,亦即那种能够自上而下地审视它们并对它们做出评价的地位。立基于上述根本主张,我们还可以把进化论理性主义关于社会秩序的认识概括为这样一些基本的命题:(1)文明于偶然之中获致的种种成就,实乃是人的行动的非意图的结果,而非一般人所想象的条理井然的智识或设计的产物;(2)各种使我们得以适应于世界的规则系统,乃是一种进化的成就,因此与上述个人理性有限的主张相关联,这些规则系统在某种程度上有着一种理性不及的性质。

值得我们注意的是,哈耶克对"自生自发秩序"观念的阐释虽说是以他对笛卡儿式唯理主义"一分观"的批判为基础的,但也是以他对那种强调"事物之本性"的自然观进行的批判为基础的,而这一点可以比较集中地见之于他对古希腊人提出的"二分观"所做的批判。哈耶克认为,欧洲思想界之所以坚信刻意的设计和计划优越于各种自生自发的社会力量,显然是由于笛卡儿主义者所阐发的唯理主义建构论在欧洲思想界的盛行所致;但是欧洲思想界所持的这种认识进路还有一个更为古老的思想渊源,而这就是古希腊先哲所提出的那种以极具误导性的方式把所有的现象都界分为"自然的"现象或"人为的"现象的二分观;当然,欧洲思想界乃是因亚里士多德接受了这种界分方式而将这种二分观变成了欧洲思想中的一个不可分割的组成部分。的确,这种错误的二分观直至今天还在困扰着我们的思想,并且构成了我们正确理解社会理论和社会制度这项独特任务的最大的障碍。正是通过对这个问题的研究,哈耶克得出了一个极为重要的结论,即公元前5世纪的希腊人以及此后2 000多年中沿循其知识脉络的唯理主义者都没有能够也不可能发展出一种系统的社会理论,以明确处理或认真研究那些既可以归属于"自然"的范畴亦可以归属于"人为"的范畴进而应当被严格归属于另一个独特范畴下的第三类现象,亦即那些既非"自然的"亦非"人之设计的"而是"**人之行动且非意图或设计的结果**"。通过上面的简要讨论,我们至少可以指出,哈耶克在他所主张的"进化论理性主义"和"第三范畴"这一知识观的基础上,为他所阐发的"自生自发秩序"确定了这样一种性质,即它既非出自于"人之设计",亦非出自"自然",而是出自于"人的行动"的非意图的结果。

第二,为了更加明确哈耶克提出的"自生自发秩序"的性质,我们还必须认真地理解哈耶克经由他的"社会秩序分类学"而对组织秩序与自生自发秩序所做的界分。就这个问题而言,我个人以为,哈耶克在这个方面的最为核心的洞见就是把所有结社、制度和其他社会型构的社会秩序类分为不是生成的就是建构的两类秩序:前者是指"自生自发的秩序",而后者则是指"组织"或者"人造的秩序";前者的特征是它不具有一种共同的目的序列,所具有的只是每个个人的目的,而后者则是以它确定或实现具体目的为特征的。显而易见,哈耶克对自生自发秩序与组织的界分,与他所确立的进化论理性主义与建构论唯理主义框架之间存在着结构上的一致性。哈耶克的社会秩序分类学,大致可以归纳为三个方面:(1)哈耶克指出,自生自发秩序与组织之间的首要差异乃在于它们所展示的有序性的产生方式:自生自发的秩序乃是在那些追求自己的目的的个人之间自发生成的,而这意味着任何个人都不知道他的行动与其他人的行动相结合会产生什么结果;然而,组织中的有序性却是一致行动的结果,因为组织中的合作与和谐乃是集中指导的结果。(2)这两种社会秩序类型所依赖的协调手段不同:导向自生自发秩序的协调和谐,必定涉及一般性规则的问题,换言之,如果要达致社会的自我协调,那么社会秩序的参与者就必须共有某些规则并严格遵循这些行为规则;相反,协调一个组织中的劳动分工的社会结构则是一种命令与服从的等级关系,而在这种关系中,命令详尽地规定了每个成员的具体活动。(3)自生自发秩序为不同的个人实现其各自的目的提供了有助益的条件;相反,一个组织则是一种有助于实施某个先行确定的具体目的的集体工具。

从哈耶克"自生自发秩序"观的建构角度来看,哈耶克这一"社会秩序分类学"的确立有着极为重要的意义,因为它为哈耶克在明确指出"自生自发秩序"性质的基础上进一步阐发"自生自发秩序"的内涵奠定了最为基本的分类基础,而这就是哈耶克所谓的"行动结构与规则系统"的界分。

第三,个人私性行动中的常规性并不能够形成一种整体性的秩序,因此只有当我们对这个问题有了更深刻的理解,我们才可能真正把握哈耶克的"自生自发秩序"观念。立基于上述社会秩序的分类学,哈耶克指出,道德、宗教、法律、语言、书写、货币、市场以及社会的整个秩序,都是自生自发的社会秩序。我认为,哈耶克之所以把所有这些自生自发的社会秩序都归属于同一范畴的预设,实是因为它们生成演化的过程极其相似,更具体地说,亦就是它们都不是因计划或设计而生成的,而是"人之行动而非人之设计的结果"。但是哈耶克又强调指出,在这些自生自发的社会秩序中,仍然存在着两种无论如何都不能混淆的秩序类型:一是在进行调适和遵循规则的无数参与者之间形成的互动网络的秩序(或称为行动结构),二是作为一种业已确立的规则系统的秩序。这可以明确见之于他于1967年所发表的《关于行为规则系统之进化问题的若干评注》一文的副标题"个人行为规则与社会的行动秩序之间的相互作用",因为正是在这里,哈耶克达致了对"个人行动者遵循的行为规则"与由此而产生的"社会行动秩序或整体性秩序"的明确界分。具体来讲,哈耶克指出,个人行为的规则系统与从个人依据它们行事而产生的行动的秩序并不是同一事情,因为自生自发的行动结构并不是自然生成的,而是这些秩序中的行动者在回应他们的即时环境时遵循某些规则的结果。这里的核心问题在于哈耶克上述观点中所隐含的一个极为重要的命题:人不仅是一种**追求目的**(purpose-seeking)的动物,而且还是一种**遵循规则**(rule-following)的动物。哈耶克的这个命题的关键之处乃在于:行动者在很大程度上是通过遵循社会行为规则而把握他们在社会世界中的行事方式的,并且是通过这种方式而在与其他行动者的互动过程中维续和扩展社会秩序的。这不仅意味着人之事件/行动受着作为深层结构的社会行为规则的支配,而且还意味着对人之行为的解释或者对社会现象的认识乃是一种阐释某种独立于行动者的知识但却切实影响或支配行动者之行动的社会行为规则的问题,而不是一种简单考察某些刻意的和具体的行动或事件的问题。

简单地说,哈耶克"自生自发秩序"的基本要义乃在于:它并不源出于"人的设计",因此它与组织秩序相区别;它也不是"自然的"造就之物,因为它是"人的行动"的结果,因此,由于人乃是遵循规则的动物,所以它实是人在行事的过程中遵循相应规则的结果。

六、关于哈耶克法律理论的讨论

问:我们大家都知道,在哈耶克的自由主义理论中,个人自由是与他所主张的"法治观"紧密联系在一起的,因为哈耶克认为个人自由乃是通过法治而得到保障的。关于这个问题,我似乎感觉到有来自两个方面的批评意见,一种意见就是我在前面的问题当中提到的石元康教授提出的在不诉诸个人权利的前提下哈耶克的法治原则是无法保障个人自由的观点;另一种意见是我在霍伊所写的《自由主义政治哲学》中看到的,这种观点认为,哈耶克法治原则中的一般性原则是一种形式原则,所以它无法切实保障个人自由。这个问题显然很重要,但是令我感到有些不解的是,在你发表的多篇讨论哈耶克思想的论文中,你却一直没有对这个问题做过讨论。是否可以请你对此做些专门的解释并就这个问题谈一谈你的看法?

答:不错,我在已经发表的论文中确实没有对哈耶克的法治观进行讨论。其中最主要的原因是我认为,哈耶克自由主义理论的核心观点之一是个人自由乃是经由法治而得到保障的,但是作为一个研究者来说,我对哈耶克思想的研究却必须按照一定的逻辑展开。具体来说,我乃是从哈耶克的社会理论、知识观的转换这个角度而展开的,并在此基础上对哈耶克的"法律观"进行了讨论,因为我认为,只有在确当理解哈耶克的法律观以后,我们才有可能切实理解哈耶克以他的法律观为依凭的自由观。但是,考虑到哈耶克的法律理论极为繁复,因此我在发表的论文中只是对哈耶克的"法律与立法二元观"进行了讨论,而关于他的"法治观"问题,我将在另一篇论文中进行讨论。

由于篇幅所限,我想在这里只对你提出的有关哈耶克法治国中的"一般性原则"这个问题做些说明,实际上这两个问题之间是存在某种关联的。一如我们所知,哈耶克在《自由秩序原理》一书中开始建构"法治国"和讨论"法治下的自由"的基本条件的时候,就已经明确指出了"自由的法律"或"法治之法"所必须具有的三项特性:首先,从个人知识具有特定时空的分立性来看,任何秩序的参与者或维护者(不论是个人还是组织)都不可能完全知道每个人的特殊偏好和需求;据此,哈耶克主张"法治之法"的首要特性是一般性和抽象性(以下简称"一般性")。法律所必须具有的这种一般性的具体内涵主要有三个方面:在本质上,它们乃是长期性的措施;从指向上来讲,它们所指涉的乃是未知的情形而非任何特定的人、地点和物;再就它们的效力言,它们必须是前涉性的,而绝不是溯及既往的。其次,与上述法律必须具有的一般性紧密勾连,"法治之法"所应当具有的第二项属性乃是公知的且确定的(以下简称"确定性");哈耶克解释说,法律的确定性乃是指法律对于个人来讲是明确的和可适用的。最后,哈耶克坚持认为,"法治之法"的第三项特性乃是"法律面前人人平等"的平等性。毋庸置疑,哈耶克法治观所确立的"法治之法"的这三项重要特性的根本目的就在于保障自由,而法治便是实现自由的基础或条件。从一般意义上言,在哈耶克为"法治之法"所确立的这三项原则中,法律的一般性乃是最为核心的原则,而从逻辑的关系言,哈耶克所提出的"法治之法"的确定性和平等性原则,则可以经由推论而从上述第一项原则中获致:确定性和平等性显然是以"法治之法"的一般性原则为基础的,而同时也可以被认为是这项原则的不同方面。

然而,哈耶克以一般性原则为基础而提出的法律只要遵循法治的一般性原则就一定能够保障个人自由的观点,招致了最为严厉的批判。这些批判观点认为,由于哈耶克所阐发的法治一般性原则根本无法防阻宰制性或压制性的立法,而又由于哈耶克的法治理论在基本层面上并不含有对不可侵犯的个人权利的担当,所以哈耶克的法治只有在把自由转换成高度道德的权利的时候才可能使个人自由得到保障。显而易见,这类批判观点的关键之处在于:哈耶克所诉诸的一般性原则本身是不具有实质意义的,因为压制性的立法亦能通过这个标准的检测,例如,要求所有个人都崇奉某种宗教的法律虽说有可能符合哈耶克法治观所设定的一般性原则,但却仍有可能侵犯个人自由。

对哈耶克一般性原则所提出的上述批判,在我看来,实是以那些批判者对哈耶克深刻的法治观点所做的一种极为简单的认识为基础的。一如我们所见,这些批判观点的实质在于它们认为,哈耶克承认他所确立的一般性原则乃源出于康德的普遍性原则,而由于康德的原则是一个形式原则,所以哈耶克用于判准法律正当性的一般性原则也就是一种完全形式的原则。然而,这些批判观点显然忽视了哈耶克对这个问题所做的比较系统的阐释:第一,哈耶克明确指出,康德思想确实是一般性原则的渊源之一,但是康德的这个观点却源出于休谟的法律观。今天来讲,对一般性规则与个人行动及公众行动的特定且具体的目的之间所做的界分,在休谟的整个法律哲学中占据着一个极为中心的位置,而这一点恰恰说明了普遍盛行的"普遍规则这一概念的近代历史始于康德"这种观点是大有疑问的,因为哈耶克指出,康德对这个问题的认识实际上直接源出于休谟的思想——康德很可能是通过把休谟业已阐发的法治观念适用于伦理学领域而提出了他的"绝对命令"理论的。第二,哈耶克还相当明确地指出,一般性原则远非只是意指形式上的特定指涉的不存在,因为除了把某项特定的正当行为规则置于整个正当行为规则系统的框架中加以审视或评断,否则我们就不可能对该项特定的行为规则是否正义的问题做出判定;这意味着,一方面,我们必须为了这个目的而把该规则系统中的大多数规则视作是不容置疑的或给定的,这是因为价值始终只能够根据其他的价值加以检测。另一方面,在把某项正当行为规则适用于任何具体情势的时候,该项规则不得与任何其他被人们所接受的规则相冲突。因此,这种标准归根结底是一种评断某项规则是否与整个规则系统相容合或不矛盾的标准,而且还意味着这些规则所允许的行动之间不会发生冲突。据此,依据哈耶克的一般性原则,法律规则就必须被整合进一个非冲突的规则系统之中,而且法律规则所允许的个人行动也必须处于一种和谐相容的秩序之中。

关于这个问题的讨论,我个人以为,英国著名政治哲学家 John Gray 对上述批判观点所做的回应可以为我们较为妥切地理解哈耶克的法治观提供某种极有意义的帮助。正如我在回答前面问题的时候指出的那样,Gray 曾经在 20 世纪 80 年代初发表的评论文章中不仅赞同上述批判观点而且本人也对哈耶克的法治观进行了批判,但在历经 4 年的思考以后他却坦承了自己在认识哈耶克法治理论方面的贫困;Gray 指出,在哈耶克的法治理论中,一般性标准远非只是排除指涉特定的人或特殊的群体,因为哈耶克这个一般性原则实际上有着三个步骤:第一,一般性原则设定了在相似情形之间必须前后一贯的要求,并在这个意义上设定了一个仅是形式的非歧视性要求;第二,一般性原则追问一个人是否同意那些将要调整其他人涉及他自己的行为的法律规则;显然,这是一个对行动者之间公允平等的要求;第三,一般性原则进一步要求法律规则在其他人的偏好之间应当公允无偏,而不论立法者自己的生活取向或理想——亦即一种道德中立性的要求。此外,Gray 在把哈耶克的法治观归纳为将一般性原则适用于法律规则必定会产生一种自由的社会秩序的命题的基础上又对这个命题做了进一步的阐发:首先,尽管哈耶克本人并没有明确阐述一般性原则的三个步骤,但是他却明确意识到,一般性原则并不只是形式的,而且还包括了这样一个实质性的要求,即它在现实世界中所允许的活动方案应当是非冲突的;其次,在一个社会成员几乎没有共同目的的社会中,法律一定会具有很高程度的形式特征,即它们只对一些条件进行规定,而个人则可以在这些条件下追求他们自己确定的目的和自己选择的活动,而不是把任何具体的目的或活动强加给个人;最后,在一个社会成员不具有共同目的或共同的具体知识的社会中,唯有赋予每个人以一个确获保障的领域的一般性规则才能被认为是可以增进合作活动之模式的规则。

当然,这个问题远非如此简单,只是我们无法在这里对它进行详尽的分析。不过,明确指出哈耶克法治观中的"一般性原则"绝非一种纯粹的形式原则这一点,实是讨论这个问题的关键之所在。

问:你在《法律与立法的二元观:哈耶克法律理论的研究》一文中提到过哈耶克的思想曾经历了从"欧洲大陆法治国"向"普通法法治国"的转换。我想,这涉及了一位思想大师极其重要的思想流变的问题,因而也肯定是哈耶克法治理论中一个极有意义的问题。然而比较遗憾的是,你却没有对这个问题进行比较充分的讨论。现在是否可以请你简单谈一谈这个问题呢?

答:首先需要指出的是,哈耶克本人不曾使用过"普通法法治国"这个说法,这个说法实际上是英国政治哲学家 Gray 在讨论哈耶克的法治观的时候提出来的。在我看来,这个说法的确很好地把握住了哈耶克的法治思想。首先,一如我们所知,哈耶克在 1960 年《自由秩序原理》一书中指出:在法治的理想与判例法制度之间似乎存在着一种至少是表面上的冲突。当然,在一业已确立的判例法制度中,法官实际造法的范围,可能并没有他们在一法典法制度下的造法范围大。但是,明确承认司法和立法为法律的渊源(尽管这与构成英国传统之基础的进化理论相符合),却仍趋向于混淆法律之制定与法律之适用之间的差异。普通法所具有的为人们极为称颂的弹性,在法治已成为一种为人们广为接受的政治理想的条件下,的确颇有助于法治的进化;但是哈耶克紧接着追问道,在维续自由所需要的警戒消失时,普通法的这种弹性对于那些摧毁法治的种种趋势是否仍具有较强的抵抗力呢?其次,需要指出的是,哈耶克此时所主张的"法治之法"的第二个特性即法律的确定性,实是以欧陆法治国传统的"确定性原则"为基础的,因为它认为,与哈耶克的观点相同,"确定性原则"意指法律对于公民来讲是明确的和可适用的;然而,确定性原则在普通法中所意指的主要是规则的稳定而免受修正。由于哈耶克从欧洲法治观的"确定性"出发,所以他一定会强调法律法典化的重要性,但是重要的是,他同时又遵循其有限理性的知识论而明确指出,并不是所有决定判决的规则都是能够用文字表述的;这在某种程度上显示出了哈耶克思想在明确法典与未阐明规则之间所存在的紧张。从上述两个方面来看,我们可以说哈耶克在此以前对普通法是有相当保留和怀疑的。

但是在此以后,哈耶克关于普通法的看法却发生了很大的变化。我认为,哈耶克在这个方面的修正性观点可以被概括为如下几个要点。第一,哈耶克在此后从有限理性的无知论知识观出发一再强调立法所具有的内在限度:自生自发秩序的观念只是在古希腊、古罗马乃至现代英国这样的国家中产生,乃是因为在这些国家中,正义规则被认为是某种有待法官或学者去发现的东西,而不是由任何权力机构之刻意立法所决定的东西;他进一步指出,作为判例法程序的一个必然结果,那种以先例为基础的法律必定只是由那种含有普遍意图的、目的独立的和抽象的行为规则构成的;而这些规则正是法官和法律学者试图从早期的判例中提炼出来的,但是立法者制定的规范却不存在类似的内在限制,因此立法者也就不太可能把遵循这样的限制当作他们必须承担的首要任务来对待。第二,哈耶克在此后经由形成"三分观"("自然"、"人为"和"理性不及")而反复强调,自由主义既继承了普通法的理论也接受了早期的前唯理主义的自然法理论,而且自由主义也是以一种可以使我们对正当的个人行为规则与"立法"做出明确界分的正义观念为基础的:前者是那些隐含在"法治"观念中的规则,同时也是自生自发秩序的型构所要求的规则,而后者则是权力机构为了政府组织和运作的目的而发布的特别命令。第三,哈耶克根据他所主张的制度进化观而认为,法典化过程完全有可能受即时性多数之一时意志的支配而摧毁整个规则系统,因此他坚决主张个别行为规则与整个规则系统之间"一致性"和"相容性"的否定性检测标准。

由此可见,哈耶克对普通法的看法发生了很大的变化,亦即从一开始怀疑普通法到后来相信普通法,直至最后将普通法视作是保障自由或者构成自由之条件的法律的标准,我们可以在这里征引一段哈耶克的话来说明这个问题:"如果政府实施的规则要成为法律(亦即成为英国式自由主义传统中用以指称自由之条件的那种法律)的话,那么这些规则就必须具有像英国普通法这样的法律所必须拥有的某些特征：第一，它们必须是一般性的个人行为规则；第二，它们必须在无数的未来情势中平等地适用于所有的人；第三，它们必须对确获保护的个人领域做出界定；因而第四，它们必定在本质上是具有禁令性质的一般性规则而不是具体的命令。然而我们知道，立法的产物却未必拥有这些特征。"

就哈耶克改变他的法治观而言，我想特别强调一个极为重要的影响因素。1961年，Bruno Leoni 出版了一本题为 *Freedom and Law*（《自由与法律》）的著作；在这部著作中，Leoni 对哈耶克于 1955 年在开罗所做的"法治的理想"演讲（即《自由秩序原理》一书有关法治讨论的大纲）中把英国的法治观念简单地比附成欧洲大陆的法治国传统的做法进行了批判。Leoni 在批判的过程中指出了这样一个核心观点，即欧陆法治传统中的确定性观念与普通法中的确定性观念之间存在着很大的区别。尽管 Leoni 并不认为欧陆法治中的确定性观念不具有价值，但是他却明确地指出，这种确定性原则本身并不足以确使哈耶克所主张的个人自由免遭强制；更为重要的是，哈耶克所主张的这种确定性观点还致使他忽视了英国普通法"确定性"原则中的一个重要意涵，即法律规则的稳定性，而这也是普通法在给予个人以一个稳定活动的框架方面要比立法更成功的原因之所在。与此紧密相关的是，Leoni 在对那种以法治国法典化法律的理想为基础的法律（即主权者颁布的立法）进行批判的过程中还提出了另一个核心观点，即现代社会在法律语境中把法律统合或集权于立法的做法，与中央经济集权在经济领域中一样，不仅困难而且极不可能。

我对哈耶克论著的阅读和研究表明，哈耶克在 1960 年以后出版的所有论著中都不曾承认他是在 Leoni 这部著作的影响下改变其观点的，但是值得我们注意的是，在 1962 年 4 月 4 日致 Leoni 的信函中，哈耶克却明确指出，他不仅为 Leoni 出版《自由与法律》一书感到高兴，而且该书中的观点也给予了他以新的启示；哈耶克在简略讨论了这些观点以后指出，他希望在一本关于《法律、立法与自由》的"小书"中提出这些问题。显而易见，哈耶克乃是在批判家 Leoni 的影响下，同时也是在其知识观转换这一更为紧要的基础上，日益洞见到了普通法作为个人自由保障者的重要性并且逐渐解决了他早期关于立法与普通法在自生自发秩序中的位置的论述中所隐含的紧张之处。

从上述哈耶克的论述以及我们此前的讨论中，我们可以发现，哈耶克经由法治保障自由的理想实际上并没有发生变化，只是他理解实现这种理想的制度方法发生了变化。具体言之，哈耶克晚期对法律问题的论述虽说仍然关注自生自发秩序的法律框架所应具有的宽泛特性,但是,他对这个框架的说明以及对这个框架之发展的阐释却转向了对普通法的强调以及对法律乃是有待法官或法学家发现之物的观念的强调。这里的关键在于哈耶克不再从欧洲大陆的法典法法治国的角度出发去设定法律所应当具有的特性,而转向了从普通法的角度亦即从日常司法实践活动过程中的法律规则的角度出发去阐发它们所表现出来的并使之区别于组织秩序所遵循的外部规则的特性。

问:在你讨论哈耶克法治观中"一般性原则"和哈耶克从"欧洲大陆法治国"向"普通法法治国"之转换这两个问题当中,甚至在你讨论哈耶克"自生自发秩序"观点的过程当中,我发现,你反复谈到了哈耶克关于法律与立法二分观的重要性。我想,这也可能是你为什么在研究哈耶克法律理论的第一篇论文中首先探讨他的"法律与立法二元观"的原因。你是否可以再就你对哈耶克这个观点所做的后续研究给我们介绍一下?

答:诚如你所言,哈耶克所提出的"法律与立法二元观"在他的法律理论中,乃至在他的整个自由主义社会哲学中都是极为重要的。我曾经指出,尽管由苏格兰启蒙思想的代表人物在回应建构论唯理主义的过程中提出的"自然"、"人为"与"人之行动而非人之设计"的三分观在理论社会科学各部门已然确立起了其地位,但是它却未能对法理学这个具有更为重大实际影响的知识部门产生影响,因为在这个领域中长期处于支配地位的哲学依旧是源出于建构论唯理主义的法律实证主义和唯理主义的自然法理论,它们在本质上依旧信奉"社会一元论"并将所有社会行为规则视作人之刻意发明或设计的产物。据此,我个人认为,哈耶克经由继受上述三分观而在法律理论建构的过程中所明确提出的"社会秩序规则二元观"(即法律与立法二元观),才真正使得那种以"社会秩序规则一元观"和将所有社会秩序规则统一于"主权者意志"或"先验的理性设计"者为基础的法理学主流理论陷入了困境,并且对现代社会将所有社会秩序规则都化约为国家立法的实践活动构成了根本性的质疑,进而也在更为一般的意义上为我们批判那种以"社会秩序规则一元观"的意识形态为根本支撑并应和着现代民族国家建构之需要的现代性开放出了一个极为重要的路向。

一如我们所知,哈耶克在法律研究过程中明确洞见到了这样两个紧密相关的问题:第一,从法律观念或概念的角度上讲,"法律下的自由"这一表述,由于其间的"自由"和"法律"这两个术语不再具有明确的含义而变得无甚意义了。

第二，从法律实践的角度来看，作为组织规则的"公法"，经由现代社会中的各种制度性安排而对作为内部秩序规则的"私法"的统合或侵吞，致使自生自发秩序很难得到应有的保障。显而易见，这里隐含着哈耶克批判现代"社会秩序规则一元观"过程中的一个核心问题："最能揭示我们这个时代的支配地位的趋势……即公法对私法的逐渐渗透和取代；它乃是一个多世纪以来两个占支配地位的因素所导致的结果：一方面，'社会'正义或'分配'正义观念日益替代正当的个人行为规则，而另一方面，日益把规定'内部规则'（即正当行为规则）的权力置于受政府之命的机构之手中。在很大程度上讲，正是把这两种根本不同的任务归于同一个'立法'机构之中，几乎完全摧毁了作为一种普遍行为规则的法律与作为指导政府在特定情势之中如何行事的命令的法律之间的区别。"

正是立基于上述深刻的洞见，哈耶克相应地为其法律理论的建构设定了两项基本任务。显而易见，哈耶克必须首先在考虑法律与自由的关系的情形下对何种法律将有助于自由或内部秩序这个问题进行追究，更准确地说则是在辨析不同种类规则的过程中对有助益于自由或内部秩序的法律做出详尽的阐释。当然，哈耶克在许多情形中也把"法律"称之为"内部规则"，而把"立法"称之为"外部规则"。其次，上述不同的社会秩序规则的混淆或自生自发秩序自现代始逐渐被组织秩序所侵扰或替代，按照哈耶克的理解，乃是后者赖以产生的"外部规则"（即立法或公法）在建构论唯理主义这一意识形态的支配下统合前者所遵循的"内部规则"（即自由的法律）的结果，亦即"社会秩序规则一元化"的结果。因此，对组织规则支配或替代内部规则的过程或原因予以揭示和阐释，便构成了哈耶克法律理论的第二个基本任务。根据你所提出的问题，我在这里只对哈耶克建构法律理论过程中所设定的上述第一项基本任务进行讨论。就此而言，我认为切实把握下面三个要点乃是我们认识哈耶克这项任务的关键。

第一，内部规则与外部规则之间的区别。哈耶克指出，社会秩序的型构并不能仅通过社会秩序规则或仅通过行动者个人的目的而实现，而实是行动者在他们应对其即时性环境时遵循某些行为规则的结果；因此，我们将首先对这些规则的性质进行追问，一如哈耶克所言，"无论是对社会理论还是对社会政策都具有核心重要性的问题，便是这些规则必须拥有什么样的特性才能使个人的分立行动产生出一种整体秩序"。这意味着，我们决不能无视那些使自生自发秩序完全区别于组织或外部秩序的内部规则与外部规则在一些极为重要的方面所存在的差异。所谓内部规则，乃是意指社会在长期的文化进化过程中自发形成的规则,亦即哈耶克所谓的严格意义上的法律;它们是指那些在它们所描述的客观情势中适用于无数未来事例和平等适用于所有的人的普遍的正当行为规则。这些规则经由使每个人或有组织的群体能够知道他们在追求他们目的时可以动用什么手段进而能够防止不同人的行动发生冲突而界分出确获保障的个人领域。这些规则一般被认为是"抽象的"和独立于个人目的的。它们导致了一种同样抽象的和目标独立的自生自发秩序或内部秩序的型构。当然,哈耶克也相当正视那些根据组织或治理者的意志而制定的"外部规则",然而他却将它们视作一种独特类型的社会秩序规则,且与社会自生自发形成的内部规则正相区别,因为这种外部规则乃意指那种只适用于特定之人或服务于统治者的目的的规则。尽管这种规则仍具有各种程度的一般性,而且也指向各种各样的特定事例,但是它们仍将在不知不觉中从一般意义上的规则转变为特定的命令。它们是运作一个组织或外部秩序所必要的工具。这里需要强调指出的是,哈耶克对自生自发秩序所遵循的内部规则与组织秩序所服从的外部规则所做的区分,并不是一种逻辑上的区分,因为这两种规则在某一维度上都处于同一个逻辑范畴之中而与事实相对。

一如前述,作为有助益于自生自发秩序的内部规则,它们必定具有某些使它们区别于外部规则的特征,而它们在调整人与人之间的涉他性活动的过程中所具有的否定性、目的独立性和抽象性,便是这些内部规则所必须具备的特征。(1)哈耶克认为,自生自发秩序所遵循的内部规则可以被认为是一种指向不确定任何人的"一劳永逸"的命令,它乃是对所有时空下的特定境况的抽象。按照我个人的理解,内部规则抽象特性的这一关键内核具有下述两个极为重要的相关意义:一是它揭示了内部规则并不预设一发布者的存在而且也不具体指向一种特定的或具体的行动;二是内部规则的这一特性表明,自生自发秩序依赖于其上的这种规则所指向的必定是一种"抽象秩序",而这种抽象秩序所具有的特定的或具体的内容也是不为任何人所知或所能预知的。(2)哈耶克经由对内部规则所具有的抽象性质的阐发而认为,这一特性导致了自生自发秩序所遵循的内部规则的第二个特性,即它们是"目的独立的而非目的依附的",因而这种"目的独立"的内部规则也可以被称之为作为"一般性目的的工具"的"正当行为规则"。显而易见,构成自生自发秩序型构之基础的内部规则所具有的这一"目的独立"的特性,其关键要点乃在于对这种性质的规则的遵循,本身并不能够推进或旨在实现某个特定目的,而只服务于或有助益于人们在尽可能大的范围内追求不尽相同的个人目的。(3) 内部规则的抽象性和目的独立性乃是与那些经历了一般化过程的规则所具有的"否定性"紧密相关的，即它们都是一些禁止而非命令某些特定行动的规则。它们之所以做否定性的规定，乃是为了保护每个个人能按其自己的选择而自由行事的明确的领域，而且人们也可以通过把一般化或普遍化的标准适用于一项特定的规则而确知它是否具有这一特性。哈耶克甚至指出，实际上所有正当行为规则都是否定性的，即它们一般都不会把肯定性的义务强加给任何人，除非他经由其自己的行动而引发了这样的义务。

第二，内部规则中未阐明的规则与阐明的规则之间的区别。这里值得我们注意的是，除了我在上面所提到的抽象性、否定性和目的独立性以外，内部规则在哈耶克那里还是一个完整的"规则系统"，它不仅包括了明确阐明的规则，而且也包括了尚未阐明的规则。所谓"未阐明的规则"，在哈耶克那里，乃是指一种描述性质的规则，亦即并未用语言或文字予以表达的惯常行为的模式，而"阐明的规则"则是形式化了的规范性质的规则，它们不仅描述行为，而且还经由确立适当标准的方式支配行为。哈耶克极为明确地指出，这种规则系统包括：(1) 只在事实上为人们所遵循但却从未用语词加以表达的规则，如果我们说"正义感"或"语感"，那么我们就是指这种我们有能力适用但却并不明确知道的规则；(2) 尽管已为语词所表达但却仍只是表示长久以来在行动中为人们所普遍遵守的东西的规则；(3) 刻意引进的从而必定以成文形式存在的规则。哈耶克对内部规则系统所做的这一阐释极为重要，因为在现代社会以阐明的规则统合未阐明的规则的语境中，建构主义者在上述三类规则中倾向于否定前两类规则，而只愿承认其间的第三类规则为有效的规则。

在这个"阐明的规则与未阐明的规则"的论说中，哈耶克揭示出了作为立法结果的"阐明的规则"与那种日益进化且并不为人所完全知道的"未阐明的规则"之间的关系。就此而言，哈耶克明确指出，人的行动从来就不是只以其对已知的某种手段和相应的结果间的因果关系的明确认识作为行动指导的，相反，在绝大多数的情况下是受其知之甚少的那些社会行为规则指导的，而这些规则乃是社会群体在长期的历史实践活动中经由文化进化而积淀下来的为人们普遍接受的规则。因此，在哈耶克的论述脉络中，"未阐明的规则"不仅优位于"阐明的规则"，而且"阐明的规则"的存在亦不能替代"未阐明的规则"及其所具有的意义。哈耶克的这个重要洞见，不仅意味着作为"未阐明的规则"的法律比作为"阐明的规则"那种为建构论唯理主义者唯一承认的立法和组织化的国家更古老,而且也更意味着立法者和国家的全部权威实际上都源出于此前已然存在的标示着正义观念的未阐明的规则,而且除非得到了那种为人们普遍接受或承认但却常常是未阐明的规则的支援,否则即使是阐明的规则也不可能得到完全的适用;而且除非我们正视阐明的规则得以获取其意义所赖以为基的这种未阐明的规则,否则这种阐明的规则得以发展、变更和阐释的整个过程也无从为我们所认识。

经由上述论证,哈耶克达致了两个我个人以为是我们理解哈耶克"法律与立法二元观"的至关重要的命题。第一个命题乃是哈耶克所说的"社会秩序内部规则是人之行动而非人之设计的结果的命题"。这个命题一方面意味着自生自发秩序所遵循的内部规则引导着那些以默会的方式遵循它们但对为什么遵循它们或对它们的内容并不知道的行动者如何采取行动,而在另一方面则意味着个人在自生自发秩序中乃是根据他只在某种程度上意识到的秩序规则而采取行动并判断其他人的行动的。第二个命题则是哈耶克所谓的"相互竞争的传统的自然选择命题"。这个进化论的命题意味着自生自发社会秩序的规则系统既不是超验意志的决定亦非人之理性设计的结果,而是一个缓慢进化过程的产物,而在这个进化的过程中,更多的经验和知识被纳入它们之中,其程度远远超过了任何一个人所能完全知道者。当然,我们也可以从哈耶克的下述文字中发现他对这两个紧密相关的命题的集中表述:"在大多数行为规则最初就拥有的上述两项属性中,第一个属性乃是它们在个人的行动中为行动者所遵循,但又不是以阐明的('形诸于文字的'或明确的)形式为行动者所知道。这些行为规则会在那种能够被明确描述的行动的常规性中呈现自身⋯⋯这些行为规则所具有的第二个属性是,这种规则之所以渐渐为人们所遵循,乃是因为它们实际上给予了那些遵循它们的群体以更具优势的力量,而不是因为这一结果先已为那些受这些规则指导的行动者所知道。"

第三,外部规则与内部规则之间的互动关系。我经由研究而认为,哈耶克法律理论的阐发,并不旨在建构一种外部规则与内部规则间的二元对立关系,毋宁是旨在明确处理现代社会以外部规则对内部规则的侵扰或替代的问题,或者说是要在参与社会秩序的行动者所遵循的外部规则与内部规则之间设定一共存的边界,尽管这一边界在哈耶克的社会秩序规则的文化进化命题中不仅极难确定,而且也会在选择过程中发生变化。这里需要强调指出的是,哈耶克在主张未阐明的规则优位于阐明的规则的前提下还认为,一旦有关某一行为规则的特定阐释为人们所接受,那么这种阐释就会成为变更或修正这些规则的主要手段;因此,阐明的规则与未阐明的规则在发展的过程中也将保持持续的互动。

哈耶克在讨论 Bruno Leoni 的观点时指出,"即使是在现代社会,法律的发展也需要依赖司法先例和学理解释这个渐进过程;关于此一主张的理由,已故的 Bruno Leoni 在其所著《自由与法律》一书中做了极有说服力的阐释。不过,虽说他的论辩对于那种深信只有立法才能够或应当改变法律的极为盛行的正统观念的人来说,是一服有效的解毒剂,但是它却未能使我相信,甚至在他主要关注的私法领域里,我们也能够完全否弃立法",因为哈耶克认为,以此方式演化生成的法律都具有某些可欲的特性的事实,并不能证明它将永远是善法,甚或也无法证明它的某些规则就可能不是非常恶的规则。因此,这意味着我们并不能够完全否弃立法。除此之外,哈耶克还给出了我们不能完全否弃立法这种救济手段的几个原因:(1)内部规则在某种意义上是一种"单行道":在它沿循某个方向已发展至一定程度的时候,早期判例中的某些含义在被认为明显不可欲的时候,常常是无法凭靠其自身加以扭转的。(2)法律发展的司法过程必定是渐进的,而且也可能被证明为发展得太慢,以至于不可能使法律对全新的情势做出可欲的且迅疾的调适。(3)人们有可能认识到,以往的某种发展乃是建立在错误的基础之上的,或者,这种发展所产生的结果后来被认为是不公正的。(4)某项法律的发展掌握在某个特定阶级的成员手中,而他们的传统观点则促使他们把那些不可能满足更为一般的正义要求的东西视作为正义者。

正是立基于上述的精要分析和讨论,哈耶克最终形成了奠定其"法律与立法二元观"的一个极为重要的结论,即与外部秩序相对应的外部规则尽管是人类社会所不能或缺的治理工具,但是它却不能因此而侵扰甚或替代内部秩序得以生成并得以维续的内部规则,否则自生自发的内部秩序和植根于其间的个人的行动自由就会蒙受侵犯并遭到扼杀。

七、关于哈耶克"有限民主"观的讨论

问:在上面的问题当中,我主要向你提问了一些有关哈耶克法律观的问题。但是,根据我对哈耶克思想的理解,或者更确切地说,从我对你有关哈耶克的研究述论中可以看出,他实际上对政治理论问题,特别是当中的民主问题,也

做过很详细的讨论。我认为,他在这个方面的思想也是很重要的,而且也是与他的法律思想有很密切的关系。不过,你在发表的论文中却始终没有对这个问题进行探讨。此外,我还注意到你在主译哈耶克《法律、立法与自由》一书时甚至没有把哈耶克采用的一个术语即 demarchy 翻译成中文。考虑到你在此前十几年间为学术界引入和确定了许多精绝巧制的学术术语译名,这一次实在是过于蹊跷了。在我们能够读到你在这方面的长篇论作之前,是否可以请你先简略地谈一谈这个问题?

答:你对哈耶克政治理论的判断是有道理的,因为仅就我个人的理解,哈耶克确实为政治哲学的发展做出了很大的贡献。我个人经由研究认为,哈耶克不仅对西方现代社会中占据支配地位的"建构论唯理主义"、法律实证主义和唯理论自然法理论做出了根本性的批判,而且也对构成现代性的核心制度安排即"西方现代的民主制度"进行了彻底的批判。值得我们注意的是,从今天的情势来看,一般的论者在讨论民主的问题时候,首要关注的乃是如何使民主在人们的社会生活中得到切实的践履或者如何使民主得到更好的实现这样的问题,而在整体上忽略了现代民主制度的内在困境以及由此而形成的"无限民主"趋势和"反民主"的恶果。就此而言,我个人认为,如果说托克维尔的重要性在于经由对贵族政治的批判而揭示出了民主于现代社会的不可避免之势,那么哈耶克的重要性就在于经由揭示和批判现代民主的无限性趋势而明确指出了"有限民主"在此后社会进程中的可欲性和必要性。具体地讲,哈耶克对现行民主制度安排所提出的批判以及他在此基础上提出的改革方案,乃是以人们最终否弃这样一种幻想为前设的,即一旦政府权力交由人民之多数去掌控,那么人们曾经为了防止政府滥用权力而费尽心力设计出来的那些保障措施也就完全没有必要了;正是立基于这项前设,我认为,哈耶克对"无限民主"的批判和对"有限民主"改革方案的阐发,意义极为重大:第一,它为哈耶克本人在保障个人自由的基础上建构起他的自由主义政治理论提供了一种切实的认识进路;第二,哈耶克所主张的一种人们必须把立法代议机构的权力只限于制定真正意义上的法律本身的观点,不仅有可能第一次使我们切实实现那种从未真正存在过的权力分立制度,而且也会在权力分立制度得到真正确立的情况下进一步使"法律下的真正政府"和"有效的法治"成为可能;第三,它不仅为只知道有限"政府"而竭力弘扬"民主"但却根本就不曾认真考虑过有限"民主"问题的中国论者提供了一种全新的审视或反思当代民主制度的视角,而且还为我们开放出了一个全新的问题,即我们在全力主张建构民主制度的过程中,究竟应当如何认识法律与立法的关系以及究竟应当如何防范"无限民主"的致命危害。

关于翻译问题,确实是这样的。我在翻译哈耶克《法律、立法与自由》一书时的确没有把 demarchy 译成中文,而其中最重要的原因就在于哈耶克采用的这个词实在太难翻译了,考虑了一年多也没有找到一个合适的词。后来我在翻译哈耶克《政治思想中的语言混淆》一文时,又费心考虑 demarchy 的翻译问题,最终才确定将它译为"有限民主"。我认为,哈耶克并不反对 democracy(民主),他所反对的乃是那种被扭曲了的现代"民主",亦即认为人民掌权以后一切限制权力的措施都为多余之举的那种"无限民主";因此,把哈耶克所主张的与"无限民主"相对的 demarchy 简单地翻译成"民主"或"民治",都是不妥的,因为这些术语都无法反映出哈耶克对现代民主的批判,正如哈耶克自己所说的,"如果有人坚持认为民主必须是一种无限政府,那么我就肯定不会信奉这种民主;但是需要指出的是,我现在是而且还将继续是一个笃信上文所述的那种有限民主的人。如果我们能够通过改变术语的方式而使我们自己不再犯那些曾经不幸地与民主这个观念紧密联系在一起的错误的话,那么我们就有可能因此而成功地避免那些从一开始就困扰着民主并且在此后不断地把民主引向毁灭的危险"。再者,从哈耶克所主张的自由主义角度看,限制权力或强制力乃是保障自由的基本条件,因此,从这个角度来认识民主,我们也不能把 demarchy 翻译成"民主"或"民治"。据此,我认为将 demarchy 这个术语翻译成"有限民主"最为妥适,它既能够反映哈耶克对民主基本理念的信奉,又能够揭示出哈耶克对现代民主制度中的内在弊端所做的深刻洞见和尖锐批判。哈耶克在《政治思想中的语言混淆》一文中的一段文字,也可以为我的翻译提供一个坚实的理据:"极为遗憾的是,'民主'这个术语居然与那种认为多数对特定问题享有无限的或不受限制的权力的观念紧密联系在了一起。但是需要指出的是,如果情势真是如此的话,那么我们就需要用一个新词来指称'民主'这个术语最初表达的那种理想;这是一种由有关何者为正义的人民意见占据支配地位的理想,而不是一种由有关具体措施(亦即被那种暂时处于支配地位的有组织的利益联盟视作是可欲的具体措施)的人民意志的理想。如果民主与有限政府这两个观念真的成了水火不容的观念,那么我们就必须找到一个新词来指称那种在过去完全有可能被称之为有限民主(limited democracy)的观念。我们希望人民(the demos)的意见能够成为最高的权威,但是却不能允许多数用它所掌控的赤裸裸的权力

(kratos)对个人滥施暴力。因此,多数应当根据'那些公开颁布且为人们所知的业已确立的常规法律,而不应当根据那些权宜性的律令'进行治理(archein)。我们也许可以通过把 demos 与 archein 组合起来的方式来描述这种政治秩序,并且用 demarchy 这个词来指称这样一种有限政府,其间,具有最高权威的乃是人民的意见而不是人民的特定意志。"

问:你在上面的谈话中特别强调了哈耶克"有限民主"观的意义,尤其是他的观点对于正在全力建构民主制度的中国学者的意义,这一点非常重要。我很欣赏你对哈耶克"有限民主"理论的评论,正如你所说的,"如果说托克维尔的重要性在于经由对贵族政治的批判而揭示出了民主于现代社会的不可避免之势,哈耶克的重要性就在于经由揭示和批判现代民主的无限性趋势而明确指出了'有限民主'在此后社会进程中的可欲性和必要性",但是我想,对于托克维尔的重要性,我们大都已熟知了,但是对于哈耶克在这方面的重要性,国人并不是很了解。因此,你是否可以就哈耶克的"有限民主"观再多做一点介绍?

答:我本人在业已发表的论文中一直没有对哈耶克的"有限民主"观进行讨论,其间比较重要的一个原因乃是哈耶克关于民主问题的讨论极为繁复,而且也有很大的变化,因此不付出足够的努力和时间,很难对哈耶克的"有限民主"论给出一个比较系统的阐释。从这个角度讲,我在这里也只能简单地谈一谈我在研读哈耶克有关民主问题的文献以后获得的一些基本看法。

西方论者霍伊曾经对哈耶克的民主观做过如下的概括:虽然民主不像和平、正义和自由那样是一种终极价值,但哈耶克还是将它视为受限制的政府的最好的形式。其原因有三:首先,民主政治是政治领袖变动的和平方法;其次,让多数公民来决定政治领袖的变动,有助于防止专制;再次,民主政治能够增进公众对政治问题的意识和理解;而所有这些都是以个人自由为依归的。此外,哈耶克还历数了当代民主政体的四大罪状:第一,民主机构拥有无限的权力;第二,民主政府除了拥有无限的权力以外,还会不正当地行使这种权力,而且这也是一种必然的结果;第三,如果民主政府不受制于法律,那么它就必定是一个会受制于特殊利益支配的弱政府;第四,当代民主政体的政策是由各种少数利益集团支配的,所以它一点都不民主。

对于这种概括,我是相当赞同的,但是我还是要指出,哈耶克对"无限民主"的批判乃是逐渐展开和加深的,他所依凭的理据也是逐渐得到充实的。这个问题比较复杂，我在这里显然不能详加讨论。我想把讨论的重点放在哈耶克有关"有限民主"的一个最为核心问题上。这就是如何对所谓的"最高权力"进行限制的问题。从认识的角度上来讲，这个问题涉及两个方面：一是哈耶克为什么要对这种"最高权力"进行限制？二是哈耶克从制度安排上来讲又是如何设定这些限制的？就上述第一个方面而言，我想霍伊对哈耶克观点的概括已经比较详尽了，我在这里只做一点补充。我个人认为，哈耶克对现代"无限民主"制度的批判，最为根本的认识依据乃源出于我在前面谈到的他对"法律与立法"的二元界分，因为正是从"法律与立法"这一二元界分出发，哈耶克才获致了对"法律与立法"之渊源的性质进行追问的内在理路。正如哈耶克所说的：

第一，就当下的情形而言，立法机构以适当形式赞成通过的任何文献都被称之为"法律"。但是，在这些仅具有该词形式意义的法律中，只有极小一部分法律是调整私人间关系或私人与国家间关系的"实质性"法律。绝大部分这类所谓的"法律"，毋宁是国家对其官员发布的指令。然而，在当今的各个国家，发布这类特定的指令和制定一般公民必须遵守的规则，却都属于同一个立法机构的任务。事实上，权力分立这一经典理论所做出的乃是这样一项预设，即应当由一个代议机构掌控的"立法"工作只应当关注制定"法律"的问题（亦即在某种本质特性上区别于那些特定命令的法律）；再者，那些特定的指令也不能够仅仅因为它们是"立法机构"颁布的这个事实而成为法律。如果我们不对法律与特定指令进行界分，那么这种主张把特定的职能赋予独特且不同的机构的权力分立理念也就会变得毫无意义。哈耶克就此得出结论认为，按照民主方式进行立法活动和按照民主方式进行政府治理活动这二者很可能都是可欲的，但是把这两种职能交由同一个机构去践履，却肯定会把权力分立原则所旨在提供的保护个人自由的措施摧毁掉。如果那个指导着政府治理活动的机构可以随心所欲地制定各种法律以迎合政府的各种目的，那么我们就可以肯定地说，这样的民主政府已经不再是那种真正意义上的"法律下的政府"了；再者，按照这种方式理解的立法也完全丧失了最高权力机构因承诺遵循普遍规则而获得的那种合法性。

第二，哈耶克进一步指出，"民主"这个术语最初仅仅意指这样一种理念，即不论存在什么样的最高权力，它都应当由人民之多数或他们的代表来掌控，但是它却并没有论涉到这种权力的权限问题。因此，常常有人错误地认为，任何最高权力都必定是无限的或不受限制的。但是，我们却根本无法从多数的意见应当占据支配地位这项要求当中推论出这样一项要求，即多数就特定问题的意志应当是无限的或不受限制的。对于这个问题,哈耶克给出了更为详尽的分析:最高权力机构拥有这种权力并不是一种必然。限制权力,并不一定要拥有另一种权力才能限制它。如果所有的权力都以意见为基础,同时意见又只承认这样一种最高权力,即它乃是通过承诺遵循普遍规则这种方式来证明它对其行动之正义性的信念的,那么一旦这种最高权力逾越了上述限制,它就会丧失自己的权威性。因此,这种最高权力未必就是一种无限的权力或不受限制的权力——它有可能是这样一种权力:只要这种权力颁布了任何不具有内部规则所具有的实质性特征的指令,那么它就会失去对它来说不可或缺的意见对它的支持。立基于此一分析,哈耶克得出结论认为,代议机构中的多数完全代表了最高的权力,但是却并不享有无限的或不受限制的权力。

关于如何从制度安排上来构设"有限民主"制度这个问题,哈耶克本人反复强调指出,"在这种被人们普遍接受的'民主'政制类型的构成中,存在着某些根深蒂固的缺陷,而这些缺陷已经使得这些国家堕入全权性国家的危险趋向成了一种不可避免之势;对这个问题的洞识,使我深刻地感到有必要经由探究种种替代性安排的方式为这种'民主'制度另辟生路"。尽管哈耶克也承认,他所提出的变革民主政府结构的基本方案只是一种在现行制度面临崩溃的关头供人们采用的备选方案,但是他却强调指出,他的这项改革方案不仅能够使我们保有民主制度中真正具有价值的东西,而且还能够使我们否弃其间的弊端。

对于这样一项改革方案,我认为我们应当关注这样两个要点:第一,哈耶克对"有限民主"制度或者对"无限民主"的限制措施设定了一项极为严格的制度性安排:如果我们不仅希望用民主的方式来决定那些既约束政府又约束私性公民的强制性规则,而且也希望用民主的方式来决定政府机制的治理问题,那么我们就需要采取这样一种解决方式,即一方面将制定一般性规则的任务和向行政机构发布命令的任务分别委之于两个独立的代议机构,而另一方面又将它们做出的决定都置于独立的司法审查之下,使它们彼此不跨越各自的范围。具体来讲:(1)决定政府机制治理问题的代议机构既不需要也不应当与那个制定内部规则的代议机构成为同一个机构;换言之,前者应当受后者所制定的内部规则的支配,因为后者所制定的内部规则决定着前者所不能更改的权力限度或权力范围。(2)政府治理的或行政指导的代议机构所关注的乃是它唯有使用政府权力方能使之得到解决的多数意志的问题(亦即有关实现特定且具体的目的的问题),而不是那些有关是非的意见的问题。(3)在关注严格意义上的立法之任务的最高机构中,那些有组织的利益联盟绝不应当有任何地位。这是因为经由选举产生的立法机构的成员只是作为反映何为正义之意见的代表,因此他们绝不应当受意志和利益的左右,当然也肯定不应当受党派纪律的束缚。

第二,为了使立法机构的成员能够代表当下的意见,哈耶克建议确立一种由同龄人群体构成的代表制度,因为这种制度在他看来将第一次使权力的真正分立、一种法律下的政府和一种有效的法治成为可能。就这种同龄人选举制度而言,我们应当把握这项制度的三个基本条件:(1)每代人在他们的一生中只进行一次选举,比如说在他们45岁的时候进行一次选举;(2)当选的代表任职15年但不得连任,在任职届满以后可以继续担任非专业法官这类职务;(3)当选的代表在日常生活中证明了自己的品质和能力以后,才会得到其同龄人的推选,而且在当选以后的生活中,他们必须放弃各自营生的工作以全身心地担任这项光荣的职务。

八、哈耶克对社会正义的批判和对自由主义正义观的阐发

问:在中国社会变革的过程中,出现了一些贫富悬殊和权钱交易的现象,因此不少中国学者针对这类现象呼吁"社会公正"或"社会正义"。然而,根据我的表相性观察,哈耶克在他的研究当中却一直在不遗余力地批判"社会正义"这种主张;那么,这种"社会正义"的主张究竟有什么问题呢?哈耶克又为什么要对这一主张进行批判呢?这实际上也是我们在阅读哈耶克,阅读你的有关论著,进而不断思考"哈耶克之于当代中国"这样的问题时必然会想到的,因此,是否可以请你谈一谈哈耶克在这个方面的观点?

答:首先我想指出的是,确实有不少中国论者针对当下的一些现象提出了"社会正义"的诉求,但是颇令人遗憾的是,仅根据我本人阅读的文献,我却没有发现有论者对他们所诉求的这种"社会正义"的含义做过讨论。因此,我也无从就中国论者所主张的"社会正义"与哈耶克所批判的"社会正义"间的关系发表任何看法。但是不论如何,我想,哈耶克本人在批判"社会正义"观念的过程中所提到的那种感受却有可能给我们提供某种启示性的意义:"在我早年致力于对社会正义这个概念进行批判的研究过程中,我始终都有一种无的放矢的感觉;最后,我试图像每个人在遇到这种情况时所应当采取的做法那样,先想方设法把支撑'社会正义'这个理想的理据视作是正确的。只是在如此尝试以后,我

才真正地意识到'社会正义'这个皇帝原来没有穿衣服;这就是说,'社会正义'根本就是一个空洞无物、毫无意义的术语。……基于这样情况,我认为,仅仅指出那些试图实现'社会正义'的特定努力不会奏效这一点是远远不够的,所以我还必须对这样一个问题做出解释,即社会正义这个说法本身是毫无任何意义的,而且使用这种说法的人,如果不是愚昧,那就肯定是在欺骗。……但是必须指出的是,社会正义这个信念在当下所具有的普遍性,与人们过去普遍相信巫术或点金石的情形一样,都不能证明其目标的实在性。"

值得我们注意的是,哈耶克在1960年以前主要批判的是"社会的"(social)这个术语所具有的建构论唯理主义倾向。据我个人的分析,哈耶克此时还没有完全意识到"社会正义"这种思潮对于现代社会所具有的危害作用,而只是停留在对"社会的"这个形容词进行批判的初步阶段。关于这个问题,我们可以经由哈耶克于1957年发表的《什么是社会的?——它究竟意味着什么?》一文中的论述而得到确证:"从一个语词所可能产生的这种甚少为人所知的影响力来看,我认为,在近百年的岁月当中,'社会的'(social)这个词在整个政治题域中所发挥的而且还在继续发挥的作用可以说是一个最好的范例。"哈耶克在该文中列举了一系列流行的术语:"社会的市场经济"、"社会的法治国"、"社会良知"、"社会问题"、"社会的意识"、"社会的良知"、"社会的责任"、"社会的活动"、"社会的福利"、"社会的政策"、"社会的立法"、"社会的正义"、"社会的保障"、"社会的权利"、"社会的控制"、"社会的民主";但是,他却紧接着指出:第一,这里真正重要的乃是这样两个问题:(1)所有上述组合词都与社会力量的具体特性无甚关系;(2)以自生自发的方式发展起来的东西与国家刻意组织起来的东西之间的区别在这些组合词中完全被遮蔽了。因此,这些组合词所设定的乃是这样两项假设:一是"社会"有着某些所有的人都知道并认可的具体任务;二是"社会"应当指导它的个体成员去努力实现这些任务。因此,社会也就具有了一种双重人格:首先,它是一个有思想的集合体;它有着自己的愿望,而这些愿望不同于组成它的个人所具有的那些愿望;其次,通过把社会与人等而视之,社会也就变成了某些自称有着较强道德意识的个人的人格化体现。第二,甚少有人能够真正解释清楚这个附加上去的形容词"社会的"是什么意思,因为这个词已经变成了一个使它所形容的每一个术语都不再具有其原有的清晰含义的形容词,而且也变成了一个致使这种术语演变成一种具有无限弹性的术语。第三,如果我们不只是满足于把个人在社会中的独立活动所形成的协调力量视作是社会的,而且还想把只要与社会共同体有任何联系的所有其他东西都视作是社会的,那么我们就会彻底遮蔽它们之间的本质区别。在这种情况下,生活中原本不是"社会的"东西也就所剩无几或者根本就没有了,而且从实际的角度来看,"社会的"这个词本身也就变得毫无意义可言了。哈耶克据此得出结论认为,大量在今天自称是社会的东西,从"社会的"这个词所具有的更为深层且更为真实的含义来看,实际上是一些彻头彻尾反社会的东西。

1960年以后,哈耶克才开始对"社会正义"展开了实质性的批判。

第一,哈耶克通过比较"社会正义"与"交换正义"而阐明了"社会正义"的基本性质。他认为,套用自亚里士多德以来人们所采用的术语,我们可以用这样一种方式来指出它们之间的区别,亦即明确指出自由经济始终只能够实现交换正义,而流行的社会正义理想所要求的则是一种分配正义。交换正义在这里意味着根据一个人提供的服务所具有的实际价值而给予回报;当然,这种实际价值乃是对于那些接受了他所提供的产品或服务的人而言的,而且也是通过他们愿意支付的价格表现出来的,因此这种价值与个人的道德品行没有什么必然的联系。这意味着,交换正义根本不考虑个人的或主观的情势,也不会考虑需要或善意,而只会考虑那些使用某人活动之成果的人是如何评价该人的成果的。但是,从分配正义的角度来看,根据产品或服务的价值进行酬报的结果必定是极不正义的,因为这种酬报方式的结果很难与我们所认为的某一行为所具有的主观品行相符合;因此,哈耶克指出,这种"社会正义"观念不仅意在为个人确立行为的规则,而且还旨在为特定的群体谋取特定的结果。当然,这种"社会正义"观念乃是因下述两个紧密相关的认识而促成的:(1)把同样的或平等的规则适用于那些在事实上存在着许多重大差别的个人的行为,不可避免地会对不同的个人产生极为不同或不公平的结果;(2)为了通过政府行动来减少不同的人在实质地位方面所存在的上述非意图的但却不可避免的差异,就必须按照不同的规则而非相同的规则去对待不同的人。

第二,哈耶克之所以对"社会正义"观念进行彻底的批判,根据我的分析,主要是出于这样几个考虑:(1)作为一个纯粹的事实,一种事态本身不可能是正义的或不正义的。只有当一种事态是人们经由设计而促成或能够经由设计而促成的时候,我们把那些创造了这种事态或允许这种事态形成的人的行动称之为正义的行动或不正义的行动才是有意义的。因此,哈耶克认为,我们完全可以追问这样一个问题,即刻意选择市场秩序这样一种指导经济活动的方法是否是一个正义的决策,但是我们却肯定无法追问这样一个问题,即一旦我们决定采用自生自发秩序来达到这个目的,那么它对特定的人所产生的特定结果是正义的还是不正义的。(2)人们之所以极为普遍地把正义的观念套用于收入的分配,完全是因为他们用那种错误的拟人化方式把社会解释成了一种组织而非自生自发秩序所致。在这种意义上讲,"分配"这个术语有着极大的误导作用,因为"分配"这个术语意味着把事实上是自生自发有序化力量的结果视作是刻意行动的结果。实际上,在市场秩序中,根本就没有人对收入进行分配,而只是在组织中才有人对收入进行分配;因此,就市场秩序的情形而言,谈论正义的分配或不正义的分配,无异于一派胡言。(3)所有力图确保一种"正义"分配的努力都必定会把自生自发的市场秩序变成一个组织,甚至还必定会把它变成一种全权性的秩序。这是因为对这种社会正义观念的追求,产生了各种各样的措施,而我们知道,通过这些措施,那些旨在使人们追求特定结果的组织规则渐渐地取代了目的独立的正当个人行为规则,进而一步一步地摧毁了一个自生自发秩序必须依凭的基础,甚至也导致了人们用一种旨在实现"社会正义"的"社会"法律去替代那些个人行为规则。更为重要的是,那种试图用政府的强制性权力去实现"社会正义"的做法,还必定会扼杀个人自由。(4)根据考察,人们能够证明这种理想实是一种在任何情势中都无法实现的幻想或妄想,这是因为它预设了人们对不同的具体目的的相对重要性达成了一致的认识,然而我们知道,这种共识在一个社会成员彼此并不相识而且也不知道相同的特定事实的大社会中根本就是不可能达成的。(5)哈耶克还指出,当人们以"社会正义"的名义要求政府干预的时候,这在当下多半意味着是在要求政府对某个群体既有的相对地位施以保护;因此,"社会正义"实际上也就变成了对既得利益群体进行保护的诉求以及创生新的特权的诉求。但是,自由主义的根本主旨就在于反对任何特权。

问:你在上面讨论了哈耶克所批判的"社会正义"以及他为什么批判"社会正义"的道理;我们从中显然可以得出这样的结论:哈耶克对"社会正义"的批判,为他阐发自由主义的正义观提供了一种逻辑上的基础。是否可以请你进一步谈一谈哈耶克的自由主义正义观呢?

答:的确如此,我经由研究也认为,哈耶克通过对建构论唯理主义的"社会正义"观念的实质性批判,为他此前不曾明确讨论过的自由主义正义观的阐释铺平了一条道路。关于哈耶克所主张的自由主义正义观,我想我们需要从这样几个方面来认识。

第一,哈耶克对自由主义正义观本身的阐释。从我研究的结果来看,哈耶克从下面两个角度对他所主张的自由主义正义观给出了一个总结性的描述。一是哈耶克明确指出,自由主义乃是以这样一种可以使我们对正当的个人行为规则与权力机构发布的所有的特定命令做出明确界分的正义观念为基础的:前者是那些隐含在"法治"观念中的规则,同时也是自生自发秩序的型构所要求的规则,而后者则是权力机构为了组织的目的而发布的特定命令。二是哈耶克认为,自由主义的法律观念乃是与自由主义的正义观念紧密勾连在一起的,因此,自由主义的正义观在下述两个重要方面与人们广泛持有的正义观念相区别:(1) 自由主义正义观认为,人们有可能发现独立于特定利益而存在的客观的正当行为规则;(2) 自由主义正义观只关注人之行为的正义问题或调整人之行为的规则的正义问题,而不关注这种行为对不同个人或不同群体的地位所造成的特定影响的问题。

立基于上述基本观点,哈耶克更为详尽地阐明了他所主张的自由主义正义观念的三个关键要点:(1) 如果正义要具有意义,那么它就不能被用来指称并非人们刻意造成的或根本就无力刻意造成的事态,而只能被用来指称人的行动;因此,正义行为规则要求个人在进行决策的时候只需考虑那些他本人能够预见到的他的行动的后果。与此同时,自生自发秩序的具体结果并不是任何人设计或意图的结果,所以把市场在特定的人当中进行分配的方式称之为正义的或不正义的方式就是毫无意义可言的,然而这却是所谓"社会正义"力图做的事情。(2) 正义规则从本质上讲具有禁令的性质,换言之,"不正义"乃是真正的首要概念。据此我们可以说,正义行为规则的目的也就在于防阻不正义的行动;或者说,那些被允许运用他们自己的手段和他们自己的知识去实现他们各自目的的自由人,就绝不能受那些告知他们必须做什么事情的规则的约束,而只能受那些告知他们不得做什么事情的规则的约束;除了个人自愿承担的义务以外,正义行为规则只能够界分或确定所允许的行动的范围,而不得决定一个人在某个特定时刻所必须采取的特定行动。(3) 正义行为规则应予防阻或禁止的不正义行动乃是指对任何其他人确受保护的领域(亦即应当通过正义行为规则加以确定的个人领域)的任何侵犯;因此,这就要求这些正义行为规则能够帮助我们确定何者是其他人确受保护的领域。

第二,哈耶克对检测特定价值或行为规则的否定性标准的讨论。哈耶克认为,自由主义之所以认为存在着能够被人们发现但却不可能以专断方式创制出来的正义行为规则,实是以这样两个事实为基础的:(1) 绝大多数正义行为规则无论在什么时候都会以不容置疑的方式得到人们的接受;(2) 人们对某项特定规则是否正义的问题所提出的质疑,必须在这个为人们普遍接受的规则系统中加以解决,而解决的方式则是看这项应予接受的规则是否与所有其他的规则相容合;这就是说,这项规则必须同样服务于所有其他正义行为规则所服务的那种抽象的行动秩序,而且也不得与这些规则当中任何一项规则所提出的要求相冲突。此外,由于这些正义行为规则本身就是否定性的,所以它们只能够通过持之一贯地把那项同属于否定性的普遍适用的检测标准适用于一个社会继受来的任何这类规则而得到发展。因此,在哈耶克看来,除了将某项特定的行为规则置于整个正义行为规则系统的框架中加以审视,否则我们就无法对该项特定的行为规则是否正义的问题做出判定;这意味着:一是该规则系统中的大多数规则就必须为了这个目的而被视作是不容置疑的;二是在把某项正义行为规则适用于任何具体情势的时候,该项规则不得与任何其他被人们所接受的规则相冲突。

但是需要指出的是,哈耶克在弗赖堡大学奥肯教授有关"系统正义"标准之观点的影响下提出的检测标准,实际上就是哈耶克所谓的那种"否定性正义"标准。正如哈耶克本人所指出的,"经由上文的论辩,我们可以证明,建构论唯理主义的认识进路根本就不可能达致任何正义标准。在这种情况下,如果我们能够认识到法律从来就不全是人之设计的产物,而只是在一个并非由任何人发明的但却始终指导着人们的思想和行动(甚至在那些规则形诸于文字之前亦复如此)的正义规则框架中接受评断和经受检测的,那么我们就会获得一种否定性的正义标准,尽管这不是一种肯定性的正义标准;而正是这种否定性的正义标准,能够使我们通过逐渐否弃那些与整个正义规则系统中的其他规则不相容合的规则,而渐渐趋近(虽然永远也不可能完全达到)一种绝对正义的状态"。值得我们注意的是,尽管这种"否定性正义"标准归根结底是一种评断某项规则是否与整个规则系统相容合或不矛盾的标准,但是,这项标准不仅意指某项规则与其他大多数规则之间不会发生逻辑意义上的冲突,而且还意味着规则所允许的行动之间不会发生冲突。

第三,哈耶克经由批判"社会正义"而达致的"否定性正义"观念所具有的重要意义。在我看来,哈耶克所主张的这种"否定性正义"观念至少有着这样几个方面的重要意义:(1)它为哈耶克详尽阐明个人行为、规则系统与某项特定行为规则之间的关系提供了坚实的基础,而我们知道,这乃是哈耶克在1960年以前不曾做到的。(2)我个人认为,尽管哈耶克在1960年《自由秩序原理》一书中以及此前就坚决主张一种"进化论的"自由主义,但是他在当时却未能在他的法律哲学或"法治观"中洞见到并建构起法律规则的进化机制,一如他本人在《自由秩序原理》一书中所明确指出的,"人们有时指出,法治之法除了具有一般性和平等性以外,还必须是正义的。尽管毋庸置疑的是,法治之法若要有效,须被大多数人承认是正义的,但颇有疑问的是,我们除了一般性及平等性以外是否还拥有其他的正义形式标准——除非我们能够判断法律是否与更具一般性的规则相符合:这些更具一般性的规则虽可能是不成文的,但是只要它们得到了明确的阐释,就会为人们普遍接受。然而,就法治之法符合自由之治而言,除了法律的一般性和平等性以外,我们对于仅限于调整不同的人之间的关系而不干涉个人的纯粹私性问题的法律实没有其他判准可言"。显而易见,只是在20世纪60年代初确立了关注规则系统与个别规则间关系的"一致性"或"相容性"的检测标准或"内在批评的方法"的基础上,哈耶克才真正地建立起了他的"进化论的"法律哲学或法治观,并且在解释法律发展的过程中得到了明确的适用。(3)更为重要的是,哈耶克所主张的这种"否定性正义"观念还为我们开放出了一个极费人思考的问题,即在一个特定的系统之内我们所能够说的事情与关于那个系统我们所能够说的事情之间的繁复关系;具体言之,这个问题所表现出来的紧张,可以从哈耶克下述两段文字中见出:一方面,"甚至当我们所研究的只是我们以及我们的整个思维方式都属于其间一部分的那个文明的某个方面或某个部分的时候,这也肯定意味着:只要我们想完成我们的工作,甚或只要我们想继续保持明智,那么我们就绝不能把我们在日常生活中肯定会不加质疑就予以接受的大多数情形视作当然之事;此外,这还意味着我们必须按照系统的方式对我们未经反思便在行事的过程中予以接受的所有前设进行质疑;总而言之,这意味着:第一,为了保持严格的科学性,我们应当就好像处于系统之外一般从外部去检视那种我们以一种内部的检视方式绝不可能从整体上看到的东西;第二,在实践中,我们必须常常去处理许多我们实际上还没有科学答案的问题——在这种情形中,我们必须运用的知识,或者是那种唯有丰富且不尽相同的经验方能提供的有关人类与世界的知识,或者是那种积累而成的智慧,亦即那种经由继承而来的我们文明的文化遗产；因此在我们看来，这两种知识肯定既是我们在社会中行事的时候用以指导自己的工具，同时也是我们进行批判性研究的对象……"；另一方面，"由于任何业已确立的行为规则系统都是以我们只是部分知道的经验为基础的，而且也是以一种我们只是部分理解的方式服务于一种行动秩序的，所以我们不能指望以那种完全重构的整全方式对该规则系统进行改进。如果我们想充分利用那些只是以传统规则的形式传递下来的经验，那么为改进某些特定规则而做的批判和努力，就必须在一给定价值的框架内展开；当然，这个给定的价值框架，就人们力图实现的即时性目的而言，必须被他们视作是一种无须证明便予以接受的东西。这种批判乃是在一个给定的规则系统内部展开的，而且也是根据特定规则在促进型构某种特定的行动秩序的过程中与所有其他为人们所承认的规则是否一致或是否相容（亦即一致性或相容性的原则）来判断这些特定规则的；因此，我们将把这种批判称之为'内在的批判'。只要我们承认整个现行的行为规则系统与这个规则系统所会产生的已知且具体的结果之间存在着一种不可化约性，那么上述'内在的批判'就是我们对道德规则或法律规则进行批判性检视的唯一基础。……作为传统之产物的规则，不仅应当能够成为批判的对象，而且也应当能够成为批判的标准。……我们并不认为传统本身是神圣的且可以免于批判的，而只是主张，对传统的任何一种产物进行批判，其基础必须始终是该传统的一些其他产物——而这些产物或者是我们不能够或者是我们不想去质疑的东西；换言之，我们主张，一种文化的特定方面只有在该种文化的框架内才能够得到批判性的检视"。

九、关于哈耶克自由主义与保守主义之区别的讨论

问：邓正来先生，我最近常常听到学界的一些朋友说，哈耶克的理论实际上是一种保守主义理论；如果这个判断是正确的，那么这里确实会产生一个问题，即作为一种保守主义理论，哈耶克的思想之于中国这样一个正在进行社会变革和文化重整的国家来说究竟意味着什么呢？按照一种保守主义的哈耶克理论，这是否有可能意味着我们仍需要对那些与中国社会变革不相适应的传统文化加以捍卫并强调它们所具有的意义呢？你是如何看待这个问题的呢？

答：实际上，我在学术界的一些朋友在私下交谈中也向我提出过这个问

题,而且从一般的意义上讲,这些问题乃是极为重要的问题。但是我个人认为,这些朋友忧虑的问题就其本身来讲虽说是重要的,但是一旦我们把哈耶克的理论牵涉到里面去,那就是另一个问题了,因为这些问题是否重要这一点将完全取决于哈耶克理论是一种保守主义理论的判断是否正确,而哈耶克理论是否是一种保守主义理论这一点又完全取决于我们如何认识哈耶克的理论和如何理解保守主义。

的确,哈耶克在其整个学术研究的过程中对建构论唯理主义进行了一以贯之的批判,同时还坚定地信奉文化进化的认识进路,更是反复强调文化传统的意义,然而正是出于这个缘故,一些论者往往容易将哈耶克的思想混同于保守主义的思想,正如哈耶克本人在题为"建构主义的谬误"的演讲中明确指出的那样:"我不得不即刻提请你们注意,你们当中的保守主义者,尽管在此刻之前一直感到欣喜不已,但是现在却很可能要感到失望了,因为从我在上文中提出的种种观点中得出的恰当结论根本就不可能是这样一种结论,即我们会极有信心地接受所有传统的和旧有的价值;当然,它更不可能是这样一种结论,即人类社会生活中会存在一些科学不予质疑的价值或道德原则。那些试图理解社会发挥作用的方式并力图发现社会中可以改进之处的社会科学家必定会主张这样一项权利,即以批判的方式对我们社会中的每一项价值进行检考甚或裁定。从我所论的观点中,实际上只能得出这样一个结论,即我们绝不能在同一个时刻质疑社会中所有的价值。"

当然,关于哈耶克自由主义哲学之性质的问题绝非如此简单,哈耶克本人就为了说明这个问题而为《自由秩序原理》一书写下了"我为什么不是一个保守主义者"的"跋文",而仅此一点就足以说明这个问题的繁复性了。哈耶克在这篇著名的"跋文"中阐说了他为什么不是一个保守主义者的主要理由,因为保守主义者一般都有这样几个重要的特征:(1)他们担忧变化甚或反对进步;(2)他们甚少对政府权力限度进行关注,因而往往忽视对权力进行限制的问题;(3)他们一般都仇视民主并且承认特权和业已确立的各种等级;(4)他们在无从解释合法性问题的时候往往诉诸超自然力量的权威。但是值得我们注意的是,西方论者在对哈耶克自由主义哲学的性质进行解释的过程中却指出,如果我们赞同 K. Minogue 有关保守主义道德论辩的定义,即把它视作一种不仅强调业已确立的传统价值而且也旨在阐释那些反对个人理性能够充分证明和指导人类事务之主张的哲学论辩,并根据此一保守主义的定义来检视哈耶克的自由主义哲学,那么我们可以说,哈耶克本人给出的那些理由并不能使他豁免于论者们依旧视他为一个保守主义者,这是因为哈耶克关于规则系统文化进化过程所具有的理性不及的性质与个人理性之限度的认识,不仅使哈耶克得出了个人无法根据理性完全证明社会和规则之正当性的结论,而且还致使他强调传统和社会秩序的重要性,换言之,在哈耶克那里,业已确立的传统的正当性乃植根于它的理性不及的性质和它在判断个别特定价值或规则方面所具有的独一无二的参照框架之价值;就此而言,哈耶克凸显出了他的自由主义哲学的保守主义一面。

  对于这个问题,我个人以为,这里更值得我们关注的乃是这样一个问题,即哈耶克自由主义哲学中保守主义这种成分试图守成的对象究竟是什么？一如我们所知,在保守主义的理论脉络中,存在着主要以 R. Scruton 为范例的"实质保守主义"与主要以 Oakeshott 为代表的"抽象保守主义"这两大派别。这两派保守主义者间的区别,主要在于他们所守成的对象完全不同:抽象保守主义者主要欲求坚持的乃是一种人的互动方式,在 Oakeshott 看来,这种方式并不是由他所谓的"文明结社"的政治结构所产生的,而是在其间得到维续的;然而,R. Scruton 的实质保守主义却与抽象保守主义不尽相同,因为它甚少关注特定结社方式的维续,而更关注现存文明秩序的维护。R. Scruton 认为,保守主义所应当维护的必须是合法建构的实际存在的文明秩序,因此保守主义的使命便在于反对和防阻这种状态的丢失。显而易见,由于哈耶克的保守主义所试图守成的自生自发社会秩序乃是人们经由遵循抽象的规则而达致的一种抽象的秩序,所以在我看来,哈耶克的自由主义哲学更趋近于那种以 Oakeshott 为代表的"抽象保守主义"。

  问:邓正来先生,对你抽出这么多时间来回答我的这些问题表示感谢,但是最后,我还想再给你提一个问题。我发现,在你发表的对哈耶克思想进行研究的几篇论文中,你主要侧重于对哈耶克理论进行研究和分析的方面,而几乎没有对哈耶克思想中的观点做任何的批判。这与你一贯的主张和实践的学术品格和批判精神多少显得有些矛盾,就此而论,你对哈耶克的观点就真的没有批判意见吗？还是说你已经就是一个坚信哈耶克思想的"哈耶克主义者"？

  答:这是一个很有意思的问题。我在迄今为止发表的论文中的确没有对哈耶克的思想做过批判,至多只是提出了一些问题。实际上,我并不是一个不折不扣地坚信哈耶克思想的"哈耶克主义者",因为我对哈耶克思想所做的研究毕竟只是我对西方自由主义理论所做的系统研究当中的一个重要的个案性研究。但是我必须坦率地承认,根据我至今对哈耶克思想所做的研究来看,哈耶克的理论无论如何都是我们据以认识自由社会的最为重要的理论之一,而且还为我个人理解西方苏格兰启蒙运动哲学家的思想提供了一个极具启示意义的视角,因为它为我理解西方的自由主义思想开放出了许多重要的问题。与此同时,我之所以直至现在还没有对哈耶克的思想提出自己的批判意见,关键原因乃是我认为自己对他的思想的研究尚不充分,还不足以使我对他的思想做出有意义的批判;当然,这也是与我自己一以贯之坚守的一个研究之道紧密相关的,即只有当我们对某一繁复的理论进行了认真且足够的研究以后,我们才可能对该理论中的一些问题做出有意义的批判,进而在知识增进的意义上提出一个或若干重要的新理论问题。

《自由秩序原理》抑或《自由的宪章》
——哈耶克 The Constitution of Liberty 书名辨*

1854 至 1855 年的冬春时节，当时最重要的思想家之一穆勒，因健康的缘故前往意大利和希腊旅游疗养，并在罗马的 capitol 散步时获得了撰写《论自由》一书的灵感，于 1859 年诞生了在以赛亚·伯林看来"建立了近代自由主义"的伟大论著①。在 100 年以后的 1955 年，20 世纪一位在我看来确立了当代自由主义的重要学者，在编辑评注穆勒于当年旅游期间书写的大量但却未发表的书信的过程中，偕夫人沿穆勒百年前在欧洲的游历路线重游，甚至按照穆勒在自传中的说法，专门前去穆勒产生撰写《论自由》一书的灵感的地方散步，期求获得同样的灵感；这个学者就是本世纪西方最著名的自由主义学术团体"朝圣山学社"（The Mont Pelerin Society）②的领袖人物和后来在 1974 年与缪尔达尔一起赢得诺贝尔经济学奖的弗里德利希·冯·哈耶克。虽说哈耶克因穆勒所撒的小谎而未能在散步的时候获得灵感，但他却在紧接着去埃及讲学的过程中

---

* 本文原稿刊于 1997 年 8 月号《读书》杂志，但是由于体例和篇幅的缘故，本文的部分内容和全部注释未能刊出；正值郑永流君约稿，使我有机会将此文全稿在《法哲学与法律社会学》（中国政法大学出版社 1998 年版）刊出；同时我需要指出的是，借着这次机会，我又对全文作了部分修改。

① 参见以赛亚·柏林：《穆勒与人生的目的》，载《自由四论》，陈晓林译，联经出版社 1986 年版，第 298 页。

② "朝圣山学社"成立于 1947 年 4 月。当年，在哈耶克的推动下，39 位著名学者集会于瑞士"朝圣山"讨论自由社会的性质等重大问题；会后在哈耶克的倡议下，成立了该学社，并以首次集会的地名"朝圣山"命名。哈耶克自该学社创立起，连任 12 年主席，于 1960 年辞去主席一职并当选为名誉主席。该学社的核心成员有冯·米塞斯、弗兰克·奈特、福里德曼、波普尔、麦克·博兰尼、马克洛普等著名学者。有关文献请参阅 F. Machlup, ed. *Essays on Hayek*, London: Routledge & Kegan Paul, 1977, xi-xiv; 更重要的文献请参阅 S. Kresge and L. Wenar, ed. *Hayek on Hayek*, Routledge, 1994, pp. 132 – 133。

形成了撰写一部研究"自由"问题的著作的计划①;他在1959年他的六十岁生日那天——亦即穆勒出版《论自由》的整整100年以后,杀青了他集中撰写了4年的 The Constitution of Liberty:他给自己的生日献了一份寿礼,也给我们贡献了一份宝贵的,至少是值得我们严肃研究的思想财富。

然而,哈耶克先生所著的这部著作以及其间所反映的自由主义思想,在传入汉语世界的过程中,与其他学术著作的传播一样,也遇到了理解的问题;坦率而言,自严复翻译穆勒名著《群己权界论》以来,已近百年,除了非学术的因素以外,真正阻碍国人把握西方自由主义理路及其根本问题者,最主要的便是我所谓的那种"印象式"的捍卫或"印象式"的否定论辩,进而在实践中只能陷入极端的"非此即彼"的逻辑:要么对自由主义施以滥用,要么对自由主义做简单却彻底的否定。因此,本文力图透过一种个案研究——对哈耶克这部著作的书名加以辨析——的方式来揭示这种"印象式"论辩的误导性②,并试图在这一个案的分析过程中阐释哈耶克教授自由主义理论中的某些重要观点。

就理解哈耶克这部 The Constitution of Liberty 一书而言,我们将首先碰到的一个问题就是如何理解并翻译该书书名的问题;关于这个问题,我想至少有两种讨论方式:一是"小题大作",然而在这种方式中,所涉及的"理解"问题太大,它不仅需要我们对理解者的解读范式予以辨析,而且还牵涉到当代学者在"反思"或"否思"实证观下的科学主义以后所遭遇的多元认识论争的各种问题,因此显然不是我在这里能够讨论的;这样,囿于篇幅,剩下的便是另一种讨论方式,即"大题小作"。

哈耶克所著的这部著作,在传入汉语世界以后,据我所知,至少有"自由的构成"、"自由的宪章"、"自由宪法"以及我的"自由秩序原理"等译名③。如果单

---

① 参阅 S. Kresge and L. Wenar, ed. *Hayek on Hayek: An Autobiographical Dialogue*, Routledge, 1994, pp. 129-130。
② 我之所以强调这个问题,乃是因为20世纪80年代以后,域外论者向中国大陆学术界传播和讨论哈耶克思想的过程中,表现出来的主要问题就是这样一种"印象式"的论辩方式;通过这种论辩方式而对哈耶克思想所做的捍卫抑或否定,尽管立场不同,然而论辩方式却是完全相同的:这种论式最为重要的特征之一,就是根据一己的"印象"而把有关问题的结论从其立基于的理论脉络中剥离出来,根据自己的论述脉络或者自己的意识形态立场对其做背离原本理论的解释,进而误导读者。当然,这个问题与哈耶克的理论本身并无直接关系,它实际上所涉及的乃是作为研究者的知识分子应当如何对待知识的问题。关于这种现象以及其间的问题,我将专文加以讨论。
③ "自由的构成"主要是殷海光的译法(这里我要特别感谢许倬云先生,他在知道我翻译哈耶克这部著作后,曾专门写信提醒我不要将书名译作"自由的宪章",并建议翻译成"自由的构成";尽管我最后没有采纳他的建议,但我仍需要对他表示感谢,因为他至少强化了我原本就试(转下页)

就英语 constitution 一词的词典意思来看,无论把它译作"构成"、"宪章"还是"宪法",都是可以的;然而需要指出的是,这里的 constitution,并不是词典中的单一词,而是一个存在于一种能使它具有意义的上下文(context)中的特定的词;因此,即使搁置理解者的解读范式不论,这一事实也至少要求我们根据该书名的上下文去解读它;然而,一如上述,本文所关注的并非是否应当采用"上下文的解读方式",而毋宁是如何进行上下文的解读。这就是我在上面提到的"大题小作"的方式。考虑到"自由的构成"和"自由宪法"这两种译名主要是词典式译名,同时也不是哈耶克一书的中译本书名,所以我们不予讨论。在这里我只关注《自由的宪章》这个译名,因为它不仅是哈耶克一书在汉语世界的唯一译本(台湾译本)所采用的书名,而且也只有这一译名的采用者周德伟对此给出了解释,甚至解释的判准也是"海耶克博士之原意";因此,本文的任务就在于依据哈耶克社会政治理论①以及他对此一问题所做的相关说明,辨析《自由的宪章》是否符合哈耶克的原意,同时经由这些论辩而对我给出的译名予以证明。

周德伟在 The Constitution of Liberty 台湾译本的《写在自由的宪章的前面》中指出,"本书近人通译为自由的构成,余经再三考虑径译为自由的宪章。本书全系哲学论辩,不具备宪法条文的形式,何以译为宪章,须稍加说明。宪章本为中国之古名。中庸谓仲尼祖述尧舜,宪章文武,文武并未留下宪法,但孔子

(接上页)图对这个问题加以讨论的意义);"自由的宪章"主要是周德伟等人的译法(这里需要指出的是,林毓生先生近日来函也建议我把书名译作"自由的构成",对他的建议及关注,我也表示感谢;但是,林毓生先生长年撰文都采用"自由的宪章"的译名,可以说,此一译名在大陆学者中间的广泛传播与他有直接的关联);而"自由宪法"似乎只是大陆学者在翻译霍伊所著《自由主义政治哲学》一书当中采用的译名。

① 这里我们必须承认,哈耶克教授的社会政治理论极为繁复,而他的这部著作所主要侧重的乃是其间的自由理论部分,相关的社会理论部分和道德哲学部分主要反映在他的其他论著之中;因此,请读者参阅我特意为哈耶克这部译著所撰写的长篇导论"哈耶克的社会理论",但同时我也推荐读者参阅西方学者的一些较为重要的原典: N. Barry, *Hayek's Social and Political Philosophy*, London: Macmillan, 1979; John Gray, *Hayek on Liberty*, Oxford: Basil Blackwell, 1984; R. Butler, *Hayek: His Contribution to the Political and Economic Thought of Our Time*, London: Temple Smith, 1983; B. L. Crowley, *The Self, the Individual, and the Community: Liberalism in the Political Thought of F. A. Hayek and Sidney and Beatrice Webb*, Oxford: Clarendon Press, 1987; B. M. Rowland, *Ordered Liberty and the Constitutional Framework: The Political Thought of F. A. Hayek*, Westport, CT: Greenwood Press, 1987; C. Kukathas, *Hayek and Modern Liberalism*, Oxford: Oxford University Press, 1989. 关于相关的论文集,也请参阅: J. C. Wood and R. N. Woods, ed. *F. A. Hayek: Critical Assessments*, London and New York: Routledge, 1991; Arthur Seldon, ed. *Agenda for a Free Society: Essays on Hayek's The Constitution of Liberty*, Hutchinson of London, 1961; F. Machlup, ed. *Essays on Hayek*, London: Routledge & Kegan Paul, 1977; Arthur Seldon, ed. *Hayek's Serfdom Revisited*, London: Institute of Economic Affairs, 1984.

师文武周公之政,故谓之宪章文武,孔子所肇述之道德律及春秋褒贬,为后世所取法,亦历二千余年之久,吾人之生活及行为规律,均据孔子之教,虽帝王立法莫敢有悖,故吾人可谓中国之文化以孔子之教为宪章。又如近世有名之英国宪法,亦不具备条文形式,包括1215之大宪章,及处决查尔斯一世后,巴力门有关基本原则之决议,并包括英国公民历久流传所共信共守之行为规律以及政府定期和平转让政权之规律,此皆不成文法,高于巴力门之立法原则,故宪章并不一定具备条文形式。又吾人之行为,服从不成文的一般原则,占吾人生活中之最大部分。若人之行为皆无融和一贯的原则,则社会人群之共生共存,即无从成立。又如学人之为文,法官之写判辞,经常运用演绎法,此演绎并非一定为两前提间之严格形式的演绎,大前提常未明白说出,只是学人所共同信奉的一般原则及法官判案时所必须遵守的更高的原则。海耶克著此书,志在奠定人的自由的基本原则,并保障自由的基本制度,以及根据此类原则确立政府的基本功能,故径名此书为 The Constitution of Liberty,译为宪章,方符海耶克博士之原意"①。

显而易见,周德伟的上述解释,基本的逻辑表现为:既然孔子可以因师不具有宪法条文形式的文武周公之政而谓之宪章文武②,那么我们也就同样可以尊不具有宪法条文形式的孔子之教为宪章,把学人为文所遵循的不具有宪法条文形式的一般原则称之为宪章,甚至把哈耶克不具有宪法条文形式的学术论辩也尊之为宪章。姑且不论周德伟的逻辑是否能够成立,我们在这里所关注的乃是因这种逻辑而导致的问题,即周德伟所采用的形式解释逻辑使他在把那些不具有宪法条文形式的原则都称之为"宪章"的过程中,不仅因过分宽泛地使用这个术语而使其丧失了意义,更为重要的还在于他把那些人们在行动中遵循的原则与哈耶克基于自由主义的立场而力图阐释这些原则的原理混为一谈,而这两点恰恰表明周德伟对哈耶克社会政治理论的误解。

周德伟把那些人们在行动中遵循的原则与哈耶克力图阐释这些原则的原理混为一谈的论辩,至少会导致两个结果,一是把人们在行动中所遵循的原则

---

① 周德伟:《写在自由的宪章的前面》,载海耶克:《自由的宪章》,周德伟译,台湾银行经济研究室1974年版,第6页。
② 孔子所用"宪章"一词,在我的理解,更是指"效法",而非当下人头脑中的"典章制度"或"宪法性文献或安排"意义上的"宪章";鉴于本文只关注周德伟的解释,所以我不准备对这个问题以及与此相关的问题进行讨论。

等约于或"提升"至哈耶克基于自由主义原理以及社会科学主观性而阐发的原则层面,从而掩盖哈耶克对人们在实际行动中所遵循的原则之性质的辨析:一种是"自愿性"规则,另一种是"强制性"规则,前者是自生自发的文化规则系统,而后者是唯理主义所设计的规则①;第二个可能的结果是把哈耶克的"阐释性"原则化约为人们在行动中实际遵循的原则,这一方面会否弃哈耶克对社会科学主观性的洞见,并把作为立基于自由价值的"评价标准"误作为人们为实现具体目的时所遵循的原则;这种误读的结果显然与哈耶克 The Constitution of Liberty 一书的精神相违背,一如哈耶克所言,该书的目的并不在于"提供一详尽的政策纲领,而毋宁在于陈述一些评价标准:一些具体措施若要为自由政权所用,就必须根据这些标准先加以评判。如果我以为自己有能力设计出一项综合性的政策纲领,那么这种自负就会与本书之整个精神相违背"②;另一方面,周德伟的这种"化约论"取向还会遮蔽哈耶克作为社会政治理论家的研究旨趣以及他在这方面的原创性贡献;这个问题较为复杂,需要我们多费些笔墨。

作为经济学家的哈耶克,为什么要从纯粹的经济学转向对社会政治法律的研究呢?哈耶克在 The Constitution of Liberty 中对此解释说,"尽管我仍把自己主要视为一经济学家,但我日益深切地体认到,对我们这个时代诸多迫切的社会问题的回答,最终须取决于对一些基本原则的认识,而这些原则实超出了专门的经济学或任何其他专门学科的范围"③;然而最明确的说明则见之于哈耶克于1965年所撰的《理性主义的种类》一文;他在该文中指出,其原因乃在于为了"更为充分地洞见个人在其行动中遵循的抽象规则与那种抽象的全面的秩序之间的种种关系,那种抽象的秩序乃是个人在那些抽象的规则加施于他的限度内对所遇到的具体而特殊的情形所做出的反应的结果"④。正是为了达致个人与秩序间关系的认识,哈耶克采取了一种倾向于探索一种能使理论知识和实践知识得到最佳发展的框架的社会理论研究策略,并且宣称:对社会秩序的阐释,最终必须依凭的乃是对人性和社会世界性质(亦即他所谓的自生自发社

---

① 参见拙文《哈耶克的社会理论》第二部分"哈耶克的社会理论:规则系统与行动结构"。
② Hayek, *The Constitution of Liberty*, Chicago: The University of Chicago Press, 1960, p. 5.
③ 同上书,第3页。
④ Hayek, "Kinds of Rationalism," in *Studies in Philosophy, Politics and Economics*, London: Roufledge & Kegan Paul, 1967, Chapter 5.

会秩序所具有的理性不及性和个人理性因内生于社会进化进程而具有的限度）予以阐释的社会理论。哈耶克正是透过对这一立基于苏格兰启蒙思想传统的自由主义社会理论的重述和构建，引发了当代社会哲学发展进程中的重大的"认识论转向"(epistemological turn)，并经此而结束了规范社会理论范式的支配性地位；哈耶克这种进化意义上的知识论贡献乃在于这样一个洞见，即行为规则系统可以被视为承载有关人与社会的知识的工具。哈耶克社会理论在此一方面所产生的第二个范式转换乃是与上述紧密勾连的"进化论转向"(evolutionary turn)，以及经由这一范式而确立的与自生自发社会秩序理论紧密相关的文化进化理论；哈耶克认为，自发社会秩序所遵循的规则系统是进化而非设计的产物，而且这种进化的过程乃是一种竞争和试错的过程，因此任何社会中盛行的传统和规则系统都是这一进化过程的结果①。

正是通过上述努力，哈耶克确立起了研究人类社会"自生自发秩序"的社会理论；在这种自生自发的秩序中，套用19世纪大法学家萨维尼的话说，"每个个人的存在和活动，若要获致一安全且自由的领域，须确立某种看不见的界线，然而此一界线的确立又须依凭某种规则，这种规则便是法律"②；哈耶克则更是原创性地将知识问题引入了此一分析之中：

"如果说法律因此而有助于使个人能够根据他自己的知识而采取有效的行动，而且为了实现这一目的法律也增加了个人的知识，那么我们便可以说，只要人们根据这些规则行事，法律就表现为他们可以加以运用的知识(或过去经验的结果)。事实上，个人根据共同的规则而进行的合作，所基于的乃是知识的某种分工，亦即个人自己的具体知识和法律提供的一般性知识之间的分工，前者是指合作者个人必须考虑他的特殊情形，而后者则是指法律确使个人的行动符合于他们所在社会的某些一般的或恒久的特性"③。

可见，在哈耶克的自由秩序中，个人自由与其在行动中所遵循的原则之间存有着一种互动且辩证的关系，二者缺一不可：个人自由之所以重要，乃是因为知识是分散的、隐性的和即时的，一如他在早期研究经济学中具体问题的时候就指出的，整个经济活动秩序的实现过程中，"运用了大量的知识，但这些知

---

① 参见 John Gray, *Hayek on Liberty*, Oxford: Basil Blackwell, 1984, pp. 134-135。
② Hayek, *The Constitution of Liberty*, Chicago: The University of Chicago Press, 1960, p. 148.
③ 同上书，第157页。

识并不是集中在任何单个人脑中的知识,而仅仅是作为不计其数的不同的个人的分立的知识而存在的"①;一般性原则之所以重要,则是因为关于它的知识使社会秩序形成具有了可能,换言之,公民行事时所遵循的规则,既构成了整个社会对其环境的调适,亦构成了整个社会对其成员所具有的一般性特征的调适。正是在这个意义上,G. C. Roche 指出,"在很大程度上我们要感谢哈耶克的洞见,是他使我们现在认识到了自由与社会组织的密切关系以及自由与法治的密切关系";而 G. P. O'Driscoll 也指出,"自生自发秩序(更确当地可以称为'非设计的秩序')原则,可以被视为经济学的第一原则。的确,布坎南晚近更是指出它是经济学的唯一原则"②。

尽管哈耶克的自由秩序原理并不是本文关注的主要问题,但是这一讨论却帮助我们至少澄清了这样一个问题,即周德伟的解释通过把那些人们在行动中遵循的原则与哈耶克基于自由主义的立场力图阐释这些原则的原理混为一谈的做法,不仅把哈耶克的"阐释性"原则误导入了对哈耶克一贯信奉的精神的违背,而且还将哈耶克之所以成为哈耶克的独特的学术理由毁之殆尽,把哈耶克原创的人的自生自发的自由秩序图景仅局限于人们在行动中所遵循的原则的层面,漏失了与之相互动的且构成其存在的合法性依据的个人使用其实践性知识的自由一面③,而这恰恰是哈耶克这部著作的核心宗旨,即重述和建构一套自由理论;显而易见,周德伟通过译名而表现出来的对哈耶克社会政治理论的误解,换一个向度看,则有可能对许多尚未阅读哈耶克著作的人士构成一种误导。

周德伟的解释所存在的问题,还远不止于此。周德伟把"祖述尧舜,宪章文武"中的"宪章"不具有宪法条文形式,视作理解哈耶克 constitution 的一个条件,然而这显然不是哈耶克关注的问题。就原则而言,不论它是否具有宪法条文形式,只要符合哈耶克的抽象性、确定性和平等适用的判准,哈耶克都认为是可欲的,一如他所言,一项规则在行动中得到普遍遵循的事实,因此也不意味

---

① Hayek, *Studies in Philosophy, Politics and Economics*, London: Routledge & Kegan Paul, 1967, p. 92.
② 参见布坎南:《自由、市场与国家》,平新乔等译,上海三联书店 1989 年版,第 116—117 页。
③ 这里需要指出的是,哈耶克遵循博兰尼、奥克萧特和赖尔等人的知识论立场,将知识分为两大类:一是"知道如何行事"的知识,即 know how to act;另一是"知道那个"的知识,即 know that。而且哈耶克明确认为,在自生自发秩序的形成过程中,"知道如何行事"的知识,亦即实践性知识具有极为重要的作用。

着,它依旧不需要被发现或以文字加以阐释①。哈耶克对这个问题的关注,在我看来,毋宁在于下述两个方面:首先,这种原则是以何种知识论作为基础的:"一为经验的且非系统的自由理论传统,另一为思辨的及唯理主义的自由理论传统。前者立基于对自生自发发展的但却未被完全理解的各种传统和制度所做的解释,而后者则旨在建构一种乌托邦"②;换言之,哈耶克社会政治理论关注的是以人的有限理性为基础的一般性原则(或者说是一般性原则的理性不及性质)与以唯理主义为依凭而设计的具体原则间的区别。其次,与上述问题相关联,哈耶克关注的乃是人的理性是否有可能穷尽人们所遵循的原则的问题;正如他所指出的,"所有的政治理论都假定大多数个人是极为无知的。但是,那些为自由进行辩护和呼吁的人与其他人不同,因为前者把自己和最为明智的人士也都纳入了无知者的行列"③,而也正是在这个意义上,哈耶克甚至说,"百年来的经验所赋予我们的远非一个麦迪逊、一个穆勒、一个托克维尔或一个洪堡所能识见"④。基于此一理路,哈耶克指出了作为理论知识的"明确知识"(plain knowledge)在文明进化中的限度,以及"个人理性不及的因素"(non-rational factors)的存在和重要性,而这种理性不及的因素在我的理解中,当包括人们在行动中遵循的规则和特定时空下的偏好及事实。

显而易见,由于周德伟在其解释中的论辩误置,使他无法在论辩的过程中反映哈耶克的真正论点,甚至在强调具有宪法条文形式或不具有宪法条文形式的过程中,丢失哈耶克认识社会的有限理性和理性不及的知识论基础。当然,我们没有理由期望一个书名可以表达出这本书所试图阐释的全部道理,然而,这个事实却不能证明那种经由误解的论辩而把这个书名原本试图表达的含义切割出去的做法为正确,或者说,这个事实不能证明那种经由误置的论辩而阻碍人们认识这个书名原本有可能表达的含义的做法为正确。

哈耶克 *The Constitution of Liberty* 一书名之所以难以把握,主要是该书所涉题域极为宽泛,而哈耶克本人在该书中亦没有对这一书名做出直接的说明,甚至在正文中都没有使用过这组术语。此外,哈耶克一生著述颇丰,然采用

---

① 参见 Hayek, *The Constitution of Liberty*, Chicago: The University of Chicago Press, 1960, pp. 68-69。
② 同上书,第54页。
③ 同上书,第30页。
④ 同上书,第8页。

constitution 为书名或论文名者,据我考察,只有两次:一是 1960 年版的这部著作,二是 1967 年发表的一篇论文,"The Constitution of Liberal State"。这篇论文所讨论的全部都是"权力分立"这项宪政措施在无限民主和法律实证主义的支配环境中所存在的负面问题,因此哈耶克虽说没有直接对这个词做出解释,但根据这篇论文的论题而把该文标题中的 constitution 译成"宪政",当不会导致对他的误解。然而,由于两次使用 constitution 的题域或研究对象明显不同,所以"宪政"的解释对于我们解读 The Constitution of Liberty 这一书名并无助益。

所幸的是,哈耶克在该书出版了十多年以后,亦即在他所著的《法律、立法与自由》(*Law, Legislation and Liberty*,1973—1976—1979 年,三卷本)一书的导论中对这个书名做出了说明;据我所知,这也是他对这个书名做出的唯一解释。他在该书的导论中指出:

"如果我早在出版 The Constitution of Liberty 一书时就知道,我应当着手本书所试图进行的研究工作,那么我就会把那部著作的标题留下来,用在现在这部书上。我在当时采用'constitution'一词时,是在该词的广义上使用这个词的,亦即指称人的适宜的状态(the state of fitness of a person)。然而,只是在眼前这部书中,我才致力于回答这样一个问题,即什么样的宪法性安排(constitutional arrangements),即法律意义上的宪法性安排,才可能对维护个人自由有最大的助益。在前一部著作中,我对这个问题只给出了极少的线索,可以说几乎没有读者发现它们;这是因为我在那本书中的绝大多数工作乃在于陈述这样一些原则,即现有的各种政府如果希望维护自由的话,它们就不得不遵循的原则";而又在该书的前言中明确指出,"在那部著作中,我曾力图以一种适合于当代问题及当代思想的方式向当代的读者重述传统上的各种古典自由主义原则或原理"①。

哈耶克的这段晚出的关键文字,按照我个人的理解,至少向我们揭示了理解 The Constitution of Liberty 这一书名的三个要点:

第一,这个书名中的 constitution 乃是指人的适宜的状态,即个人的自由状态或集合意义上的自由秩序;同时他通过这个书名所试图表达的乃是 The

---

① Hayek, *Law, Legislation and Liberty*, Vol. I, *Rules and Order*, Chicago: The University of Chicago Press, 1973, "Introduction," pp. 3 - 4.

Constitution of Liberty 这本书的研究对象,一如他在该书的第一章开篇所指出的,"本书乃是对一种人的状态的探究;在此状态中,一些人对另一些人所施以的强制在社会中被减至最小可能之限度"①;这里需要注意的是,这本书所指涉的强制乃是一切强制:它不仅包括来自威权政府的强制,也包括来自多数民主政府的强制;它不仅包括来自政府的强制,也包括来自社团(例如工会)的或个人的强制。当然,"自由秩序"这个研究对象不同于《法律、立法与自由》所确立的具体研究对象,因为后者的具体研究对象或试图回答的具体问题乃是什么样的宪法性安排才可能对维护个人自由有最大的助益。

第二,哈耶克的上述说明文字还表明,他乃是在两个不同的层面上处理前后两本书的具体研究对象的,即从重述古典自由主义原则的层面向主要是重构法律制度的层面的转换,后者乃是在文化进化规则系统限度下的论题。20世纪50年代,哈耶克对自由遭受威胁的问题有一个基本的判断,即在过去,"人们只是模糊地认识到了这一理想或者说不尽完善地实现了这一理想;因此,如果要使这一理想成为解决当下问题的指导,就必须对其做出进一步的厘定和阐明"②。正是这种判断,决定了哈耶克在阐释原则的层面上研究人的自由秩序的问题;当然他也对一些重大的政策进行了分析,然而这种分析充其量也只是"对这些原则的验证"。到了六七十年代,哈耶克日益认识到,要对那些以制度作为基础的支配当下西方人的种种信念做出重大的修正,仅诉诸于原则的阐释和寄希望于社会的道德是不充分的,这是因为那些信念所依凭的原本旨在保护个人自由的宪政制度已无法实现它们的目的,所以必须从原则阐述的层面转向变革这些制度的层面,而这就是哈耶克所谓的文化进化下的"制度性发明"(institutional invention)。

第三,值得我们注意的是,哈耶克具体研究对象的变化及理论层面的转换的事实,并不能使我们因此得出哈耶克早期不关注法律或只是在晚期才关注法律的结论;相反,从哈耶克的社会政治理论出发,人的自由秩序这一综合的研究对象,必定含括作为一般性规则的法律的问题;"本书的第二部分探究西方人为了保障个人自由而逐渐形成的各种制度。我们由此进入了法理学领域的探讨……然而需要强调指出的是,我们对保障个人自由的各种制度的进化过程所

---

① Hayek, *The Constitution of Liberty*, Chicago: The University of Chicago Press, 1960, p.11.
② 同上书,第5页。

持的认识,主要依凭的既非法律家的观点,亦非历史学家的观点。我们所关注的乃是一种理想的发展"①。这里的要害毋宁在于,哈耶克早期所关注的是作为文化进化规则系统层面的法律,而在晚期所关注的则是制度层面的法律;而且在这个意义上讲,后者乃是对前者的补充,用哈耶克自己的话说,就是"本书的意图决不在于对一个自由的人的社会得以维续所赖以为基的诸基本原则给出穷尽或全涉的阐释或揭示,而毋宁是我在完成前一部论著以后发现必须对它做出的一种补充;我的前一部著作就是 The Constitution of Liberty②。

正是基于上述我对周德伟的解释的清理以及我对哈耶克说明的解读,我认为应当把哈耶克社会政治理论下的 constitution 理解成一种"秩序",而把整个书名译作"自由秩序"。综而述之,采用这个译名,一是为我们理解作为一位纯粹经济学家的哈耶克转向研究社会政治哲学的学术旨趣留下了可能的空间;二是符合哈耶克社会政治理论的内在理路;三是完全符合哈耶克本人对这一书名的说明,最后也不含译者对哈耶克社会政治理论的任意限定。

需要补充说明的是,我还在"自由秩序"之后另加上了"原理"两个字,而这本来是 The Constitution of Liberty 中所并不含有的意思。我之所以这样做,主要是基于这样两个理由:一是哈耶克明确指出这部著作意在增进理解,而不在于煽动激情,因为"那些摧毁自由之基础的论点,主要源出于知识领域,因而我们就必须在此一领域中对其做出反驳"③;然而要进行这样的反驳,哈耶克甚至认为就是要采取一种冷血的纯知识的理性论辩方式。二是哈耶克在 1944 年出版《通向奴役之路》一书以后,尽管当时像 A. C. Pigou 和 Aaron Director 这样一些著名学者都高度赞扬了该书的学术水平,熊彼特甚至在评论该书的最后几章时指出,"读者们会很高兴地读到一位杰出的经济学家的观点,他是我们这个时代最杰出的经济学家之一"④,但是也有不少经济学家对这本书颇有微词,最为明显的事例是美国芝加哥大学经济学系的教授们于 1946 年反对哈耶克去该系任教,而反对的主要理由是"他们认为《通向奴役之路》这本书太过流行,而一

---

① Hayek, *The Constitution of Liberty*, Chicago: The University of Chicago Press, 1960, p. 5.
② Hayek, *Law, Legislation and Liberty*, Vol. Ⅲ, Chicago: The University of Chicago Press, 1979, "Preface," xii-xiii.
③ Hayek, *The Constitution of Liberty*, Chicago: The University of Chicago Press, 1960, p. 6.
④ J. Schumpeter, *Journal of Political Economy*, Vol. 54, 1946, p. 269;转引自 Machlup, "Hayek's Contribution to Economics," in F. Machlup, ed. *Essays on Hayek*, London: Routledge & Kegan Paul, 1977, p. 40。

个受人尊敬的学者是不会写这样的书的";当然,更重要的是哈耶克本人也对这本书的学术水平并不感到满意①,于是他又潜心研究社会、政治和法律哲学,最终在 15 年以后完成了在他和他的崇拜者看来真正的学术著作。正是在这个意义上,为了区别《通向奴役之路》与这部著作的不同影响(前者主要在于社会、经济和政治的影响[该书出版以后在许多国家都成了最流行的畅销书],后者则主要在于学术领域或对学术的影响)以及哈耶克本人对这两部著作的侧重点(前者主要在于意识形态的论辩,而后者则主要强调对这种论辩的学术阐释),我特意加上了具有学术意义的"原理"两字;这样,哈耶克的 The Constitution of Liberty,在我这里最终被译成了《自由秩序原理》。

最后需要提醒读者的是,我在本文中讨论的哈耶克的一些观点,是就他的 The Constitution of Liberty 这个书名而展开的,因此仅依据我这里的讨论,是不能充分理解哈耶克宏大且精微的社会政治原理的。对于这部被 Seldon 认为可与亚当·斯密《原富》相比拟的、被 Hazlitt 誉为穆勒《论自由》在 20 世纪的继承者的《自由秩序原理》②,我以为,只有进入并认真研读全书(包括他的其他论著),方有可能把握其间的理论脉络。

---

① 参阅 S. Kresge and L. Wenar, ed. *Hayek on Hayek: An Autobiographical Dialogue*, Routledge, 1994, p. 24。
② 参见拙文《哈耶克的社会理论》,注释[2]。

哈耶克论法治[*]

□ 迪雅兹（Gottfried Dietze） 著^{**}　□ 邓正来 译

作为对古代政权（ancien régimes）专制的一种回应，亦即对过度的政府控制与管制的一种反动，现代自由主义主张个人自由。值得我们注意的是，对自由的这类威胁在民主时代并未消失。在过去的数十年里，自由主义者一直在强调大政府（big government）——很大程度上是社会主义和福利国家的产物——对自由构成的严苛威胁。

近些年来，在这种关注之外又多了一种对无政府状态的恐惧。所有的自由国家都为骚乱与犯罪所困扰。虽然法治理念（the idea of the rule of law）仍然意指保护个人安全并使之免遭大政府的侵犯，但是它也渐渐开始意指对一个强大到足以保护个人并使其免遭其他人非法侵犯的政府的诉求。

当自由社会的维续处于危险关头之际，我们应当对伟大的自由主义者如何认识法律这个问题进行考察。在一个专门讨论 F·A·von·哈耶克著作的研讨会上，我认为，对哈耶克在过去 30 年中的法治论述做一番研究似乎是合适的。当然，在过去的 30 年当中，哈耶克乃是以社会哲学家而著称于世的。

---

*　本文翻译自 *Essays On Hayek*, F. Machlup, ed. London: Routledge & Kegan Paul, 1977, pp. 107 – 146。

**　迪雅兹是霍布金斯大学政治学教授。他的代表作是：《美国的政治困境：从有限民主到无限民主》（*America's Political Dilemma: From Limited to Unlimited Democracy*）和《两种法治概念》（*Two Concepts of the Rule of Law*）。

自由与法治

在哈耶克的社会思想中,自由乃是一项最重要的价值①。

众所周知,阿登纳(Adenauer)与艾哈德(Ludwig Erhard)一起促成了西德的复兴;而正是这位被 de Madariaga 称为"唯一不朽的世界级政治家"②的阿登纳曾经指出,"为了使事情简单明了,我们就必须深入地观察它们。如果一个人的观察仅仅停留在事情的表面,那么它们就无法简单明了。然而,如果一个人深入地观察了事情,那么他就会知道事情的真相,而事情的真相始终是简单明了的"③。无论我们研究哈耶克过去几十年的论著有多么深入,我们始终都可以知道这样一个简单明了的事实,即他的这些论著确实都是围绕着对自由的追求而展开的。

除了把自己称之为"一个至死不悔的老辉格党人"④以外,哈耶克还明确指出自己是一个"纯粹的学者"⑤。哈耶克论述明晰的风格极适合学术研究,这一点在他的论著中可以说是显见不争的;而他也正是经由这一明晰的风格,使得自由这个理念在他那里变得凸显无疑了——这一点尤可见之于哈耶克论著的书名。既然通往某种状态的道路只能是背离其对立面的道路,那么《通往奴役之路》(*The Road to Serfdom*)这个书名便直接表明了该书作者通过这个书名所描述的只能是一条背离自由的道路。"自由秩序原理"("The Constitution of Liberty")这几个语词所传达的信息就更显而易见了。不论人们把这些语词理解成一部具体的宪法,例如美国宪法(哈耶克在他的论著中也把美国宪法称之为"一部自由的宪法"⑥),或是理解成型构或确立自由的过程,还是理解成一种

---

① 哈耶克在论述的过程中乃是互换使用"liberty"与"freedom"这两个术语的,本文在讨论时也将遵循他的方法。对于哈耶克来说,在人们对这两个术语的含义所做的界分当中,似乎没有一种界分是为人们所公认的,尽管他本人更倾向 freedom 这个术语。参见 Hayek, *The Constitution of Liberty*, Chicago: The University of Chicago Press, 1960, pp. 11, 421. n. 1。
② Salvador de Madariaga, "Die deutschen Wahlen in weltpolitischer Sicht," leading article in *Neue Zurcher Zeitung*, Sept. 1, 1957.
③ Konrad Adenauer 所做的这一陈述乃是 Anneliese Poppinga 的座右铭,参见 *Konrad Adenauer* (Stuttgart: Deutsche Verlags-Anstalt, 1975), p. 5。
④ Hayek, *The Constitution of Liberty*, Chicago: The University of Chicago Press, 1960, p. 409.
⑤ Hayek, *Law, Legislation and liberty*, Vol. I, *Rules and Order*, Chicago: The University of Chicago Press, 1973, p. 4.
⑥ Hayek, *The Constitution of Liberty*, Chicago: The University of Chicago Press, 1960, pp. 178 - 182.

适合于人生存的状态(哈耶克后来说他当时所指的就是这个意思①),自由在其间所占据的核心位置都是无可置疑的。这一点同样适用于《法律、立法与自由》(*Law, Legislation and Liberty*)这个书名;法律和立法这两个词语都置于自由之前:前者在一般意义上意味着对自由的助益和支撑,而后者则意味着对自由的质疑或威胁。

当然,人们已经普遍认识到了自由在哈耶克哲学中所占据的支配地位;此外,人们还认为这位《通往奴役之路》一书的作者可以与约翰·斯图亚特·穆勒(John Stuart Mill)相媲美②。穆勒研究自由的那部论著乃是在20世纪中叶出版的,而那个世纪则被称之为英国的世纪和自由主义的世纪③。穆勒的著作反映了人们在当时对自由的普遍接受与他们对自由的信奉。然而,哈耶克的《通往奴役之路》一书则是在大约80年以后出版的,而此时,自由已被"所有党派中的社会主义者"搞得名誉扫地了,因此哈耶克这部著作的矛头乃是特别指向他们的④。在这部著作中,哈耶克对自由在社会主义经济与凯恩斯主义经济(Keynesian economics)中普遍衰败的趋势感到悲愤⑤。与人们认为哈耶克可以与穆勒相媲美一样,《自由秩序原理》(*The Constitution of Liberty*)也被盛誉为"约翰·斯图亚特·穆勒《论自由》(*On Liberty*)一著作在20世纪的后继之作"⑥。《法律、立法与自由》(*Law, Legislation and Liberty*)的第一卷《规则与秩

---

① Hayek, *Law, Legislation and liberty*, Vol. I, *Rules and Order*, Chicago: The University of Chicago Press, 1973, p. 3.
② 对这本书的抨击,请参见 Herman Finer, *Road to Reaction*, Boston: Little, Brown & Company, 1946。
③ 参见 Karl Heinz pfeffer, *England: Vormacht der burgerlichen Welt* (Hamburg: Deutsche Hausbücherei, 1940);哈耶克反复指出,英国乃是自由主义的发源地,亦即拥有一种自由主义传统的国家。比如说, in Hayek, *The Road to Serfdom*, Chicago: The University of Chicago Press, 1944, p. 54. n.; "Entstehung und Verfall des Rechtsstaatsideales," in Albert Hunold, ed. *Wirtschaft ohne Wunder*, Erlenbach-Zürich: Eügen Rentsch Verlag, 1953, S. 33–46; Hayek, *The Constitution of Liberty*, Chicago: The University of Chicago Press, 1960, pp. 162–175; "The Legal and Political Philosophy of David Hume," in *Studies in Philosophy, Politics and Economics*, London: Routledge & Kegan Paul, 1967, pp. 106–108; Hayek, *Law, Legislation and liberty*, Vol. I, *Rules and Order*, Chicago: The University of Chicago Press, 1973, pp. 84–85。
④ Hayek, *The Road to Serfdom*, Chicago: The University of Chicago Press, 1944, p. iv.
⑤ 根据 John Chamberlain 在哈耶克获得诺贝尔奖的时候所撰写的文章(*The Wall Street Journal*, Oct. 24, 1974, p. 18)中指出,在"朝圣山学社"创建的时候, Leonard E. Read 曾说服哈耶克不要把该学社命名为"约翰·斯图亚特·穆勒学社",因为穆勒在其晚期论著中与社会主义的关系暧昧。在《法律、立法与自由》这部最后的著作中,哈耶克谴责了"全权主义的教条"。见 Hayek, *Law, Legislation and liberty*, Vol. I, *Rules and Order*, Chicago: The University of Chicago Press, 1973, p. 6。
⑥ Henry Hazlitt, *Newsweek*, February 15, 1960.

序》(Rules and Order)也可以被视作是一部专门为自由而撰写的著作①。

哈耶克本人也清楚地表明，他始终把保护自由视作是其论著的目的之所在。哈耶克在《通往奴役之路》一书的序言中承认，这部著作乃是一部政治论著，是为"某些终极价值"而撰写的。该著作书名页上的引文明确无误地表明了哈耶克的观点，即在这些终极价值中，自由乃是他所认为的最为重要的价值。哈耶克征引大卫·休谟(David Hume)的话说："几乎没有一种自由是会立刻就全部丧失的"；紧接着，哈耶克又征引托克维尔(Tocqueville)的话说："我相信，不论在什么时代，我都会挚爱自由，但是在我们生活的这个时代，我却准备崇拜自由。"在《自由秩序原理》一书中，他的目的在于"勾画一种理想，指出实现这一理想的可能途径，并解释这一理想的实现所具有的实际意义"。显而易见，哈耶克所说的那个理想就是自由。《自由秩序原理》可以被视作是《通往奴役之路》的续篇，因为《自由秩序原理》这部著作的讨论确实始于对这样一个问题的追问，亦即他在开篇所征引的Pericles所提出的那个问题："我们达致当下境地之道路为何"，而这一境地的特征便是这样一个事实，即"我们于政制层面所享有的自由，亦扩展到了我们的日常生活层面"。这种做法明确无误地表明，哈耶克征引Pericles的文字的目的乃在于用一种使自由理念处于中心地位(亦即由强调法律之价值的文字所保障的那种中心地位)的方式来突出自由所占据的中心地位。哈耶克指出，"法律下的自由(freedom under the law)……乃是本书的主要关注点之所在"。颇为重要的是，哈耶克在《自由秩序原理》一书的结尾处还征引了亚当·斯密的两段文字，后一段文字所论及的便是"恒久不变的一般性原则"。由于哈耶克公开宣称自己属于自由派，所以他明确认为这些原则就是那些自由原则②。正如《自由秩序原理》是《通往奴役之路》的续作一样，《法律、立法与自由》则是对《自由秩序原理》的延续和阐释。哈耶克写道："如果我早在出版《自由秩序原理》一书时就知道我会着手本书所试图进行的研究工作，那么我就会把那部著作的书名留下来，用在现在这部书上。"③《法律、立法与自由》乃是对《自由秩序原理》那部较为理论化的著作所做的一种实践层面的补充，因为

---

① 《规则与秩序》这一卷先于《法律、立法与自由》的第二卷和第三卷而出版。
② Hayek, *The Constitution of Liberty*, Chicago: The University of Chicago Press, 1960, pp. vii, 1, 153, 411.
③ Hayek, *Law, Legislation and liberty*, Vol. I, *Rules and Order*, Chicago: The University of Chicago Press, 1973, p. 3.

它揭示了那些有助于在具体的社会中最大限度实现自由原则的宪法安排。

《自由秩序原理》出版1年以后,哈耶克在一篇探讨威胁自由的各种因素的论文中,即刻对其在该书中捍卫自由的思想进行了补充,他似乎是想加倍地确认保护自由的价值之所在。哈耶克指出,"对自由的有效捍卫必须……是毫无弹性的、专断的和奉为教条的,而且也绝不能对权宜之策做任何妥协。唯有把追求自由视作是一项政治道德的一般性原则,追求自由才能获得成功;而所谓政治道德的一般性原则,亦即在具体个案中对该项原则的适用并不需要一种正当性的证明。"在这篇论文的结尾部分,他甚至指出,"自由并不只是诸多其他价值中的一种价值,亦即并不只是与所有其他道德原则处于相同地位的一项道德原则,而是所有其他个别价值的渊源和必要条件。"显而易见,这实是哈耶克对《自由秩序原理》一书德文版所草拟的那篇导论所做的一个重大修正,因为在那篇导论的草稿中,他是这样论述这个问题的,即"自由并不只是诸多价值中的一种价值,而是大多数其他价值的渊源与条件"。自由不再被认为是大多数其他价值的渊源和前提,而是所有其他价值的渊源和前提①。

在《法律、立法与自由》第一卷《规则与秩序》中,哈耶克重申了这一立场:"对自由的成功捍卫,必须是以坚守原则为基础的,而且绝不能向权宜之策做任何让步,即使在那种除了已知的有益影响以外无力表明对自由的侵犯所会导致的某种特定且有害的结果的情势下,亦须如此行事。只有当自由被公认为是一项在适用于特定情势时亦无须证明的一般性原则的时候,自由才会占据优位之势。因此,那些指责古典自由主义太过教条化的观点,实在是一种误解。在我看来,古典自由主义的缺陷并不是它在坚守原则方面太顽固不化,而毋宁是它缺乏足够明确的原则以提供清晰的指导……"此外,哈耶克还征引了斯特拉伯(Strabo)的这样一段文字,即"自由是一个国家所具有的最高的善"②。

然而值得我们注意的是,自由在哈耶克的价值序列中所占据的不容置疑的首位性,并不能遮蔽这样一个事实,即对于哈耶克来说,自由乃是法律下的自由,而且是根据法律而存在的。

---

① "Die Ursachen der standigen Gefahrdung der Freiheit," in Franz Bohm, Friedrich A. Lutz, Fritz W. Meyer, eds. *Ordo*, XII, 1961, S. 105, 107-109.

② Hayek, *Law, Legislation and liberty*, Vol. I, *Rules and Order*, Chicago: The University of Chicago Press, 1973, pp. 61, 94. 在第57页上,哈耶克指出,"只有当自由被视作是一项……最高原则的时候,自由才能够得到维续"。

哈耶克的确指出,存在着一种无形的和无所不涉的并不是在法律下的普遍性自由(general freedom);在这种自由当中,只有部分是由法律所定义的并因此是在法律之下的。人们并不能从哈耶克对"自由"(liberty)与"自由权项"(liberties)所做的界分中发现他的上述观点,因为他认为无论是"自由"还是"自由权项"都是法律下的自由①。哈耶克的这个观点源出于他所做的其他陈述。例如,他征引林肯的话说:"世界上从不曾有过对自由一词的精当定义",他引证了孟德斯鸠(Montesquieu)关于人们把自由理解成众多情形的著名文字;此外,他还征引了其他一些无法就何谓自由这个问题达成一致意见的论者的观点②。在这种并非由法律所定义的自由的周围所笼罩着的神秘网恰恰证明了这种自由的存在,而这一点又得到了下述事实的进一步确证,即对于哈耶克来说,"自由(liberty or freedom)的状态"(亦即他所认为的法律下的自由)乃是"一些人对另一些人所施以的强制,在社会中被减至最小可能之限度的状态"③。哈耶克因此承认,他的这种自由乃是某种关系性的(relative)状态,在最基本的意义上讲,它存在于社会之中。于是,他认为,必定存在着一种比社会中存在的自由更绝对也更宽泛的自由。由于社会中的自由乃是一种根据那个社会中的法律而确定的自由,亦即一种由法律所定义的自由,所以必定存在着一种无从界定的、超法律的自由;鉴于法律从其定义本身来说乃是限定自由的这个事实④,这种

---

① Hayek, *The Constitution of Liberty*, Chicago: The University of Chicago Press, 1960, pp. 11 - 21.
② 同上书,第 11—21,421—425 页。
③ 同上书,第 11 页。
④ 对于哈耶克——他论及了那些主张法律与自由水火不容的人的观点(Hayek, *Law, Legislation and liberty*, Vol. I, *Rules and Order*, Chicago: The University of Chicago Press, 1973, p. 52)——来说,法律对自由的限制在形式"法治国"的概念中("Entstehung und Verfall des Rechtsstaatsideales," in Albert Hunold, ed. *Wirtschaft ohne Wunder*, Erlenbach-Zürich: Eugen Rentsch Verlag, 1953, S. 57 - 65)、在政府干预中(Hayek, *The Constitution of Liberty*, Chicago: The University of Chicago Press, 1960, pp. 220 - 223)、在立法中(Hayek, *Law, Legislation and liberty*, Vol. I, *Rules and Order*, Chicago: The University of Chicago Press, 1973, pp. 124 - 144),都是极其明显的。但是,法律对自由的限制这一点在逐渐发展的法律中却不是如此显见不争的;而所谓"逐渐发展的法律",哈耶克还将它称之为"自由的法律"(Hayek, *The Constitution of Liberty*, Chicago: The University of Chicago Press, 1960, p. 205)、"个人自由的重要保障"(Hayek, *Law, Legislation and liberty*, Vol. I, *Rules and Order*, Chicago: The University of Chicago Press, 1973, p. 67)以及尽管他赞同 Cicero 说的"为了成为自由的人,我们服从法律"的观点(Hayek, *The Constitution of Liberty*, Chicago: The University of Chicago Press, 1960, p. 166)并且遵从一种"伟大的传统":根据这一传统,"法律与自由是不可能彼此分离而存在的"(Hayek, *Law, Legislation and liberty*, Vol. I, *Rules and Order*, Chicago: The University of Chicago Press, 1973, p. 52),但是他依旧明确无误地指出,逐渐发展起来的法律也会限制自由。法律不仅构成了"对所有政府权力的一种限制"(Hayek, *The Constitution of Liberty*,(转下页)

超法律的自由肯定要比法律下的自由会受到更少的限制。再者,哈耶克指出:"从最终的角度来看,对个人自由的追求源出于我们对自己知识所具有的不可避免的局限性的承认。"①人所具有的不可避免的局限性,限制了人的知识,当然也包括人关于自由的知识。这些局限性的存在导致了人们不断通过法律对那种普遍的、无所不涉的、超法律②的自由中为人所知的那一部分自由做越来越多的规定或界定。

尽管上述论述表明哈耶克洞见到了一种比法律下存在的那种自由更宽泛的自由,但是由于哈耶克宣称"人类从未生存在没有法律的状态中"③,所以他又强调指出,他所关注的那种自由("每个人都能够运用自己的知识去实现自己的目的的状态"④)乃是一种法律下的自由。这在他所征引的 Pericles 的文字中是显见不争的。他参引了西塞罗(Cicero)的文字:"onmnes Legum servi sumus ut liberi esse possimus"(我们成为法律的奴隶,是为了能够保有自由)⑤。他还赞同洛克(John Locke)对此更为清晰的陈述,即没有法律就不可能有自由,并且在《自由秩序原理》一书中比较详尽地征引了洛克的观点⑥。他对孟德斯鸠

(接上页)Chicago: The University of Chicago Press, 1960, p. 205),而且也对个人的自由构成了一种限制。*Law and Order* 这个命题就是要赞同"一种允许所有的人运用自己的知识去实现自己的目的且只受普遍适用的正当行为规则的约束——亦即只受法律所约束——的自由状态"。法律乃是"那种在强制性行为规则意义上的法律"(Hayek, *Law, Legislation and liberty*, Vol. I, *Rules and Order*, Chicago: The University of Chicago Press, 1973, pp. 55, 72)。

① "Die Ursachen der standigen Gefahrdung der Freiheit," in Franz Bohm, Friedrich A. Lutz, Fritz W. Meyer, eds. *Ordo*, XII, 1961, S. 103.
② 关于哈耶克对元法律原则的看法,请比较 Hayek, *The Constitution of Liberty*, Chicago: The University of Chicago Press, 1960, pp. 205 - 207; Hayek, *Law, Legislation and liberty*, Vol. I, *Rules and Order*, Chicago: The University of Chicago Press, 1973, pp. 134 - 135。早在 1953 年,哈耶克就已经提到了"元法律标准"这个术语(meta-juristic criteria),参见"Entstehung und Verfall des Rechtsstaatsideales," in Albert Hunold, ed. *Wirtschaft ohne Wunder*, Erlenbach-Zürich: Eugen Rentsch Verlag, 1953, p. 60。
③ "Arten der Ordnung," in Franz Bohm, Friedrich A. Lutz, Fritz W. Meyer, eds. *Ordo*, XIV, 1963, S. 10 - 11.
④ Hayek, *Law, Legislation and liberty*, Vol. I, *Rules and Order*, Chicago: The University of Chicago Press, 1973, pp. 55 - 56.
⑤ Hayek, *The Constitution of Liberty*, Chicago: The University of Chicago Press, 1960, p. 462. n. 36.
⑥ "法治的渊源"一章的开篇,哈耶克征引了洛克的一段文字,"法律的目的不是取消或限制自由,而是维护和扩大自由。这是因为在所有能够接受法律支配的人类的状态中,哪里没有法律,哪里就没有自由。这是因为自由意味着不受他人的束缚和强暴;而这种自由在不存在法律的地方是不可能存在的:一如我们所被告知的那样,这种自由并不是每个人为所欲为的自由(因为当其他人的意志支配某人的时候,该人又怎能自由呢)。但是,一种处分或安排的自由,一如他所列举的那些包括对他的人身、他的行动、他的所有物以及他全部的财产的处分,乃是法律所允许的自由;因此,在这样的法律下,他不受其他人的专断意志的支配,而是能够自由地遵循他自己的意志"。Hayek, *The Constitution of Liberty*, Chicago: The University of Chicago Press, 1960, p. 162. 另请参见 Hayek, *The Road to Serfdom*, Chicago: The University of Chicago Press, 1944, p. 62. n. 1.

"将法治确认为自由的实质"①和伏尔泰(Voltaire)信奉法律下的自由表示欣赏②。他在一篇论文中阐述了休谟关于"法律下自由"的概念③。他称誉美国宪法是"一部自由的宪法",亦即一部型构自由和保护自由的法律④。他赞同康德(Kant)所提出的这样一个观点,即"如果一个人不需要服从任何人,而只服从法律,那么他就是自由的"⑤。他还用了很大的篇幅来论证自由"始终是法律下的自由"这个观点⑥。

如果自由是法律下的自由,那么我们就可以推论说自由乃是次位于法律的。然而,这种推论却是与哈耶克的观点相悖的。虽然自由在法律之下,但是法律并不优位于自由。自由在形式上从属于法律这一点,并不影响法律在实质上从属于自由,因为法律只不过是一种视保护自由为旨归的手段。法律服务于一个目的。在《自由秩序原理》一书中,哈耶克指出,一般性法律规则的目的在于保护私人领域不受侵犯⑦。在《法律、立法与自由》第一卷《规则与秩序》中,哈耶克用一整节篇幅来讨论"法律的'目的'"。在这里,他在"目的"一词上加注了引号,但是这并不意味着他不再认为法律是达到某种目的的一种手段。它或者意味着强调这样一个事实,即法律有一个目的,或者意味着强调另外一个事实,即哈耶克想指出人们对法律"目的"的不同看法。关于这个问题,他征引了许多论者的观点,从康德强调正当行为规则较少目的性(purpose-lessness)的观点,到以边沁(Bentham)和耶林(Jhering)为代表的功利主义者视目的为法律的核心特点的观点;这表明在法律的目的问题上存在着诸多含混不清之处和思想混乱之处。然而,哈耶克却明确无误地指出,如果目的指的是特定行动可预见的具体结果,那么边沁所主张的特定论的功利主义(the particularistic utilitarianism)就是错误的;如果目的指的是旨在一种抽象秩序(这种抽象秩序

---

① Hayek, *The Constitution of Liberty*, Chicago: The University of Chicago Press, 1960, p. 194. 在早些时候,哈耶克还征引了孟德斯鸠的一段话,"nous sommes donc libre, parce que nous vivons sous les loisciviles." "Entstehung und verfall des Rechtsstaatsideales," in Albert Hunold, ed. *Wirtschaft ohne Wunder*, Erlenbach-Zürich: Eugen Rentsch Verlag, 1953, S. 47。

② Hayek, *The Road to Serfdom*, Chicago: The University of Chicago Press, 1944, p. 61.

③ "The Legal and Political Philosophy of David Hume," in *Studies in Philosophy, Politics and Economics*, London: Routledge & Kegan Paul, 1967.

④ Hayek, *The Constitution of Liberty*, Chicago: The University of Chicago Press, 1960, pp. 178-182.

⑤ Hayek, *The Road to Serfdom*, Chicago: The University of Chicago Press, 1944, p. 61.

⑥ "Die Ursachen der standigen Gefahrdung der Freiheit," in Franz Bohm, Friedrich A. Lutz, Fritz W. Meyer, eds. *Ordo*, XII, 1961, S. 107.

⑦ Hayek, *The Constitution of Liberty*, Chicago: The University of Chicago Press, 1960, p. 220.

的特定内容乃是不可预见的),那么康德否定法律目的的观点便是没有道理的。他赞同休谟的观点,即法律作为一个整体有着它的作用,而不论其特定的结果为何①。当哈耶克指出"一种抽象秩序能够成为行为规则的目的"②的时候,他清楚地表明了法律是达到某种目的的一种手段。那个目的不仅是实施法律规范(legal norms)——这是对哈耶克视法律为达到某种目的的一种手段的另一个证明③——而且还在于增进自由。

哈耶克对于法律应予捍卫和支撑的那种秩序的要旨乃是明确无误的,亦即它是一种为人们提供社会中最大可能之限度的自由的秩序。只有自由秩序才是他所期望的那种内部秩序(cosmos),即大社会(the great society);他把"大社会"这个概念一直追溯到了亚当·斯密④。他相信"在古希腊人和西塞罗经中世纪到约翰·洛克、大卫·休谟、伊曼纽尔·康德等古典自由主义者以及苏格兰道德哲学家、直至19世纪及20世纪的许多美国政治家的历史发展过程中存在着一个伟大的传统:对于他们来说,法律与自由相互依存而不可分离";最后,他还以 Karl Binding 所做的一个陈述作为结论:"法律就是关于人之自由的秩序。"⑤法律之所以是一种关于人之自由的秩序,乃是因为法律通过把部分自由转化成具体的自由权项或权利而对自由这一不甚明确的超法律概念做出了规定。通过这一转换,法律把无形的自由转变成了有形的产权(properties),而这正是作为经济学家的哈耶克不可能忽视的⑥。对于哈耶克来说,法律是"自由的基础"⑦。所有上述文字都清楚地表明,哈耶克(颇为重要的是,他在题为

---

① Hayek, *Law, Legislation and liberty*, Vol. I, *Rules and Order*, Chicago: The University of Chicago Press, 1973, pp. 112-113.
② 同上书,第113—114页。
③ 比较 Hayek, *The Constitution of Liberty*, Chicago: The University of Chicago Press, 1960, pp. 20-21。
④ Hayek, *Law, Legislation and liberty*, Vol. I, *Rules and Order*, Chicago: The University of Chicago Press, 1973, pp. 2, 14. 对于哈耶克来说,"大社会"的概念,或者用卡尔·波普尔的话来说,"开放社会","很可能不会因为被美国晚近的行政当作一项政治口号而失去其恰当性。"(Hayek, *Law, Legislation and liberty*, Vol. I, *Rules and Order*, Chicago: The University of Chicago Press, 1973, p. 143. n. 11.)
⑤ Hayek, *Law, Legislation and liberty*, Vol. I, *Rules and Order*, Chicago: The University of Chicago Press, 1973, pp. 52, 158. n. 15.
⑥ 比较本文作者的著作:*über Formulierung der Menschenrechte*, Berlin: Duncker & Humblot, 1956;Hayek, *Law, Legislation and liberty*, Vol. I, *Rules and Order*, Chicago: The University of Chicago Press, 1973, p. 121。
⑦ Hayek, *The Constitution of Liberty*, Chicago: The University of Chicago Press, 1960, p. 148. 另请参见 p. 161。

"内部规则[nomos]：自由的法律"①一章中讨论了法律的目的)认为，自由就是法律的目的，而且法律乃是实现自由这一目的的一种手段。

虽然法律是一种手段，但是它却是保护自由的一种重要手段。对哈耶克而言，法律乃是保护自由的最重要的手段。在他对法治的评述中，这一点是显见不争的。在《通往奴役之路》一书中，哈耶克指出："最能清楚地将一个自由国家的状态与一个在专制统治下的国家的状态区分开来的，莫过于前者遵循着被称为法治的伟大原则。"在这段文字两页以后，他又论及了"法治这一伟大的自由主义原则"。"只是在自由主义时代，法治才得到了有意识的发展；而从现在的情况来看，法治可以说是这个时代所取得的最伟大的成就之一，它不仅是自由的保障，而且也是自由在法律上的体现。"②大约10年以后，哈耶克赞誉法治是"过去三百年中英国人始终信奉的自由理想、欧洲大陆'法治国'（Rechtsstaat）观念的范例……以及西方文明的成就之一"。他还引用拉德布鲁赫（Radbruch）的话说："尽管民主确是一颇值称道的价值，但法治国却像我们每日食用的面包、饮用的水和呼吸的空气，实是我们最基本的需求；民主的最大价值就在于它仅凭自身的力量就能作出调适以维护法治国。"③哈耶克在《自由秩序原理》一书中再次引用了拉德布鲁赫这段文字的最后一句，并且把法治视作是"自由的法律的基本概念"；此外，哈耶克还征引Holdsworth的陈述，即"法治，无论是在过去还是在今天，都极具价值"，甚至进一步宣称法治的含义决"不止于宪政"④。

的确，哈耶克用了大量的笔墨来表达他对法治的崇敬；不过，我们也可以从他在《通往奴役之路》与《自由秩序原理》中把法治的讨论置于核心地位的篇章安排上看到这一点。正是从这个角度出发，哈耶克请读者记住《大宪章》（*The Magna Cart*）第39条所具有的核心地位，其内容是"任何自由人不得被逮捕、关押、放逐、惩罚或以任何方式被杀害……除非根据帝国的法律与贵族院的审判"。哈耶克把这一条款视作是"《大宪章》中最为著名且在日后影响最大的

---

① Hayek, *Law, Legislation and liberty*, Vol. I, *Rules and Order*, Chicago: The University of Chicago Press, 1973, pp. 94 - 123.
② Hayek, *The Road to Serfdom*, Chicago: The University of Chicago Press, 1944, pp. 54, 56, 61.
③ "Entstehung und Verfall des Rechtsstaatsideales," in Albert Hunold, ed. *Wirtschaft ohne Wunder*, Erlenbach-Zürich: Eugen Rentsch Verlag, 1953, S. 33, 57, 61.
④ Hayek, *The Constitution of Liberty*, Chicago: The University of Chicago Press, 1960, pp. 248, 148, 489. n. 23, 205.

条款"①。在1956年美国出版的《通往奴役之路》平装本的前言中,哈耶克表示他"希望通过对平等与正义间关系进行更为详尽的讨论而使这本书中过于简要的核心章节得到充实"②。他在这里所意指的这个章节便是讨论法治的章节,其题目是"计划与法治"。他在《法治的政治理想》(The Political Ideal of the Rule of Law, Cairo, 1955)一书中对他进一步设定的方案进行了初步的讨论,并在《自由秩序原理》一书中对这个问题做了详尽的阐述。《自由秩序原理》这部著作由三个部分构成,关于法治的讨论占据了核心的第二部分。最后,在《法律、立法与自由》三卷本中,法治理念不只是在核心部分进行了讨论,而是整个三卷本的研究论题。

由此可见,对于哈耶克来说,法治与自由不可分离。在某种意义上讲,哈耶克把法治视作是自由的另一面。当然,法治是个人权利或有形自由权项的前提。我们可以把法治比作一棵树,经由其看不见的强劲的自由之树根,树枝上结出了自由的硕果。这一比喻会增强我们的好奇心并设法去了解更多有关法治的情况,亦即除了上文业已讨论的内容以外,我们还会努力去了解哈耶克有关法治的具体观点。对法治做更为详尽的讨论是绝对必要的,特别鉴于这样一个事实,即哈耶克抱怨说,"'法律下的自由'这个表述……后来也因为这个表述中的'自由'和'法律'两个术语不再具有明确的含义而变得无甚意义了"③。

法治确实具有多重含义。法治的含义可能是模糊不清的,也可能是明晰确定的。孟德斯鸠关于自由具有多重含义的说法完全可以适用于法治这个概念。比如说,法律可意指神法(law of God)也可以意指自然法,而这二者的含义

---

① Hayek, *The Constitution of Liberty*, Chicago: The University of Chicago Press, 1960, p. 457. n. 4.
② "The Road to Serfdom after Twelve Years," 重印于 *Studies in Philosophy, Politics and Economics* (London: Routledge & Kegan Paul, 1967,), p. 223。在1947年创建"朝圣山学社"的会议上,哈耶克在其 "Opening Address to a Conference at Mont Pelerin" (*Studies in Philosophy, Politics and Economics*, London: Routledge & Kegan Paul, 1967, p. 156) 一文中指出,法治乃是解决我们问题的核心所在。法治的重要性也能够从下述事实中获致,即在《通往奴役之路》的结尾,他赞同一种国际性的法治,正如他在下文中所指出的,in "A Self-Generating Order for Society," in John Nef, ed. *Towards World Community*, The Hague: W. Junk, 1968, pp. 99-42。在 *The Constitution of Liberty* 一书的索引中,"Rule of Law"有39个子目录,"Laws," 81; "Freedom," 81; and "Government," 71。其他论题几乎没有子目录。
③ Hayek, *Law, Legislation and liberty*, Vol. I, *Rules and Order*, Chicago: The University of Chicago Press, 1973, p. 62。另请参见他在 "A Self-Generating Order for Society," (in John Nef, ed. *Towards World Community*, The Hague: W. Junk, 1968, p. 42) 一文中的陈述,即"几乎没有人知道法治的义涵——而且他们正在迅速地遗忘法治"。

对于不同的人来说显然是不同的。此外,法律可意指国际法也可以意指国家法(national law)。我们在这里主要关注的是国家法,亦即在特定的社会、民族或国家中实施的规则。

在确定了我们将要讨论的法律种类以后,我们需要追问的便是这样一个问题,即法治的含义是什么。哈耶克认为,对法治这一概念的经典解释是由 A·V·戴雪(Dicey)给出的①,但是他在讨论这个问题的时候,还是对更早论者的观点进行了追溯。他指出,Titus Livius 提出了"imperia Legum potentiora quam horainum"这个成语,后来为 Algernon Sidney 和 John Adams 所转引,在 Holland 对 1600 年 Livy 的译文中,这一成语意味着:"法律的权威和法治,远较人治和人的权威更为强大、更具威力。"② 哈耶克指出:第一,哈灵顿(Harrington)主张"法律的绝对统治而非人的绝对统治(the empire of laws, not of men)";第二,1780 年马萨诸塞州(Massachusetts)宪法的《权利法案》也主张"法治的政府,而非人治的政府"(a government of laws, not of men)③。对于哈耶克来说,法治乃是人治的对立面,而他则信奉前者。

当然,这是一种理想化的概念,因为从严格的意义上讲,法治而非人治这个概念在语汇上是矛盾的。显而易见,在一个由人构成的社会中,法律是由人认可的、制定的和实施的,因此只有人才能让法律实施统治。法治有可能因制定法律的人的好坏、所依据的法律的好坏与实施法律的人的好坏而变得好坏不同。(La loi, c'est moi.)显而易见,这种统治实际上是一种人的统治。但是,由于它是一种根据(最好的或最坏的)法律而进行的统治,所以它也是一种法律的统治。另一方面,这种法治肯定无法达致"法治而非人治"那种理想意义上的法治所提出的要求。法治的实际情况又是如何的呢?

法治会出现两种情况,究竟发生哪一种情况则将取决于我们对"法律下"(under law)的理解。如果我们从 diritto, droit 或 Recht 的意义上去理解法律,那么法律就意指爱德华·柯克爵士(Sir Edward Coke)在考虑"法律的人为理性"(the artificial reason of the law)时所意指的那种法律——在大法学家的帮助下经过漫长岁月而积累起来的正当法律系统,亦即对统治者施以控制

---

① Hayek, *The Road to Serfdom*, Chicago: The University of Chicago Press, 1944, p. 54. n. 5.
② Hayek, *The Constitution of Liberty*, Chicago: The University of Chicago Press, 1960, p. 462. n. 33.
③ 同上书,第 166, 182 页。

的法律①。就此而言,法律既统治臣民也控制统治者。法律先于国家而在,因而也优位于国家;这一含义恰好表征于德语中的"法治国"(Rechtsstaat)。但是,如果我们从 leege,loi 或 Gesetz 的意义上去理解法律,那么法律便意指柯克爵士在谈论"法律的自然理性"(the natural reason of the law)时所意指的那种法律,而这正是詹姆士一世(James I)所欲求的那种法律——亦即在统治者治理期间或任何掌权者治理期间积累起来的并为统治者所欲求的那种法律系统。就此而言,统治者为其臣民制定法律,而且法律对统治者本人是否具有拘束力也将取决于他是否乐意。因此,法律源出于国家,而且也后发于国家;这一含义恰好表征于德语中的"国家法"(Staatsrecht)②。于是我们可以说,法律国家(law state)与国家法律(state law)乃是两种法治概念③。

这两种法治概念并非必然对立。正如 legge,loi,Gesetz 在相当的程度上可分别与 diritto,droit,Recht 相容共存一般,而且正如它们的实施对于正义来说都是一项必要条件一般,国家法律(the law of the state)也在相当的程度上可与正义国家(the just state)相容共存,而且国家法律的实施也可能是正义国家得以存在的一个前提④。这一点得到了哈耶克本人的承认⑤。

从另一个方面来讲,"国家法"或"国家法律"意义上的法治也完全可能会危害"法治国"、"法律国家"或"正义国家"意义上的法治。我们将在下文中讨论哈耶克关于前一种法治完全可能会危害后一种法治的观点。

经由"法律国家"的自由

对于哈耶克来说,法治乃是一种在自由主义时代得到阐释并在很大程度上得到实现的理想。

在《通往奴役之路》一书中,法治作为一种理想的品格已经得到了明确的显

---

① 关于 Coke 的讨论,请参见 Carl J. Friedrich, *Constitution and Government and Democracy*, Rev. ed., Boston: Ginn & Co., 1950, p.103.
② 我并不是在狭义和专门的意义上使用"Staatsrecht"(国家法)这个术语的(当然德国法学家就是在这种意义上使用这个术语的,即公法的一部分),而是在广义上使用这个术语的,亦即那些统治者能够在任何特定的社会中加以实施的所有的法律。
③ 对这些概念的阐释,可以见之于拙著: *Two Concepts of the Rule of Law*, Indianapolis, 1973.
④ 拙著: *Two Concepts of the Rule of Law*, Indianapolis, 1973, pp.13-15, 53-97.
⑤ 参见同上书,第133—145页。

现①。1953年,他发表了一篇讨论法治国理想的出现与衰微的论文②。2年以后,他在埃及国家银行成立5周年的庆典上所做的演讲以《法治的政治理想》为名公开发表③。哈耶克为了更加详尽地讨论这一演讲中的观点而在1960年出版了《自由秩序原理》;在这部著作中,他确定无疑地表明,他把法治视之为一种理想④。这个理想也贯穿于《法律、立法与自由》第一卷《规则与秩序》之中;而整个三卷本也都是围绕着实现法治与否定法治这个论题而展开的。

在很大程度上讲,哈耶克乃是在"法治国"的意义上使用"法治"这个术语的。事实上,他把"法治国"视作是英国18世纪末以前所发展起来的法治的德文表述,尽管作为欧洲大陆确立强有力的专制君主制的产物,Rechtsstaat要比英国的法律更全面和更系⑤。很少有人会怀疑这样一个事实,即对于哈耶克来说,法治先于国家,如同Rechtsstaat一词中的Recht先于Staat一般。因此,作为人之各种权利渊源的超法律的自由,乃是与超乎法律之上的法治这一称谓相配的,它的作用在于为人为的立法提供指导。在《法治的政治理想》一书中,我们可以发现,"作为对所有政府的权力所施加的限制,法治当然也是一项规则,但是正如我们将要看到的那样,法治乃是一项超法律规则,它本身并不能成为一项法律,而只能以关于善法所应当具有的特性的支配性意见作为其存在的形式"。它是"一项元法律原则……不是一项法律规则(a rule of the law)而是一项有关法律的规则(a rule about the law),一种元法律原则或一种政治理想"⑥。在《自由秩序原理》一书中,哈耶克指出,法治是"这样一种原则,它关注法律应当是什么,亦即关注具体法律所应当拥有的一般属性……法治因此不是

---

① Hayek, *The Road to Serfdom*, Chicago: The University of Chicago Press, 1944, p. 61.
② "Entstehung und Verfall des Rechtsstaatsideales," in Albert Hunold, ed. *Wirtschaft ohne Wunder*, Erlenbach-Zürich: Eugen Rentsch Verlag, 1953,特别是 S. 33, 35。
③ Hayek, *The Political Ideal of the Rule of Law*, Cairo: National Bank of Egypt, 1955, p. 2.
④ Hayek, *The Constitution of Liberty*, Chicago: The University of Chicago Press, 1960, pp. 164-166, 171. 另请参见 Hayek, *The Political Ideal of the Rule of Law* (Cairo: National Bank of Egypt, 1955) 一书序言。
⑤ Hayek, *The Road to Serfdom*, Chicago: The University of Chicago Press, 1944, p. 58; "Entstehung und Verfall des Rechtsstaatsideales," in Albert Hunold, ed. *Wirtschaft ohne Wunder*, Erlenbach-Zürich: Eugen Rentsch Verlag, 1953, S. 246; Hayek, *The Political Ideal of the Rule of Law*, Cairo: National Bank of Egypt, 1955, pp. 18-29; Hayek, *The Constitution of Liberty*, Chicago: The University of Chicago Press, 1960, pp. 196-204.
⑥ Hayek, *The Political Ideal of the Rule of Law*, Cairo: National Bank of Egypt, 1955, pp. 25-26, 32-33. 另请参见 "Entstehung und Verfall des Rechtsstaatsideales," in Albert Hunold, ed. *Wirtschaft ohne Wunder*, Erlenbach-Zürich: Eugen Rentsch Verlag, 1953, S. 45。

一种关注法律是什么的规则(a rule of the law),而是一种关注法律应当是什么的规则,亦即一种'元法律原则'或一种政治理想。然而需要指出的是,法治只在立法者认为受其约束的时候才是有效的"①。法治的这个规范性特征在《法律、立法与自由》一书中也是显而易见的,因为这部著作主要关注法治或"那种严格意义上的法律"②给那些在任何特定时候为任何特定目的而制定法律的人所设定的各种义务。法治所设定的义务,亦即法律的应然,有一个主要的目的,即为了保护个人自由而阻止专断。

虽说法治是绝对必要的,但是那种与法治理想相应相合的法律秩序却是在自由中得到发展的。那种法律秩序是一种自生自发的秩序。它是无法计划的,例如它无法通过立法而进行计划。它是经由习俗与法律的发现(很大程度上是在司法领域中发现的)而逐渐进化而来的③。哈耶克在开罗所做的演讲中讨论那种与保障个人自由紧密相关的法律与秩序时,论及了自生自发秩序的理念。他指出,"只要智性之人是这样一种秩序的构成因素——我们希望他们尽可能有效地运用他们的个人知识去实现其个人目的的那些人,那么我们就必须期望通过每个人去适应他本人所能观察到的那些情势而达致个人计划与行动间的相互调适。就达致这个目的而言,人类有两种手段;当然,人类乃是在偶然中发现这些手段的,而且我们的文明也是建立这两个手段之上的。就这两个手段而言,一是每个人都拥有一个公知的关涉到可控之物的领域(我们称其为他的财产权),二是这些财物只有经由彼此同意才能从一个人的手中转移到另一个人手中。当然,这两项一般性原则在细节上亦会有不同形式——不同的私法制度在这个问题上确实有着各不相同的具体的处理办法"④。哈耶克在《自由秩序原理》一书中更加明确了自生自发秩序这个理念,并将它赞誉为一种"无命令的

---

① Hayek, *The Constitution of Liberty*, Chicago: The University of Chicago Press, 1960, pp. 205 – 206.
② Hayek, *Law, Legislation and liberty*, Vol. I, *Rules and Order*, Chicago: The University of Chicago Press, 1973, p. 85. 对于哈耶克来说,法治与他在《规则与秩序》中所说的"法律"之间并不存在什么区别。事实上,在第 85 页,他指出,"这些严格意义上的法律,其含义已隐含于诸如'法治'或'法律主宰'、'法律下的政府'……这样的表述之中"。然而,"法律"似乎是指某种比一种理想更具体的东西,亦即把这种理想转换成(即使只是部分转换成)人们发现并接受的那种法律。比较第 124 页上的文字。
③ 然而这并不意味着哈耶克认为立法与法治或自生自发秩序完全不相容合的。对于他来说,"自发生成的法律需要立法对它加以纠正"。Hayek, *Law, Legislation and liberty*, Vol. I, *Rules and Order*, Chicago: The University of Chicago Press, 1973, p. 88。
④ Hayek, *The Political Ideal of the Rule of Law*, Cairo: National Bank of Egypt, 1955, pp. 31 – 32.

秩序",亦即"博兰尼(M. Polanyi)所谓的自生自发形成的'多元中心秩序'"①。

自此以后,哈耶克对这种自生自发秩序做了反复阐释。1963年,他就这个问题专门撰写了一篇论文②。3年后,在东京召开的"朝圣山学社"(Mont Pelerin Society)会议上,他递交了一篇题为《自由社会秩序的若干原则》的论文,并在该文中高度赞扬了这种自生自发秩序。哈耶克借用奥克萧特(Oakeshott)的术语指出,"我们可以把这样的自由社会称之为:nomocratic(法律统治的秩序),并与一个不自由的telocratic(目的统治的)社会秩序相区别"③。在1967年发表的《人之行动而非人之设计的结果》一文中,他描述了经由法律而创生的那种自生自发的法律秩序:"法律要比立法甚或要比一种组织起来的国家都更加古老,因为我们知道,立法者的全部权力和国家的全部权力都衍生于先于它们而存在的正义观念;此外,除非以一个得到普遍公认但又往往是未经阐明的正义规则的框架为基础,否则任何阐明的法律系统都不可能得到适用。"④同一年,哈耶克在弗赖堡大学又发表了题为"Rechtsordnung und Handelnsordnung"(《法律秩序与行动秩序》)的论文,对法律秩序与行动秩序做了专门的讨论。在这一论著中,哈耶克对自生自发的法律秩序进行了自他论及这一论题以来的最为详尽的阐释;另外,在这篇论文中,脚注占据了大约一半的印刷版面,而这明确表明他对自生自发秩序这个理念倾于了极大的关注⑤。哈耶克对这个问题的关注可以明确见之于他在1969年发表的《一种自我生成的社会秩序》("A

---

① Hayek, *The Constitution of Liberty*, Chicago: The University of Chicago Press, 1960, p. 160. 哈耶克征引了M·博兰尼的观点,即"当社会的秩序是通过允许人们根据他们自发的意图进行互动的方式——仅受制于平等一致适用于人人的法律——而实现的时候,我们便拥有了一种自生自发的社会秩序的系统。我们据此可以说,这些个人的努力是通过他们发挥其个人的主动性而加以协调的,而且这种自发的协调又通过其对公益的助益性证明了这种自由的正当性。——这些个人的行动之所以被认为是自由的,乃是因为这些行动并不是由任何具体的命令所决定的,而不论这种命令是出自一上级还是出自一政府机构;这些个人行动所受制于的强力,乃是非人格的和一般性的"。

② "Arten der Ordnung" in Franz Bohm, Friedrich A. Lutz, Fritz W. Meyer, eds. *Ordo*, XIV, 1963. 这个观点在他于同年发表的论文 "The Legal and Political Philosophy of David Hume," (in *Studies in Philosophy, Politics and Economics*, London: Routledge & Kegan Paul, 1967, pp. 113-114) 中也得到了表达。

③ "The Principles of a Liberal Social Order," in *Essays in Philosophy, Politics and Economics*, Chicago: The University of Chicago Press, 1967, 特别是 pp. 162-166。哈耶克对奥克萧特的征引乃是在第163页上。

④ "The Results of Human Action but not of Human Design," in *Essays in Philosophy, Politics and Economics*, Chicago: The University of Chicago Press, p. 102.

⑤ "Rechtsordnung und Handelnsordnung," in *Freibruger Studien*, Tubingen: J. C. B. Mohr, 1969, S. 161-198.

Self-Generating Order for Society")一文。当然,这也可以见之于他最近出版的著作《法律、立法与自由》,因为该书的第一卷《规则与秩序》全部都在探讨自生自发秩序的问题。在《自由秩序原理》一书中,哈耶克"试图重申……传统上的自由宪政原理"。用他自己的话来说,导致他撰写《法律、立法与自由》一书的原因乃在于:"我之所以要对《自由秩序原理》一书所讨论过的一般性论题再撰写一部论著,实是因为我认识到,对一个由自由人组成的社会的维续,乃取决于三个根本的洞见,而这三个洞见却从未得到过充分的阐释,从而也是本书三个主要部分所致力于讨论的问题。第一个洞见认为,自我生成演化的(self-generating)或自生自发的(spontaneous)秩序与组织秩序完全不同;而且,它们各自的独特性与支配它们的两种全然不同的规则或法律紧密相关。第二个洞见主张,当下通常所说的'社会的'或分配的正义,只是在上述两种秩序的后一种即组织秩序中才具有意义;而它在自生自发的秩序中,也就是亚当·斯密所说的'大社会'(the great society)或者卡尔·波普尔爵士所谓的'开放社会'(the open society)里,则毫无意义且与之完全不相容。第三个洞见则宣称,那种占支配地位的自由民主制度模式,因其间的同一个代议机构既制定正当行为规则又指导或管理政府,而必定导致自由社会的自生自发秩序逐渐转变成一种服务于有组织的利益集团联盟的全权性体制(a totalitarian system)。"①根据《规则与秩序》导论中的这些文字,我们有理由认为,《法律、立法与自由》全三卷都是在捍卫自生自发秩序。

在自生自发秩序中,所有的社会成员(既包括臣民也包括统治者)都必须受到法治的约束,而这种法治经过一缓慢的进化过程而缩略为哈耶克在《规则与秩序》一书中所提及的"*the law*","lawyer's law","the law"和"*the law*"②。它对应于"古希腊人的 nomos 和古罗马人的 ius(这在欧洲的其他语言中则被称之为 droit,Recht,或 diritto),而与 loi,Gesetzi,或 legge 相区别。"③对于哈耶克来说,这种法律系统乃是正义的,因为它与法治这一理想相符合。即使这种法律系统并不能够完全等同于法治理想,这种法律系统至少也是对法治理想的部分实现。由于这种法律系统乃是人们经过数个世纪以自生自发的方式(因而是以自

---

① Hayek, *Law, Legislation and liberty*, Vol. I, *Rules and Order*, Chicago: The University of Chicago Press, 1973, p. 2.
② 同上书,第 67、82、85、94、124、126、127、128、134 页。
③ 同上书,第 94 页。

由的方式)发现的,而且这种法律系统也是经过数代人以一种或多或少自然的方式得到人们接受的(因而被认为是自然的法律),因此它乃是对正义(或许某一道德理念)的某种实现,因而也担当了一种与黑格尔哲学中国家的角色相类似的角色。正如对于德国的唯心主义者来说,作为道德理念之实现的国家乃是神意在俗世中的实现一般,对于宪政主义者的"老辉格党人"哈耶克来说,神意在俗世中的实现也就是作为自由主义正义理念之实现的法治。在法治之下,存在着"自由的国家"①。

《资本主义与历史学家》(*Capitalism and the Historians*, 1954)一书的编者在揭示法治这一逐渐且缓慢形成的概念和人们自生自发并自由接受的法律的过程中采纳了一种历史研究的方法。"那种在强制性行为规则意义上的法律,无疑是与社会相伴而生的;因为只有服从共同的规则,个人才可能在社会中与其他个人和平共处。早在人类的语言发展到能够被人们用来发布一般性命令之前,个人便只有在遵循某个群体的规则的前提下,才会被接纳为该群体的一员。"②这种法治可以见之于古希腊的 isonomia③。它在古罗马亦是显见不争的④。它也存在于中世纪⑤。我们也可以在英国宪政的整个发展过程中明确

---

① Hayek, *The Political Ideal of the Rule of Law*, Cairo: National Bank of Egypt, 1955, p. 4.
② Hayek, *Law, Legislation and liberty*, Vol. I, *Rules and Order*, Chicago: The University of Chicago Press, 1973, pp. 72 - 73. Previously in "Arten der Ordnung," in Franz Bohm, Friedrich A. Lutz, Fritz W. Meyer, eds. *Ordo*, XIV, 1963, S. 10.
③ "Entstehung und Verfall des Rechtsstaatsideales," in Albert Hunold, ed. *Wirtschaft ohne Wunder*, Erlenbach-Zürich: Eugen Rentsch Verlag, 1953, S. 33 - 37; Hayek, *The Political Ideal of the Rule of Law*, Cairo: National Bank of Egypt, 1955, pp. 6 - 8; Hayek, *The Constitution of Liberty*, Chicago: The University of Chicago Press, 1960, pp. 164 - 166; Hayek, *Law, Legislation and liberty*, Vol. I, *Rules and Order*, Chicago: The University of Chicago Press, 1973, pp. 52, 85.
④ Hayek, *The Road to Serfdom*, Chicago: The University of Chicago Press, 1944, p. 61; "Entstehung und Verfall des Rechtsstaatsideales," in Albert Hunold, ed. *Wirtschaft ohne Wunder*, Erlenbach-Zürich: Eugen Rentsch Verlag, 1953, S. 37 - 38; Hayek, *The Political Ideal of the Rule of Law*, Cairo: National Bank of Egypt, 1955, pp. 8 - 9; Hayek, *The Constitution of Liberty*, Chicago: The University of Chicago Press, 1960, pp. 166 - 167; Hayek, *Law, Legislation and liberty*, Vol. I, *Rules and Order*, Chicago: The University of Chicago Press, 1973, pp. 52, 82 - 83.
⑤ Hayek, *The Constitution of Liberty*, Chicago: The University of Chicago Press, 1960, pp. 162 - 163; Hayek, *Law, Legislation and liberty*, Vol. I, *Rules and Order*, Chicago: The University of Chicago Press, 1973, pp. 52, 83. 哈耶克认为最妥的办法莫过于征引弗里茨·克恩(Fritz Kern)得出的主要结论(*Kingship and Law in the Middle Ages*, London, 1939, p. 151):"一旦发生了没有有效的法律可被援引的案件,法定者或判决者就会带着这样一种信念去制定新的法律,即他们所制定的实是先行存在的善法——这种法律的确不是以明确的方式传至他们的,而只是以一种默会的方式存在着。因此,他们并没有创造法律,因为他们只是'发现'法律。法庭所做的任何一项特定判决,对于中世纪的人来说,无论如何都是与该社会的立法活动分不开的;(转下页)

见到这种法治观念①。到了自由主义时代，接受法治和制定符合法治原则的法律或多或少地成了人们的一种潜意识和一种自然之举，此外，这种做法在那个时代还被人们视作是一种当然之举②。在17和18世纪的英国，法治理想已是根深蒂固了；当然，英国还在这个时期把法治的理想传播到了整个世界③。而旧世界与新世界中的立宪政府便是这一理想的反映④。

哈耶克对这种理想型的法律做出了解释。它必须在社会中为人们提供最大限度的自由。当然，唯有当法律满足了某些特定的先决条件的时候，这才是可能的。法律必须是一般的和"抽象的"；它必须适用于所有的人，并因此而与那些只适用于特定人的特殊命令相区别。在1610年，亦即发生Bonham医生

（接上页）然而在我们看来，这种判决只是从一项一般性的业已确立的法律规则那里做出的一个特定推论。无论是在法庭做出特定判决的情形中，还是在社会立法活动的情况中，人们只是发现了一种隐而不显但是已然存在的法律，而不是创造出了一种全新的法律。在中世纪，根本就不存在'首次适用一条法律规则'这种事情。法律是古已有之的；所谓新法律乃是一种语词矛盾，因为新法律要么是从古老的法律中以明确的或默示的方式推导出来的，要么就是与古老的法律相冲突的——就此而言，此时的新法律便是不合法的。那个基本观念一如既往、毫无改变：古老的法律是真正的法律，而真正的法律就是古老的法律。因此，从中世纪的观点来看，制定新法律是根本不可能的，而且所有的立法与法律改革也只是对那些蒙遭违反的善的古老的法律的恢复。"

① Hayek, *The Political Ideal of the Rule of Law*, Cairo: National Bank of Egypt, 1955, p. 6; Hayek, *Law, Legislation and liberty*, Vol. I, *Rules and Order*, Chicago: The University of Chicago Press, 1973, p. 84.

② Hayek, *The Road to Serfdom*, Chicago: The University of Chicago Press, 1944, pp. 54, 61; "Entstehung und Verfall des Rechtsstaatsideales," in Albert Hunold, ed. *Wirtschaft ohne Wunder*, Erlenbach-Zürich: Eugen Rentsch Verlag, 1953, S. 45; Hayek, *The Political Ideal of the Rule of Law*, Cairo: National Bank of Egypt, 1955, p. 13; Hayek, *The Constitution of Liberty*, Chicago: The University of Chicago Press, 1960, p. 173; Hayek, *Law, Legislation and liberty*, Vol. I, *Rules and Order*, Chicago: The University of Chicago Press, 1973, pp. 67 – 68, 73, "Rechtsordnung und Handelnsordnung," in *Freibruger Studien*, Tubingen: J. C. B. Mohr, 1969, p. 182.

③ "Entstehung und Verfall des Rechtsstaatsideales," in Albert Hunold, ed. *Wirtschaft ohne Wunder*, Erlenbach-Zürich: Eugen Rentsch Verlag, 1953, S. 33, 37 – 44; Hayek, *The Political Ideal of the Rule of Law*, Cairo: National Bank of Egypt, 1955, pp. 2, 9 – 13; Hayek, *The Constitution of Liberty*, Chicago: The University of Chicago Press, 1960, pp. 167 – 175; Hayek, *Law, Legislation and liberty*, Vol. I, *Rules and Order*, Chicago: The University of Chicago Press, 1973, pp. 52, 84 – 85.

④ "Entstehung und Verfall des Rechtsstaatsideales," in Albert Hunold, ed. *Wirtschaft ohne Wunder*, Erlenbach-Zürich: Eugen Rentsch Verlag, 1953, S. 33, 45 – 56; Hayek, *The Political Ideal of the Rule of Law*, Cairo: National Bank of Egypt, 1955, pp. 2, 5, 13 – 23; Hayek, *The Constitution of Liberty*, Chicago: The University of Chicago Press, 1960, pp. 176 – 204; Hayek, *Law, Legislation and liberty*, Vol. I, *Rules and Order*, Chicago: The University of Chicago Press, 1973, p. 52(在注释76—83中的索引一般是指哈耶克对法治的陈述，只有征引 *Rules and Order* 时是指"法律"。这似乎给人这样一个印象，即对于哈耶克来说，"法治"与"法律"之间并不存在切实的区别。在 *Rules and Order* 一书中(pp. 82, 85)，哈耶克并举了这两种表达法，而且这二者之间显然是被等而视之的)。

案的那一年,《控诉请愿状》("Petition of Grevances")就表达了对这一理念的诉求。在关于《1624年垄断法》(The Statute of Monopolies of 1624)的讨论中,在柯克为《大宪章》(1628年)所做的解释中,在洛克《政府论》的下篇(1690年)中,在休谟对废除星座法院(Star Chamber)的评论(1762年)中,在菲力浦·弗朗西斯爵士(Sir Philip Francis)和威廉·佩里(William Paley)、孟德斯鸠、卢梭、孔多塞(Condorcet)的论著中,这一理念也都得到了强调。它是法治国的一个重要特点。哈耶克赞同吉伦特派宪法草案中对法律的界定:"Les caractères qui distinguent les lois sont leur généralite et leur durée infinite"(将法律区别于其他事物的特征是其一般性与永续性)①。一般性法律意味着对特权的否弃②。哈耶克并不否认,"甚至一般性的、抽象的且平等适用于所有人的规则,也可能会对自由构成严苛的限制"。但是,他即刻补充指出,"如果我们对这种状况进行认真的思考,我们便会发现这种状况乃是极为罕见的。这种状况之所以是极为罕见的,乃是因为我们有着一项重要的保障措施,即这些规则必须适用于那些制定规则的人和适用规则的人(这就是说,它们必须适用于被统治者,但同时也必须适用于政府),而且任何人都没有权力赋予例外。如果所有被禁止者或被限制者都毫无例外地适用于所有的人(除非这种例外源出于另一项一般性规则),甚至当局除了拥有实施这种法律的权力以外也不享有任何其他特殊权力,

---

① Hayek, *The Road to Serfdom*, Chicago: The University of Chicago Press, 1944, pp. 54, 56; "Entstehung und Verfall des Rechtsstaatsideales," in Albert Hunold, ed. *Wirtschaft ohne Wunder*, Erlenbach-Zürich: Eugen Rentsch Verlag, 1953, S. 39 – 56; Hayek, *The Political Ideal of the Rule of Law*, Cairo: National Bank of Egypt, 1955, pp. 34 – 35; Hayek, *The Constitution of Liberty*, Chicago: The University of Chicago Press, 1960, pp. 148 – 161, 188; "Die Ursachen der standigen Gefahrdung der Freiheit," in Franz Bohm, Friedrich A. Lutz, Fritz W. Meyer, eds. *Ordo*, XII, 1961, S. 106; "Arten der Ordnung," in Franz Bohm, Friedrich A. Lutz, Fritz W. Meyer, eds. *Ordo*, XIV, 1963, S. 4, 11, 15, 17 – 20; "The Legal and Political Philosophy of David Hume," in *Studies in Philosophy*, *Politics and Economics*, London: Routledge & Kegan Paul, 1967, pp. 114 – 116; "The Principles of a Liberal Social Order," in *Essays in Philosophy*, *Politics and Economics*, Chicago: The University of Chicago Press, 1967, pp. 162, 168; "Die Verfassung eines freien Staates," in Franz Bohm, Friedrich A. Lutz, Fritz. W. Meyer, ed. *Ordo* XIX, 1968, S. 4; "A Self-Generating Order for Society," in John Nef, ed. *Towards World Community*, The Hague: W. Junk, 1968, p. 40; Hayek, *Law, Legislation and liberty*, Vol. I, *Rules and Order*, Chicago: The University of Chicago Press, 1973, pp. 48, 50 – 51, 138, 169, 176 – 178, 180 – 181, 185, 192 – 195.
② Hayek, *The Political Ideal of the Rule of Law*, Cairo: National Bank of Egypt, 1955, pp. 9 – 11; Hayek, *The Constitution of Liberty*, Chicago: The University of Chicago Press, 1960, pp. 153 – 154, 167 – 170; earlier already in Hayek, *The Road to Serfdom*, Chicago: The University of Chicago Press, 1944, p. 59; "Entstehung und Verfall des Rechtsstaatsideales," in Albert Hunold, ed. *Wirtschaft ohne Wunder*, Erlenbach-Zürich: Eugen Rentsch Verlag, 1953, S. 38 – 56.

那么任何人合理希望做的事情就不太可能受到禁止"①。在哈耶克看来,适用于所有人的平等且抽象的规则有助益于自由。

为了保障自由,对所有人平等适用的法律还必须辅以法律面前人人平等这项原则。哈耶克在1955年把这两个特点联系在一起并且指出,"一般性要求与第二项要求的联系极为密切,而这项要求就是最棘手的、也许是最重要的法律面前人人平等的要求"②。在《自由秩序原理》一书中,哈耶克详尽阐释了法律面前人人平等这项要求,并认为它有助益于自由:"争取自由的斗争的伟大目标,始终是法律面前人人平等。国家强制实施的规则下的这种平等,可由人们在彼此之间的关系中自愿遵从的规则下的一种与其相似的平等予以补充。这种将法律面前人人平等的原则扩大至包括道德的和社会的行为规则,实乃人们通常所说的民主精神的主要表现——这种民主精神在缓和人们对自由必然产生的不平等现象的不满方面,很可能起到了极大的作用。"他接着指出,"然而需要指出的是,一般性法律规则和一般性行为规则的平等,乃是有助于自由的唯一一种平等,也是我们能够在不摧毁自由的同时所确保的唯一一种平等"③。一般说来,平等与自由是彼此竞争的。但是,在助益于自由的法律面前实现人人平等这项要求乃是颇为妥当的;它是自由主义对民主的让步,亦即自由主义民主(liberal democracy)所特有的一个特征。

保障自由的法律所具有的另一个特性便是确定性,因为"它对社会经济活动的正常开展来说很可能是最重要的"。哈耶克认为,"无论法律的确定性对经济生活平稳且有效运行的重要性是否被夸大了,西方早就实现了法律的相对确定性;而在促使西方世界比东方世界取得更大繁荣的各种因素中,法律所具有的相对确定性这一因素很可能是最为重要的因素"④。在《自由秩序原理》一书中,哈耶克在一定程度上讲重申了这个观点;在这里,他把法律的确定性称之为"真正的法律所必须具有的第二个主要属性",把法律面前人人平等称为"真正

---

① Hayek, *The Constitution of Liberty*, Chicago: The University of Chicago Press, 1960, pp. 154-155.
② Hayek, *The Political Ideal of the Rule of Law*, Cairo: National Bank of Egypt, 1955, p. 35. 另请参见 Hayek, *The Road to Serfdom*, Chicago: The University of Chicago Press, 1944, p. 59; "Entstehung und Verfall des Rechtsstaatsideales," in Albert Hunold, ed. *Wirtschaft ohne Wunder*, Erlenbach-Zürich: Eugen Rentsch Verlag, 1953, S. 57.
③ Hayek, *The Constitution of Liberty*, Chicago: The University of Chicago Press, 1960, p. 85.
④ Hayek, *The Political Ideal of the Rule of Law*, Cairo: National Bank of Egypt, 1955, p. 36.

的法律的第三个要求",而把法律的一般性依旧排在原来首要的位置上①。

为了进一步保障自由,哈耶克还列举了"确保法律统治之若干原则"的其他要素②。这些旨在削弱政府权力因而加强个人自由的制度性手段有如下述:权力分立——把政府分为行政、立法和司法三个部门,以便为了保障自由而进行彼此制约③;联邦制——保护个人以使其免遭中央集权的大政府的侵犯④;权利法案——保障人们拥有公共权力不得侵犯的自由领域⑤;对行政中的自由裁量权⑥和立法中的自由裁量权⑦做出的限制性规定;与法治相符合的成文宪法(written constitution)⑧;以及司法审查权(judicial review)——确保有限政府和人权⑨。与上述制度性手段相适应,哈耶克认为,在一个自由的社会中,绝大

---

① Hayek, *The Constitution of Liberty*, Chicago: The University of Chicago Press, 1960, pp. 208 - 209. 就平等性和确定性的序列而言,这与哈耶克在《法治的政治理想》一书中所持的立场有着略微的区别。

② Hayek, *The Political Ideal of the Rule of Law*, Cairo: National Bank of Egypt, 1955, p. 13. 另请参见 "Entstehung und Verfall des Rechtsstaatsideales," in Albert Hunold, ed. *Wirtschaft ohne Wunder*, Erlenbach-Zürich: Eugen Rentsch Verlag, 1953, S. 44; Hayek, *The Constitution of Liberty*, Chicago: The University of Chicago Press, 1960, p. 218.

③ "Entstehung und Verfall des Rechtsstaatsideales," in Albert Hunold, ed. *Wirtschaft ohne Wunder*, Erlenbach-Zürich: Eugen Rentsch Verlag, 1953, S. 46 - 47; Hayek, *The Political Ideal of the Rule of Law*, Cairo: National Bank of Egypt, 1955, pp. 16, 37 - 39; Hayek, *The Constitution of Liberty*, Chicago: The University of Chicago Press, 1960, pp. 169 - 170, 178, 183 - 184, 210 - 212; Hayek, *Law, Legislation and liberty*, Vol. I, *Rules and Order*, Chicago: The University of Chicago Press, 1973, pp. 128 - 131.

④ Hayek, *The Constitution of Liberty*, Chicago: The University of Chicago Press, 1960, pp. 132 - 183.

⑤ Hayek, *The Political Ideal of the Rule of Law*, Cairo: National Bank of Egypt, 1955, pp. 13 - 15, 43 - 45; Hayek, *The Constitution of Liberty*, Chicago: The University of Chicago Press, 1960, pp. 183 - 186.

⑥ "Entstehung und Verfall des Rechtsstaatsideales," in Albert Hunold, ed. *Wirtschaft ohne Wunder*, Erlenbach-Zürich: Eugen Rentsch Verlag, 1953, S. 50 - 56; Hayek, *The Political Ideal of the Rule of Law*, Cairo: National Bank of Egypt, 1955, pp. 15, 19 - 25, 39 - 42; Hayek, *The Constitution of Liberty*, Chicago: The University of Chicago Press, 1960, pp. 193 - 204, 212 - 214; Hayek, *Law, Legislation and liberty*, Vol. I, *Rules and Order*, Chicago: The University of Chicago Press, 1973, 特别是 pp. 137 - 140。

⑦ "Entstehung und Verfall des Rechtsstaatsideales," in Albert Hunold, ed. *Wirtschaft ohne Wunder*, Erlenbach-Zürich: Eugen Rentsch Verlag, 1953, S. 45; Hayek, *The Political Ideal of the Rule of Law*, Cairo: National Bank of Egypt, 1955, pp. 42 - 43; Hayek, *The Constitution of Liberty*, Chicago: The University of Chicago Press, 1960, pp. 178 - 179, 186 - 192, 214 - 217; Hayek, *Law, Legislation and liberty*, Vol. I, *Rules and Order*, Chicago: The University of Chicago Press, 1973, 特别是 pp. 128 - 131。

⑧ Hayek, *The Political Ideal of the Rule of Law*, Cairo: National Bank of Egypt, 1955, p. 14; Hayek, *The Constitution of Liberty*, Chicago: The University of Chicago Press, 1960, pp. 169, 178 - 182.

⑨ Hayek, *The Constitution of Liberty*, Chicago: The University of Chicago Press, 1960, pp. 186 - 192.

多数法律都应当是私法,而公法则应当被减至最少的限度①。

哈耶克通过法治和法治精神而坚决捍卫自由,通过制度性手段而保护自由的法律;而这使得哈耶克可以与历史上最伟大的自由主义者之一——《论法的精神》(*The Spirit of the Laws*)一书的作者孟德斯鸠相媲美②。

在哈耶克看来,在以民主的扩展为特征的现代社会中,法治已然衰微了。法治的衰微以及接踵而至的通往奴役之路,实是一个令人沮丧的事实,亦即在哈耶克的社会哲学论著中得到证明的极令人恐惧的事实。"人们可以写一部法治衰微或法治国消亡的历史",他在 1944 年这样写道③。在随后的几年中,他进一步强调了这个观点。1953 年,他发表了一篇讨论法治国的出现与衰微的论文,而且他在该文的结尾以一种令人不安的笔调描述了"法治国毁灭"的情势。他在开罗最后一次讲演的题目也是"法治的衰微"(The Decline of the Rule of Law)。在《自由秩序原理》一书中,他用一整章的篇幅来讨论"法治的衰微"。《法律、立法与自由》的第一卷《规则与秩序》所关注的则是各种对法治与自由的威胁。

《法律、立法与自由》这部著作的书名明确指出了法治与自由衰微的实质:日益通过立法取代传统上的法律以牺牲自由。在《自由秩序原理》"法治的衰微"一章的开篇,哈耶克通过征引阿克顿勋爵(Lord Acton)的一段文字而表明了这种衰微的严重性:"人们一旦假设,绝对权力因出于民意便会同宪法规定的自由一般合法,那么这种观点就会……遮天蔽日,使残暴横行于天下。"在开罗演讲的开篇,哈耶克也征引了威廉·庇特(William Pitt)的话:"为侵犯人之自由的每一个行为进行辩护乃是必要的。这是暴君的观点,是奴隶的信条。"根据民主的必要性原则,不管政府权力为何,大众的欲求在任何特定时刻都应当被视作是必要的,而且由此制定的法律与传统上的法律一样具有合法性,即使前者

---

① Hayek, *The Constitution of Liberty*, Chicago: The University of Chicago Press, 1960, pp. 220 - 233, 234 - 249; "The Principles of a Liberal Social Order," in *Essays in Philosophy, Politics and Economics*, Chicago: The University of Chicago Press, 1967, pp. 186 - 169; Hayek, *Law, Legislation and liberty*, Vol. I, *Rules and Order*, Chicago: The University of Chicago Press, 1973, pp. 141 - 143.

② Hayek, *Law, Legislation and liberty*, Vol. I, *Rules and Order*, Chicago: The University of Chicago Press, 1973, p. 4. 就《法律、立法与自由》一书的写作计划而言,哈耶克指出,"事实上,没过多久我就发现,要完成我为 20 世纪所从事的这项工作,我必须付出不亚于孟德斯鸠为 18 世纪所做出的努力。在研究思考的过程中,我曾不止一次地对自己在趋近我为自己所确定的目标方面的能力问题丧失信心,而且我相信,我这样说,读者也是不会表示怀疑的"。

③ Hayek, *The Road to Serfdom*, Chicago: The University of Chicago Press, 1944, p. 58.

侵害了自由。按照 lex posterior derogat priori 的原则,立法甚至可以取代传统上的法律。从自由主义时代人们普遍接受布莱克顿(Bracton)的原则(non sub homine sed sub Deo et lege)到法国大革命及其以后人们接受 vox populi vox dei 这一口号,法律经历了一个漫长的以牺牲自由为代价的变化过程。

哈耶克并不反对民主本身,因为他认为民主是保护自由的一种重要手段①。他同意迈内克(Meinecke)和休谟的看法,即英国的历史乃是一种由人治到法治的发展进程②,因此他知道19世纪前民众治理的扩展在这一发展过程中占据着相当的重要性。哈耶克也并不憎恨体现民主精神的法国大革命本身。毕竟,法治的倡导者,如孟德斯鸠、卢梭和孔多塞,都为法国大革命做出过贡献。"在法国大革命中,至少从其开始的阶段以及较为温和的群体的目标来看,确实是很有道理的;当时,历史学家米什莱(Michelet)用一种具有纪念意义的语词把法国大革命描绘成了 Iavènement de la loi。法治的理想指导着当时的诸多行动。"③然而,一种 avènement de la loi 未必就是一种 avènement du droit④。由法国大革命而大大强化了的那种趋向于立法的趋势,导致了这样一种情形,即立法者出于权宜之计的考虑并在即时的刺激下制定了诸多立法法案,当然这些法案也得到了实证主义学派的支持;但是这些立法法案却完全可能无视法治并侵犯自由。

哈耶克为这种情形痛惜不已,"实质性的法治国观念为一种纯粹形式的观念所替代,前者要求法律的规则具有一些明确的特性,而后者只要求所有的国家行动得到立法机构的授权即可。简而言之,所谓'法律',就只是表明了这样一点,即不论当权机构做什么,只要是立法机构的授权行为,它在形式上就都应当是合法的。……在19世纪与20世纪之交,下述观点已被人们广为接受,即实质性的法治国那种'个人主义'理想已成了明日黄花,'并已为民族观和社会观所具有的创造性力量所征服'。"基于对这个问题的深切关注,哈耶克征引了

---

① Hayek, *The Constitution of Liberty*, Chicago: The University of Chicago Press, 1960, pp. 103 - 117.
② "Entstehung und Verfall des Rechtsstaatsideales," in Albert Hunold, ed. *Wirtschaft ohne Wunder*, Erlenbach-Zürich: Eugen Rentsch Verlag, 1953, S. 42; "The Legal and Political Philosophy of David Hume," in *Studies in Philosophy, Politics and Economics*, London: Routledge & Kegan Paul, 1967, p. 110.
③ Hayek, *The Political Ideal of the Rule of Law*, Cairo: National Bank of Egypt, 1955, p. 17.
④ 比较 Hayek, *The Political Ideal of the Rule of Law*, Cairo: National Bank of Egypt, 1955, pp. 118 - 119。

Bernatzik在第一次世界大战爆发前夕对形势所做的评估:"我们又重新尊奉起警察国家的原则,致使我们再一次承认'文化国家'(Kulturstaat)的观念。这两个观念之间的差异只存在于手段方面。在法律的基础上,现代国家可以做任何事情,而且其程度甚至也远远超过了警察国家。因此,在19世纪,法治国这一术语被赋予了一种新的含义。根据这一含义,国家的整个活动不仅须以法律为基础,而且也须采取法律形式。法治国在当下的意义,已不再含括国家的目的和国家能力的限度等问题了。"①

20世纪20年代,汉斯·凯尔森(Hans Kelsen)提出了他所主张的"纯粹法学"(pure theory of law)理论,而这种理论的盛行则加剧了法治的衰微。凯尔森指出:第一,基本且不可替代的个人自由逐渐退至后台,社会集体的自由则占据了前台;第二,自由观念所发生的这种变化意味着民主主义从自由主义中解放了出来。哈耶克指出,在纯粹法学中,"法治国变成了一个极端形式化的概念,成了所有国家的特性,甚至也成了专制国家的特性。对立法者的权力不可能加以任何限制,也不存在'所谓的基本自由';而且任何企图拒绝赋予武断的专制主义以法律秩序特性的努力,'都只是一种幼稚的表现,或者是一种源出于自然法思想的傲慢'"。接着,哈耶克对纯粹法学做了进一步的谴责:"凯尔森不仅竭力混淆具有抽象且一般性规则那种实质性意义上的真正的法律与仅具形式意义的法律(包括立法机构制定的所有的法规)之间的根本区别,而且还通过将这些法律和权力机构所颁布的各种命令都笼而统之地置于'规范'(norm)这个含混的术语之中,从而使命令(亦不论这些命令的内容为何)与法律无从区分。"②

由此可见,虽然一些学者(包括哈耶克在内)对自由主义的"法治国"与法西斯主义的和专制主义的国家做出了明确的界分③,但是根据法律实证主义、纯粹法学和卡尔·斯密特(Carl Schmitt)的"规范秩序思想"等学说④,另一些人却

---

① Hayek, *The Constitution of Liberty*, Chicago: The University of Chicago Press, 1960, pp. 237-238. 另请参见 "Entstehung und Verfall des Rechtsstaatsideales," in Albert Hunold, ed. *Wirtschaft ohne Wunder*, Erlenbach-Zürich: Eugen Rentsch Verlag, 1953, S. 57-59; Hayek, *The Political Ideal of the Rule of Law*, Cairo: National Bank of Egypt, 1955, pp. 49-52。
② Hayek, *The Constitution of Liberty*, Chicago: The University of Chicago Press, 1960, p. 238. 在这个引文和其他引文中,指涉出处的数字将被略去。
③ Hayek, *The Constitution of Liberty*, Chicago: The University of Chicago Press, 1960, p. 239.
④ Hayek, *Law, Legislation and liberty*, Vol. I, *Rules and Order*, Chicago: The University of Chicago Press, 1973, p. 71.

宣称，不管多么专制，每一种国家都是与法治相一致的；甚至第三帝国（the Third Reich）也是法治国①。因此，不仅法治的衰微是通往奴役之路，而且独裁者统治所依据的那种法律也会成为奴役的基础。传统上对私法的强调现在已经被人们对公法的强调所取代了。此外，自上而下管制个人的法律，与那种从个人当中自由演化生成的法律相比较，现在也变得更重要了。

奴役在单个统治者的专制统治下很可能是最显而易见的，而且在这种专制的单个统治者得到多数支持的情况下，奴役也许是最具压迫性的。这可能很好地解释了为什么现代极权主义比自由主义时代之前的君主专制对自由具有更大危害的原因之所在。虽然哈耶克非常了解希特勒的独裁统治，而且也极为清楚地知道，通往这种专制政体的道路乃是人们用民主立法以及根据立法而进行的行政管制措施取代传统上的法治与它所具有的自由主义价值观而导致的一个必然后果。哈耶克在《通往奴役之路》一书中明白无误地表达了这个观点，而且在他此后的论著中，这个观点也始终是一个重要的论题，因为他在这些论著中从未忽视过民主专制（demoratic despotism）所具有的危险——亦即在法西斯主义和国家主义溃败之后民主或多或少地成为当今时代之大势的时候，民主专制有可能导致的危害。与他的许多论文一样，哈耶克在第二次世界大战以后出版的两本研究社会思想的大部头著作也都清楚地表明这个事实。《自由秩序原理》针对民主社会中如何保障自由的问题提出了若干方式方法。在这部著作中，通过保障自由的传统法治对民主立法（democratic legislation）施以限制乃是其中的重要论旨，而我们知道，在很大程度上讲，民主立法乃是为社会组织与社会管理而制定的社会立法（social legislation）。《法律、立法与自由》也集中讨论了对立法进行限制的问题。这部著作强调指出了那种"唯科学的谬误"（scientific error），而正是经由这种谬误，本应当受制于法律和自由的立法，现在却日益受到怂恿而得到了发展，反而使法律和自由受其所制。对哈耶克而言，这实是"我们这个时代的大悲剧——它之所以是一个大悲剧，乃是因为唯科学的谬误所趋于否弃的价值，实是我们的一切文明所不可或缺的基础"②。哈耶克从休谟与康德曾经止步的地方重新开始了他的分析，并且通过把自由的法律

---

① 关于那些把国家社会主义视作是一种法治国的论者，包括 Schmitt，请参见拙著 *Two Concepts of the Rule of Law*, Indianapolis, 1973, pp. 36-37。
② Hayek, *Law, Legislation and liberty*, Vol. I, *Rules and Order*, Chicago: The University of Chicago Press, 1973, pp. 6-7.

与立法的法律并置在一起分析而明确指出,自由的法律,而非立法的法律,将有助于亚当·斯密所说的那种"大社会",亦即一种源出于人之行动而非人之设计的社会,一种自由发展或自生自发而非外在强设或计划的社会。

国家法律的必要性①

哈耶克对立法持有疑虑这一点,绝不能遮蔽这样一个事实,即他认为立法有着重要的作用。

由于立法构成了广义上的国家法律的一部分,所以作为一个不厌其烦地强调国家法律对法律国家(国家法对法治国)的危害性的"至死不悔的老辉格党人",哈耶克自然会承认国家法律或国家法对法律国家或法治国的重要性。通过对 diritto, droti, Recht 或(正当的)法律与 legge, loi, Gesetz 或(未必正当的)法律所做的明确界分,哈耶克特别强调后者与前者可能并不同一,甚至还可能是不相容的②。然而,哈耶克也清楚地表明,这二者完全有可能是协调一致的。

这个观点在《通往奴役之路》一书中就已经得到了彰显:"法治含有限制立法范围的意思,它把这个范围限于公认为形式法律的那种一般性规则,而排除那种直接针对特定的人或者使任何人为了这种差别待遇的目的而使用政府的强制性权力的立法。它的意思不是指每件事都要由法律规定,而是指政府的强制性权力只能够在事先由法律限定的那些情况下,并按照可以预先知道的方式被行使。因此,特定的立法会破坏法治。"③但是,特定的立法却并不一定会破坏法治。只要立法确立了被公认为是形式法律的一般性规则,既不直接针对特定的人,也不直接使任何人为了达到这种差别待遇的目的而使用政府的强制性权力,那么这种立法与法治就是相容合的。

在开罗的演讲中,哈耶克再次赋予了立法以一个重要的地位。与司法一起,立法将"越来越"趋近法治这一理想④。当他讨论法律的一般性、平等性、确

---

① 下述文字乃是我在过去为一次专门讨论哈耶克法律哲学的研讨会而准备的,而这次研讨会则是由 The Institute of Humane Studies and the Liberty Fund 所主持的(Inc, in San Francisco, January, 1976)。
② Hayek, *Law, Legislation and liberty*, Vol. I, *Rules and Order*, Chicago: The University of Chicago Press, 1973, p.94.
③ Hayek, *The Road to Serfdom*, Chicago: The University of Chicago Press, 1944, pp.83-84.
④ Hayek, *The Political Ideal of the Rule of Law*, Cairo: National Bank of Egypt, 1955, p.33.

定性、权力分立、行政裁量权、立法与政策的时候,这一观点是显而易见的。他认为,立法法案是"决定如何使用交由国家掌控的手段或资源的",而且也是"对其臣民的有效的命令"。他之所以对这种立法法案"也被称之为法律"表示了遗憾,实是因为它们并不是对所有的人都普遍有效的。然而,有一些立法法案则构成了一般性规则因而是"我们能够把法律与命令区分开来这一具体意义上的真正的法律"。这种立法与法治相符合并且有助益于个人自由①。上述分析也同样适用于约束行政部门的立法:"如果它被解释为行政部门在处理公民的私人事务时必须始终遵守由立法机关制定的和独立法院适用的法律,那么这种立法就肯定是与法治相容合的。"立法机关可以授权某个其他机构制定保护个人并使其免受行政部门之侵犯的规则。在这种情况下,被授权的部门行事的依据乃是符合法治的立法②。最后,哈耶克对近来的用法模糊了立法与政策之间的区别这个问题表示了遗憾,一如他所指出的,"把这两个概念做明确的区分乃是颇有道理的"。哈耶克在承认立法在一定意义上总是会涉及政策(即长期政策)问题的同时,也指出了应与立法相区别的短期政策所具有的危害性③。

在《自由秩序原理》一书中,这些观点又得到了重申④。在该书中,哈耶克论及了大法学家或大法官经由漫长的岁月而形成的法律的人为理性,而这在一定程度上使人联想到了爱德华·柯克爵士;哈耶克指出,立法在把思辨哲学家的贡献(亦即经过长时间的选择和修正之后而发现的那些贡献)嵌入法律系统的方面发挥了重要的作用。他详尽地征引了戴雪对法律制定所做的经典描述,而根据戴雪的观点,立法所反映的远非只是当下的要求。立法也反映了过去的意见,而且也可以被视作是对那些具有悠久历史的法律的一种修正。立法可以是法治进化过程中的主流,并为法治做出重要的贡献⑤。

---

① Hayek, *The Political Ideal of the Rule of Law*, Cairo: National Bank of Egypt, 1955, p. 35.
② 同上书,第 38 页。
③ 同上书,第 42—43 页。
④ Hayek, *The Constitution of Liberty*, Chicago: The University of Chicago Press, 1960, pp. 211, 214-215.
⑤ 同上书,第 113 页。哈耶克征引戴雪的文字指出,"所谓变革法律的观念,在一种意义上是指法律实际发生变革的时代的那种观念,在另一种意义上(而且也常常是英国的境况)是指流行于法律发生实际变革前二十或三十年的观念;在现实生活中,常常不是今日的观念,而是昨日的观念在起着这种作用。……立法的观念必须是当下的观念,因为在法律发生变革的时候,变革必须由立法者实施;而他们在变法的时候,常常持有这样一种信念,即变革法律只是对法律的一种修正;但是,即使是这样一种立法的观念,也只是一种昨日的观念,因为那些因最终支配立法机构而导致法律变革的信念,一般来讲是由思想家或作家创造出来的,而且这些论者早在(转下页)

《法律、立法与自由》这个书名表明，法律与立法之间存在着一种根本的区别。该书第一卷《规则与秩序》用一章的篇幅来讨论"内部规则：自由的法律"，还用一章的篇幅来讨论"外部规则：立法的法律"。前者是善法，后者是恶法，至少是值得怀疑的，而且还极可能与自由的法律不相容合。这是上述两个章节的主旨。然而需要指出的是，尽管哈耶克强调立法会对法治与自由构成威胁，但是他在关于"变化中的法律概念"一章中，却指出了"自发生成的法律为什么需要立法对它加以纠正"的缘由。因此，哈耶克承认了立法的价值，而他所采取的那种承认方式则使我们想起了人们在几个世纪前承认衡平原则（作为对普通法的一种修正机制）所具有的价值。哈耶克承认，"即使在现代社会，法律的发展也需要依赖司法先例和学理解释这个渐进过程；关于这一主张的理由，已故的 Bruno Leoni 在其所著《自由与法律》（Princeton，1961）一书中做了极有说服力的阐释"。然而他并不同意他的朋友 Leoni 的说法，他指出，"虽说他的论辩对于那种深信只有立法才能够或应当改变法律的极为盛行的正统观念的人来说，是一服有效的解毒剂，但是它却未能使我相信，甚至在他主要关注的私法领域里，我们也能够完全否弃立法"①。

甚至那种生成于阐明行为规则之自生自发努力过程中的善法也有可能"朝极不可欲的方向发展"。再者，"在发生这种情况的时候，以刻意审慎的立法对其进行纠正可能……是唯一可行的方法"。法律的自生自发发展"有可能会陷入一种困境，而这种困境则是它仅凭自身的力量所不能摆脱的，或者说，至少不是它能够很快加以克服的"。他还补充说，"判例法的发展在某些方面讲乃是一种单行道：当它在一个方向上得到了相当程度的发展的时候，即使人们明确认识到了前此的一些判决所具有的某些含义是极不可欲的，它也往往不可能再顺着原来的方向退回去了。因此，以此方式演化生成的法律都具有某些可欲的特性的事实，并不能证明它将永远是善法，甚或也无法证明它的某些规则就可能不是非常恶的规则；进而，这也就意味着我们并不能够完全否弃立法"。哈耶克甚至还进一步承认了通过立法"对特定规则施以如此彻

（接上页）法律发生变革很久以前便一直在发挥着影响。因此，完全可能发生这样的情况，即这种变革的实施可以在那些为其做法提供论据的教师已经逝世的时候进行，甚或——这一点非常值得注意——可以在思想界已趋向于反对那些正在实践领域和立法界产生重大影响的观念的时候进行。"（同上书，第 445 页注释[35]）

① Hayek, *Law, Legislation and liberty*, Vol. I, *Rules and Order*, Chicago：The University of Chicago Press, 1973, p. 168. n. 35.

底变革"的必要性①。因此,他看上去很接近那种"机动化的立法者"(motorized law-maker)的观念②。

立法的必要性源出于下述各种因素。其中之一便是司法发展的缓慢且渐进的过程,而这妨碍了法律对全新的情势做出迅疾的调适——哈耶克认为这种调适乃是可欲的。在这种情况下,立法机构必须变得更积极,因为法官在扭转"那个业已发生且在后来被认为具有不可欲之后果或者被认为是根本错误的发展趋势"这种事情上应当保持节制。"如果法官使人们依此前的判决而产生的合理的预期落空,那么他就显然不是在履行他的职责。"法官应当发展法律,而不应当改变法律,至少不应当迅速改变法律。虽然法官"有可能明确认识到了另一项规则会更好或更公正,但是要把这项规则适用于那些在一项不同的规则被视为有效的情况下所发生的交易,则显然是不公正的"。因此,应当通过立法而使一项新的规则为众人所知,并由它来践履所有法律都将发挥的适当作用,亦即引导预期的作用。

当哈耶克强调立法所具有的这种解放作用时,他表明自己是一个自由主义者而非保守主义者。立法有可能比司法判决更有效地消除由下述事实而引发的不公正情形,即"某项法律的发展已掌握在某个特定阶级的成员手中,而他们的传统观点则促使他们把那些不可能满足更为一般的正义要求的东西视作为正义者"。这位"朝圣山学社"(Mont Pelerin Society)的名誉主席显然赞同马克思的见解,因为他指出,关于奴隶主与奴隶、地主与佃农、债权人与债务人、商人与顾客之间关系的法律在很大程度上是根据上述关系中一方当事人的观点及其特定利益而形成的;尤其在前述两个事例中,亦即几乎完全由奴隶主与地主供养法官的情形下,就更是如此。尽管哈耶克批判了凯尔森关于"正义乃是一种非理性的理想"和"从理性认知的角度来看,所存在的只是人之利益以及利益间的冲突"的观点,但是他却承认统治集团的利益有可能促成与正义相冲突且不符合法治理想的法律,因此应当通过符合法治理想的立法迅速取代那种由统治集团的利益所促成的法律③。

---

① Hayek, *Law, Legislation and liberty*, Vol. I, *Rules and Order*, Chicago: The University of Chicago Press, 1973, pp. 88-89.
② Dietze Gottfried, *In Defense of Property*, Chicago: H. Regnery Co., 1963, p. 152.
③ Hayek, *Law, Legislation and liberty*, Vol. I, *Rules and Order*, Chicago: The University of Chicago Press, 1973, pp. 88-89.

民主时代是一个立法的时代,因为立法成就了大量体现民主精神的法律。正如哈耶克反复指出的那样,立法构成了现代国家法律中的一个重要组成部分并且对自由与法治构成了一种大威胁①。然而,一如他所指出的那样,立法也同样能够成为自由主义与法治国的一个基本的支撑。哈耶克既贬低立法,又褒扬立法。这种态度一点都不会令人惊讶。虽然哈耶克把 isonomia 或法治及自由主义同民主区分了开来②,并且强调指出民主的发展有可能成为而且已经对法治与自由构成了威胁,但是他也明确无误地指出,民主的发展可能成为而且已经成了自由与法治进化过程中的一个重要部分。哈耶克强调指出,"民主是一种手段,而不是一种目的";他进而指出,"民主之所以为正当,其赖以为据的乃是下述三种主要论点……第一种论点认为,当数种相互冲突的意见并存且只能有一种意见胜出的时候,又当为了使数种意见中的一种意见胜出而且为了做到这一点甚至有必要采取强力的时候,以点人头的方式(即投票的方式)来确定何种意见得到了更大的支持,要比采取战斗的方式成本更低。民主乃是人类有史以来发现的唯一的和平变革的方法"。第二种论点认为,"民主是个人自由的重要保障"并且"个人自由的前景在民主政制下要比在其他形式的政制中更佳"。在哈耶克看来,第三种论点也是最强有力的论点,即民主制度的存在将会提高人们理解公共事务的普遍水平。哈耶克赞同托克维尔在其伟大著作《论美国的民主》中所持有的观点,即"民主是教育多数的唯一有效的方法"。这位自由主义者反对保守主义,因为后者是静态的。他认为,与过于静态的精英统治相比,民主作为一种形成意见的过程必须享有优先的地位,因为民主的价值在其动态的方面得到了证实。哈耶克在其赞同民主的主要论辩的最后,还把民主政制与自由联系了一起:"与自由相同,民主的裨益也只能在长时段中表现出来,尽管在短期中,民主的即时性成就可能不及其他政制的成就那么凸显。"③

---

① 参见 Hayek, *Law, Legislation and liberty*, Vol. I, *Rules and Order*, Chicago: The University of Chicago Press, 1973, pp. 121-122,129-133。
② "Entstehung und Verfall des Rechtsstaatsideales," in Albert Hunold, ed. *Wirtschaft ohne Wunder*, Erlenbach-Zürich: Eugen Rentsch Verlag, 1953, S. 33-65; Hayek, *The Constitution of Liberty*, Chicago: The University of Chicago Press, 1960,特别是 pp. 54-56, 103-104, 106, 162-219; "The Principles of a Liberal Social Order," in *Essays in Philosophy, Politics and Economics*, Chicago: The University of Chicago Press, 1967, p. 161; "Die Verfassung eines freien Staates," in Franz Bohm, Friedrich A. Lutz, Fritz. W. Meyer, ed. *Ordo*, XIX, 1968, S. 3-11。
③ Hayek, *The Constitution of Liberty*, Chicago: The University of Chicago Press, 1960, pp. 107-109。

在哈耶克看来,民主完全有可能有助益于自由和法治。换言之,自由主义民主制下的国家法律(即国家法),不论它是通过习俗或司法判决缓慢发展起来的还是由立法机构制定的,都能够有助益于法律国家(或法治国)并且有助益于自由的广泛实现。

哈耶克在主张国家法律能够有助益于法治的基础上又提出了另一项主张。他认为,国家法乃是法治国的一项前提条件。

国家法乃是法治国的一项绝对必要的条件(sine qua non):它所具有的有形的且具体的方面对于该理想的实现或部分实现来说实是必要的。法治并不只意味着为了保护个人而通过法律对政府施以限制。与伦理和道德相区别,法律意味着政府对个人的制裁。"统治"(rule)亦复如此。由于法律是一种伦理底线(an ethical minimum)①,所以那种底线的实质就在于它是可以强制实施的。鉴于所有的法律都以某种方式进行评价和实施限制,法律意味着许可的缺失。虽然自由是哈耶克社会思想中最为重要的价值②,但是哈耶克却并不因此而倾向于无政府主义。在《通往奴役之路》或《自由秩序原理》两书的索引中,连"无政府主义"这个词都没有出现过③。哈耶克诉求的乃是法律下的自由。真正的自由必定是某种有形之物,而如果没有法律的保护,这种自由就不可能真正存在。尽管国家法的统治,如同哈灵顿所说的"人的统治"(empire of men)一般④,有可能而且也确实侵犯了个人自由,但是那种在社会中留存的自由依旧是通过法律而得到保护的。正是这种法律把一般的、模糊的、无形的自由概念转化成了个人能够主张的具体且界定明确的有形权利。正如《自由秩序原理》一书的书名所表明的那样,哈耶克并不只信奉自由,他所信奉的乃是自由的秩序。在有秩序的自由与无秩序的自由之间,哈耶克更倾向于前者,即使前者不可能全部转变成自由之现实。哈耶克更偏爱自由的秩序。对他来说,秩序乃是自由的前提条件。一方面,自由是高居于法律秩序之上并始终促使法律秩序变得更加自由的伟大理想,而另一方面,法律秩序则是这一伟大理想的实现,即使只是部分实现。也许按照黑格尔的标准,哈耶克把现实的视作

---

① 参见 Georg Jellinek, *Die sozialethische Bedeutung von Recht, Unrecht und Strafe*, 2d ed. Berlin: O. Häring, 1908, S. 45。
② 参见同上书,第 107—111 页。
③ *Rules and Order* 一书只有一个人名索引。
④ James Harrington, *The Common-wealth of Oceana*, London: J. Streater for Livewell Chapman, 1656, p. 2。(J. Streater for Livewell Chapman 采用的是英文古书的注释通例)

是合理的①。真正的自由主义者认为,承认国家的权威性是有道理的,尽管仍要时刻对国家的权力保有警惕。权力(Potestas)是危险的,而权威(Auctoritas)则是必要的。

虽然权威与权力不尽相同,但是通常来讲,它们却是共存的。甚至最强权的政府也拥有某种合法的权威,如同在最自由的政体中也存在着一些凸显权力的方面一般。就此而言,哈耶克这位自由主义贵族论者表达了更趋近于诸如柏克(Burke)②和托克维尔③等自由主义者的观点。这些自由主义者对那场向君主专制与君主权力发起挑战的法国大革命表达了深重的疑虑。哈耶克是否也是出于保护自由的缘故而反对作为一种会彻底摧毁既有法律秩序之手段的革命,实是一个颇为有趣的问题。他对《强盗》(Die Rauber)与《威廉·退尔》(Wilhelm Tell)的作者席勒(Schiller)表达了敬佩之情。在这两出戏剧中,建立在人定法基础之上的法律秩序受到了人们对永恒不变之人权(the immutable rights of men)——正如《威廉·退尔》一剧中所说的那样,"高高存在于天堂"之中的永恒不变的人权④——的诉求的挑战和质疑。与此同时,哈耶克还经常引用席勒的朋友歌德(Goethe)的文字;尽管歌德承认他能够想象出每一项罪行,但是当他看到无辜的人们在暴乱中被警察伤害时,他却宣称说,不公正要比失序强。哈耶克也论及了反对那些强制权——即权力与权力的滥用比权威更加明显的政权——的革命,比如说推翻查理一世的英国革命和推翻路易十六的法国大革命⑤。然而他却没有通过这样的讨论而明确主张一种革命的权利,尽管他看上去很同情这样的革命。

在《自由秩序原理》一书的跋文"我为什么不是一个保守主义者"(副标题为"对老辉格党人的新诉求")中,这一点也是显见不争的。他同意阿克顿勋爵的观点,即"由辉格党人最早提出的市政法之上存在着一种更高级法的观念,则是英国人的最高成就,也是辉格党人留给这个民族的最伟大的遗产"。哈耶克还补充道:"这一观念也是辉格党人留给世界的最伟大的遗产。"他指出,"在美国,

---

① Carl J. Friedrich 在为其所编辑的 The Philosophy of Hegel (New York: Random House, 1954) 一书所写的导论中指出了黑格尔的自由主义。
② Hayek, The Constitution of Liberty, Chicago: The University of Chicago Press, 1960, p. 407.
③ 同上。
④ Wilhelm Tell, Act Ⅱ, scene 2.
⑤ Hayek, The Constitution of Liberty, Chicago: The University of Chicago Press, 1960, pp. 168, 194-195.

它的纯粹形式并不是以杰斐逊(Jefferson)的激进主义为代表的,也不是以汉密尔顿(Hamilton)甚或约翰·亚当斯(John Adams)的保守主义为代表的,而是通过'宪法之父'詹姆斯·麦迪逊(James Madison)的思想反映出来的"①。根据这一论述,我们可以推断说,哈耶克虽然深信高级法乃是改善市政法的永远的指导,而且也认为依据高级法而对市政法的变革从自由的角度来说也是有助益和有道理的,但是他仍不愿意接受对法律的激进变革。对于一个认为既有法律秩序中的大部分法律是逐渐生成的人来说,持有上述观点实是自然而然的。

虽然我们很难回答哈耶克是否欣赏这样的革命(亦即作为一种彻底摧毁以权力滥用和个人自由缺失为特征的秩序的手段),但是毫无疑问的是,由于哈耶克承认权威在自由状态中的必要性并且强调自由的秩序,所以他仍不愿意接受人们在一个基本自由的社会中进行激进的变革。在麦迪逊、杰斐逊、汉密尔顿和约翰·亚当斯四人当中,哈耶克更钟爱"伟大的妥协者"麦迪逊②。基于秩序的考虑,他愿意以牺牲自由作为妥协,因为他认识到,自由若要对人们有用,就必须得到法律秩序的保护。

在《通往奴役之路》一书中,哈耶克指出,"在众所周知的游戏规则限度内,个人有自由追求各自的目的和欲求"③。众所周知的规则会限制自由。1953年,哈耶克表明他同意路易斯·菲力普(Louis Philippe)所转述的本雅明·贡斯当(Benjamin Constant)的观点,而根据贡斯当的观点,唯有在法律之下,自由才能存在,因此每个人都必须做法律所要求做的事情④。在开罗所做的题为"个人自由的保障"的第三次演讲中,哈耶克开篇就征引了Ortega的箴言:"秩序并不是一种从外部强施于社会的压力,而是一种从社会内部确立的平衡。"在这里,他首先讨论了作为自由之前提的"法律与秩序",阐明了秩序不只是作为人之设计的结果而存在的,而且也是作为人之行动的结

---

① Hayek, *The Constitution of Liberty*, Chicago: The University of Chicago Press, 1960, p. 409.
② 比较 Alpheus T. Mason 的著作: *Free Government in the Making*, 3rd ed. New York: Oxford University Press, 1965, pp. 189, 205 – 251, 312 – 313。
③ Hayek, *The Road to Serfdom*, Chicago: The University of Chicago Press, 1944, p. 73.
④ "Entstehung und Verfall des Rechtsstaatsideales," in Albert Hunold, ed. *Wirtschaft ohne Wunder*, Erlenbach-Zürich: Eugen Rentsch Verlag, 1953, S. 49:"La liberte ne consiste que dans Ie regne des lois Que chacun ne puisse etre tenu de faire autre chose que ce que la loi cxige de lui, et qu'il quisse faire tout ce que la loi n' interdit pas, telle est la liberte C'est vouloir la detruire de vouloir autre chose."

果而存在的①。在《自由秩序原理》一书中,哈耶克用整个一章的篇幅讨论了"责任与自由"这个问题;他在该章中指出,"自由与责任实不可分。如果一个自由社会的成员不将'每个个人所处的境况乃源出于其行动'这种现象视为正当,亦不将这种境况作为其行动的后果来接受,那么这个自由的社会就不可能发挥作用或维续自身。尽管自由能够向个人提供的只是种种机会,而且个人努力的结果还将取决于无数偶然因素的作用,但是它仍将强有力地把行动者的关注点集中在他所能够控制的那些境况上,一如这些境况才是唯一重要的因素"②。他接着又不无遗憾地指出:"这种对个人责任的信念,同对自由的尊重一起,现在已明显地衰落了。责任已变成了一个不为人们所欢迎的概念,亦即一个为经验丰富的演说家或资深作者都不愿使用的术语,其原因是那个反对泛道德化的一代人都很讨厌甚或反对接受这个术语。"然而责任"意味着它是一项无止境的艰难使命(人欲实现他的目的,就必须将这种创建生活的机会作为一项戒律而强加于自身)"③;当然,它也意味着对其他人的责任。它意味着对法律的服从。有关责任意味着对法律的服从的观点,在"强制与国家"一章中得到了阐释④。最后,哈耶克在他的最后一部著作中指出,"在本章的讨论中,我们将转而关注秩序这个核心概念……秩序乃是一个不可或缺的概念。……撇开这个术语,我们就无法进行讨论"⑤。

这位具有责任心的至死不悔的老辉格党人愿意用牺牲自由作为捍卫自由秩序的让步;而这种让步则表现在许多方面。我们可以从他认为有助益于自由的各种概念和个人权利中发现这些让步。从允许国家控制度量衡,允许国家阻止欺诈、欺骗和暴力,允许国家制定建筑规章和工厂法⑥,到允许国家向个人征税并要求个人服兵役,一直到为了保护国内和平和抵御外国敌人而允许政府享有普遍权利去建构一种组织⑦,都是这种让步。

---

① Hayek, *The Political Ideal of the Rule of Law*, Cairo: National Bank of Egypt, 1955, pp. 29-32. 比较哈耶克的论文:"The Results of Human Action but not of Human Design",见 Hayek, *Studies in Philosophy, Politics and Economics*, London: Routledge & Kegan Paul, 1967。
② Hayek, *The Constitution of Liberty*, Chicago: The University of Chicago Press, 1960, p. 71. (Emphasis supplied.)
③ 同上书,第71—72页。
④ 同上书,第133—147页。
⑤ Hayek, *Law, Legislation and liberty*, Vol. I, *Rules and Order*, Chicago: The University of Chicago Press, 1973, p. 35.
⑥ Hayek, *The Road to Serfdom*, Chicago: The University of Chicago Press, 1944, p. 81.
⑦ Hayek, *The Constitution of Liberty*, Chicago: The University of Chicago Press, 1960, p. 134; Hayek, *Law, Legislation and liberty*, Vol. I, *Rules and Order*, Chicago: The University of Chicago Press, 1973, p. 124.

哈耶克相信,自生自发秩序要比一种强加的秩序(an imposed order)更有助益于自由。然而,基于秩序的考虑,他却认为人们也应当遵守外部秩序及其法律①。这种观点也同样适用于经由进化而生成的法律与作为"理性"产物的法律②:亦即作为人之行动的结果的法律与作为人之设计的结果的法律③。哈耶克为私法在过去数代人当中日益为公法所取代的现象深感痛惜,因为前者有助益于自由,而后者则会威胁自由④。然而,他并不鼓励人们不服从公法。他所抱怨的乃是这样一种情形,即一般性规则意义上的法律正在受到组织命令意义上的法律的挑战或质疑⑤。需要指出的是,尽管他认为组织命令意义上的法律对自由构成了威胁,但是他却并不希望人们不服从这种法律。他认为,立基于正义原则的法律要比立基于权宜之策的法律更有助益于自由⑥。但是,人们必须服从那些立基于权宜之策的法律。他对内部规则(自由的法律)与外部规则(立法的法律)进行了明确的界分。毫无疑问,内部规则含有更多的自由意涵⑦。但是哈耶克却认为,人们也同样应当遵守外部规则。

哈耶克愿意以牺牲自由作为妥协的做法,未必意味着放弃自由。相反,这种做法可以通过反映理性的法律来确保自由而有助益于自由。哈耶克在《自由秩序原理》一书的导论中指出:"虽说诸如'人的尊严'及'自由之美'等术语中所

---

① Hayek, *The Political Ideal of the Rule of Law*, Cairo: National Bank of Egypt, 1955, pp. 29 - 32; Hayek, *The Constitution of Liberty*, Chicago: The University of Chicago Press, 1960, pp. 148 - 161;"Arten der Ordnung," in Franz Bohm, Friedrich A. Lutz, Fritz W. Meyer, eds. *Ordo*, XIV, 1963, S. 3; "The Principles of a Liberal Social Order," in *Essays in Philosophy, Politics and Economics*, Chicago: The University of Chicago Press, 1967.

② "The Principles of a Liberal Social Order," in *Essays in Philosophy, Politics and Economics*, Chicago: The University of Chicago Press, 1967; Hayek, *Law, Legislation and liberty*, Vol. I, *Rules and Order*, Chicago, 1973, pp. 8 - 23.

③ "The Results of Human Action but not of Human Design," 见 Hayek, *Studies in Philosophy, Politics and Economics*, London: Routledge & Kegan Paul, 1967。

④ Hayek, *The Constitution of Liberty*, Chicago: The University of Chicago Press, 1960, pp. 205 - 249; "The Principles of a Liberal Social Order," in *Essays in Philosophy, Politics and Economics*, Chicago: The University of Chicago Press, 1967.

⑤ Hayek, *The Road to Serfdom*, Chicago: The University of Chicago Press, 1944, pp. 72 - 87; Hayek, *The Constitution of Liberty*, Chicago: The University of Chicago Press, 1960, pp. 148 - 161; "The Principles of a Liberal Social Order," in *Essays in Philosophy, Politics and Economics*, Chicago: The University of Chicago Press, 1967; Hayek, *Law, Legislation and liberty*, Vol. I, *Rules and Order*, Chicago: The University of Chicago Press, 1973, pp. 94 - 144.

⑥ "Die Ursachen der standigen Gefahrdung der Freiheit," in Franz Bohm, Friedrich A. Lutz, Fritz W. Meyer, eds., *Ordo*, XII, 1961, S. 103; Hayek, *Law, Legislation and liberty*, Vol. I, *Rules and Order*, Chicago: The University of Chicago Press, 1973, pp. 55 - 71.

⑦ Hayek, *Law, Legislation and liberty*, Vol. I, *Rules and Order*, Chicago: The University of Chicago Press, 1973, pp. 94 - 144.

表达的情操既高尚且可嘉,但在力图理性论辩时,则不应有此情绪之余地。"①他想用理性的方式(亦即通过法律、国家法和国家法律的方式)促进自由。在此一努力的过程中,这位至死不悔的老辉格党人成了法律与秩序的坚定倡导者。他继承了前人有关法治国有助于最大限度实现自由的信念。在哈耶克看来,自由应当是法律的精神,而唯法律才能够把这种精神转换成真正的人权。

结论

哈耶克的法治思想表明,他是一个主张适度的人。

在《国富论》这部开拓性著作出版二百周年纪念日日益临近之际,哈耶克的法律思想不仅使我们想到了亚当·斯密,而且也使我们回想起了孟德斯鸠。权力平衡或权力制约中所隐含的那种适度,使得孟德斯鸠这位伟大的法国人——常常被人们视为"宪政之父"——名声大噪。适度也是亚当·斯密思想的特点——而许多人都把这位伟大的苏格兰人看作是政治经济学和经济自由主义的奠基者。一如哈耶克一般,斯密(孟德斯鸠实际上也是如此)把法治视作是保护自由的一种手段。在斯密看来,正义意味着把人从私人压迫和公共压迫中解放出来。尽管斯密强调自由,但是一如我们所知的那样,他却不赞同无政府主义。他确信,一国财富能够通过个人自由而非国家管制而达到增加。与此同时,为了实现他所认为的社会的利益及社会成员的利益,斯密也认可了各种各样的控制措施;再者,他也明确无误地指出,正义意味着通过政府实施法律的方式来保护公民并使他们免遭其他人的侵犯。

孟德斯鸠和斯密都对美国的发展产生了巨大的影响。在美国建国二百周年的庆典之际,指出这样一个事实乃是颇为恰当的,即美国革命,作为辉格党人革命的一种延续,其特点便在于适度。美国独立是因君主过分专制而宣布的。美国宪法则是对各种民主极端趋势的一种回应。美国奠基者的理想是一种自由之治,亦即一种民众之治,在这种制度中,为了保护个人,处于统治地位的多数必须受到那种为了保护公民而必须严格实施的法律的限制。这就是宪政,亦即哈耶克视之为"美国的贡献"之所在。

哈耶克始终以一种贵族派头和大学者风范假定他的反对者是无辜的,用

---

① Hayek, *The Constitution of Liberty*, Chicago: The University of Chicago Press, 1960, p. 6.

那个主张适度的人(歌德)的箴言题记自己的论著、把《通往奴役之路》一书题献给了"所有党派中的社会主义者"并为正在美国发展的未知的文明发表了《自由秩序原理》这部巨著。也许,这位承认合法原则(in dubio pro reo)的自由主义贵族论者,希望人们不要失去适度并且重新尊重法治。

图书在版编目(CIP)数据

哈耶克法律哲学/邓正来著. —上海:复旦大学出版社,2009.8
ISBN 978-7-309-06702-6

Ⅰ.哈… Ⅱ.邓… Ⅲ.哈耶克,F.A.(1899~1992)-法哲学-研究
Ⅳ.D90

中国版本图书馆 CIP 数据核字(2009)第 101180 号

哈耶克法律哲学
邓正来 著

出版发行	復旦大學出版社	上海市国权路 579 号　邮编 200433
	86-21-65642857(门市零售)	
	86-21-65100562(团体订购)　86-21-65109143(外埠邮购)	
	fupnet@fudanpress.com　http://www.fudanpress.com	
责任编辑	陈　军	
出 品 人	贺圣遂	
印　　刷	常熟市华通印刷有限公司	
开　　本	787×1092　1/16	
印　　张	17.25	
字　　数	300 千	
版　　次	2009 年 8 月第一版第一次印刷	
印　　数	1—5 100	
书　　号	ISBN 978-7-309-06702-6/D·418	
定　　价	28.00 元	

如有印装质量问题,请向复旦大学出版社发行部调换。
版权所有　　侵权必究